Andensortering

Tilegnet mine svigerforældre, Else og Carl Jørn, som ikke længere er hos os, men som var med til at gøre flere af vores ture, både i Danmark og i USA, til noget særligt.

Og til min far, Kay, som vi måtte sige farvel til i 2021, som aldrig deltog i rejser til USA, men som altid var meget interesseret i at høre om vores oplevelser, når vi havde været afsted.

I er alle elskede og savnede.

Jan Kronsell

Andensortering

Flere oplevelser fra USA og andre steder

Forsidefoto:
Saguarokaktus i Saguaro National Park uden for Tucson, Arizona
(Dette og alle andre fotos: Forfatteren.)

Automatiseret analyse af værket med henblik på at opnå information især om mønstre, tendenser og sammenhænge ("tekst og datamining") er forbudt.

© 2025 Jan Kronsell

Forlag: BoD · Books on Demand, Strandvejen 100, 2900 Hellerup, bod@bod.dk
Tryk: Libri Plureos GmbH, Friedensallee 273, 22763 Hamborg, Tyskland

ISBN: 978-87-4306-035-2

Indhold

Udtur	1
Vejen ad hvilken	9
Mere om veje, gader og stræder	32
Hvor mon den er?	54
Noget i skrutten	78
Mennesker, vi har mødt eller medbragt	110
Mord og andre vederstyggeligheder	132
Vejr og vind	155
Sightseeing i naturen og andre steder	175
Hvor der handles, der spildes	199
Forsinket undervejs	221
Lakridskonfekt	240
Hjemtur	277
Unødvendig, men sand paratviden om USA's stater	282

Udtur

Det er rart at sidde behageligt, når man skal flyve langt

Da jeg for mange år siden blev undervist i faget Retorik af, nu afdøde, Orlogspræst og præst ved Holmens Kirke Dr. Theol. Børge Ørsted (det hele skal med), havde han mange gode tips til os. Blandt andet husker jeg, at han fortalte, at man aldrig skulle skrive en tale ren, men altid beholde det første udkast – uanset om det så var skrevet på en rulle toiletpapir. Jeg vil dog indrømme, at denne bog er skrevet ren, da min håndskrift er af en sådan karakter, at jeg ofte end ikke selv kan læse, hvad jeg har skrevet, hvis der er gået mere end en time, siden jeg skrev det. Nogen kalder mine kragetæer for hieroglyffer, men det er faktisk en fornærmelse af hieroglyfferne. Min skrift ligner mere den endnu ikke dechiffrede Linear A skrift fra oldtidens Kreta. Men det var nu faktisk slet ikke denne "Ørsted-udtalelse", som jeg ville bruge her, men derimod en anden, som gik ud på, at man altid skulle indlede en tale med en vittighed – og den behøvede ikke at have sammenhæng med det, man skulle tale om – det var bare for at få folk med sig. Præcis som Dirch Passer i sketchen "Tømmerflåden", hvor han – til Keld Petersens store fortrydelse – forsøger at få hele publikum op på flåden, "for det gælder jo om at få alle med", hvorefter Keld Petersen replicerer, at der jo ikke er plads til alle de mennesker på en tømmerflåde, mens Dich Passer mener, at det er det nok, hvis de stuver sig lidt sammen. Her er der imidlertid plads nok, så det burde ikke være et problem, og i øvrigt er dette selvfølgelig en bog og slet ikke en tale, men med de oplæsningsprogrammer, man kan få i dag, kan det jo godt være at nogen har et sådant program og vælger at få bogen læst højt – og så er det jo en slags tale.

Den vittighed, jeg vil indlede med, har netop ikke det ringeste med bogens indhold at gøre, så tro ikke det. Den stammer helt tilbage fra min skoletid – og er måske endda endnu ældre. Dengang syntes vi, at den var ualmindeligt fræk og ikke en, vi kunne fortælle til vores forældre eller andre voksne. Hvorfor ved jeg egentlig ikke, for den er faktisk ret uskyldig og der er hverken frække ord eller lignende i vitsen, men som 11-12 årige syntes vi altså, at den var voldsomt fræk. Det ville drenge i samme aldersgruppe næppe gøre i 2024. Men nu må jeg hellere komme til sagen. Historien foregår i tresserne, dengang den kolde krig var isnende, og derfor inkluderer den selvfølgelig begge parter i denne konflikt.

"Ved De Olympiske Lege i Rom i 1960 var fægtekonkurrencerne i gang. I omklædningsrummet sad tre fægtere og ventede på at skulle i kamp; en amerikaner, en russer og franskmand. Som det altid går i den slags vitser, begyndte de at prale af deres evner med kården, og amerikaneren ville vise, hvor dygtig han var, så han fandt et æble frem fra sin taske, kastede det op i luften, og med kården nåede han at skrælle æblet, skære kærnehuset ud og skære æblet i både, inden det landede på gulvet. Her dannede æblestykkerne ordet USA. Russeren så hånligt på ham og sagde: 'Det er da ingenting'. Så fandt han en æske tændstikker med røde hoveder frem, kastede den op i luften, og mens den svævede der, slog han ud med kården en del gange i hurtigt tempo, hvorved det lykkedes for ham at skille æsken ad, så hver side landede for sig, og samtidigt at skære hovederne af tændstikkerne. Da det hele landede på gulvet dannede resterne af tændstikker og svovl et mønster som Sovjetunionens flag, med hammer og segl og det hele. Det imponerede amerikaneren og de to så nu på franskmanden, der sad længe, som om han tænkte over, hvad han skulle gøre. Mens han sad og overvejede, fløj en myg omkring over hovedet på de tre. Franskmanden rejste sig, svingede kården i retning af myggen en enkelt gang og satte sig ned igen med et tilfreds smil og ordene: 'Det var det.' Amerikaneren og russeren så på ham og udbrød så i kor: 'Hvad er du så tilfreds med? Den flyver jo endnu.' Hertil var franskmandens eneste kommentar: 'Joh, såmænd. Men den bliver aldrig far igen.'"

Det var vitsen. Nu er alle med (selv om der ikke er plads på tømmerflåden), og jeg kan gå i gang med bogen. Hvis nogen ikke er med, må man læse vittigheden én gang til. I min første bog om oplevelser i USA, "Vejen til Petaluma" fra 2019 skrev jeg, at hvis bogen blev en succes, ville jeg skrive en opfølger. Succeskriteriet var, at der blev solgt mere end to eksemplarer, og der blev faktisk solgt fem på kort tid (hvoraf jeg selv købte de fire). Det betød, at mit mål var nået, så her er efterfølgeren, opfølgeren eller måske forfølgeren – vælg selv. I den første bog benyttede jeg mig en del af plagi... – øhh, inspiration fra så forskellige mennesker som René Magritte, Tom Lehrer, Charles M. Schulz, Victor Borge, Gustav Winckler, Jørgen Ryg m.fl. Det kommer jeg nok ikke til her (i hvert fald ikke ret meget), men skulle jeg komme til det alligevel, så er der ikke noget, læserne kan gøre ved det, for også dette er jo min bog, så igen er det mig, der bestemmer, og når du læser den, er det jo alligevel for sent at ændre noget. I den foregående bog lod jeg mig ofte lokke ud på diverse vildspor og sidespring (hvilket faktisk var en del af bogens undertitel), og det vil nok også ske her. Faktisk ved jeg allerede, at det vil gå sådan, da denne indledning er skrevet efter bogens øvrige kapitler – bort set fra det allersidste, afslutningen – som faktisk er det næstsidste fordi det kommer før det sidste, for det skal jo ikke være for nemt, men det opdager du jo, når du kommer så langt – eller hvis du har snydt og har læst indholdsfortegnelsen.

Den tidligere bog (det er fortsat en bog, men den er tidligere end denne, så tidligere skal ikke forstås som forhenværende bog) var organiseret i kapitler efter temaer, som fx storbyer, små byer, omveje, vildveje og så videre. Et af kapitlerne hed Blandede bolsjer, og her havde jeg anbragt alt det, som ikke kunne indpasses under de øvrige overskrifter. Hele denne bog består faktisk af blandede bolsjer, selv om der af og til er en sammenhæng mellem de enkelte afsnit, og jeg har forsøgt at opdele i kapitler, men du skal ikke hænge dig i, om der er sammenhæng mellem kapitlernes overskrifter og deres indhold. For som det hed i en gammel reklame: "*Hæng Dem ikke i bagateller. Brug Randers Reb.*" Jeg vil nu anmode den ærede læser om at vente med at hænge sig, til han, hun eller personer med anden kønsidentitet (man skal jo give plads til alle i vore dage), har købt og læst begge bind, og også gerne mine øvrige udgydelser. Der skal jo penge i kassen.

Bogen er i øvrigt også plaget af min trang til at blære mig med min paratviden (det meste har jeg godt nok slået op, mens jeg skrev bogen), så der er nok mange flere fakta om dette eller hint emne undervejs, end der var i den første bog, og der var mange. Hele kapitlet "Ligegyldig paratviden om USA's stater" er også én lang faktaboks, så når du er færdig med denne bog, er du klar til at deltage i en quiz i paratviden – hvis altså spørgsmålene handler om de emner, jeg har fortalt om.

Som det fremgår af ovenstående, er vi igen i USA (i hvert fald det meste af tiden), selv om jeg som sædvanligt formodentlig ikke kan holde mig helt til emnet, men tager ud på nogle omkørsler undervejs. I bogen fortæller jeg om nogle af de oplevelser, som ikke var fine nok til at komme med i den forrige bog. Vi kan altså kalde det en slags andensorteringsoplevelser. (Er det i ét ord?) Mine ordbøger kender det slet ikke; den kender andensortering - selv om Words stavekontrol ikke gør - og det er i et ord, så derfor har jeg altså valgt at det skal andensorteringsoplevelser også være). Som det så ofte er tilfældet, er dette restparti dog i lige så god stand som de, der oprindeligt blev fortalt om. I hvert fald når jeg selv skal sige det – og hvem skulle ellers kunne sige noget om bogen, før de har læst den?

Og hvad kan man så som læser se frem til at opleve på de kommende sider? Vi skal sidde fast i vejarbejder, lede efter elge, hoteller og hele byer, give for mange og for få drikkepenge, stikke os på kaktus, købe fisk, revne bukser, spilde kaffe, indtage føde, ødelægge elevatorer, myrde uskyldige dyr og selvfølgelig meget andet, så der er noget at glæde sig til – eller kede sig over, men det er jo op til dig selv som læser.

I et af kapitlerne har jeg skrevet om forskellige forsinkelser, vi har oplevet på vej til og fra USA, men en enkelt gang var vi bange for slet ikke at kunne komme af sted. Den historie har jeg ikke fortalt hverken i denne bog eller i den forrige, men da dette indledende kapitel nu en gang handler om udrejse, får I den her:

Dagen før vi skulle flyve (en lørdag morgen) var alt klappet og klart, bortset fra kufferterne. Jeg havde vasketur fredag eftermiddag og skulle først pakke færdig, når tøjet var blevet tørt. Men ellers var alt på plads. Selv taxaen var bestilt til at afhente os kl. 4.30 næste morgen. Det eneste, vi manglede, var at gennemføre vores online check-in til de to flyveture til henholdsvis London og videre til Washington DC, hvilket først kunne gøres 24 timer før de respektive afgange, så fredag formiddag kom Tim hjem til mig (jeg er i besiddelse af en printer, hvilket han ikke er), så vi kunne få det klaret. Det gør tilværelsen nemmere selv at tjekke ind online, da man så kun skal aflevere bagagen i lufthavnen. Vi skulle derfor ind på British Airways hjemmeside, finde check-in siden og indtaste pasnummer, billetnummer og andre nødvendige informationer, og så udskrive et boardingpass. Det gik også helt elegant og uden problemer - for mig. Det var først, da vi skulle i gang med Tim, at det gik galt. Allerede da vi havde indtastet billet- og pasnummer skete der ikke noget - eller rettere vi kom ikke videre, og fik en meddelelse om, at Tim ikke kunne tjekke ind, fordi der var problemer med hans visum. Det undrede os en hel del, da vi jo ikke skal have visum. Danmark er med i USA's Visa Waiver program, og så er det nok med en ESTA attest, og en sådan havde vi begge. Tim havde endda brugt sin så sent som i marts uden problemer. I mellemtiden havde han imidlertid forsøgt at få et såkaldt "green card", så han kunne arbejde i USA, men havde opgivet igen, så han frygtede, at noget var gået galt i den sammenhæng, så han var blevet blokeret for indrejse.

Vores første reaktion var derfor at ringe til USA's ambassade, og vi fik også nemt kontakt med et voiceresponse system, som gav os adskillige muligheder, hvoraf flere førte til andre muligheder, men ingen gav mulighed for at tale med et menneske. Undervejs fandt vi dog ud af, at alle visumansøgninger behandles af ambassaden i Stockholm, så vi forsøgte også at ringe til dem, med præcis samme resultat som ambassaden i Danmark. Ingen mulighed for at snakke med et menneske, med mindre man havde deres direkte nummer. Det var jo ikke så godt, så i stedet ringede vi (Tim) til British Airlines for at høre om de kunne se nogen anmærkninger ved hans navn, men det kunne de ikke. Vi blev så enige om at prøve igen, og denne gang var der absolut ingen problemer, så Tim fik sit boardingpass, men vi var begge nervøse for, om han ville blive afvist undervejs eller i værste fald i Dulles lufthavnen. Vi drøftede, hvad vi skulle gøre, hvis han ikke kunne komme med; om jeg så også skulle opgive ferien eller om jeg skulle tage af sted alene. Det endte med, at vi blev enige om det sidste, så jeg brugte aftenen til at lave en alternativ tur med kortere kørestrækninger, som jeg kunne gennemføre uden afløsning.

Næste morgen tog vi så af sted med taxaen til Kastrup. Da vi havde tjekket ind, skulle vi bare aflevere bagagen, og her skulle vi vise pas, så det var første hurdle, men der var absolut ingen kommentarer til Tim, så første del af turen var på plads - men den førte også kun til London. Mens vi ventede på afgang, fik vi vekslet til dollars, så vi begge havde en kontantbeholdning, og ellers hyggede vi os i loungen til vi skulle boarde. Her blev vi så nedgraderet fra business til økonomiklasse på turen mellem København og London, og fik at vide, at vi kunne få refunderet noget af billetprisen, når vi kom til London. Det kunne vi bare ikke, æv bæv! Det skulle ske via en ansøgning over internettet eller i British Airways kontor, som lå uden for transithallen. På det tidspunkt var vi så lykkelige over at være kommet af sted, at det kunne være det samme. Og det kunne det egentligt også. Sæderne og forplejningen var den samme; det er kun et spørgsmål om, hvorvidt man sidder foran eller bag forhænget - og det var slet ikke trukket for. Og så er der gratis drikkevarer på business, men der er alligevel grænser for, hvor meget man kan nå at drikke på de knap halvanden time, turen tager.

I London kom vi fint gennem security (business class giver adgang til fast track) og kunne endnu engang gå i loungen, og få lidt kaffe mm. Da vi skulle ombord i det næste fly, som viste sig at være en Boeing 747, hvor vi havde pladser på 1. sal, skulle vi igen have kontrolleret pas, så endnu engang var vi lidt nervøse, men også denne gang uden grund. Flyveturen gik stille og roligt. Vi fik begge sovet 4-5 timer på vores "ligge-helt-ned-sæder", og der var rigtigt mange tomme pladser i den øvre afdeling. Så kom den sidste store hurdle, nemlig at komme ind i USA. Ved immigration blev vi spurgt om vi havde været i USA inden for det sidste år med det samme pas som nu, og det havde vi begge, Tim i marts og jeg i november. Så behøvede vi ikke at stå i den lange kø, men kunne selv klare det ved hjælp af en maskine. Her skannede vi først vores pas, dernæst vores fingeraftryk og endeligt blev der taget et billede. En lille stykke papir blev printet ud, og det tog vi med hen til immigrationsmedarbejderen sammen med passet, og så var vi inde.

To år senere var den gal med Tim igen. Da vi tjekkede ind online dagen før afgang, kunne Tim kun udskrive boardingpas til London, men ikke til turen over Atlanten. I stedet skulle han henvende sig til check-in i lufthavnen, hvad vi jo skulle alligevel for at aflevere vores kufferter. Det gik også fint; Tim fik boardingpas til den sidste del af flyveturen, men med en eller anden markering på, som, fandt vi ud af, betød, at han skulle ekstra sikkerhedskontrolleres, men det var først i London. Da vi skulle gå ombord i flyet i Heathrow og havde vist vores pas ved skranken, gik vi ned ad rampen mod flyet, men undervejs var der opstillet endnu en skranke, hvor der stod nogle sikkerhedskontrollanter, og her blev Tim så stoppet, sammen med nogle andre, som også var udtaget til ekstra kontrol. Denne gik stort set ud på, at han skulle tømme sin rygsæk og tage sine sko af. Disse samt indholdet at rygsækken blev så skannet for sprængstof, og det havde han ikke medbragt noget af ved den lejlighed, så vi fik lov til at gå ombord. Da vi nåede frem til vores hotel, kunne vi se at også hans kuffert havde været åbnet. Han var simpelthen blevet udtaget som stikprøve, men hvorfor, fandt vi aldrig ud af, med mindre det var tilfældig udvælgelse. Og nu må jeg hellere se at få afsluttet og altså komme til slutningen på begyndelsen.

I den første bog tog jeg udgangspunkt i en sang af og med Tom Lehrer og et maleri af Rene Magritte. Her kan jeg også lade en sang få de (næsten første) ord. Vi skal tilbage til samme tid, som Tom L. var på banen, ja faktisk lidt længere tilbage, nemlig til 1958 og en dansk sangkvartet. "Åh nej", tænker de, som kender mig og/eller har læst mine andre bøger. Så skal han til at citere fra Four Jacks og deres version af "Tom Dooley", som netop blev udgivet det år, men det skal jeg overhovedet ikke, næh nej, øv bøv! (Hovsa, bogens første udråbstegn – jeg elsker udråbstegn, så dem kommer der sikkert mange flere af). Det er faktisk hverken Tom Dooley eller Four Jacks, jeg lægger ud med, selv om den musikgruppe, jeg her tænker på, faktisk havde et enkelt medlem til fælles med Four Jacks undervejs i deres respektive "livsforløb"; en mand ved navn John Mogensen. Nej, gruppen vi skal "lytte" til er Blue Boys, og deres "Ud på flisen, Karoline." Ikke fordi vi skal ud på flisen, men jeg kunne simpelthen ikke finde noget med "Ud på vejen". I det første vers hedder det:

"Her er alt hvad her skal være, her er alt hvad der skal til
Her er små kulørte lamper, her er sang og her er spil
Her er søde servitricer, her er roser i et bed
Her er små intime borde, her er kys og kærlighed"
Ud på flisen Karoline
Ud på flisen Karoline ud og spjæt---"

Og jeg kan love for at vi skal møde både søde servitricer og roser i bed, selv om det skorter lidt på kys og kærlighed, bortset fra et enkelt kys et sted, men man kan jo ikke få alt.

Så nu er det bare om at komme ud på enten flisen eller vejen og få spjættet.
PS! Kan man have et PS i indledningen til en bog? Jeg ved det ikke, men nu kommer der altså et. Og det handler om, at bogen har været længe undervejs. Mange af idéerne til den, fik jeg allerede, mens jeg skrev "Vejen til Petaluma", og jeg begyndte at skrive på bogen i marts 2020, lige efter at Danmark "lukkede ned" på grund af covid-19 pandemien, og mange mennesker, inklusiv jeg selv, blev sendt hjem for at arbejde hjemmefra, og vi skulle således overgår til virtuel undervisning, hvilket vi (med en kort afbrydelse i efteråret 2021) gjorde frem til juni 2022. Det betyder, at der er mange henvisninger til ting, som gjaldt i forbindelse med nedlukningen og de øvrige foranstaltninger, som blev indført – mundbind, holde afstand, spritte sig af fra øverst til nederst og ikke mindst hænderne, kun udendørsservering osv. Da jeg altså ikke kunne rejse til USA, som ikke ville lukke indbyggere fra Schengenområdet ind, kunne jeg bruge noget af den fritid, jeg havde, til at skrive, og dette blev altså resultatet, selv om de sidste dele er skrevet længe efter, at verden er åbnet igen. Faktisk er bogen skrevet over en periode af fem år, da den blev færdiggjort i december 2024. Det vil sige der er referencer til covid-19 pandemien, og der refereres også til den periode, der gik forud for min pensionering, så noget af indholdet er altså nok "forældet", men det er der bare ikke noget at gøre ved!

PPS! I 2022 havde jeg planlagt to rejser. En påsketur til North Carolina i april og et langt roadtrip med Tim juli og august[1]. Disse ture er ikke omfattet af denne bog, uanset hvor mange oplevelser de gav anledning til, men da bogen blev revideret efter hjemkomsten fra sommerturen, har jeg tilføjet et par fodnoter hist og pist (ikke mindst i de første kapitler), som henviser til disse to ture. Og så er der jo også basis for endnu en bog, ta dah! NB! Jeg har faktisk i et senere kapitle et par historier fra mine ture i 2022 og 2023. 2024 turen er der dog ingen historier fra.

---

[1] Faktisk blev det også til en tredje tur i september – endnu en gang til North Carolina. Denne gang for at opleve Tom Dooley and Appalachian Culture Festival på Whippoorwill Academy and Village i Ferguson. Her boede jeg i øvrigt også i 2023 og 2024.

Vejen ad hvilken

Vejarbejde på US Highway 1 i Maine

Hele denne bog handler om oplevelser, som vi har haft i USA og vores ture i USA har stort set altid været road trips, så lad mig starte dette kapitel, der jo handler om veje, med at citere omkvædet fra det skotske band Runrigs sang, Roadtrip:

*"Or come with me
Everything you see
Is everything you need
Take a road trip
Go soul deep"*

Da jeg nu sluttede indledningen med at tale om Karoline, vil jeg indlede med et af de kapitler, hvor jeg faktisk i hvert fald nogenlunde lader de enkelte afsnit handle om emner, som ligger inden for overskriftens rammer, nemlig noget med veje og oplevelser i den anledning (selv om der kommer flere af den slags oplevelser i næste kapitel). Faktisk handler de fleste afsnit om noget, der på én eller anden måde ligger inden for rammerne af kapitlernes overskrifter, men det er ikke altid, jeg rammer plet. Lige som i den forrige bog, som jeg ofte vil referere til for at undgå at skrive om de samme oplevelser igen – det kunne ellers være smart, så kunne jeg hurtigt få mange sider i denne bog ved at kopiere – vil jeg også i denne bog indlede kapitlerne med en oversigt over de afsnit, man kan læse i dem. Så i dette første kapitel, kan du læse afsnittene:

- *Ingen velkomstcenter*
- *Noget i tankene*
- *Vejarbejde, vejarbejde, vejarbejde*
- *Frem og tilbage er lige langt*
- *Uden sving og svinkeærinder*

Ingen velkomstcenter

På de første ture i 2000, 2002 og 2004 følte vi os stadig lidt usikre på det amerikanske vejnet. Det var jo før gps blev standard, så vi havde kun kort at køre efter, og vores ellers trofaste (men skiftende) Rand McNally Road Atlasser var bedst til store veje, og knap så gode til de små. Vi holdt os derfor primært på Interstates og større US Highways, og undgik næsten de helt små biveje. Allerede på den næste tur i 2006 var vi blevet fuldbefarne, og ved den lejlighed kørte vi faktisk kun på motorvej ved ganske få lejligheder. Men det var altså ikke tilfældet to år tidligere. Desuden var der endnu en grund til at holde os på Interstates, i hvert fald når vi skulle krydse statsgrænser. I min tidligere bog har jeg fortalt, hvordan vi engang kørte en omvej på 300 km for at kunne krydse en statsgrænse på en Interstate.

Hvorfor nu det? Jo, for når man krydser en statsgrænse på en interstate, vil der typisk ligge et såkaldt Welcome Center ved motorvejen, kort efter at man er kommet ind i den nye stat. Her vil man så kunne hente brochurer – det har jeg fortalt om i samme afsnit i bogen – og detailkort over staten, få hjælp til at bestille hotelværelser og entrebilletter til diverse seværdigheder mm. og personalet er normalt meget opsat på at hjælpe. Dengang hentede vi typisk altid kort, for netop at få nogle, der var mere detaljerede end Rand McNally, brochurer over seværdigheder og kuponhæfter med rabatkuponer. Ikke at vi altid brugte dem, men det skete da af og til at vi indløste en rabatkupon på et hotel eller en restaurant. Amerikanere elsker rabatter – både at modtage og give tror jeg. På den måde kan de jo give et indtryk af, at ting koster mindre end de faktisk koster, og at man derfor sparer penge. At de så har sat prisen op, så de stadig tjener penge efter at have give rabat er en helt anden ting. *"Her får du 10 % rabat på en burger i forhold til prisen på menukortet" ("til gengæld har vi sat prisen på menukortet 15 % op, men det fortæller vi dig ikke").* På nogle få Welcome Centers får man også tilbudt drikkelse, typisk i form af kaffe, te eller saftevand, og måske lidt spiseligt i form af en muffin eller donut, men det er ikke normalen. De fleste steder må man lade sig nøje med automater, hvor man kan trække kildevand, sodavand, slik og deslige.

Men i 2004 var vi på vej mod vest ad Interstate Highway 64 fra en lille by ved navn Winchester (som ikke har noget med våben at gøre) i Kentucky til St. Louis i Missouri. I et senere kapitel fortæller jeg kort om en oplevelse, vi havde i Winchester. På vejen til St. Louis ad denne interstate highway skal man passere staterne Indiana og Illinois, og man skal også passere en tidszone. Dengang stod der et skilt ved motorvejen, når man passerede ind i den nye zone og vandt eller tabte en time (se også artiklen "Håbløs planlægning" i næste kapitel), afhængig af hvilken retning man kørte i. Desværre er skiltet siden forsvundet, men på dette sted går zonegrænsen stadig ned mellem to gårde, der ligger ret tæt på hinanden, og vi talte om, at det måtte kunne give anledning til nogen forvirring at invitere naboen til kaffe: *"Kommer I klokken tre? Så er kaffen klar!" "Meget gerne, men er det klokken tre efter jeres eller vores tid?"* Forestil jer et bryllup mellem to unge mennesker fra de to gårde, og hvilket kaos, der kunne opstå, hvis begge parter inviterede gæsterne til kl. 13, og halvdelen kom kl. 13 Eastern Standard Time, og den halvdel kom kl. 13 Central Standard Time (eller Daylight Saving Time – sommertid, hvis det var et sommerbryllup), eller tænk hvis præsten kom en time for sent, fordi han selv boede i den "sene" tidszone, mens brylluppet blev holdt i den tidlige!

Nå, men da vi kørte fra Kentucky ind i Indiana, gjorde vi altså holdt ved det derværende velkomstcenter og hentede såvel kort som brochurer, hvilket i virkeligheden slet ikke var nødvendigt, da vi jo skulle blive på motorvejen hele vejen gennem staten, men vi skulle jo overholde traditionen. Når man kommer på et sådant bemandet velkomstcenter, bliver man i øvrigt ofte bedt om at indskrive sig i stedets gæstebog, så personalet kan se, hvem de har betjent, og hvorfra gæsterne kommer, så det gjorde vi selvfølgelig – og personalet er ofte ganske imponerede (eller lader som om), når de hører at vi kommer helt fra Danmark. Efter besøget i bygningen slog vi os ned ved et af de picnicborde, der ofte er opstillet på et område ved parkeringspladsen. Her smurte vi os nogle sandwich med pålæg fra køleboksen, som vi som sædvanligt havde anskaffet, inden vi drog ud på køreturen. Dem spiste vi så, mens vi dels nød synet af et såkaldt "limestone hole", svarende til det, vi i Danmark kalder "jordfaldshuller", og dels så på et arbejdshold fra Indiana Department of Corrections (dvs. straffefanger) i orange kedeldragter, som gik og vedligeholdt rastepladsen og dens omgivelser under opsyn af nogle uniformerede gutter, formodentlig fængselsbetjente. Da vi havde spist færdigt, kørte vi tilbage til motorvejen og fortsatte vores færd.

Vores store chok kom, da vi nåede til grænsen til Illinois og kunne konstatere, at her var der ikke noget velkomstcenter. Der var en rasteplads med picnicborde og toiletter, men ikke det mindste spor af nogen form for velkomst. Jeg har et billede af Dorte, der sidder på en lav mur omkring et bed uden for toiletbygningen, og ser meget fortvivlet og utrøstelig ud, og manglen på velkomstcenter gjorde stedet noget trøsteløst i vore øjne. Det var to gange trøst i en sætning. Godt gået, Jan! Oplevelsen rystede os så meget, at da vi havde kørt gennem hele staten og passerede ind i Missouri, endte det med, at vi kørte forkert, så vi måtte frem og tilbage over Mississippifloden et par gange (via broer – vi kørte ikke i et amfibiekøretøj). Vi var faktisk så rystede, at selv da vi forlod byen nogle dage senere, var vi stadig så meget ude af balance, at vi kørte over Mississippi igen, selv om vi faktisk skulle vest på, ikke mod øst. Og det havde ikke noget med et manglende velkomstcenter i Missouri at gøre, for et sådant vidste vi ikke fandtes. Det var nemlig slået sammen med byens turistkontor, som vi besøgte næste dag. Nej, det var manglen på motorvejsvelkomstcenter i Illinois, der i den grad slog os mentalt ud af kurs.

Noget i tankene

Oprindeligt ville jeg have kaldt dette afsnit enten "Tankefuld" eller "Tanketom", men det gjorde jeg så ikke alligevel, men valgte i stedet den overskrift, som kan ses lige over afsnittets tekst. Og "tankene" er det rigtige ord. Der skal ikke stå tankerne, men til gengæld er det kun i flertal i overført betydning, da den ene tank er den, der sidder i bilen, mens den anden er den, der sidder i os. Det er selvfølgelig også derfor at afsnittet bringes i dette kapitel om "Vejen ad hvilken", som også er titlen på en roman af Klaus Rifbjerg fra 1975. Jeg har aldrig selv læst romanen, da tvangslæsning af andre Rifbjergromaner i folkeskolen og gymnasiet, gav mig en særdeles negativ holdning til denne – og i øvrigt også andre forfattere, som var tvangslæsning, men på hjemmesiden bibliotek.dk, har jeg læst følgende om handlingen: *"En midaldrende, smuk og begavet kvinde bryder ud af sit ægteskab i et forsøg på at erkende og realisere sine muligheder udenfor tosomhedens kvælende borgerlighed"*, og det lyder jo fantastisk spændende eller noget. Det var nu heller ikke romanen, jeg havde i tankerne, da jeg skrev udtrykket, men min gamle folkeskoledansklærer, som skulle underholde (og gerne lære os) om forskellen på, hvornår man skal bruge "af" og "ad", og hun brugte netop udtrykket, "vejen ad hvilken", som hun nok ikke selv havde fundet på, når hun skulle forklare, at man i givet fald skulle bruge "ad" og ikke "af". Nu håber jeg, at hun enten ikke læser denne bog, hvis hun stadig er i live efter 60 år, eller at jeg har gjort det rigtigt.

Nå, men til historien. Med alle de kilometer, man typisk kører på roadtrip i USA, skal man ofte have benzin på undervejs, og det er som regel ikke noget problem, da der stort set er tankstationer overalt, dog ikke på Interstate Highways, hvor man er nødt til at forlade motorvejen for at fylde benzin på. Til gengæld er der ved de fleste frakørsler skiltet med, hvilke tankstationer, der ligger i nærheden. Undtagelsen fra denne regel er betalingsveje, hvor man betaler, når man kører fra motorvejen. Her er der rastepladser med tankstationer, så man ikke skal betale vejafgift for at få benzin på.

Der er dog steder, hvor det kan være svært at finde en benzintank, ikke mindst i landlige områder i de østlige bjerge og i ørkenområderne mod vest. Her har jeg en gang set et skilt, der oplyste om, at der var 193 miles (310 km) til den næste tank, og så er det en god ide at få fyldt tanken op, for det er ikke sjovt at gå i stå 150 km fra den nærmeste tank i et område uden mobildækning, og hvor der kan gå timer mellem man ser andre trafikanter. Men det er ikke de manglende tankstationer, jeg vil tale om, men derimod de, der faktisk findes, og som vi jævnligt har besøgt for at få tanket op, ikke mindst en tankstation i Alabama og en anden i Idaho, men dem vender jeg tilbage til nedenfor – og så en texansk (eller rettere en kæde), vi ikke har besøgt.[2]

Tankstationer kan være store eller små. Den mindste, vi besøgte, hvilket var på vores allerførste tur til USA, havde kun én enkelt stander, selv om der var kommet flere, da vi kom tilbage 12 år senere, men allerede ved det første besøg, havde stedet en mindre butik, hvor man kunne købe produkter til både bilen og sig selv i form af sodavand og snacks, og det er karakteristisk for mange tankstationer. Altså det med snacks. Men mange tankstationers butikker er faktisk supermarkeder med både øl, vand (sjældent spiritus), slik og så videre, men også mad, både tilberedt og som dybfrost og så fremdeles. Det sker, at vi kun fylder benzin på, men det er sjældent, og som regel skal vi lige ind i butikken, så jeg kan få en kop kaffe (ikke mindst fordi kaffen på de fleste tankstationer ofte er langt bedre end den, man som regel får på moteller og restauranter i USA), og ved frokosttid investerer vi af og til i en sandwich, så vi ikke skal på restaurant for at spise – hvis vi ikke helt springer frokosten over. Det sker også, at vi køber vores traditionelle vingummiorm, som jeg har nævnt kort i min tidligere bog, men som jeg hellere må fortælle hele historien om, så den kommer i et senere afsnit i denne bog. Det sker faktisk også, at vi køber andre snacks, og måske en sodavand – kun sjældent almindeligt flaskevand, da vi typisk køber det i større mængder, fx 24 eller 32 flasker, i supermarkeder, og så køler det selv i en isterningsdrevet køleboks, hvor vi også kan have andre ting, der ikke kan holde sig i varmen.

På nær i staterne New Jersey og Oregon, hvor man ikke selv må tanke,[3] men skal betjenes, er der typisk betalingsautomater ude ved standerne, og lige så typisk kan man ikke betale med udenlandske kreditkort i disse automater (udenlandske for USA altså). På mange tankstationer, ikke mindst fra de store selskaber, skal man nemlig indtaste en såkaldt zip kode (postnummer), som bekræftelse på, at

---

[2] Det gjorde vi så i 2022 – faktisk hele to af slagsen i henholdsvis Texas og Tennessee.
[3] Det blev faktisk tilladt i Oregon i 2023, så nu er det kun New Jersey, som holder fast i betjeningstanke.

kortet er gyldigt, og denne bliver så sammenlignet med den, der er gemt på kortet, men som udlænding har man ikke en sådan amerikansk zip kode registreret på sit kreditkort. Så kan man af og til "snyde" ved at anvende en falsk zip kode, som fx "00000", "12345" eller eventuelt "90210", men hvis dette ikke virker, må man gå ind i butikken for at forudbetale sin benzin.[4] Ved en enkelt lejlighed et sted i Gila River Indian Reservation mellem Phoenix og Tucson i Arizona, var det Tims tur til at betale, men automaten ville slet ikke læse hans kort, og insisterede på, at det var ugyldigt. Så prøvede jeg med tre forskellige kort, Master, American Express og Visa, men med samme negative resultat, hvor jeg slet ikke nåede frem til spørgsmålet om zip kode, hvilket undrede mig noget, da jeg en times tid tidligere havde betalt for frokost på en restaurant uden problemer (det var altså betalingen, der blev gennemført uden problemer – om restauranten havde den slags, skal jeg ikke kunne sige). Jeg måtte derfor begive mig ind i butikken for at forudbetale, men desværre var problemet præcis det samme der. Tankindianeren mente, – han var indianer, men da medlemmer af to stammer (Akimel O'odham og Pee-Posh), deler reservatet, ved jeg ikke, hvilken stamme han tilhørte, men han var i hvert fald manden bag ved kassen – at det kunne skyldes at kortene var blevet lukkede, fordi vi havde brugt dem i for mange forskellige stater på samme dag, hvilket kan indikere, at et kort er stjålet. Det var nu ikke tilfældet, da vi ikke havde været i andre stater end Arizona den dag, og kun i en enkelt anden stat dagen før, og i ingen af tilfældene havde jeg brugt andet end det samme kort, så de to andre burde virke[5]. Men det gjorde de altså ikke, så jeg måtte gå ud til Tim, der ventede ved standeren, med uforrettet sag. Vi har normalt ikke så mange kontanter på os, men vi kunne skillinge sammen til $25, som jeg så kunne gå ind i butikken og betale, og så fik vi benzin nok til at bringe os til en tank i Tucson, hvor vi ikke havde kortproblemer overhovedet.

Der er også tankstationer med rigtigt mange standere. Igen har jeg set flest i Texas, som ikke bare *"makes everything bigger and better"*, når det gælder vejarbejder, se næste afsnit, men altså også tankstationer, kohorn[6] og meget andet. I 2019

---

[4] I 2022 virkede det langt bedre, og det var kun på få tanke, vi blev "afkrævet" en zip code.
[5] Senere har jeg lært, at problemer af denne art ofte skyldes, at mange steder ude på landet i USA, har de "gamle" kreditkortterminaler, som ikke opfylder de sikkerhedsklrav, som NETS stiller, og derfor bliver betalingerne afvist.
[6] De længste kohorn (ikke skohorn, som min stavekontrol foreslog), der nogensinde er målt i hele verden, var 329 cm fra spids til spids. De sad på en ko af racen Texas Longhorn med

besøgte Tim og jeg en tankstation fra olieselskabet RaceTrac i byen Melissa, ikke langt fra Dallas. Dette olieselskab opererer kun i Sydstaterne, hvilket kan være årsagen til, at vi ikke havde lagt mærke til dem før. Selskabet har hjemsted i Georgia, som vi ofte har besøgt, men vi har altså ikke lagt mærke til tankstationer fra dette selskab. Hvis vi har besøgt en sådan, har vi i hvert fald ikke været opmærksomme på det. Firmaet er i øvrigt det tredjestørste enkeltmandsejede firma i Georgia målt i omsætning. Det er dog kun nummer 64 på listen over alle de største selskaber, som toppes af Coca-Cola og United Parcel Service (UPS) og et i Danmark ukendt firma, Ranstad, som er en slags vikarbureau. Til gengæld er Coca-Cola kun nummer seks i staten, når det gælder antal ansatte. Her toppes listen af butikskæden Home Depot. Og så kom der lige lidt statistisk paratviden ind! Nå men tilbage til tanken i Melissa. Her var der 20 standere, alle til benzin, da der ikke blev solgt diesel her, hvilket faktisk ofte er tilfældet på tankstationer i USA. Butikken var, som den slags er flest i USA. Var vi imidlertid kørt en omvej på ca. 4 km til en anden tank, der kun ligger 700 m fra RaceTrac i luftlinje, var vi kommet til en tankstation, som jeg gerne ville og vil besøge[7]. Faktisk havde vi talt om det undervejs, men den nærmeste vi havde kunne finde i forhold til vores opholdssted, lå helt nede omkring Austin, en tur på omkring 600 miles eller 960 km frem og tilbage, og det var trods alt for langt, for at bare at se en benzintank. Men nu, hvor vi ved, at der ligger en i Melissa, som kun er en halv times kørsel fra der, hvor vores venner bor, er dette med på planen for vores næste tur til Texas, hvornår det så end bliver – i sommeren 2022, hvis alt går vel – måske endda inden denne bog når at udkomme.

Hvad er det så for nogle tankstationer, jeg ligefrem er villig til at køre ekstra for at besøge. Ja, egentlig er det ikke så meget for benzinens skyld, selv om tankstationen i Melissa har omkring 40 "dobbeltstandere", hvor der kan tankes fra begge sider. 80 biler kan altså tanke samtidigt, så der er næppe kø. Nej, det er butikken hos selskabet Buc-ees, som er interessant. Jeg har aldrig besøgt en[8], men jeg har set flere videoer om dem på YouTube. Dette selskab har hjemme i Texas, hvor

---

det mundrette navn M Arrow Cha-Ching, som boede på en farm nær Lafayetteville i Texas. Køer af racen har generelt længere horn end tyre, og de hidtil længste tyrehorn var kun 298 cm.

[7] Det fik jeg så faktisk gjort i 2022, både i Melissa, Texas og i Crossville, Tennessee.
[8] Se venligst ovenstående fodnote.

også de fleste af deres tankstationer ligger, men man kan også finde dem i Alabama, Georgia, Tennessee og de er ved at åbne stationer i Florida samt North og South Carolina. Også dette selskab er privatejet, nemlig af to partnere, hvoraf den er hedder Arch Aplin III (jeg elsker disse amerikanske serienummererede efternavne), men som barn gik under kælenavnet "Beaver", og firmaets logo er da også en meget glad udseende bæver, som kaldes Bucky. Den største butik har selskabet i byen New Braunfels, ikke langt fra San Antonio. Dette er verdens største "convenience store" i hele verden med et areal på mere end 6.300 m². jo, det var bevidst at verden kom med to gange, bare for at vise, at jeg kunne. Begrebet "convenience store" kan nærmest oversættes til "nærbutik", men henset til størrelsen er det måske alligevel ikke helt dækkende, og folk kommer da også ofte langvejs fra for at handle hos Buc'ees. Tankstationen har 120 optankningssteder, og butikken kan prale af flere spisesteder, 83 toiletter, 31 kasser, 4 slush-ice stationer og ikke mindre end 80 haner til sodavand[9]. Butikken i Melissa kan ikke helt leve op til dette, men der er nu meget at se på alligevel, så den er altså med på en kommende plan[10] – for et syns skyld. Med alle disse informationer burde du, som læser, snart være klar til at stille op i Jeopardy, Hvem vil være Millionær? eller andre quizzer om paratviden. Og fortvivl ikke – der kommer masser af endnu mere ligegyldig paratviden senere i bogen.

Men nu fra en stor tankstation, vi ikke har besøgt, til to, som vi faktisk har besøgt. Den første af disse, som vi besøgte, lå i Idaho ved I-84 tæt på den lille by Eden. Stedet hed Traveller's Oasis at Garden of Eden, altså "De rejsendes oase ved Edens Have". Så bliver det, da ikke mere romantisk. Vi startede med at fylde benzin på bilen (det var tilbage i 2010, hvor vi kørte i en Chevrolet Camaro, som var ret forslugen), og da vi havde kørt bilen væk fra benzinstanderen og til en parkeringsplads, gik vi ind i den ret store butik. Her kunne man få næsten hvad som helst. Tim endte fx med at købe nogle satiriske bøger – ret morsomme, og jeg købte en eller anden souvenirting, som jeg tog med hjem som gave. Man kunne også få de samme spiselige ting, hotdog, sandwich, burgere mm, som man kan på de fleste, i hvert fald de fleste større, tankstationer, men desuden havde de også

---

[9] Faktisk er firmaet i gang med at opføre et endnu større anlæg og butik (6.900 m²) i Sevierville øst for Knoxville i Tennessee, så New Braunsfels må snart se sin tid som verdensrekordindehaver slutte.
[10] Se venligst de to fodnoter på foregående side.

en restaurant, hvor man kunne sidde ned og blive betjent af en rigtig servitrice, hvilket vi så gjorde, da det var frokosttid, og vi havde endnu langt at køre – mere om det i afsnittet "Uden sving og svinkeærinder" senere i dette kapitel. Efter besøget her, læste jeg nogle anmeldelser på nettet. Nogle var ved at svømme over af begejstring, mens andre synes, at det var et ringe sted. Det eneste, anmelderne var helt enige om, var, at der var rigtigt mange, meget flotte og særdeles velrengjorte toiletter. Tim og jeg syntes at maden var OK, om end ikke paradisisk. De rene toiletter kan vi ikke udtale os om, da de var lukkede på grund af - rengøring! Selve Paradisets Have viste sig at være et stort træ i papmache midt i butikken med en slange (også af papmache) snoet omkring. En af de anmeldelser, jeg læste, som i øvrigt ikke var specielt rosende, nævnte også, med noget som lignede foragt og kvalme, de poser med gigantiske, luftfyldte, flæskesvær (som kendes som "bacon svær" i Danmark), som hang på et stativ lige ved træet. Dem havde jeg også lagt mærke til. De havde en størrelse, så op mod tyve mennesker kunne have delt én svær og stadig haft til overs.

Den anden store tank, vi har besøgt, ligger i Alabama, og i 2016 besøgte vi den for første gang, og ved den lejlighed var det tilfældigt. I 2018 havde vi besluttet, at vi ville gøre et stop netop der efter oplevelsen to år tidligere. Vi bliver lidt i genren, for dette sted hed simpelthen Oasis Travel Center. Denne tank med tilhørende butik ligger ved Interstate Highway 10, nær byen Robertsdale, og ikke ret langt fra den Buc-ee's, som netop er åbnet i Alabama – men den lå der altså ikke dengang. En anden kæde med ret store butikker, er Love's Travel Stop, og en sådan ligger også i nærheden, men da vi manglede benzin i 2016, var det altså Oasis, vi endte ved. Det var først, da vi kom til stedet, at vi opdagede, at den var anderledes end så mange andre tankstationer. Også her var der ganske mange standere, selv om jeg ikke ved præcis, hvor mange. Det var helt klart et truck stop[11], hvilket kunne ses af de mange lastbiler, der dels var ved at tanke, dels holdt parkerede uden for, og en togvogn holdt op ad muren ind til butikken. Vi startede med at tanke op, og det var i øvrigt et af de få steder, hvor vi slet ikke blev bedt om zipkode, da vi betalte ved standeren, så for en gangs skyld voldte det ikke problemer. Så gik vi ind i butikken, som udefra ikke så ud af noget særligt, bortset fra den lille detalje at for at komme ind, skulle man gennem noget, der var konstrueret, så det så ud som om en minibus var kørt ud af butikken gennem muren, og man

---

[11] I 2022 besøgte vi verdens største truck stop, som ligger i Iowa.

skulle altså gå ind af bussens fordør, gennem bussen og ud af bagdøren for at komme ind – og omvendt, når man skulle ud. Da vi kom ind, blev vi noget overraskede over såvel størrelsen som indretningen. Kasseområdet var indrettet som et piratskib, og også her solgte de alt mellem himmel og jord. Her var det mig, der købte bøger foruden min obligatoriske kop kaffe og nogle Slim Jim's Tabasco Sticks (en slags ølpølser af most svinekød, smagt til med Tabasco Sauce). Stedet har en rigtig souvenirbutik og hele tre muligheder for at spise, foruden de sædvanlige slatne pølser, som ligger og varmer hele dagen på en varmeplade på de fleste tankstationer. Dels en Subway sandwich restaurant, en Chester's Chicken og stedets egen Derailed Diner, hvor man – ta dah – spiser i den togvogn, som vi tidligere havde observeret, da vi ankom til stedet. Dette er en full-service restaurant, hvor man altså sidder ned og bliver betjent af menneskelignende personale. Vi spiste nu ikke hverken i 2016 eller i 2018, men det første år købte jeg en softice, mens jeg ved det andet besøg nøjedes med kaffe. Jeg har et billede af Tim uden for butikken fra dette besøg, og af en eller anden grund ser han voldsomt misfornøjet ud. Hvorfor fandt jeg aldrig ud af, og nu kan han ikke selv huske det.

Den sidste tankstation, jeg vil nævne, var noget behersket i sine udfoldelser i forhold til de to omtalte i Idaho og Alabama. Denne befandt sig i Virginia, måske i byen Raphine; jeg husker det ikke med sikkerhed, men det var i nærheden af I-81 i Shenandoah Valley. Også her tankede vi bilen op og også os selv. Det var også en af de tankstationer, der samarbejder med en fastfoodkæde, i dette tilfælde Subway og det var første gang jeg spiste deres sandwich med meatballs marinaro, altså kødboller i italiensk tomatsauce, som dengang var en nyskabelse hos kæden, men som var så gode, at jeg har spist en sådan sandwich, hver eneste gang jeg siden har spist på Subway. Jeg har faktisk prøvet at lave dem herhjemme og med hjemmelavet marinarosovs, men selv om det var godt, smagte det ikke som hos Subway. De kommer nok noget syntetisk i!

Skulle dette sidste afsnit måske have været placeret i et afsnit om Mad? Måske, men det blev det altså ikke, ikke mindst fordi der ikke er et afsnit om mad før senere i bogen – hvis jeg altså gider at skrive et, når jeg kommer så langt.

Vejarbejde, vejarbejde, vejarbejde

Jeg ved ikke, om man kan kalde vejarbejder for oplevelser, men her kommer under alle omstændigheder et afsnit om vores møder med vejarbejder (i hvert fald møder med nogle få af dem) på vores ture. USA har mange veje. Og lange veje for nogles vedkommende. Alene de såkaldte Interstate Highways er der næsten 80 millioner kilometer af. Af de såkaldte US Numbered Highways eller bare US Routes, er der over 250 millioner kilometer, og dertil kommer så alle State Highways og County Highways foruden alle de veje, der ikke har nogen highwaybetegnelse. Med så mange kilometer vej, kan det ikke undre, at der ofte foregår vejarbejde et eller andet sted. Disse vejarbejder kan være kortere eller længere, og de kan være mere eller mindre generende for trafikken, afhængigt af, hvor omfattende de er.

Jeg vil dog starte med et dansk vejarbejde, der kostede mig en fredag aften i en lufthavn i Jylland. Det er en del år siden, (ca. 35), mens jeg arbejdede for IBM. Jeg havde været på kundebesøg hos Bankdata i Erritsø (ikke langt fra Frederica, hvis du ikke kan placere stedet), og nu skulle jeg til Billund og tilbage til familien. Mellem Fredericia og Vejle kørte jeg så ind i et stoplysreguleret vejarbejde (reguleret manuelt af to personer, én i hver ende, som talte med hinanden i walkie-talkies). Jeg kom til at holde for rødt lys – i øvrigt som den første i en efterhånden meget lang kø. Det vil sige, at stoplyset lige var blevet skiftet, da jeg kom frem. Og det var rødt ikke bare længe, men særdeles og i høj grad meget meget længe. Faktisk så længe, at da det endeligt blev skiftet til grønt, kunne jeg se, at jeg skulle skynde mig, hvis jeg skulle nå flyet, så da jeg kom gennem Vejle og satte kursen ud ad Rute 28, kørte jeg nok lidt stærkere end loven tilsagde. Da jeg nåede Billund, kastede jeg bilen ind på Hertz' parkeringsplads, løb over mod lufthavnsbygningen, forbi Hertz kontoret, hvor jeg kastede lejekontrakt og bilnøgle i en detil indrettet brevkasse. Derefter løb jeg til gaten, kun for opdage at denne var lukket og flyet var ved at lette. På dette tidspunkt var klokken omkring 15, og det første fly jeg kunne komme med gik 20.30. På det tidspunkt ægrede jeg mig over, at jeg ikke havde bilnøglen, for nu var jeg dømt til at tilbringe 5 timer godt og vel i Billund Lufthavn, og den var bestemt ikke spændende dengang. Og så var det overn i købet fredag, men jeg var da hjemme på adressen omkring kl. 22.30! Sådan kan det gå, når vejarbejder for alvor driller. Men nu til vejarbejder i USA.

På motor- og andre firespors veje – eller på veje med endnu flere spor – er vejarbejderne sjældent voldsomt irriterende, da man typisk kan køre, selv om der ofte, som i Danmark, er nedsat hastighed, og også i USA fordobles bøderne for hastighedsoverskridelser, hvis de sker ved et vejarbejde, så det er ikke en god ide at overskride hastighedsgrænserne her. Det bør man i øvrigt heller ikke, når der ikke er vejarbejde, selv om nogle gør det – inklusive os – se afsnittet "Fart på!" i næste kapitel. I myldretiden omkring de større byer kan der dog godt opstå ret lange køer ved vejarbejde på motorveje – og det kan der også, selv om der ikke er vejarbejde. Ved en enkelt lejlighed brugte vi mere end en time på at køre 25 kilometer på I-10 og I-12 ved Baton Rouge i Louisiana – og selvfølgelig en dag, hvor vi havde travlt (se også afsnittet "Når hot sauce er nødvendig" i kapitlet "Hvor der handles, der spildes"). Her var der dog ikke tale om vejarbejde; folk skulle bare hjem fra job.

På mindre veje kan vejarbejderne medføre betydelige forsinkelser, ikke mindst på en to-spors vej, hvor kun det ene spor er åbent, eller på endnu mindre veje, hvor kun noget, der ligner en halv vejbane er åben. I Danmark vil vi typisk opstille et trafiksignal, der sikrer, at der kun køres i en retning ad gangen (jf historien fra Jylland), i hvert fald hvis vejarbejdet er så langt, at man ikke kan se, om man kan komme gennem det uden at møde modkørende. Det har jeg også oplevet i USA, men faktisk kun meget få gange, hvoraf den ene var på US Highway 441 på grænsen mellem Tennessee og North Carolina i Great Smoky Mountains National Park – og det var faktisk ikke på grund af vejarbejde, men fordi man var ved at beskære træer. Når stoplys af den art kun sjældent ses i USA, skyldes det nok især, at arbejdskraften er noget billigere end herhjemme, så i USA bruger man oftere såkaldte "flaggers" eller "flag men", som tidligere kunne være deres navn bekendt, fordi de faktisk brugte flag til at signalere, om man måtte køre eller skulle stoppe. I dag bruger de typisk i stedet skilte med teksten Stop på den ene side (som betyder at man skal stoppe – genialt) og på den anden Slow (som betyder, at man må køre, men skal tage det roligt). En sådan "flagmand" (som lige så ofte er en flagkvinde – her lavede jeg først en slåfejl og skrev falden kvinde, men det er noget helt andet – og ikke særligt pænt, så det fik jeg heldigvis rettet) er så placeret i hver sin ende af vejarbejdet, og kommunikerer med hinanden via walkie-talkies. Ved meget lange vejarbejder kan der også være placeret en sådan flagperson M/K/Begge/Uden specifik kønsidentitet i midten af dette. Personligt har jeg altid følt, at det må være et særdeles kedeligt job at stå og vende et skilt en hel dag, og det er heller ikke specielt højt lønnet, men det er selvfølgelig bedre end at være arbejdsløs i et land, hvor der ikke er noget, som hedder dagpenge eller kontanthjælp. Man ser i øvrigt også disse flagmænd ved trafikuheld, som har spærret en eller flere kørebaner.

Af og til er det ikke nok med sådanne flagmænd, hvis man gerne vil styre trafikken gennem vejarbejdet helt præcist. I så fald kan man anvende såkaldte pilot cars eller "lodsbiler". En pilot car er en bil, som kører foran de biler, der skal gennem vejarbejdet, og på den måde styrer hastigheden. En sådan bil er normalt forsynet med et stort skilt, hvor det netop står Pilot Car, og normalt også med gule blinklys på taget. Når man så når til den anden ende af vejarbejdet, kører pilot car'en ind til siden og lader de biler, der er bag den, fortsætte. Derefter vender den og kører så op foran de biler, som i mellemtiden har hobet sig op ved denne ende af vejarbejdet, og så guider den dem gennem og så fremdeles. Det har vi dog kun oplevet 4-5 gange i alt på de godt 190.000 km det hidtil er blevet til på amerikanske veje. Men vejarbejder har der været mange af. Pilot cars anvendes i øvrigt også i en anden sammenhæng, nemlig hvis en transport er større (længere, bredere eller begge dele) end, hvad der normalt er tilladt, en såkaldt "oversize load", fx hvis man skal køre et helt hus, eller et stort rør, en betonkonstruktion, en maskine eller lignende, hvor chaufføren ikke har overblik bagud. I så fald vil der typisk køre en pilot car efter transporten, som så står i forbindelse med chaufføren via radio- og i nogle tilfælde er der også en pilot car foran vogntoget. Disse pilot cars har typisk et skilt på taget med teksten "oversize load", så de øvrige trafikanter ved, hvad der venter. Hvor stort et læs skal være for at være "oversize" varierer fra stat til stat.

Vi har, som nævnt, oplevet mange vejarbejder mange forskellige steder i USA. Et af de mere interessante var i Maine, hvor asfalten var fjernet på et langt stykke af US Highway 1, så vi kørte på "underlaget, som bestod af grus og sten. Her var der også et skilt med Stop/Slow, men det sidste var faktisk ikke nødvendigt, for alle tog den med ro for at undgå stenslag, hvilket også gav sig selv, da det var en af de lejligheder, hvor der kørte en pilot car forrest og satte tempoet.

Ved to lejligheder er vi dog blevet plaget mere end normalt med vejarbejder, og begge gange i det samme område. Første gang var i 2006 og anden gang i 2010, og i begge tilfælde startede en serie af vejarbejder, der fulgte os på den sidste del af vores tur. Det var dog ikke de samme vejarbejder begge gange. Udgangspunktet for vejarbejdsplagen var i begge tilfælde Moab i Utah – eller rettere vejarbejderne begyndte kort efter at vi havde forladt denne by, og så kom de ellers som perler på en snor. I 2006 videre gennem Utah, Idaho, Wyoming, Montana og Washington til Seattle; i 2010 videre gennem Utah, Idaho, Wyoming, Idaho igen, Oregon og

Californien til San Francisco. Sjovt nok har vi aldrig oplevet vejarbejder, når vi er kommet til Moab nord fra, men kun når vi skulle forlade byen i nordlig retning. Men lad mig se på bare nogle af disse mange vejarbejder.

I 2006 forlod vi Moab og kørte nord på ad US 191, og straks, da vi nåede I-70, løb vi ind i det første vejarbejde. Et skilt fortalte, at det strakte sig over 40 miles, men heldigvis skulle vi kun køre omkring 25 af disse. Til gengæld betød det, at en rasteplads, som vi havde udset til en biologisk pause, desværre var spærret, så den kunne vi ikke benytte. Længere nord på, mellem byerne Price og Helper på US Route 6/US Route 191 (de to veje deler vejbane til lidt nord for Helper) var der igen vejarbejde, og det gentog sig, efter at US 6 og US 191 var splittet op, denne gang omring byen Thistle. Et par dage senere skulle vi nord på fra Salt Lake City, og her tog vi US Route 89 mod Bear Lake, som er et populært mål for sommerudflugter for beboerne i netop Salt Lake City, og hvor der engang gik rygter om en søslange, der dog senere blev afsløret som en and!! På vej op i bjergene mødte vi endnu et langt vejarbejde, med flagmand og kun et spor åbent, men vi nåede da frem til søen. Vi blev på US 89 og omkring Montpelier i Idaho, var den gal igen. Men derfra lykkedes det faktisk for os at komme til og gennem Yellowstone National Park uden flere vejarbejder. Først da vi skulle videre, mødte vi det næste vejarbejde omkring søen Hebgen Lake vest for nationalparken. Videre mod nord mødte vi flere, men ret korte vejarbejder, som hver især var så korte, at selv om der kun var et spor frit, var der ikke flagmænd. Først da vi nåede op til I-90 og et stykke mod vest ad denne, kom det næste længere vejarbejde, men her var der dog et enkelt spor ledigt i hver retning på motorvejen, så her måtte vi ikke holde og vente. Til gengæld var vejarbejdet omkring 40 miles (65 km) langt. Så var der kun et enkelt vejarbejde tilbage på den tur, og det kom den dag, vi skulle flyve hjem. Det skulle vi dog først sent på aftenen, så vi tog en sightseeing tur, og det var på denne, at vi igen mødte et vejarbejde. Her var vi dog dobbelt heldige, da skiltemanden viste Slow, da vi kom, og det var på vej ud på udflugten, ikke på vej tilbage til lufthavnen.

I 2010 startede vores trængsler også, da vi forlod Moab, men her nåede vi ikke så langt, for allerede omkring 10 miles ude ad US 191, på vej op til motorvejen, begyndte et meget langt vejarbejde. Nemlig alle de resterende 40 miles op til I-70. Her var der kun et spor, men på grund af vejarbejdets længde, var dette delt op i etaper, en flagmand stod ved begyndelsen af vejarbejdet, og så var der vel kun omkring 5 miles til den næste, hvor der så var etableret et venteområde, og så fremdeles. Hvis man skulle være kørt gennem alle 40 miles, før der kunne køre nogen den modsatte vej, ville køerne være blevet utroligt lange. Da vi nåede I-70 kørte vi igen vest på, men denne gang var der ikke vejarbejde på motorvejen. Den del af motorvejen, som går gennem den geologiske formation, der kaldes San Rafael Swell er efter min mening utroligt imponerende, og mange amerikanere anser det da også for en af landets smukkeste motorvejsstrækninger. (Det samme gælder i øvrigt I-70 mod øst på stræningen gennem Glenwood Canyon i Colorado, øst for Moab, som vi kørte i 2022). På vej gennem "The Swell" gjorde vi en del stop for at nyde naturen, indtil min søn til sidst erklærede, at nu gad han ikke stoppe ved flere canyons, for de lignede alle sammen hinanden alligevel! 90 vejarbejdsfri miles blev det til på motorvejen, inden vi kørte nord på ad Utah Road 10. Så var det til gengæld slut med freden, for omkring byen Huntington startede et nyt vejarbejde, dog uden flagmænd, da det kun var halvdelen af den ene kørebane, som var spærret, og der altså var halvanden til deling mellem begge retninger. Kort efter tog vi en omvej ved byen Cleveland i et – viste det sig – forgæves forsøg på at besøge Cleveland-Lloyd Dinosaur Quarry, men det lå simpelthen for langt væk fra den vej, vi skulle. Vi skar et hjørne af, da vi skulle tilbage UR 10, men lige lidt hjalp det, for da vi nåede tilbage til denne, fortsatte vejarbejdet her.

Præcis, hvor langt det gik, kan jeg ikke huske, men det var i nærheden af byen Price, 20 miles nord for Huntington, at det hørte op, og glade var vi. Men glæden varede ikke længe. Undervejs havde vi talt om, at Dorte og jeg havde set nogle små jordegern på en rasteplads i nærheden af Soldier Summit (se afsnittet "Hvor f..... er byen?", senere i bogen). Det gik godt til Soldier Summit, hvor vi lige så lidt på det, der var tilbage af byen, men så startede et nyt vejarbejde ved byen Tucker, og da det var næsten 20 miles langt, betød det, at rastepladsen, som vi ville besøge, var lukket. I dag er denne rasteplads tilsyneladende helt væk – jeg kan i hvert fald ikke se den på Google Earth. På denne strækning har UT Route 6 heldigvis fire spor, og det var de to i modsat retning af os, der var lukkede, men det betød fortsat, at vi kun havde et spor mod nord, og med kraftigt nedsat hastighed. Så gik det til gengæld uhindret op gennem den såkaldte Wasatch Front, et langt smalt byområde, som begynder lidt syd for byen Spanish Fork og strækker sig 193 km mod nord til Brigham City nord for Salt Lake City. I dette område, som kun er mellem 8 og 30 km bredt, bor 2,6 millioner mennesker, eller 85 % af Utahs befolkning på ca. 3 millioner.

Så gik det godt igen, til vi nåede Yellowstone National Park. Ikke så snart vi var kørt ind af ad den vestlige indgang, før vi blev stoppet af et vejarbejde. Som jeg fortalte om US 1 i Maine ovenfor, var asfalten her gravet af, og her var der både flagmand og en pilot car, men foran denne kørte en tankvogn som vandede gruset, så det ikke skulle støve for meget – og den havde ikke travlt. Vi måtte vente 20 minutter, før det blev vores tur til at køre, men heldigvis var det kun sidst på eftermiddagen, for efter kl. 20.00 lukkede de vejen helt. Dette vejarbejde var kun 16 km langt, men det tog alligevel en rum tid at komme gennem, og dagen efter, da vi havde besøgt nationalparken, skulle vi gennem det igen. Næste vejarbejde mødte vi, da vi skulle videre fra nationalparken efter et ophold i byen Jackson. Denne gang var det på vej over bjergene mellem den lille by Hoback og en anden lille by, Alpine. Find dem selv på et kort, hvis du vil vide, hvor de ligger, men der er ca. 20 miles mellem dem, og der var vel vejarbejde på de 15. Så kom der et par rolige dage, mens vi kørte mod vest, og først på den sidste strækning ud til Stillehavet mødte vi igen et længere vejarbejde. Der havde været nogle stykker undervejs gennem Idaho og Oregon, men de var så korte, at de ikke var værd at tale om. Nu lakkede det mod enden, både med turen og med vejarbejderne, men vi skulle lige opleve et mere på vej mod syd af California 1, dog ikke noget af betydning, og så igen mellem Bodega Bay og Sebastopol (også i Californien), så det var nok den tur, hvor vi har mødt flest lange vejarbejder, men enkelte har der da også været på vores andre ture – det ville være mærkeligt andet.

Faktisk mødte vi det længste vejarbejde enten i 2014 eller 2018. Jeg husker ikke, om det var den ene eller den anden gang, men det var på vej gennem Texas, hvor alting er større og bedre – også vejarbejderne, og da det var på samme rute, kniber det altså med at huske året. Vejarbejdet blev skiltet med at være 70 miles langt, men det eneste vi så til det, var nogle kegler, der var opstillet helt ude i kanten af motorvejen, så enten var arbejdet overstået, ikke begyndt, eller også arbejdede de helt ude i rabatten, og hastigheden var ikke nedsat Men skiltene med vejarbejde stod der altså. Vi har dog også oplevet et reelt vejarbejde i Texas. Det var netop i 2018, hvor et vejarbejde på motorvejen gennem Dallas, betød at vi ikke kunne forlade denne ved den frakørsel, vi gerne ville, men det lykkedes dog at komme tilbage på rette spor.

25

Også vejarbejder i og omkring andre storbyer har af og til givet anledning til tilsvarende problemer, fx i 2014, da vi skulle til St. Louis. Her var der dels vejarbejde på motorvejen, da vi nærmede os byen fra øst, dels havde man ændret numrene på frakørslerne uden at gide at informere vores gps om disse ændringer, så når den påstod at vi skulle køre fra ved afkørselsnummer so oder so, eksisterede dette nummer slet ikke, og når vi havde kørt den passende afstand, og derfor ville forlade vejen, blev dette flere gange forhindret af vejarbejdet. Senere på samme tur gik det galt igen; denne gang ved Louisville, Kentucky. Ved byens lufthavn ligger Worldport, UPS' vigtigste center for luftfragt, og da Tim jo netop beskæftiger sig med luftfragt for UPS, ville han gerne se det. Denne gang var gps'en helt sikker på, hvordan vi fandt lufthavnen - og det var vi også. Afkørselsnumrene passede også, men, desværre var der også her et større vejarbejde i gang, da vi nåede byen, og det betød, at flere motorvejsfrakørsler, herunder begge de to gps'en foreslog til os, var lukkede. Vi kørte fra et tredje sted og håbede at gps'en ville gelejde os på rette spor, men vejarbejdet fortsatte også på de mindre gader i byen, som vi var kommet ud på. Til sidst mente Tim ikke, at det var så vigtigt for ham at se Worldport, men nu var jeg blevet stædig og insisterede. Til sidst fandt vi da også byens internationale lufthavn, hvor UPS Worldport ligger. Her (altså hos UPS, ikke i lufthavnen) arbejder 20.000 mennesker med at håndtere de 450.000 pakker, der kommer gennem centret hver time, døgnet rundt. Lidt flere end Tim må tage sig af. Da jeg ikke kunne komme indenfor - jeg er ikke ansat hos UPS - nøjedes vi med at se såvel bygninger som fly udefra. Det er faktisk en mærkelig oplevelse at se så mange UPS fly på en gang. Det er i øvrigt i Louisville, at det berømte Kentucky Derby finder sted, men det er i maj, så det oplevede vi ikke. Til gengæld fik vi altså set andre dele af Louisville, som vi under normale omstændigheder ville være kørt uden om.

Faktisk oplever vi ofte, at vi først opdager et vejarbejde, når vi møder et skilt med END ROAD WORK, hvilket skyldes at i USA er man gode til at rydde op efter sig, når der ikke arbejdes på vejen – det vil sige man stiller kegler, skilte og andet udstyr op, når dagens arbejde begynder, og fjerner det igen, når man er færdig.

Frem og tilbage er lige langt

For efterhånden en del år siden, fik jeg konstateret en asmatisk allergi eller noget i den stil. Lægerne fandt aldrig ud af, hvad jeg var allergisk overfor. En priktest gav ingen resultat, da det eneste, som slog ud var kontrolprikken, men en af lægerne mente, at jeg kunne være allergisk overfor mikropartikler, som de ikke kunne teste for. Det resulterede imidlertid i, at jeg skulle tage noget forebyggende astmamedicin i form af en spray, som skulle indtages hver morgen. Dette er heldigvis for længst overstået, men mere om det lige om lidt.

Hvorfor nu indvie mine læsere i min sygehistorie? Det gør jeg kun, fordi det spiller en ret vigtig rolle i den historie, jeg vil fortælle i dette afsnit.

Jeg har nu besøgt Las Vegas i alt tre gange, og det er efter min mening mindst to gange for mange. Det er slet ikke min type by, da jeg ikke er til hverken spil eller underholdningsshows, selv om lysene på The Strip da er nydelige. Første gang, jeg besøgte byen, var det med Dorte. Det besøg kommer der en historie om i et senere kapitel. Anden gang var med Tim i 2010, og det er fra dette besøg denne historie stammer. Sidste gang var med både Tim og Tina i 2013, og ved den lejlighed skete der ikke noget, der var værd at fortælle om, bortset fra at Tina – i modsætning til Tim og jeg – kan lide at spille, men de afsatte midler blev hurtigt spillet op ved roulletten.

Men altså til 2010 og det besøg, jeg havde med Tim. Vi ankom til byen en eftermiddag og om aftenen gik vi en tur på The Strip fra MGM Grand i den ene ende til vores hotel, Stratosphere, i den anden. Den spadseretur har jeg omtalt i Vejen til Petaluma i et afsnit, jeg kaldte Morderiske tilbøjeligheder, så det kan du læse der. Det er i øvrigt i kapitlet Storbyglæder. Efter spadsereturen planlagde vi, at vi næste dag skulle se på Las Vegas i dagslys; noget jeg ikke havde prøvet ved mit første besøg.

Efter at være stået op gennemførte vi vores morgentoilette, og ved den lejlighed opdagede jeg, at min astmamedicin ikke, som den plejede, befandt sig i min toilettaske. Jeg gav mig derfor til at gennemsøge kufferter, rygsække og diverse plastikposer, men væk var den. Jeg blev efterhånden overbevist om, at jeg måtte have glemt den dagen før på det hotel i Barstow, Californien, hvor vi havde overnattet. Jeg fandt deres telefonnummer, og da jeg fik fat i en eller anden i administrationen, undersøgte hun sagen og kunne derefter fortælle, at rengøringen ganske rigtigt havde fundet min medicin, og at de nu havde den i receptionen, hvis jeg ville hente den. Og det ville jeg gerne, så da vi havde spist morgenmad, fik vi udleveret vores bil (valet parking, you know), og da Tim venligst havde lovet at køre med, kunne vi forlade hotellet kl. 10.30.

I modsætning til dagen før, hvor vi havde kørt en mindre omvej gennem Death Valley for at komme til Vegas, tog vi denne gang motorvejen, in casu Interstate Highway 15 hele vejen. Der skete ikke meget på de godt 250 km, bortset fra at vi kort efter at have passeret grænsen til Californien måtte stoppe ved en kontrolstation, hvor de skulle sikre sig at vi ikke indførte dyr, levende eller døde, frugt eller grønsager ind i staten - hovsa, der kom vist et ind for meget med. Man kan nok ikke indføre noget ind, men må nøjes med enten at indføre eller føre ind – øv! Da alt, hvad vi imidlertid havde i bilen, var nogle lunkne vand i vores køleboks, hvor al isen var smeltet, fik vi lov til at køre videre. Lidt senere så vi en lastbil, der var forulykket i den modsatte vejbane. Den lå på siden 15-20 meter inde på en mark. Der så ikke ud til at være personskade, men man var ved at tømme lastbilens last over i en anden lastbil, og det skabte en hel del kø i den modsatte retning.

Vi nåede uden flere oplevelser frem til hotellet, hvor Tim ventede i bilen, mens jeg hentede min medicin i receptionen. Derefter satte vi uden yderligere ophold kursen tilbage mod Las Vegas, stadig ad motorvejen, men nu i modsat retning. Hotellet i Barstow var i øvrigt interessant på den måde, at da vi to dage tidligere kom ind på vores værelse, viste det sig at alle håndklæder, vaskeklude og andre stofting var foldet i form af elefanter med ører og snabel. Sødt!

Da vi havde kørt et stykke på motorvejen, gik trafikken helt i stå. Vi holdt stille i omkring 15 minutter, men så begyndte vi at køre igen – langsomt, meget langsomt i "stop, kør, stop" tempo. Vi troede først, at det skyldtes den væltede lastbil, men da vi nåede frem til det sted, hvor den havde ligget, var såvel den havarerede lastbil, som den lastbil, man flyttede varerne over i, forsvundet, og køen fortsatte temmelig mange miles endnu. Efter tre kvarter på denne måde gik køen i opløsning af sig selv, og vi blev enige om, at det nok bare var myldretidstrafik mellem Barstow og Las Vegas. Så kunne vi sætte farten op igen, og det gik pænt hurtigt resten af vejen. Ved grænsen mellem Californien og Nevada passerede vi (som alle andre der kører samme vej) den udtørrede sø, Ivanpah Lake, som ofte bruges til "dirt boating", som er kørsel med sejldrevne køretøjer i stil med isbåde, men på hjul, og vi så da også et par af disse fartøjer i det fjerne. Da vi nåede tilbage til

Las Vegas, var klokken omkring 18, så efter at have hentet vores kameraer på værelset, besteg vi Stratosphere Tower (man får en gratis billet pr. dag, når man bor på hotellet). OK, besteg er så meget sagt. Tårnet er 350 m højt og udsigtsplatformen ligger i 287 meter, så vi tog en elevator. På toppen af tårnet findes der forskellige forlystelser, blandt andet Sky Jump, hvor man udsættes for omkring 250 meter frit fald mod en betaling på dengang 100 dollars, men på trods af at jeg lovede at betale, kunne jeg ikke overtale Tim til at springe ud. Heller ikke Insanity, en karrusel, hvor man sidder i sæder, ophængt i kæder, bliver svinget ud over tårnets kant og så kører rundt med 65 km i timen, ville han prøve. Senere gik vi en tur i byen, blandt andet for at få aftensmad, men Las Vegas i dagslys fik vi ikke set, bortset fra oppe fra tårnet.

For at runde historien af kan jeg fortælle, at da jeg var til mit årlige helbredstjek umiddelbart efter hjemkomsten, mente min læge, at jeg godt kunne ophøre med astmamedicinen, og jeg er sikker på, at det havde jeg nok også kunnet en måned tidligere – så turen på 500 km og ca. 6 timer, var formodentlig unødvendig. Men så har vi også prøvet det. Jeg skal senere fortælle om, hvordan vi en anden gang kørte en endda længere eftermiddagstur, men det var helt bevidst – næsten.

Uden sving og svinkeærinder

I 2010 skulle Tim og jeg krydse Oregon fra øst til vest. Det gjorde vi på to etaper, hvoraf den ene var startet helt ovre i Wyoming og førte os gennem Idaho, og derfra ind i Oregon. Undervejs gennem Idaho besøgte vi den tank, Traveller's Oasis at Garden of Eden, som jeg allerede har fortalt om afsnittet Noget i Tankene, men nu skulle vi sige farvel til Idaho, og gennem Oregon og ud til kysten. Etapen, som startede i Wyoming, var oprindeligt planlagt til, at vi skulle stoppe og overnatte i Boise, Idaho, men da vi nåede byen, syntes vi, at det var for tidligt at stoppe for natten (vi havde som sædvanligt ikke bestilt hotel på forhånd), så vi besluttede at fortsætte, til vi ikke gad mere, og det endte med at blive byen Hines, som ligger i Oregons såkaldte High Desert lige sydvest for og sammenvokset med byen Burns, der er hovedsæde for en meget lille indianerstamme, der kaldes Burns Paiute Tribe. Stammen har kun 350 medlemmer, så de er ikke mange, men det er der nu heller ikke generelt i de to byer. Omkring 1.500 indbyggere i Hines og knap det dobbelte i Burns. Jeg har i øvrigt i "Vejen til Petaluma" fortalt om en madoplevelse i Burns i historien "Hjemmegroet ko". Men nu er det hverken Burns, Hines eller køer, jeg skal fortælle om her, men derimod turen gennem Oregon til tvillingebyerne og videre derfra.

Da vi forlod Idaho forlod vi også motorvejen (I-84, som vi havde kørt på det meste af dagen, og hvad værre var, vi forlod Snake River, som ellers trofast havde fulgt os hele vejen fra Wyoming, hvor vi med jævne mellemrum havde kørt helt tæt på floden. Ved Ontario (byen i USA, ikke provinsen i Canada) skiftede vi til en mindre vej, Oregon Road 201, mod syd, til den mødte US Highway 26, som vi så blev på mod vest til byen Vale. Herfra svinger US 26 mod nord, og da vi ville mod vest, skiftede vi til USA's længste vej, US Route 20, som går fra Boston i Massachusetts til byen Newport, kun 1½ km fra Stillehavet i Oregon. Vi havde tidligere kørt kortere strækninger på denne 5.415 km lange vej i andre stater, men dette skulle blive den længste strækning, vi nogensinde har kørt på denne vej, nemlig fra Vale til en by ved navn Sisters, en strækning på 265 miles eller 425 km. Vi kunne have fortsat hele vejen til Newport, men det gjorde vi ikke. Det ville have været en betragtelig omvej, da vi skulle syd på langs Stillehavskysten, og Newport ligger en del nordvest for Sisters. Hvordan vi kom videre fra Sisters, fortæller jeg om i afsnittet "Roadkill" senere i bogen. Det første stykke kørte vi gennem et bjerglandskab, hvor vi flere gange krydsede en af Snake Rivers bifloder, Malheur River, så vores flod havde ikke helt ladt os i stikken, men sendt en afløser. Vejen mod syd og vest var ganske interessant med en del sving, men også med helt lige stykker på op til 4-5 km uden sving, men dog med bakker da vi jo var i et bjergområde, og det sidste stykke gennem bjergene var der faktisk ret mange sving.

Omkring 140 km vest for Vale var vi gennem bjergene og ude i Oregons High Dessert. Her mødte vi en meget lille vej, der kom fra syd. Denne vej hed Penny Lane (ja, præcis som sangen af samme navn med The Beatles fra 1967), og når jeg nævner netop den vej, er det ikke fordi den har nogen betydning som sådan, men det er det eneste landemærke i området, som jeg kan referere til. Fra det sted, hvor US 20 mødte Penny Lane, og til knap fire km før vi kom til Burns, var vejen trukket efter en lineal. Ikke et sving, end ikke det mindste mødte vi, og da vi senere målte op, viste det sig at strækningen helt uden sving var ikke mindre end 29 km. Det var den længste strækning vi endnu havde kørt uden sving. Selv på motorveje havde vi aldrig kørt så lang en strækning helt uden at dreje på rattet, men her, 3½ km fra Burns, skulle vi dreje en anelse til venstre, og så gik det lige ud igen til byen.

Efter at have spist i Burns og overnattet i Hines, skulle vi så videre næste dag. Her fortsatte vi ad US 20, som først førte mod syd og så svingede mod vest igen. Der var ikke mange sving på den første strækning, men nogle var der dog. Men fra endnu en lille sidevej, Double O Road, gik det igen helt lige ud i 36 km; undervejs tog vejen dog et enkelt sted en mindre bue, men den var næppe synlig, og krævede faktisk ikke at jeg drejede på rattet, da bilen bare fulgte vejens kurve. Så kom vi til en strækning med få og svage sving, men fra byen Hampton, gennem de tre huse eller der omkring, der kaldes Brothers, til omkring Milican, en strækning på omkring 31 km, var der igen kun to meget blide sving. Men så var det også slut for denne gang.

Vi fortsatte gennem byen Bend, som med sine godt 75.000 indbyggere, er den største by i det centrale Oregon. Her havde vi oprindeligt planlagt at overnatte, men nu var det tidligt på dagen, fordi vi dagen før jo havde opgivet at blive i Boise, Idaho og i stedet var kørt igennem til Hines. Vi besluttede derfor at fortsætte videre til Stillehavet. Vi blev på US 20 mod nord til byen Sisters, men uden at møde flere lange, lige stykker. På vej mod Bend, havde vi på de lange, lige stykker kunnet skimte nogle sneklædte bjerge i det fjerne, og på vej mod nord fra Bend, var de meget tydeligere, og vi kunne se, at der var tale om tre bjergtoppe. Lige uden for Bend kørte vi ind på en rasteplads. Her stod nogle informationstavler, og en af disse fortalte, at de tre bjerge, vi kunne se, var tre vulkaner, som under et gik under navnet Three Sisters, og det er disse tre vulkaner, som har givet navn til byen Sisters, hvor vi altså forlod Route 20. De tre vulkaner er kendt som South Sister (Charity), Middle Sister (Hope) og North Sister (Faith). Navnene i parentes, er de navne, som de første nybyggere i området gav de tre vulkaner, og som i dag anvendes som kælenavne. Jeg vender tilbage til disse vulkaner og flere andre senere i bogen.

Mere om veje, gader og stræder

Pirate Alley i New Orleans, Louisiana på en regnvejrsdag

Jeg er ikke helt færdig med at færdes på USA's veje endnu. I virkeligheden kunne jeg måske godt have placeret disse afsnit i det foregående kapitel, men jeg nu har jeg altså valgt at give dem et kapitel for sig selv. Så fik jeg også ganske gratis et ekstra kapitel. Og i det kan du læse:

- *Håbløs planlægning*
- *Venstresving forbudt*
- *Pirater? Måske!*
- *Kongevejene*
- *Fart på*
- *Bilproblemer*

Håbløs planlægning

Tim og jeg er gode til at planlægge vores ture. Faktisk elsker vi at planlægge roadtrips, og selv om covid-19 pandemien allerede havde forhindret endnu et USA roadtrip i 2021, havde vi alligevel planlagt et, og for en sikkerheds skyld havde vi også lavet en Plan B, Plan C og Plan D, nemlig (B) et roadtrip i Vesteuropa (Tyskland, Holland, Belgien, Luxembourg, Frankrig, Schweiz, Lichtenstein, Østrig og tilbage gennem Tyskland), og (C) ét i Skandinavien (Sverige og Norge) med besøg i byer som Jönköping, Stockholm, Sälen, Kiruna, Honningsvåg (Nordkap), Tromsø, Bodø, Trondheim, Bergen og Oslo, og så alle de små byer undervejs. Endelig havde vi (D) planlagt et road trip i Danmark, med besøg på øer som Femø, Langeland, Ærø, Als, Mors, Anholt og Samsø og så alt det vi skulle se mellem disse besøg. Når denne bog engang er klar til udgivelse, er sommeren for længst overstået, og så ved jeg, hvilken af turene pandemien tillod om nogen overhovedet, eller om hele ferien blev tilbragt på Costa del Altan[12].

Nå, men vi holder altså af at planlægge. Faktisk er det nærmest den halve fornøjelse, og vi mener altså selv, at vi er gode til det. Det betyder ikke, at vi ikke laver vores planer om undervejs, men det er jo en del af fornøjelsen, for så er der jo mere planlægning at udføre – og så sker det selvfølgelig, at vi af og til alligevel ændrer planerne, når vi først er kommet af sted, fx på grund af uforudsete begivenheder. Rekorden i ændrede planer stammer fra vores sommertur i 2018, hvor vi ændrede vores oprindelige plan 9 gange, inden vi tog af sted, og altså rejste af sted med Plan J, som vi så også lige ændrede undervejs. Jeg skal ikke her plage med at gennemgå alle ti planer, men jeg kan da lige nævnte, at i henhold til Plan A, skulle vi flyve til Seattle, og skulle derefter køre på tværs af USA til Maine af en ret nordlig rute og blandt andet besøge Niagara Falls, inden vi skulle flyve hjem fra New York City. Vi ændrede på planen lidt ad gangen, men til sidst, var den lavet i den grad om, så vi endte med at flyve til Los Angeles, og køre ad en forholdsvis sydlige rute via Phoenix (Arizona), Fort Worth (Texas), Tallahassee (Florida) og flyve hjem fra Miami. Så undervejs gennem planlægningen ændrede turen sig fra

---

[12] Og det blev så hverken til road trip i USA eller andre steder i 2021, da Tim aflyste sin ferie, for at kunne tage til USA i en hel måned senere på året (hvilket i øvrigt heller ikke blev til noget), så jeg endte som i 2020 med en uge i Nordjylland, og der er jo også kønt – selv om det ikke er USA.

at være en nordlig tur til en sydlig, og på trods af alle planerne, ændrede vi alligevel undervejs, fx fordi de venner, vi skulle have besøgt i Fort Worth flyttede fra byen, og så måtte vi jo opsøge dem der, hvor de nu var flyttet hen, og vi skulle også lige besøge en lille forretning, som ikke just lå lige på vejen. Den butik vender jeg tilbage til i afsnittet "Når hot sauce er nødvendig" senere i bogen.

Men altså, når vi nu påstår, at vi er gode til at planlægge, hvorfor så overskriften "Håbløs planlægning"? Jo, det skyldes, at der er to ting, som vi altid glemmer at tage højde for i vores planer. Vi sidder jo bare og siger: "Det vil vi se!" og "Der vil vi hen", og så lægger vi den slags steder ind i vores planer, som det nu passer med geografien – og turens rute. Fordi vi normalt har planlagt efter datoer, og ikke så meget efter de ugedage, de enkelte datoer falder på, har vi ved flere lejligheder fået planlagt besøg på "overturistede" steder i weekender og på helligdage, hvor der er endnu flere mennesker, end der normalt vil være i højsæsonen, hvor vi som oftest rejser, da jeg ikke selv kan bestemme, hvornår jeg vil have ferie, men må rette ind efter min arbejdsplads, og de fleste undervisningsinstitutioner holder nu engang lukket i juli. Disse dårligt planlagte besøg gælder fx besøg i de mest populære nationalparker, som fx Yellowstone NP og Grand Canyon NP.

Ved én lejlighed ville vi besøge Old Faithful, den berømte gejser i Yellowstone National Park. Her er der overordentligt mange parkeringspladser i forhold til andre steder i nationalparken, og alligevel måtte vi køre rundt forholdsvis længe, før der blev en plads ledig. Da vi gik mod springkilden efter at have parkeret, blev vi mødt af en strøm af mennesker, som gik i den modsatte retning, hvilket viste sig at være en fordel, selv om vi skulle kante os lidt mellem dem. De havde nemlig overværet den netop overståede "forestilling", og var på vej væk. Var vi kommet bare lidt før, havde showet været i gang, men der var så mange mennesker, at vi kun med besvær ville have kunnet se noget. Nu kunne vi imidlertid tage plads på første række på en af de opstillede bænke og vente på det næste udbrud, som var forudset til at indtræffe ca. 90 minutter senere. Og det gjorde det, men hele syv minutter senere end det forudsagte klokkeslæt (der er så irriterende, at kilden ikke hører efter og gør, hvad den får besked på, men bare gør, hvad der passer den). På det tidspunkt var alle tilskuerpladserne fyldt op igen, og jeg vil gætte på, at der har været omkring tusind tilskuere, eller flere, inklusive de der stod op, og jeg er ret sikker på, at det har der været til alle udbrud den pågældende dag. Parken har omkring 4 millioner gæster om året, og en stor del af dem var til stede i netop den weekend. Da vi forlod Old Faithful, skulle det vise sig, at der var stort set lige så mange mennesker ved de andre gejsere og varme kilder, foruden adskillige, som bare vandrede omkring i terrænet. Vi fandt dog et sted, hvor der var knap så mange mennesker, nemlig ved det såkaldte Black Sand Basin ikke så langt fra Old Faithful. Her kunne vi parkere uden at skulle lede efter en plads, og her kunne vi gå omkring uden at skulle undvige andre mennesker for hvert andet skridt. Men her er der også kun nogle få varme kilder og en enkelt gejser, som når imponerende højder af omkring én meter under sine udbrud.

Næste dag, hvor det var blevet søndag og altså fortsat weekend, ville vi ud i parkens floddale, for at se på dyr, og det lykkedes da også, men vi var absolut ikke alene på rastepladserne. Faktisk så vi flere mennesker end dyr, bortset fra myg, og dem havde vi hellere været foruden. Jeg vil senere i afsnittet "Betaling efter størrelse" fortælle om, hvordan alt var optaget på den restaurant, vi ville have spist på – og dette fandt sted om aftenen efter dyrekigget. Ved vores næste besøg i parken lykkedes det for os at komme midt i en uge, men desværre var det den 4. juli og altså nationaldagen, hvor mange amerikanere har fri – og så var de minsandten taget i parken igen. Dog ikke helt så mange som ved weekendbesøget, men alle myg var mødt frem.

Endnu flere mennesker var der ved et besøg i Grand Canyon National Park, som vi også havde fået til at ramme en weekend, selv om det bare var fordi, vi ikke havde tænkt os om. Vi havde bestilt værelse på et hotel inde i parken, i Grand Canyon Village helt ude ved kløftens rand. Vi ankom først på eftermiddagen fra syd, og da vi nåede selve indgangen, hvor der skulle betales entre, eller i vores tilfælde, forevises det årskort, vi havde købt ved et tidligere parkbesøg i Death Valley NP i Californien, var køen så lang, på trods af at alle vognbaner var åbne, at det tog os 40 minutter at nå frem til billetsalg/-kontrol og komme ind i parken. Vi skulle bo på Kachina Lodge, men her er der ikke reception, så man skal tjekke ind på El Tovar, parkens ældste og fineste hotel fra 1905, som ligger ret tæt på. Vi kørte derfor op til dette hotel, og her startede vores problemer. Det var simpelthen ikke til at få en parkeringsplads, på trods af at vi kørte rundt og rundt på pladsen. Alle en-dags og weekend turisterne, som var ude i naturen sådan en sommerlørdag, fyldte en hel del. Så prøvede vi at køre ned til Kachina Lodge, hvor vi skulle bo, men det blev det ikke bedre af. Til sidst måtte vi køre til en parkeringsplads på den anden side af jernbanen, hvor det lykkedes os at finde en plads. Mens

Tim ventede i bilen gik jeg de ca. 15 minutter tilbage til El Tovar, bare for at få at vide at vores værelse endnu ikke var klar, men ville være det 1½ time senere, og så brugte jeg andre 15 minutter på at gå tilbage til Tim og bilen igen.

Da jeg kom tilbage til bilen, valgte vi at køre en tur og så komme tilbage senere i stedet for bare at sidde og glo på en parkeringsplads mellem nogle fyrretræer og nogle andre biler i halvanden time. Vi kørte hele vejen ud til udsigtspunktet Desert View ved den østlige indgang til nationalparken, og her gik vi en tur og nød udsigten – og varmen, og så kørte vi langsomt tilbage mod hotellerne, mens vi stoppede ved næsten alle udsigtspunkter undervejs. Da vi kom tilbage til El Tovar, var der stadig ingen parkeringspladser at få, men denne gang satte Tim mig af, og så lå han og cirklede rundt på parkeringspladsen, mens jeg tjekkede ind. Nu var værelset klargjort, så jeg fik udleveret en nøgle, og gik tilbage til Tim, som nok har været på sin runde nummer 187 på den lille parkeringsplads, som ingen havde forladt i de tyve minutter, jeg var indenfor, så han kunne få et sted at sætte bilen. Hvad andre mennesker har tænkt ved "karruselturen", ved jeg ikke, men underligt må det have set ud. Vi kørte så ned til vores eget hotel, hvor der stadig ikke var nogen ledige pladser, så vi læssede bagagen af, og så kørte Tim ellers bilen tilbage til den parkeringsplads, hvor vi tidligere havde parkeret, mens jeg slæbte tingene ind.

Næste dag skulle vi så med en af de gratisbusser, som fragter turister rundt inde i parken for at begrænse biltrafikken. Da vi nu havde set, hvor mange mennesker, der var lørdag, besluttede vi os, trods det at vi var på ferie, for at tage af sted ret tidligt. Vi stod derfor op omkring 5.00, så vi kunne nå vores morgenrutiner, og så alligevel nå bus omkring kl 6.30, og det viste sig at være en fornuftig disposition. Vi valgte at gå de ca. 800 meter fra hotellet, til endestationen for rød rute, som var den rute vi ville med – den kører vest på langs kløften – og her kom vi med en bus lige før klokken 7, hvor der ikke var flere mennesker med, end at det faktisk var muligt at finde en siddeplads. Rød rute kører via otte stop ved diverse udsigtspunkter langs kløften ca. 11 km mod vest til endestationen "Hermits Rest", og vi kørte med hele vejen. Ved endestationen stod vi af, og derefter gik vi ca. 1.500 meter yderligere mod vest ad en lille sti, og nød udsigten over denne del af kløften, som ingen af os havde set før, og her var vi faktisk ganske alene. Da vi var taget af sted så tidligt, var det forholdsvis køligt, ikke meget over 20 grader celsius, så luften var endnu ikke "forurenet" af varmedis, og det betød, at udsigten var helt forrygende, hvilket kompenserede for, at vi var stået så tidligt op.

På tilbageturen har bussen kun tre stop, og vi stod af ved dem alle, for at gå kortere ture ved det pågældende stop, og efterhånden som dagen skred frem, kom der flere og flere mennesker, selv på stierne "ude i terrænet". Da vi var nået det sidste stop og havde gået lidt omkring der, ville vi så tage bussen tilbage til endestationen i landsbyen, men der stod ret så mange mennesker ved stoppestedet, så da der var kørt fire busser, og vi stadig stod langt tilbage i køen, besluttede vi at gå de fem kilometer langs kløften tilbage til hotellet. På det tidspunkt var klokken omkring 12.30, og parken var allerede på det tidspunkt oversvømmet med gæster, så vi var enige om, at det var godt, at vi var stået tidligt op - selv om vi var på ferie. Temperaturen havde rundet 32 grader i solen (stod der på et termometer ved hotellet), og da stien gik forholdsvis meget op og ned, blev vi blev godt svedte af turen. Men vi fortsatte ufortrødent direkte (Tim skulle lige et ærinde på værelset på vejen, men han nåede frem i tide) ud på en guidet tur den modsatte vej langs kløften, hvor vi hørte om dennes geologi, historie, dyreliv og meget andet. Og straks da den guidede tur var færdig, bevægede vi os igen i modsat retning, dog ikke så langt, for at høre et foredrag om kondorer. Heller ikke her var vi alene, men vi så dog kun mennesker, ravne og kalkungribbe – ikke en eneste kondor! Kondorer så vi dog ved et senere besøg, som jeg allerede har omtalt i Vejen til Petaluma. Jeg skal måske lige tilføje at Grand Canyon NP har 6 millioner besøgende om året, altså 2 millioner mere end Yellowstone, og de er koncentreret på et meget mindre område, så ikke så underligt at der kan virke overfyldt – ikke mindst i weekender i juli.

Også ved andre lejligheder har vi ramt nationalparker og andre turistfælder i weekender, men dette var de to værste oplevelser. Men ud over at få timet vores besøg den slags steder fornuftigt så vi ikke rammer weekender, er der én ting mere, vi ikke er gode til at planlægge fornuftigt. Og dette handler om køreture.

Som de fleste sikkert allerede ved – ellers ved man det lige om lidt – strækker USA sig over fire tidszoner. Eller rettere, det gør de sammenhængende stater. Regner man Alaska og Hawaii med bliver det til syv, og regnes de oversøiske territorier med, bliver det til mange flere, men ikke mange danske turister, som vil til USA, regner Amerikansk Samoa og Guam som en del af landet. De to sidstnævnte områder ligger så langt vest for USA's fastlandskyst, at de faktisk ligger på den østlige halvkugle lige som Danmark, ikke på den vestlige som resten af USA. Men de fire, som findes i de sammenhængende stater er også nok. De fire tidszoner er Atlantic, der er seks timer efter Danmark, Central, som er 7 timer efter, Mountain som er 8 timer efter og Pacific, som – ja, du gættede rigtigt – er 9 timer efter. Om sommeren bruger alle stater på nær Arizona og Hawaii Daylight Saving Time (sommertid), men så længe vi fortsat også bruger sommertid i EU, ændrer det ikke på, hvor meget amerikanerne er bagefter – i hvert fald kun en uges tid i hver ende, da man i USA begynder sommertiden ca. en uge før vi gør i EU, og slutter den ca. en uge senere.

Når man passerer en tidszone, skal man altså stille uret en time frem eller tilbage, alt afhængig af om man kører mod øst eller mod vest. Kører man mod vest, stiller man uret tilbage og vinder altså en time; kører man mod øst, skal man stille uret frem og taber en time – så kom ikke her og sig, at et skifte til sommertid og tilbage er besværligt; det sker trods alt kun to gange om året. Men her er det så, at det ofte – faktisk altid – er gået galt med planlægningen, når vi har kørt fra vest mod øst, og altså har mistet timer. Af en eller anden grund har det altid flasket sig sådan, at det har været på de dage, hvor vi skulle køre længst, at vi har mistet tid. Dog aldrig mere end én time på samme dag. Et eksempel på dette, var i 2018, da vi skulle køre fra det vestlige New Mexico til det østlige Texas, en tur på godt 800 km og 9½ time med diverse stop undervejs, som altså blev til 10½ (i hvert fald klokkemæssigt), da vi jo mistede en time, da vi kørte fra Arizonas Mountain Time til Texas' Central Time. Så i stedet for at være fremme i Abilene, Texas, omkring kl. 17.30 som vi havde regnet med, var vi først fremme kl. 18.30 – og jo, vi havde glemt tidszoneskiftet så sent, som da vi tog af sted om morgenen. Nogle dage senere skulle vi køre fra Avery Island i Louisiana til Lake City i Florida, en tur på lige godt 1.000 km, og igen havde vi, om ikke glemt, så dog ikke taget højde for, at vi skulle passere en tidszone. Da vi startede dagen med at handle i en butik, som først åbnede kl. 9, var klokken hen ad halv ti inden vi forlod "øen", eller salthorsten, som Avery Island faktisk er. På trods af at vi kun havde nogle få, korte biologiske stop samt for at tanke bilen undervejs og ellers kørte på motorvej det meste af vejen, men altså til gengæld havde mistet endnu en time, var vi først fremme i Lake City kl. 20.30. Vi må altså snart til at lære, at planlægge skift mellem tidszoner til korte forlægninger, når vi kører øst på, og lange, når vi kører vest på.

Venstresving forbudt

Jeg er ikke just pjattet med at besøge storbyer, men der er da et par stykker, som jeg kan holde ud, og som jeg har besøgt flere gange. Fem for at være helt præcis. Den første er New Orleans, som er omtalt i mange historier i denne bog. En anden er Boston, som slet ikke er omtalt, mest fordi der aldrig er sket noget epokegørende i denne by, som jeg især holder af på grund af dens historie. Seattle er nok min favorit blandt byer, og også den vender jeg til bage til flere gange i bogen, selv om ikke alle historierne som sådan foregår i byen. Så er der Salt Lake City, som jeg holder af på grund af de brede gader, mormonbygningerne og omgivelserne omkring byen med bjergene mod øst, Great Salt Lake mod nord og Great Salt Desert mod vest. Den sidste er San Francisco, som jeg har omtalt en del steder i bogen, men altid kun perifert og som reference, og det opdager du, hvis du ellers orker at læse videre. Men denne historie foregår faktisk i byen.

I 2010 startede og sluttede vores tur i netop San Francisco, og denne historie udspiller sig, da vi kom tilbage til byen efter en rundtur, hvor vi blandt andet havde besøgt Death Valley, Las Vegas, Saguaro National Park, Tombstone, Grand Canyon, Petrifed Forest National Park og meget andet. Men nu var vi altså tilbage i San Francisco og havde haft vores sidste overnatninger inden vi skulle flyve hjem. Imidlertid skulle vi forlade hotellet senest kl. 10, og vi skulle først tjekke ind i lufthavnen kl. 17, så vi skulle få tiden til at gå med noget.

Lidt over 10 fik vi vores bil udleveret fra parkeringstjenesten på hotellet, og efter at have stuvet vores kufferter og anden bagage i bagagerum og på bagsæde, forlod vi hotellet, og satte kursen mod downtown. Vi ville se Mission Dolores, den ældste bygning i San Francisco fra 1776, og vi fandt også uden problemer Mission Street, hvor missionsstationen ligger, men så kom vi desværre ikke længere, fordi alle gader omkring missionen var spærret af politi. Det viste sig, at der var én eller anden slags motionsløb i gang i området, og stort set lige meget hvad vej, vi prøvede at køre, kunne vi kun komme et ganske kort stykke, inden vi igen måtte dreje af. På et tidspunkt kom vi endda til at holde i en kø, der var gået helt og aldeles i stå, så Tim, der kørte på dette tidspunkt, vendte bilen i en port, og så måtte vi tilbage samme vej, som vi var kommet. Det nærmeste vi kom, var en gade væk fra missionen, hvor vi kun kunne se (og fotografere) den basilika, som ligger lige ved siden af missionsstationen, men selv om den er pæn, er den fra 1918 og ikke nær så interessant som selve missionen. I stedet besluttede vi så, at vi ville køre ud til Golden Gate Park for at besøge den japanske tehave, som vi havde sprunget over, da vi besøgte parken på en bustur ved feriens begyndelse tre uger tidligere. Vi kørte derfor tilbage til Van Ness Avenue, som er én af byens gennemgående gader og videre ad Lombard Street til The Presidio, som vi ville køre igennem til parken.

Desværre må vores forenede hukommelse have svigtet, for da vi kom ud i den anden ende af The Presidio, som i øvrigt er kendt fra filmen af samme navn fra 1988, med Sean Connery, Mark Harmon og Meg Ryan, var vi end ikke i nærheden af parken. Så den anden ende af The Presidio var den forkerte ende af The Presidio, eller hvordan jeg nu skal sige det. I hvert fald i forhold til vores mål. Vi kørte så lidt rundt på må og få ad større og især mindre gader, hvor vi blandt andet så flere victorianske huse, masser af el-luftledninger (amerikanere har ikke opdaget fidusen med at grave kabler ned – måske på grund vaf besværet med et reparere dem efter et jordskælv), kirker og meget andet. Blandt andet kom vi forbi Temple Emanu-El, som er en rimelig stor bygning og synagoge for den reformerte jødiske menighed i Bay Area (San Francisco med omliggende områder). Levi Strauss, manden der var den første til at fremstille blue jeans (cowboybukser), var i sin tid medlem af menigheden her, og det samme var hans svoger, David Stern, som hjalp Strauss med at grundlægge virksomheden. Langt om længe fandt vi frem til Fulton Street, som går parallelt med parken nord for denne, og hvorfra flere veje fører ind i parken.

Desværre kørte vi i vestlig retning, og det skal man ikke! Det betyder nemlig, at man har parken på venstre hånd, og det viste sig hurtigt, at der var venstresving forbudt ved alle indkørslerne. Vi valgte derfor i stedet at dreje til højre og køre ned af en sidevej i et forsøg på at komme rundt og tilbage til Fulton Street i østgående retning, men på denne sidevej, var der desværre venstresving forbudt ved alle sideveje – og der var kun sideveje til venstre! Det hjalp derfor ikke meget, så til sidst opgav vi simpelthen projektet med at finde en sidevej, hvor venstresving var tilladt, og i stedet lavede vi en U-vending på sidevejen, uden at genere alt for mange medtrafikanter. Så kunne vi køre samme vej tilbage til Fulton Street og dreje til venstre, så vi nu kørte mod øst, og så kom vi fint ind i parken ved en af indkørslerne. Jeg skal lige sige, at vi selvfølgelig kunne have gjort det nemmere ved at tænde vores gps – men der er også grænser for, hvor nemt det skal være. Vi kom altså vel ind i parken, men så løb vi ind i flere vanskeligheder. Parken er forholdsvis stor med en del veje, og hverken Tim eller jeg kunne huske præcis, hvilken vej turistbussen havde kørt på udflugten den første dag i byen, så vi navigerede rundt igen på må og få – og pludselig var vi ude af parken igen, denne gang på den sydlige side af denne, hvor vi var kørt ind fra den nordlige. Her fik vi imidlertid forholdsvis hurtigt vendt omkring, og så kørte vi ind i parken igen og fandt også sidevejen, som førte ned til tehaven. Der stod simpelthen et skilt! Denne gang gik det helt fint med at finde hen til De Young museet og tehaven, men til gengæld havde vi ikke overvejet, at det var søndag- se også afsnittet "Håbløs planlægning" lige før dette. Det betød, at mange andre mennesker havde fået samme ide som os, og der var ikke en eneste parkeringsplads at finde. Heller ikke langs vejsiden, hvor der i øvrigt er parkering forbudt. På det tidspunkt besluttede vi os for også at opgive besøget. I stedet ville vi stille og roligt køre ud til lufthavnen og undervejs finde et sted at spise frokost.

Vi tog nok ikke den nærmeste vej gennem byen, men benyttede lejligheden til bare at køre lidt rundt, da vi stadig havde masser af tid. Vi kørte ud af en af de sydlige udkørsler fra parken, denne gang bevidst, og kørte øst på til parken sluttede. Her kørte vi så nord på til parkens nordlige side igen. Vi kørte imidlertid væk fra parken og ind i det kvarter, der kaldes Haight-Ashbury efter de to gader Haight Street og Ashbury Street, der krydser hinanden i kvarteret. Det var her i kvarteret at hippie-bevægelsen begyndte i midten af 60'erne, og det var i dette område at "Summer of Love" i 1967, havde sit "åndelige" centrum, og hvor nogle få "overlevende" hippier stadig kan opleves – men der er ikke mange tilbage og heller ikke meget af "ånden" fra dengang. Det lykkedes mig at få taget billeder af begge gadeskilte, som jeg kunne tage med hjem som minde. Vi tog Hayes Street op til Alamo Square, og så på de victorianske huse, der kaldes The Painted Ladies endnu engang, dog kun udefra – vi havde været inden for i et af disse på vores bustur i begyndelsen af ferien. Undervejs passerede vi igen Lombard Street. Denne gang den snoede del af vejen; det vil sige den ca. 400 m lange strækning på Russian Hill mellem Hyde Street og Leavenworth Street med dens otte skarpe sving. Det er svingene, der gør strækningen 400 m lang. I luftlinje er der kun omkring 180 m mellem de to gader. Da vi befandt os på Leavenworth og vejen er ensrettet i modsat retning, kunne vi ikke køre op da den, og vi orkede ikke at køre en omvej, så vi kunne køre i den rigtige retning. Det er om denne strækning, at turistguider og vognstyrere på de kabelsporvogne, der har stoppested i Hyde Street ud for Lombard Street, plejer at bilde uskyldige turister ind, at dette er den mest snoede gade i San Fransisco. Men det er ren og skær løgn og latin er det!! Den mest snoede gade er Vermont Street, der ligger et andet sted i byen (slå det selv op, hvis du ikke tror mig). To gader syd for Lombard finder man Filbert Street, som på en kort strækning er den stejleste gade i byen med en stigning på 55 procent. At se på de parkerede biler her kan gøre én helt nervøs, så skråt holder de – og der er parkering på tværs, ikke på langs af vejen.

Tidligere blev der afholdt et væddeløb for voksne på trehjulede cykler på den snoede strækning af Lombard Street en gang om året, nærmere bestemt Påskesøndag; det såkaldte "BYOBW løb". BYOBW står for Bring Your Own Big Wheel. I dag er dette løb dog flyttet til netop Vermont Street. Når det er Lombard og ikke Vermont, der er blevet kendt, skyldes det nok dels nærheden til centrum, men også, at i modsætning til Lombard er Vermont ikke pyntet op med blomster og anden udsmykning. Hastighedsgrænsen på den snoede del af Lombard er i øvrigt nede på 8 km i timen, så det går ikke stærkt nedad.

Efter besøget her kørte vi tilbage til Van Ness, som vi denne gang tog mod syd ud ad byen. Van Ness, der her også er U. S. Route 101, blev til motorvej lige efter at vi var begyndt at køre mod syd, og så gik det i raskt tempo mod lufthavnen eller rettere mod bilafleveringen, hvor vi med noget besvær fik afleveret Camaroen, som havde fået 7.000 miles (godt 11.000 km) mere på kilometertælleren, end da vi hentede den 25 dage tidligere. Vi tog det samme lille tog tilbage til terminalen, som vi var kommet med godt tre uger tidligere. OK, måske var det ikke det samme tog, men i hvert fald den samme "bane". Da vi kom til terminalen, var indtjekningsskrankerne allerede åbne, så vi gik direkte derhen. Der havde heller ikke været meget andet at lave, da amerikanske lufthavne er særdeles kedelige og ikke har mange publikumsfaciliteter – og det var endnu værre dengang. Da det blev vores tur, smed jeg min kuffert på vægten og det samme gjorde Tim. I min kuffert var der 6 kg overvægt, mens Tim havde rigeligt plads. Manden i skranken foreslog, at vi flyttede noget af bagagen, så jeg flyttede seks flasker vin fra min kuffert til Tims sportstaske, og det var nok til, at vi begge kom igennem uden problemer. Heldigvis var der ingen bag os i køen, mens vi foretog denne operation, så der var ingen, der blev sure over den ekstra ventetid. Vi fortsatte gennem security, som gik forholdsvis nemt. I selve afgangshallen sker der ikke meget, men vi fandt en lille cafe, hvor vi fik en sodavand. Og sådan sluttede det besøg i San Francisco.

Pirater? Måske!

I New Orleans – ja, ja, jeg ved det godt. Alt for mange artikler i denne bog foregår eller tager udgangspunkt i New Orleans, men det er altså, som nævnt tidligere i kapitlet, en af de få storbyer, som jeg kan holde ud – og mere end det. Jeg synes faktisk byen er charmerende og interessant – ikke mindst de ældste dele. Så her lidt mere paratviden om byen, inden jeg kommer til sagen. New Orleans er opdelt i et antal distrikter, 13 for at være helt nøjagtig, som igen er opdelt i i alt 72 nabolag (neighborhoods). De mest interessante af sidstnævnte er efter min mening French Quarter – den ældste del af byen, Garden District, hvor de første amerikanere slog sig ned, da USA købte området fra Frankrig og Faubourg Marigny, lige nordøst for French Quarter. Andre kan selvfølgelig have helt andre præferencer, men dette er altså mine. Dette afsnit foregår i French Quarter.

Den centrale plads i denne del af byen er Jackson Square, opkaldt efter USA's 7. præsident, Andrew Jacksom, som i 1815 vandt slaget om New Orleans mod en britisk styrke. Den britiske styrke endte med at have 285 døde, over 1.200 sårede og 485 tilfangetagne mod amerikanernes 13 døde, 30 sårede og 19 savnede. På det tidspunkt var Jackson ikke præsident; det blev han først i 1828, men var fungerende generalmajor i hæren. Under slaget havde han en medgeneral (brigadegeneral) med det interessante navn Pushmataha, som var choctawindianer, og som kommanderede en brigade af choctaws som støttede amerikanerne. Nogle kilder vil vide, at manden, der kommanderede choctawstyrken, var en anden høvding ved navn Mushulatubbee. Inden jeg helt glemmer, hvad jeg var i gang med og bevæger mig ud i en længere beskrivelse af slaget, som absolut ikke har noget med historien at gøre (tror jeg), må jeg hellere fortælle, at krigen faktisk var slut på det tidspunkt, hvor slaget stod. Den nyhed var bare ikke nået frem til de to hærstyrker! Men tilbage til Jackson Square. Ud over en statue af generalen på midt af pladsen finder man også en række spændende bygninger.

Jackson Square ligger mellem gaderne St. Peter Street, Chartres Street, St. Ann Street og Decatur Street. På sidstnævnte gade, ved et af parkens hjørner, men på den modsatte side af gaden finder man den berømte Café du Monde, som har serveret kaffe med rigelig cikorie og beignets (en slags donuts) siden 1862, og de tilsætter stadig cikorie til kaffen. På de to sider af pladsen langs St. Peter og St. Ann ligger de såkaldte Pontalba bygninger fra omkring 1840, som er kendt både for deres smedejernsgitre og blomsterdekorationer (som i øvrigt findes alle steder i French Quarter) og for deres dyre lejligheder, som efter sigende skulle være de ældste lejligheder i USA, der har været udlejet siden de blev opført. Her kommer endnu et mærkeligt navn ind i billedet, da bygningerne blev opført på foranledning af Baronesse Micaela Almonester Pontalba. Og nu nærmer vi os. På pladsens sidste side, mod Chartres Street, ligger Saint Louis katedralen fra 1720 (den nuværende bygning er dog fra 1850), eller som den egentlig hedder, Cathedral-Basilica of Saint Louis, King of France. Dette er den ældste fungerende katolske domkirke i USA. Til hver sin side for katedralen ligger to bygninger, Cabildo til venstre for katedralen og Presbytér til højre for. Cabildo eller Cabildoen, var sæde for det råd, som styrede området, mens det var en spansk koloni (cabildo betyder råd); man kunne vel kalde det rådhuset, og senere lå også byens domhus i denne bygning. I Presbytere boede domkirkens præster og andet personale. I dag tjener begge bygninger som museer.

Mellem Cabildoen og domkirken går en smal gyde, som oprindeligt hed Orleans Alley. En tilsvarende gyde går mellem kirken og Presbytere. Også denne gyde hed oprindeligt Orleans Alley (måske snare Callejón, som betyder "gyde" på spansk), og man skelnede mellem de to gyder ved at kalde den førstnævnte for Orleans Alley Syd og den anden for Orleans Alley Nord (dog nok ikke på dansk, da man jo talte spansk i byen). De to gyder var oprindeligt grusstier, og de var anlagt for at fremme folks dovenskab. Ved at benytte gyderne som genvej mellem Chartres Street og Royal Street, kunne folk spare en omvej på mellem 40 og 80 meter, når de skulle bevæge sig mellem de to gader, fordi de så ikke behøvede at gå hele vejen til St. Peter eller St. Ann. Omkring 1830 blev de to gader brolagt, og det er de endnu. Men lad mig vende mig mod Orleans Alley Syd. Den første del af gaden, fra Jackson Square er ikke specielt spændende, da vejen bare går mellem kirke og museum, og på begge sider er der bare tomme mure. Bag Cabildoen ligger en bygning, som kaldes Arsenalet (Arsenal), som i dag også er museum. Hvor denne bygning ligger, lå i sin tid byens fængsel, og det kommer til at spille en rolle om lidt. Bag arsenalet går gyden Cabildo Alley, og fra denne i retning mod Royal Street, ligger der på venstre side af gaden butikker og restauranter, og på højre side St. Anthonys Garden. På denne strækning – altså på siden med husene, var

44

der også lejligheder, og i begyndelsen af 1920erne flyttede en ung mand ind i en af disse, og i 1925 skrev han sin første roman, Soldier's Pay (på dansk Soldatens Løn). Han havde tidligere kun skrevet digte og et enkelt skuespil. Romanen blev ingen succes – i hvert fald ikke i første omgang – men i dag er William Faulkner anerkendt som en af USA's store forfattere fra det 20. århundrede sammen med Ernest Hemingway, John Steinbeck og Scott Fitzgerald. Men det var slet ikke det, jeg ville fortælle. Jeg har altså tit svært ved at holde mig på sporet.

I umindelige tider, i hvert fald fra begyndelsen af 1800-tallet, var Orleans Alley Syd kendt som Pirate Alley eller Pirates Alley blandt de lokale beboere i French Quarter, og i midten af 1960erne tog bystyret konsekvensen, og omdøbte officielt gyden til dette navn. Samtidigt blev Orleans Alley Nord omdøbt til Pere Antoine Alley. Den er dog ikke interessant her. Hvorfor, gyden i folkemunde blev kendt som Pirate Alley, er der ingen sikker forklaring på. Nogle forklaringer går på, at den i sin tid (i midten af 1700-tallet) var tilholdssted for pirater. En anden historie går på, at den berømte pirat, smugler og slavehandler, Jean Lafitte, der som skalkeskjul drev en grovsmedje i byen, mødtes med sine mænd og drev forretninger her i begyndelsen af 1800-tallet. Det lyder for mig ikke særligt sandsynligt, at sørøvere skulle holde til eller drive forretninger i en gyde som gik fra domhuset til fængslet! Det ville være lidt for ironisk, og selv om Jean Lafitte var kendt for at drive gæk med myndighederne i byen, ville dette nok være for dristigt. Her må man erindre den danske søhelt, Niels Juels, valgsprog: *"Nec Temere, Nec Timide"*, som kan oversættes til *"Hverken ubesindig eller frygtsom"*. Det er i dag Søværnets Officersskoles motto, men i min tid på skolen, oversatte vi det til *"Dristig, men ikke dumdristig"*. En anden forklaring på gadenavnet går ud på, at nogle slavehandlere (som ofte også var sørøvere) holdt ulovlige slavemarkeder i St. Anthonys Garden bag kirken, men heller ikke denne historie holder formodentlig vand. Der er givet flere forklaringer, fx at pirater, der var blevet dømt i domhuset i Cabildobygningen, blev ført gennem gyden til fængslet bag denne, hvilket er en mulighed. Den forklaring, jeg selv tror mest på, går ud på, at der simpelthen er tale om en talemåde: *"They will take you down Pirate Alley"*, som simpelthen skulle betyde: *"Du er forbryder og du kommer i fængsel, hvis de fanger dig"*. Underforstået, fordi gyden førte til fængslet.

Uanset hvad årsagen til navnet er, er det en spændende gade at besøge. Den har nogle interessante smedejernslygtepæle, som oprindeligt var gaslamper, og på hjørnet ad Pirate Alley og Cabildo Alley finder man baren Pirate's Alley Café. Det som jeg imidlertid finder mest interessant, og som er årsag til, at jeg gerne vender tilbage til stedet, er at på hegnet uden for St. Anthonys Garden, sætter kunstnere deres malerier op til udstilling og salg på samme måde, som man kan opleve det på stakitter omkring parker i London og Paris. Selv om jeg ikke køber noget (malerier er for besværlige at have med i kufferten), nyder jeg at gå og se på værkerne. Jeg indrømmer det! Det var et meget langt forspil til en kort fortælling om, hvorfor jeg finder gaden interessant. Nåh, ja. For de, som har læst min første bog, ikke mindst kapitlet "Spøgelser, mystik og mord", kan jeg da tilføje, at det siges, at stort set alle huse i gaden er hjemsøgte, hvilket skulle gøre det til den mest hjemsøgte gade i New Orleans. Sådan!

Kongelig kørsel

Dette afsnit handler om Kongevejen. Altså ikke den i Nordsjælland selv om den også kan være interessant, men én eller rettere to gamle spanske kongeveje i USA. Faktisk var der endnu flere kongeveje i den del af det spanske område, der nu ligger i USA – efter at have tilhørt Mexico undervejs. De to, som jeg omtaler i dette afsnit kan man finde i henholdsvis New Mexico og i Californien.

På spansk hedder en kongevej Camino Real, og den, der ligger i New Mexico kaldes El Camino Real de Tierra Adentro, som nærmest kan oversættes til Kongevejen gennem Indlandet. Også disse "indlandsveje" var der flere af, men her koncentrerer jeg mig altså om en enkelt. Den startede i Mexico City og fortsatte nord på til missionsstationen i San Juan Pueblo nord for Santa Fe i New Mexico, og faktisk var formålet med disse kongeveje eller kongelige veje at binde de spanske missionsstationer sammen og gøre transporten mellem dem nemmere. Da San Juan fungerede som hovedstad i den spanske koloni i Nordamerika i en kort periode fra 1598 til 1610, var missionsstationen her af betydelig vigtighed. Det samme gjaldt missionsstationen i Santa Fe, der i 1610 blev den spanske hovestad i området, og som har været hovedstad og senere statshovedstad i New Mexico lige siden. Og der var som sagt mange af disse kongeveje i hele det spanske område, da alle veje, som var under kontrol af den spanske vicekonge, og som kunne befærdes af heste og vogne, blev betragtet som kongelige veje.

Det var i Santa Fe, at vi stødte på denne vej. Fra grænsen til Mexico går vejen gennem Texas og derfra ind i New Mexico og hele strækningen (646 km) fra statsgrænsen til San Juan Pueblo er klassificeret som en National Scenic Byway. Flere strækninger på vejen er kun åben for fodgængere, cyklister og ridende, mens andre strækninger må befærdes af biler og andre motoriserede køretøjer. Der, hvor vi mødte vejen, var biltrafik tilladt, håber jeg, for vi kørte i hvert fald på strækningen – sammen med mange andre biler – da vi skulle ud af Santa Fe, eller La Villa Real de la Santa Fe de San Francisco de Asís, som byen i virkeligheden hedder, efter et besøg i byen. Altså vejen har ikke fået sit navn efter vores besøg i byen. Vi skulle ud af Santa Fe, efter et besøg i byen. Bare for at gøre det helt tydeligt. Og det var faktisk først, da jeg kom hjem, at jeg opdagede, at vi havde kørt på noget, der engang havde været en af de gamle spanske kongeveje. Andre steder er der skilte, så der havde jeg nok opdaget det. Men altså ikke inde i Santa Fe.

Ved en tidligere lejlighed var vi på vej syd på fra San Francisco mod Los Angeles. Ikke ad den berømte California Highway 1, som ved den lejlighed var lukket grund af jordskred på nogle strækninger, som den var det igen i 2020 og 2024. I stedet tog vi US Route 101. Dagens mål var Santa Maria, og da vi allerede var her omkring kl. 16.15, valgte vi at fortsætte ca. 45 km længere mod syd til Solvang, den berømte "danskerby", hvor man kan finde en dansk bager, en dansk vindmølle, en smørrebrødsrestaurant, kunstigt bindingsværk mm. Det var imidlertid ikke lige vores kop te; det virkede simpelthen for kunstigt og "ameridansk", så vi blev der ikke længe, men nøjedes med at køre et par gange rundt i byen. Så havde vi set nok, og satte kursen tilbage mod Santa Maria. Men nu kunne vi da sige, at vi havde været der – som gode danske turister. Spillefilmen *Sideways* fortæller, at man får god pinot noir i Solvang, men det kan vi altså ikke bekræfte. Filmen har faktisk et vist dansk islæt, da Virginia Madsen, som har danske aner (hun har danske bedsteforældre på sin fars side) spiller en af rollerne. I øvrigt medvirker byen også i en dansk-amerikansk TV- julefilm, *A Very Charming Christmas Town,* hvis man ellers er til julefilm. Hvis man ikke er til romantiske julefilm, medvirker Solvang alligevel i den.

Både på vej ned til Solvang og på vej tilbage igen, stod der med jævne mellemrum nogle "pæle " i form af en "hyrdestav" med en klokke på. I første omgang var vi ikke klar over, hvad de betød, men det fandt vi ud af undervejs. Det var historiske vejmarkører, som fortalte, at denne strækning havde været en del af den gamle spanske kongevej langs kysten. Den har i modsætning til indlandsvejen ikke noget tilnavn, men er bare kendt som El Camino Real. Den blev anlagt helt tilbage i 1683 og kom senere til at udgøre "grundlaget" for Route 101, som vi netop kørte på. El Camino Real var oprindeligt næsten 1.000 km lang og gik fra Sonoma i nord via San Diego ned til San Bruno ved Baja California Sur i Mexico. Som vejen i New Mexico forbandt også denne vej de spanske missionsstationer og bebyggelser, men her altså langs Californiens kyst.

Senere kørte vi på en anden strækning af kongevejen, nemlig oppe syd for San Francisco, da vi var på vej fra denne by til dens lufthavn for at flyve hjem. Der var imidlertid ikke meget "kongeligt" ved den strækning af vejen, som vi kørte på – hvilket i øvrigt var i San Bruno, en forstad til San Francisco – det var ikke byen i Mexico, som pludselig havde holdt flyttedag. Også på denne strækning kunne vi observere de opsatte hyrdestave med et skilt og en klokke, som altså står langs det meste af den historiske vej. Mission Street i San Francisco, hvor den gamle missionsstation ligger, er også en del af den oprindelige El Camino Real, men her er ingen hyrdestave. Jeg har senere læst, at mange af hyrdestavene er forsvundet. Nogle er stjålet, andre ødelagt af hærværk, og de bliver ikke genopsat. Dels på grund af omkostningerne ved opgaven, dels fordi lokale indianere ikke ønsker dem sat op igen, da de betragter dem som symbol på den undertrykkelse, de blev udsat for af spaniere og mexicanere og senere af amerikanere.

Da vi havde god tid på vej til lufthavnen, nåede vi to ting inden vi afleverede bilen. Faktisk fire ting, hvis vi regner det at fylde benzin på bilen to gange med. Bilen skulle afleveres med fuld tank, og da jeg skulle forudbetale, fik jeg simpelthen ikke forudbetalt nok, til at tanken kunne fyldes helt op, så vi måtte klare resten på en anden tank. Men vi besøgte San Bruno Town Center, et meget stort shopping center. Overfor lå en kaserne hvor et regiment af U. S. Marine Corps var stationeret. Dem besøgte vi dog ikke, men nøjedes med at køre forbi. Vi valgte i stedet at stoppe ved en del af bycenteret, som hed "The Shops at Tanforan", hvis adresse faktisk er på 1150 El Camino Real, så her har vejen bevaret sit gamle navn. Her lå der en Hooters, og en sådan havde vi ikke besøgt på denne tur. Vi mente derfor at det ville være passende at spise denne turs sidste måltid i USA på netop denne kæde – ikke nødvendigvis fordi maden er bedre end andre kæderestauranter af samme slags, men "udsigten" er fremragende for gamle grise som os. For de uindviede skal jeg måske lige forklare, at Hooters er en restaurationskæde, som dels er kendt for sit "uglelogo". "Hooter" er et kælenavn for en ugle. "Hooter" er også en "lydgiver", fx et horn (anvendes ofte som slang for en stor næse), og ikke mindst er "hooters" i flertal slang for bryster. Det er nok denne brug, som ligger skjult i navnet, for i hvert fald er servitricerne som regel påfaldende storbarmede, eller udstyret med en god push-up under stramme, nedringede bluser og lige så stramme orangefarvede eller sorte shorts. Efter at havde spist frokost her, fortsatte vi til en Barnes & Nobles boghandel, for i hvert fald at syne lidt intellektuelle efter besøget på Hooters. Her tilbragte vi en times tid inden vi fortsatte til lufthavnen. Og således kom der både sexede damer, mad og kultur med i dette afsnit.

Fart på!

Vi plejer altid at overholde hastighedsgrænserne, når vi kører i USA – i hvert fald stort set. På motorveje kan det dog godt være at vi ligger lidt over; hvis der fx en hastighedsgrænse på 65 mph (105 km/t), kan vi godt finde på at sætte vores fartpilot på 70, og vi kan se, at det gør de øvrige bilister også. Vi er faktisk engang blevet belært om, at politiet ikke stopper en bil, med mindre den kører mere end 10 miles for stærkt. Men det er sjældent vi tør satse på det. Vi plejer at følge trafikken, og vi er da også kun blev stoppet en gang. Det var oppe i Olympic National Park i Washington, og jeg har allerede fortalt historien i den første bog. Jeg havde overset et skilt, der nedsatte hastigheden fra 45 mph til 35 mph, og da jeg blev stoppet, havde jeg kørt 48, hvilket jeg ikke selv mente var alt for meget for stærkt, men da jeg altså havde overset skiltet, mente park rangeren, som stoppede os, at det var alt for hurtigt. Jeg slap dog med en advarsel ved den lejlighed, og en formaning om at holde bedre øje med skiltene, for hastigheden ville blive sat endnu mere ned længere inde i parken. Men ellers prøver vi at overholde reglerne så vidt muligt.

Det gjaldt ikke mindst i 2010, som er den tur, hvor jeg har oplevet flest hastighedskontroller. Der var simpelthen politi med radarer, håndholdte eller bilmonterede overalt; og ikke kun på motorvejene men også på de større hovedveje. Det vil sige, lige til vi skulle køre nord på ad Interstate Highway 15 i Utah. Vi kom ud på motorvejen i byen Provo syd for Salt Lake City, som var vores mål. På vej til Provo havde vi kørt ad større og mindre biveje, nogle med fire spor, andre kun med to smalle gennem bjergene, så her havde vi bestemt ikke kørt for stærkt. Det ændrede sig, da vi kom ud på motorvejen. På hele strækningen mellem Provo og Salt Lake City, var der en hastighedsgrænse på 65 miles i timen, men det var vi de eneste, der kørte. Ingen andre kørte under 85 (135 km/t), og nogle ret meget mere – selv om det var myldretid og der var tæt trafik – uden dog at være kø. Det kom der først, da vi kom helt op til Salt Lake City – og så gik farten betragteligt ned – til 5 km/t over en længere strækning. Men begyndelsen af motorvejsturen var første og eneste gang, vi har oplevet, at hastighedsgrænsen blev overtrådt så konsekvent, og jeg må da tilstå, at vi også selv satte farten op til det, som de andre kørte. Heldigvis mødte vi ingen politi på den strækning, så vi slap for bøder. Måske har de lokale vidst, at der ikke var politi på vejene på det tidspunkt. Måske var de hjemme på stationen og spise citronhalvmåner. Næh nej, det er jo dansk politi, der gør det. Amerikanske betjente spiser donuts.

Hvis nogen har set tv-serien Politijagt om danske færdselsbetjente, vil de vide, at den fra serien mest kendte politimand, Vlado Lentz, også har slået sine folder hos politiet i Utah, men heldigvis mødte vi heller ikke ham, for det havde været lidt pinligt, at en dansk betjent på lånejob i USA skulle stoppe et par danske turister. Men han var der, så vidt jeg husker, først et par år efter denne oplevelse.

Bilproblemer

I min tidligere bog havde jeg et afsnit, som jeg kaldte "Når bilen driller". Det kunne man læse i et kapitel, jeg kaldte "Vildveje og lidt til". I virkeligheden drillede bilen ikke meget, men måske lyste en kontrollampe, som gav anledning til en omvej eller lignende. Hvis du vil vide præcis, hvad kapitlet indeholdt, må du simpelthen købe bogen, som stadig kan fås på nettet. Siden den bog udkom, har jeg haft to oplevelser, hvor bilen igen drillede; den ene gang drillede meget. Den første fandt sted i sommeren 2022, en tur, som jeg ellers kun refererer til i fodnoter og parentetiske bemærkninger, men her kommer altså en hel historie fra det år. Den anden og værste er fra sommeren 2023, og den eneste grund til at den kommer med her, er min langsommelighed med at få redigeret manuskriptet. Bogen skulle oprindeligt været udkommet omkring jul/nytår 2021-2022, men nu bliver det i stedet foråret 2025. Så altså to helt nye historier, og da jeg ikke vidste, hvor jeg skulle placere afsnittet, kommer det altså med i dette kapitel om veje, og det har jo lidt med biler at gøre. Men lad mig komme til sagen.

I sommeren 2022 var vi fløjet ind til Chicago, og efter forskellige omveje både mod øst og mod vest, for dels at besøge amerikanske venner, dels at se nye steder, var vi nu på vej fra Dodge City i Kansas til Santa Fe i New Mexico, en tur på godt 800 km. Jeg kan ikke huske, hvor langt vi havde kørt den dag, da bilen pludselig begyndte at kræve et olieskift. Det overraskede os ikke specielt meget, da vi, inden vi nåede Dodge City, havde kørt over 7.000 km siden vi hentede bilen i Chicago. Vi besluttede os imidlertid til at køre igennem til Santa Fe, og så besøgte et Avis kontor der (de stod for bilen). Der var to muligheder, et bykontor og et kontor i lufthavnen. Vi gad imidlertid ikke køre ud til sidstnævnte, og bykontoret havde lukket, da vi nåede byen, så vi besluttede os for at vente til næste formiddag, og så tage bykontoret.

Næste formiddag drog vi afsted mod Avis kontoret, og da jeg henvendte mig ved skranken med problemet, kunne de se, at bilen faktisk havde kørt så langt, at olien SKULLE skiftes (de tidligere år – se afsnittet i Vejen til Petaluma – havde der været tale om en forkert indstillet computer). Vi skulle imidlertid selv sørge for det, og så gemme regningen, som ville blive fratrukket, når vi afleverede bilen i Dulles; hvilket den også blev. Men først skulle olien altså skiftes, og Avis-manden havde udpeget et sted lige på den anden side af gaden, så der kørte vi over. Der viste sig at være en halv times ventetid, som vi tilbragte i et airconditioneret venteværelse med gratis kaffe, icetea, sodavand, kager og popcorn. Da de gik i gang med bilen, tog det 20 minutter, hvor der også blev vasket og pudset vinduer, og så var det klaret, og vi kunne fortsætte vores færd, i første omgang $72 fattigere.

I 2023 skulle jeg ikke på road trip, men bo fast i mit yndlings-Airbnb i Ferguson i North Carolina, og så køre ud derfra til forskellige events og besøg. Jeg fløj dog til Dulles og skulle køre derfra til Ferguson og tilbage igen i "den anden ende", men det var også de eneste langture, jeg skulle ud på. Turen mellem de to "endestationer" er godt 600 km og jeg har kørt den flere gange- Når man lander sent, er man ofte nødt til at tage en overnatning undervejs mod syd, mens man sagtens kan køre den modsatte tur uden at overnatte undervejs. Overnatningen på denne tur blev foretaget i den lille by, Woodstock i Shenandoah Valley. Næste dag kørte jeg så resten af vejen og ankom til Ferguson midt på eftermiddagen. So far, so good.

Bilproblemet opstod først søndag (jeg kom til Ferguson torsdag, og bilen fungerede glimrende også fredag og lørdag). Søndag havde jeg ingen planer, men jeg ville køre til den nærmeste større by for at proviantere, da der absolut ikke er indkøbsmuligheder i Ferguson. Da jeg prøvede at åbne bilen med fjernbetjeningen, skete der ingenting, intet, nada. Jeg prøvede også at åbne med den manuelle nøgle, men heller ikke dette gav resultat. Der var derfor ikke andet at gøre end at kontakte Avis Roadside Assistance. De kom med nogle forslag, jeg kunne prøve. men desværre hjalp heller ingen af disse. De meddelte mig så, at de ville kontakte et lokalt "tow truck" firma og da de havde gjort det, ringede de tilbage og sagde, at de ville være der inden for en time. På det tidspunkt var klokken henad 11 om formiddagen. En time senere kom så tow trucken med to ældre herrer, hvoraf den ene var firmaets ejer. Han startede med at prøve de samme ting, som jeg allerede havde prøvet og med samme mangel på held.

Så hentede han noget i sin bil, som mest af alt mindede om en værktøjssæt for biltyve, og med det fik han bilen åbnet. Så kunne jeg sætte mig ind og starte bilen. Det kunne jeg bare ikke, for når jeg prøvede, skete der absolut ingenting. Han mente så, at batteriet var løbet tør for strøm og hentede en lader fra sin egen bil, men heller ikke dette hjalp. Der var heller ikke lys på bilen og heller ikke andre elektriske installationer virkede, så vi blev enige om, at hele det elektriske system var dødt. Aftenen før havde det lynet og tordnet, så han mente at et lyn kunne være slået ned, ikke i, men ved siden af bilen og dermed have været årsag til, at det eletriske system var stået af. Så var det hans tur til at kontakte Avis, som bad ham om at læsse bilen på sin lastbil, og køre den og mig til et Avisværksted i Charlotte. Her skulle han så aflevere bilen, og jeg ville blive hentet af en Uber og kørt til Avis kontoret i lufthavnen, hvor jeg ville få en anden bil.

Alt dette om min transport fandt vi imidlertid først ud af nogle timer senere. Først skulle bilen nemlig op på ladet, og det tog sin tid. Når man stopper motoren i en bil med automatgear skal den stå i Park (altså parkeringsgear), som, automatisk blokerer hjulene og "trækker håndbremsen". Bilen kan ikke komme ud af denne position uden strøm, så de måtte trække bilen op på ladet med et spil, og da de gjorde dette ganske langsomt, for ikke at ødelægge mere end højst nødvendig, gik der to timer før bilen var på plads, så klokken var 14.30, inden vi kunne sætte kursen mod syd.

Turen til Charlotte var ca. 100 miles (160 km) og tow truck manden mente ikke, at det kunne nås på de 1½ time, der var til værkstedet lukkede, så han kontaktede igen Avis, som fortalte ham, at han bare skulle stille bilen på parkeringspladsen uden for værkstedet; så ville de tage sig af det videre mandag morgen. Det var på det tidspunkt, at jeg også fik beskeden om, at de ville bestille en Uber til mig, som kunne køre mig til biludlejningen i lufthavnen. Vi nåede frem til værkstedsområdet omkring 16.45, og så snart vi var ankommet, klikkede jeg på et link i en sms, jeg havde fået fra Avis (klikker ellers aldrig på links i SMS'er), men kort tid efter at have klikket, fik jeg en SMS fra Uber med besked om, at jeg ville blive hentet kl. 16.46 af Erica (den blev faktisk 16.51) i en blå Dodge Charger, og sådan gik det også. Hun kørte mig til biludldejningen, hvilket tog 7 minutter, fik sine drikkepenge, og så var jeg klar.

Da jeg kom til skranken, var damen seom passede den, ret uforstående over mit krav om at få en ny bil, da hun ikke var blevet orienteret om mit problem, men efter et par telefonsamtaler, fik hun styr på det, og jeg fik papirerne på en ny bil, en opgradering i forhold til den oprindelige, men selvfølgelig uden beregning, og så var vi alle glade. Jeg hentede bilen i parkeringshuset og satte kursen tilbage mod Ferguson. Efter et indlagt besøg i et Food Lion, var jeg tilbage på matriklen omkring 19.30, men så gik den søndag.

Hvor mon den er?

Byskiltet viser, at der ikke er mange indbyggere tilbage i den tidligere driftige tømmerby.

Tak til Shu-Bi-Dua for inspirationen til denne overskrift, som jeg har lånt fra deres 1978 sang, Den Røde Tråd, som i sidste vers indeholder linjen *"Hvor mon den er, den røde tråd?"*, og sådan kan selv en dansk rocksang, hvis den altså kan kaldes rock, inspirere. Af en eller anden grund er det sket, at vi har haft problemer med at finde steder eller ting. I Vejen til Petaluma fortalte jeg fx om et hotel, hvor vi havde svært ved at finde vores værelse, og i denne bog er det andre ting, der er forsvundet – i hvert fald for os. Du kan i dette kapitel blive klogere på

- *Hvor f..... er kontoret*
- *Hvor f..... er receptionen?*
- *Hvor f..... er hotellet?*
- *Hvor f..... er så det hotel?*
- *Hvor f..... er byen?*
- *Hvor f..... er skatten?*

Hvor f..... er kontoret

I første omgang vil jeg indlede (kapitlet) med at afslutte en historie, som jeg fortalte i den første bog. *"Men afsluttede du den da ikke?"* kan jeg høre nogen mumle. Og jo, det gjorde jeg faktisk – i hvert fald den del af den, som var relevant for det pågældende kapitel. Men der skete faktisk mere i historien senere, som bare ikke var relevant i den forbindelse. Jeg vil ikke genfortælle hele historien, som kunne findes i et afsnit, jeg kaldte "Når bilen driller" i kapitlet "Vildveje og lidt til". Den konkrete historie handlede om, at da vi var på vej syd på gennem South Dakota fra Wall via Rapid City (dagens mål var Colorado Springs i Colorado), begyndte en lampe at lyse i bilen. Denne lampe indikerede, at bilen skulle have et serviceeftersyn, så vi tjekkede vores gps, og fandt ud af, at det nærmeste Hertz kontor (bilen var lejet hos Hertz i Seattle på den tur), lå i lufthavnen ved Rapid City, ca. 30 km længere mod nord, så vi vendte om, og kørte tilbage samme vej, som vi var kommet. En ung mand (fra Hertz – det var ikke en tilfældig ung mand på parkeringspladsen) fortalte, at det nok ikke var nødvendigt med service, og så nulstillede han lampen for os. Her sluttede historien i den forrige bog.

Inden vi forlod lufthavnen anbefalede den unge mand dog, at vi kontaktede Hertz i Seattle, hvor vi altså havde lejet bilen og fik deres råd – bare for en sikkerheds skyld. Vi beslutte derfor at ringe, når vi kom frem til dagens hotel i Colorado Springs. Så da vi nåede hotellet, ringede vi til det telefonnummer, som stod på lejekontrakten, men det havde vi ikke held med. Telefonen ringede bare og blev ikke taget – selv om vi prøvede flere gange. Vi besluttede derfor, at vi næste dag ville finde et lokalt Hertz-kontor, hvor vi enten kunne få det rigtige telefonnummer – eller de kunne se på bilen. Næste morgen fandt vi derfor ved hjælp af Google adressen på et lokalt Hertzkontor og satte gps'en til at vise vej. Det gjorde den også fint – der var bare ikke noget Hertz kontor, da den meddelte, at vi nu havde nået vores destination. Så fandt vi – stadig ved hjælp af gps'en – et andet Hertzkontor, men Hertzkontorer må være rimelig godt kamuflerede i Colorado Springs, for selv om vi kørte til den adresse, GPS'en nu foreslog, var der heller ikke på den adresse noget, der bare lignede. Til gengæld lå der en Chevroletforhandler, og der gik jeg ind. Det kunne jo tænkes, at forhandleren også repræsenterede Hertz, men nej. Til gengæld mødte jeg en meget hjælpsom dame, som først ledte efter kontoret på sin pc, men uden held. Så fandt hun et telefonnummer i en telefonbog, ringede til Hertz-kontoret og fik en adresse, som hun skrev ned på et stykke papir, sammen med en rutebeskrivelse, og så drog vi af igen. I første omgang fulgte vi rutebeskrivelsen, men da denne førte os til en beboelsesejendom uden spor af nogen kontorer, prøvede vi at indtaste adressen i gps'en, hvorefter den fortalte os, at vi allerede var ved målet, og så opgav vi at skaffe et telefonnummer eller et serviceværksted og fortsatte turen, som om intet var hændt, og der skete da heller noget. Men vi må konstatere, at Herz i Colorado Springs ønsker at være anonyme!

Vi afleverede bilen uden problemer i JFK lufthavnen i New York. Her fortalte jeg damen, som tjekkede os tilbage, om vores problemer, men det var helt normalt, forklarede hun, når man kørte på tværs af USA, ikke mindst med de omveje, vi havde taget det år, så det skulle vi ikke tænke mere på – og det har jeg så heller ikke gjort, altså før jeg skrev dette afsnit i bogen.

Hvor f..... er receptionen?

Her kommer endnu en af de historier, hvor jeg starter med en masse, der ikke har noget med historien at gøre, men som jeg bare kom til fortælle, inden jeg kom til sagen. Den kvikke læser har sikker allerede regnet ud, at denne indledning først blev skrevet, da jeg var færdig med resten af afsnittet, og opdagede hvad jeg havde rodet mig ud i. Og afsnittet blev måske også rigeligt langt, men sådan er det bare – også med andre afsnit i bogen.

I slutningen af 90'erne og i begyndelsen af det nye årtusinde rejste Dorte meget qua sit job, både i Danmark og i udlandet, og når rejserne var i Danmark boede hun normalt på Scandic hoteller. Ikke mindst hjemsøgte hun Scandic i Aarhus, det, som i dag kaldes Scandic Aarhus Vest, og som faktisk ligger i Brabrand. Hun kom her så tit, at hun nærmest kom på fornavn med alle på hotellet fra direktøren til ham, der slog græsset, og hun kendte flere af dem så godt, at de også hilste på hinanden, når de mødtes i helt andre sammenhænge. Selv har jeg faktisk haft et tilsvarende forhold til et hotel (og dets personale), og det var også i Aarhus, selv om det var nogle år tidligere, omkring 1990-91, og hotellet var et andet, nemlig Royal Hotel på Domkirkepladsen. I en periode besøgte jeg Danske Banks IT Afdeling i netop Brabrand en til to gange om ugen, af og til med overnatning (ca. hver 14. dag), men jeg valgte altså at bo i midtbyen fremfor ude på landet, og da IBM betalte, gjorde det jo ikke noget, at hotellet var lidt dyrere. Så kom den første Kuwaitkrig i august 1990, og da USA blandede sig, truede Irak med, at man ville rette terrorangreb mod USA's interesser over hele verden, og så bestemte IBM, at det var slut med at flyve til Aarhus, såvel som til andre steder i kongeriget. I stedet måtte jeg køre i bil, og da mine møder typisk startede klokken otte om morgenen, gad jeg ikke køre så tidligt hjemmefra (det var jo før Storebæltsbroen-broen), så i stedet tog jeg af sted aftenen før, så nu havde jeg typisk to eller tre overnatninger på hotellet hver uge i godt et halvt års tid. Og jeg blev da også så godt kendt efter nogle uger, at når jeg skulle tjekke ind, var den typiske bemærkning: *"Du har fået dit sædvanlige værelse"*, og da jeg ved en enkelt lejlighed ikke kunne få det, beklagede de meget. Mit "sædvanlige værelse" var faktisk en mindre suite, som jeg tilfældigvis havde fået det første par gange, jeg overnattede der, med opholdsrum og soveværelse, som jeg ikke betalte ekstra for, og nu var den altså blevet "mit sædvanlige værelse" – jo, det kan betale sig at være stamkunde.

Det får mig til at tænke på den første gang, jeg skulle rejse til Aarhus for IBM, et par måneder efter at jeg var blevet ansat. Tidligere havde jeg jo været statstjenestemand, og her blev der ikke ruttet med rejsebudgettet. Når vi dengang skulle til Aarhus foregik rejsen med tog frem og tilbage – og vi lagde selv tiden til. Indkvartering fandt typisk sted på Missionshotellet Ansgar nær banegården, så vi ikke skulle slæbe vores bagage for langt. Her blev man ikke blev forkælet med mange faciliteter – end ikke TV på værelserne, men der var et fælles tv-rum i kælderen, hvor man så kunne slås om fjernbetjeningen med en sur ældre herre, som boede fast på hotellet, og som mente, at han derfor havde ret til at bestemme, hvad der skulle ses.

Så da min chef hos IBM fortalte mig, at jeg skulle til Provinsbanken (det var før de fusionerede og blev en del af Danske Bank) i Aarhus – på fredag, hvor jeg skulle demonstrere en ny pc-agtig ting, vi var begyndt at sælge i Danmark, en dims, som jeg i øvrigt ikke vidste det ringeste om, men jeg fik en stillet op på mit kontor sammen med en manual, og så kunne jeg finde ud af, hvad den kunne. Hvad det præcis var, og hvad banken skulle bruge dem til, skal jeg nok forskåne mine sikkert allerede trætte og vildfarne læsere for, men den kunne arbejde med flere vinduer længe før Windows blev opfundet af Microsoft. Selv om jeg ikke vidste meget om "dyret", må jeg have gjort noget rigtigt, for de kontaktede vores sælger og bestilte nogle stykker. Nå, men tilbage til rejsen. Da fredagen kom, bestilte jeg en taxi fra IBM i Lyngby til lufthavnen, hvor rejsekontoret allerede havde booket

57

flybillet. Flyet afgik omkring kl. 11 og vel i Tirstrup, tog jeg en taxa ind til Domkirkepladsen i Aarhus (nej ikke til Hotel Royal ved den lejlighed – det kom først senere), hvor Provinsbanken havde hovedsæde (Danske Bank bor stadig i bygningen). Her demonstrerede jeg dimsen i ca. 30 minutter, tog en taxi tilbage til Tirstrup, fløj tilbage til København og tog en taxi til Lyngby. Alt i alt en udskrivning på over 2.000 1985 kroner for et halv times møde med en kunde – den var ikke gået i Hendes Kongelig Majestæts Ildsprudende Krigsmarine, så meget er sikkert og vist.

I det hele taget havde IBM er forholdsvist løssluppent forhold til rejseomkostninger i den periode, hvor mainframecomputerne (meget store computere, ofte vandkølede og med særlig 440 V strømforsyning, der kunne betjene tusindvis af brugere samtidigt) regerede med den pænt store avance, der var på disse maskiner. Avancen faldt markant efterhånden som pc'erne holdt deres indtog, skal jeg hilse at sige, og det samme gjaldt rejseudskejelserne. Men for lige at gøre dette emne færdigt, skulle jeg ved en anden lejlighed på et kursus et sted i Norge, omkring 120 km nord for Oslo sammen med en kollega. Kurset skulle starte mandag kl. 13, men min kollega ville gerne besøge Edward Munch Museet, og det havde jeg heller ikke noget mod, så vi tog af sted allerede søndag formiddag, og så gik vi ellers på museum om eftermiddagen. Da vi var færdig med besøget, bad vi damen i receptionen om at bestille os en taxi. Hun spurgte, hvor vi skulle hen, og da vi fortalte det (jeg har simpelthen glemt, hvor præcis, det var), så hun meget forbløffet på os, og spurgte, om vi mente, at vi skulle have en taxi til rutebilstationen, så vi kunne komme med en bus? Det skulle vi ikke, og det fik hende til at ryste på hovedet, men hun bestilte da taxien, som også beredvilligt kørte os til stedet. Det var så langt væk, at vi skulle betale et eller andet tillæg, fordi chaufføren skulle køre tom tilbage til Oslo. Taxiregningen blev temmelig stor, men vi afleverede den selvfølgelig alligevel, da vi kom tilbage og skulle lave rejseafregning, og den blev refunderet helt uden kommentarer. Den cognac til aftenkaffen søndag aften til 30 kr., som vi også havde skrevet på regningen, måtte vi derimod selv betale. IBM betalte ikke for medarbejdernes druk. Et glas vin eller en øl til aftensmaden kunne lige gå an, men alt derudover måtte man selv finansiere.

Nå, men jeg kom vist lidt langt fra historien, så tilbage til Dortes ophold på diverse Scandic hoteller. Scandichotellerne var dengang ejet af Hilton-kæden, så når hun overnattede, optjente hun bonuspoint til denne kæde, de såkaldte HHonors point, som betød, at man kunne bo billigere på kædens hoteller – også i USA, hvilket vi benyttede os flittigt af både i 2002 og 2004 og også i 2006. Så solgte Hilton Scandic hotellerne fra, og så var det slut med den fornøjelse. Dorte optjente stadig bonuspoint; de kunne bare ikke længere anvendes på Hilton hotellerne og deres andre kæder. Men i 2006 kunne de, og da vi skulle besøge Las Vegas, havde vi derfor bestilt værelse på Las Vegas Hilton. Vi brugte dog ingen point ved den lejlighed, for som på så mange andre hoteller i Las Vegas (bortset fra de absolutte luksushoteller) er værelserne ikke specielt dyre – hotellerne regner med, at man bruger penge i deres kasinoer. Mange af dem har selvfølgelig suiter til de store gamblere, og det havde Hilton også i form af nogle suiter på de øverste etager, hvoraf de på den allerøverste er de største – og dyreste. Faktisk er der tale om tre "villaer" på omkring 1.100 m² hver med egen swimmingpool. Så stort var det værelse, vi havde bestilt og betalt hjemmefra ikke, men det kostede til gengæld også kun 40 dollars.

Da Hilton Las Vegas var bygget færdigt omkring 1985, var det verdens største hotel med over 3.000 værelser i tre separate men sammenhængende hoteltårne, og selv om hotellet ikke længere var verdens største i 2006, var det jo ikke blevet mindre. Vi havde da heller ingen problemer med at se og finde hotellet, selv om det ikke ligger på Las Vegas Strip, men på en parallelgade bag denne. Uden for hotellet stod og står verdens største fritstående skilt, som er støbt i beton og som vejer mange tons. Ikke langt fra skiltet var indkørslen, som hurtigt delte sig i to grene. Her stod et skilt med to pile. Til højre ville man komme til "valet parking" og til venstre til "self parking". Vi mente godt, at vi selv kunne parkere bilen og ikke behøvede en kammertjener (den egentlige betydning af ordet valet) til at parkere den for os, så vi holdt mod venstre, og kom da også til en stor, og næsten tom parkeringsplads. Vi blev enige om at lade kufferter og anden bagage blive i bilen, til vi havde fået tjekket ind. Vi gik derfor ind af den nærmeste indgang, som viste sig at være i gavlen af det nordlige hoteltårn. Da vi kom indenfor, kom vi ind i noget, der mest af alt mindede om en butiksarkade eller et dansk storcenter med butikker og restauranter, men reception kunne vi ikke se. Vi begav os derfor ned ad "gaden", som havde flere "sidegader", som vi undersøgte, men stadig uden at lokalisere receptionen. Vi talte så om, hvad vej vi mon skulle gå, og åbenbart højt nok til, at andre kunne høre det, for i hvert fald blev vi anråbt på dansk af et par med to børn. De havde tilsyneladende hørt, at der var noget, vi ikke kunne finde, men ikke hvad, så de spurgte os om, hvilket hotel, vi skulle bo på. Da vi svarede, at vi skulle bo på Hilton, kunne de så bekræfte, at det var der, vi allerede var –

hvilket vi faktisk godt vidste, så vi oplyste dem om, at det var receptionen, vi ledte efter. De forklarede så, at det nemmeste var at køre tilbage til valet parking, og aflevere bilen der, for så var receptionen lige inden for indgangen.

Vi gik derfor tilbage til bilen, kørte rundt om hotellet til valet parking, hvilket var ensbetydende med hovedindgangen. Da vi havde taget bagagen ud, kørte en tjenende ånd bilen væk, men forinden havde han givet os en kvittering og fortalt, vi skulle ringe til det nummer, som stod på kvitteringen 15 minutter før vi skulle bruge bilen. Vi gik indenfor, og ganske rigtigt var receptionskranken lige foran snuden på os. Vi fik tjekket ind og fik et nydeligt værelse på 14. etage i tårnet med en god udsigt over omgivelserne, inklusive det omtalte skilt, og byens monorail, som kørte lige uden for vinduet. Sådan gik det til, at vi nu havde forlagt både en reception og altså i den forrige bog vores værelse og i det næste par afsnit, er det hele hoteller, der bliver væk. I dag er hotellet i Las Vegas ikke længere et Hilton, men er overtaget af Westgate, og jeg fortæller mere om det i et afsnit næste kapitel, der både handler om mad, og om, hvordan vi slog os løs som storspillere – og derfor havde fortjent en af tagvillaerne, som netop er reserveret den slags mennesker.

Hvor f..... er hotellet?

Den første historie om et hotel, der blev væk, udspiller sig i det kolde nord[13] – eller i hvert fald i USA's nordvestligste stat, Washington – altså af de sammenhængende stater. Alaska ligger både længere mod nord og længere med vest og også Hawaii ligger længere mod vest, om end ikke længere mod nord.

Problemerne opstod efter Tims og mit første besøg i The Twilight Zone (byen Forks på Den Olympiske Halvø i samme stat), som jeg også har berettet om i Vejen til... Efter besøget her, skulle næste stop være Seattle, og som så ofte før (og siden), når vi skal opholde os i en storby, havde vi bestilt værelse hjemmefra, og inden vi

---

[13] I skrivende stund (slutningen af juni 2021) er der knap så koldt, da der faktisk er hedebølge i det nordvestlige USA og sydvestlige Canada med temperaturer på op til 45-46 grader. Faktisk er det så varmt at myndighederne har åbnet "nedkølingsrum", med aircondition, så befolkningen kan blive kølet ned, og ikke for mange omkommer af hedeslag. I modsætning til andre steder i USA, er det nemlig ikke almindeligt at have aircondition i private huse i dette område, hvor temperaturen sjældent kommer over 22-23 grader celsius.

forlod Danmark havde jeg udskrevet kopier af alle vores reservationsbekræftelser, hvilket faktisk ikke var så mange, da vi "lod stå til" de fleste dage, og bare fandt et hotel, når vi ikke gad køre længere. Men her havde vi altså bestilt, og inden vi forlod hotellet i Forks, fandt jeg udskriften frem, for at se, hvornår vi kunne tjekke ind på vores værelse. Det viste sig at være fra klokken 16, så vi havde god tid til at se ting undervejs. Vi besøgte blandt andet den halvmåneformede sø, Crescent Lake som vi så på i ca. 5 minutter, og Hurrican Ridge, som ligger i den alpine del af Olympic National Park. Tidligere havde vi besøgt såvel regnskoven som kyststrækningen, som også indgår i parken. Vi blev ved Hurricane Ridge en times tid og gik en tur i området iført T-shirt og shorts, som vi også havde gjort på resten af ferien indtil da, selv om der her lå spredte snedriver. Det føltes da også lidt koldt og da vi kom ned stedets visitor center, viste det sig at termometeret stod på 4 ° C, så det var ikke så underligt.

Efter besøget på Hurricane Ridge begyndte det at gå galt. Vi satte kursen mod Seattle, hvortil vi skulle sejle med en færge fra halvøen, eller rettere fra en ø, Bainbridge Island. Da vi derfor så et skilt, der viste vej til en færge, slog vi til og kørte den vej, og kom da også til et færgeleje. Vi havde ikke bestilt billet, men regnede med at kunne komme med alligevel, om ikke med den første færge, så med den næste. De går med ret jævne mellemrum. Det viste sig da ganske rigtigt også at være tilfældet. Vi kom med den første færge helt uden problemer. Problemerne opstod først, da vi kom i land, og det viste sig at være en forkert færge, vi var kommet med. Den, vi havde planlagt at tage med, skulle have bragt os til Seattles centrum, men den vi endte med at komme med, landsatte os i en lille by, Edmunds, ca. 25 km nord for Seattle. Vi fandt dog hurtigt ud til motorvejen og satte kursen mod USA's nordligste storby. Det er nu ikke vanskeligt at fare vild i færgeruterne i Washington, da staten har USA's mest udbyggede og det næstmest udbyggede færgenet i verden. Kun British Columbia i Canada lige over for Washington, har et større færgenet.

Kort efter at have forladt motorvejen i Seattle stoppede vi et kort øjeblik for at finde adressen på hotellet. Det var ved den lejlighed at vi opdagede at vores bekræftelse stadig lå på hotellet i Forks, hvis altså ikke rengøringspersonalet for længst havde smidt den ud. Vi var dog enige om, at hotellet var enten et Comfort Inn eller et Comfort Suites, og at det skulle ligge ca. 800 meter fra Seattle Center. Seattle Center blev skabt i forbindelse med verdensudstillingen i Seattle i 1962, og her findes i dag Space Needle, som blev opført som vartegn for udstillingen, men i dag er tårnet vartegn for hele Seattle. Samme sted åbnede i 2000 Expericence Music Project (i dag omdøbt til Museum of Pop Culture eller bare MoPop), et musikmuseum og –eksperimentarium, finansieret af Microsoft-medstifteren Paul Allen. Museet er tegnet af den kendte arkitekt Frank Gehry, som er berømt for sine bygninger i underlige former, ofte med skarpe vinkler og beklædt med metal, som fx titanium, aluminium og rustfrit stål i mange farver. I Danmark har han tegnet "Hejmdal – Kræftpatienternes Hus" i Aarhus, men det er ikke helt så specielt, som nogle af hans andre bygninger. MoPop er holdt i rød, blå, lilla og guldfarver, så kan man ikke se Space Needle, fordi man ikke ser opad, kan man i hvert fald se museet.

Da vi nåede Seattle Center satte vi gps'en til at søge efter noget med Comfort, og den kendte da også et Comfort Suites i nærheden, så det bad vi den om at vise vej til. Og vise vej gjorde den. Der var bare ikke noget hotel, da den fortalte os at vi havde nået vores destination. På det tidspunkt holdt vi uden for en kontorbygning, som måske engang havde været hotel – men jeg tvivler. Gentagne forsøg på at få gps'en til at finde noget andet i denne del af Seattle mislykkedes, og til sidst blev vi enige om, at hotellet måske først for nylig var blevet overtaget af Comfort kæden, og derfor havde heddet noget andet tidligere, og i så fald vidste vi absolut ikke hvad det kunne have været, og hvad vi derfor skulle søge efter i gps'en, som – indrømmet – ikke var helt opdateret. I stedet besluttede vi at køre rundt i området øst for Seattle Center, hvor de fleste hoteller ligger. Nord og vest for Seattle Center ligger der primært virksomheder, og godt nok ligger der en del hoteller syd for, men ikke inden for den afstand, vi ledte efter, da disse hoteller ligger helt nede i downtown Seattle (Aha! - deraf kan man lære at Seattle Center ligger nord for downtown). Vi kørte altså omkring på må og få, og kom også forbi en del hoteller, men absolut ikke noget Comfort et eller andet. Til gengæld kom vi forbi et Quality Inn and Suites, som tilhører samme selskab (Choice Hotels) som Comfort, og da vi kom forbi for anden gang, valgte vi at stoppe, og mens Tim kørte rundt i lokalområdet (hotellets parkering var privat), gik jeg ind for at spørge om jeg måtte låne en computer med internetadgang. Det var før vi fik internet på vores telefoner.

Receptionisten viste sig samarbejdsvillig, da jeg havde forklaret mit problem, og udpegede hotellets "business area", hvor der stod flere computere, printere osv., så her placerede jeg mig ved en computer. Formålet med denne øvelse var at komme på min egen hjemmeside. Her havde jeg nemlig noteret navnene på alle de hoteller, vi havde bestilt hjemmefra med tilhørende link til hotellernes hjemmesider, så på den måde kunne jeg finde frem til den præcise adresse. Stor var min overraskelse, da det viste sig at både Tim og jeg havde husket fejl. Vi skulle slet ikke bo på et Comfort hotel, men derimod på et Quality Inn and Suites, og ikke bare et hvilken som helst Quality Inn and Suites, men lige præcis det, jeg nu befandt mig på. Jeg kunne derfor vende tilbage til receptionen med den gode nyhed, og den gode mand bag skranken gav sig straks til at lede efter vores reservation i deres bookingsystem, men desværre uden held i første omgang. Det viste sig, at han, på trods af at jeg havde stavet navnet for ham, havde søgt efter Mr. Cromsel, hvilket han læste højt, og så prøvede han igen, da jeg havde rettet ham. Denne gang fik han det stavet rigtigt, men han fandt stadig ingen reservation. Så prøvede han at søge uden "titel" (Mr.) og vupti, så var den der. Jeg var registreret som Ms. Jan Kronsell, og jeg må da også tilstå, at i USA er Jan hyppigere et pigeend et drengenavn. Han kunne så oplyse, at vores værelse ikke var parat endnu, hvilket egentlig ikke var overraskende, da klokken kun var lidt i 15, og vi kunne som nævnt først tjekke ind fra kl. 16.

Jeg spurgte i stedet, om der var et sted, hvor vi kunne parkere bilen, og han forklarede, at vi kunne vælge mellem en parkeringsplads over jorden, men under tag eller én i kælderen – vi skulle bare sikre os at vi holdt i en af de opmærkede båse. Med denne besked vendte jeg tilbage til Tim, som havde fundet et sted at holde i en sidegade lige over for hotellet. Bilen var nem at spotte, da det var en rød Chevrolet Camaro, og dem så vi ikke mange af på turen. Vi kørte så over på den "overjordiske" parkeringsplads, hvor Tim parkerede fint inden for stregerne i en parkeringsbås. Det er faktisk ganske nemt i USA, hvor de opmærkede parkeringsbåse typisk er omkring dobbelt så brede som de, vi har i Danmark.

Da bilen var blevet parkeret og aflåst, spadserede vi op til Seattle Center. Ikke fordi vi skulle se noget her ved den lejlighed – det var først planlagt til næste dag, men fra Seattle Center går et monorailhøjbanetog eller –sporvogn eller hvad sådan en dims nu kaldes, ned til downtown. Turen tager formidable 90 sekunder og kostede dengang $4,50 for en returbillet. Vi fordrev nogle timer i downtown, med diverse aktiviteter, som ikke har noget med denne historie at gøre, og så tog vi monorailen tilbage igen og spadserede til hotellet, hvor Tim gjorde klar til at tømme bilen, mens jeg gik ind for at tjekke ind. Da jeg kom ud havde Tim taget alt ud af bagagerummet, og jeg skulle nu have fat i det, der stod på bagsædet, hvilket kunne være noget af en opgave i den todørs sportsvogn. Ved den lejlighed opdagede jeg en seddel under vinduesviskeren, som jeg først troede var en reklame. Dem får man ofte sat under sine viskere i på parkeringspladser i USA, men det var det ikke. Faktisk var det en parkeringsbøde! $42 skulle vi af med, og sedlen truede med, at hvis vi ikke betalte inden 10 dage, ville bøden stige med $5 for hver dag, vi betalte for sent. Der var også en hjemmesideadresse, hvor man kunne betale bøden. Det forsøgte jeg så, da vi var kommet op på værelset, og jeg havde fået logget min egen pc på nettet, men det duede desværre ikke. De regner åbenbart ikke med, at udlændinge parkerer ulovligt, for man kunne ikke betale med kort, og de øvrige betalingsmåder, havde vi desværre ikke adgang til som danskere. Jeg bevægede mig derfor ned i receptionen, hvor det var den samme mand, som jeg havde talt med om eftermiddagen – ikke ham, der havde tjekket mig ind – og han kunne huske vores samtale. Jeg spurgte, om man kunne betale til ham, og de så kunne lade pengene gå videre, men heldigvis var han flink, og forklarede, at han måtte have misforstået mig tidligere, Han troede, at jeg bare havde spurgt om parkeringsmuligheder, ikke at jeg ville parkere med det samme, for så skulle jeg have haft et skilt til at lægge i forruden, som viste, at jeg var gæst på hotellet. Et sådant fik jeg nu, og mens jeg gik ud og anbragte det i bilen, ordnede han sagen med det private parkeringsselskab, som kontrollerede pladsen for hotellet, så vi slet ikke skulle betale, og vi hørte da heller aldrig mere.

Men sådan gik det til, at vi både fik forlagt et hotel og fik en parkeringsbøde (i øvrigt den eneste, jeg endnu har fået i USA) på samme dag.

Hvor f..... er så det hotel?
Overskriften lyder grangiveligt som den i det forrige afsnit, og det er også helt rigtigt, for også dette afsnit handler om et hotel, der forsvandt. Og denne gang var det ikke fordi, vi ikke kunne finde det. Det forsvandt helt bogstaveligt.

På vores familietur til USA i 2000 (11 mennesker af sted sammen i tre biler), havde vi forhåndsreserveret alle hoteller ud fra en betragtning om, at hvis vi ikke gjorde, kunne det måske visse steder blive problematisk at få 5-6 værelser på et hotel, eftersom vi rejste i begyndelsen af højsæsonen. Vi havde entreret med det, der dengang hed Skandinavisk-Canadisk-Amerikansk Venskabsforening, som senere blev til et egentligt rejsebureau. Men dengang var det altså en forening, som man skulle være medlem af, så i god tid før rejsen meldte Dorte og jeg os ind, og de klarede så det meste, inklusiv flybilletter (i øvrigt noget af en tur; fra København via Amsterdam til Chicago med KLM, og så videre med United Airlines til målet i Knoxville i Tennessee). Foreningens kontor (hun hed Ruth eller Rita; jeg husker det ikke præcist, men det begyndte med 'R' og havde fire bogstaver) ordnede også leje af de tre biler, og så bestilte de hoteller for os. Vi havde ikke direkte bestemt, hvor vi ville overnatte (bortset fra 2-3 steder: Cherokee, North Carolina, Washington DC og Gettysburg, Pennsylvania), men havde i stedet fortalt, hvad vi gerne ville besøge, og så overladt det til foreningen at finde hoteller i nærheden, og det havde de klaret ganske fint, selv om hotellet i Raleigh, North Carolinas statshovedstad, gav anledning til nogen misfornøjelse, men det fortæller jeg om i afsnittet "11 mennesker og ét æble" i næste kapitel. Alle hotellerne på nær et tilhørte kæden Best Western, som vi også senere har boet på ved en del lejligheder. Og det, der ikke var Best Western skal jeg nok fortælle om lidt senere i bogen.

Det havde været vigtigt, især for den yngre del af gruppen, at der var swimmingpool på hotellerne, så de kunne boltre – og sole sig. Og det var der da også næsten alle steder, selv om vi ikke benyttede poolen i DC – mest fordi, der netop ikke var en på det pågældende hotel. Den efter min mening bedste pool oplevede vi på et hotel i Charlottesville i Virginia. Denne pool var hjerteformet, men det var nu ikke det, der gjorde den til den bedste; det var derimod dybden – i hvert fald i den ene ende. Det var faktisk den eneste pool på hele turen, hvor det var tilladt at springe på hovedet, så dette måtte vi jo benytte os af. Lige ved siden af hotellet lå en restaurant, som vi dog kun benyttede til morgenmad, mens aftensmaden blev indtaget to forskellige steder, idet en del af familien gik på en kyllingevingerestaurant (og det skulle de nok ikke have gjort, for næste dag led de alle af et alvorligt maveonde), mens den anden del af familien fandt en Applebee's Neighborhood Grill and Bar. Det var faktisk mit første besøg på en restaurant fra denne kæde, som jeg siden har spist på adskillige gange (kæden, ikke restauranten, som jeg aldrig har besøgt siden) – måske fordi jeg og mine ikke fik noget maveonde, for så var jeg nok aldrig vendt tilbage – se også mine erfaringer med Wendy's i afsnittet "Rævepis og Terpentin" i min første ikke-rejsebog. Næste morgen skulle vi så have morgenmad og den blev indtaget på Aunt Sarah's Pancake House, som restauranten, der var nabo til hotellet, hed. På det tidspunkt var Tim ikke laktoseintolerant, som han er i dag (måske var det der, at han blev det), så han slog sig på noget sært, nemlig en stor portion hjemmebagte vafler med flødeskum, syltetøj og bacon! Og det var ikke noget, han selv opfandt. Retten stod faktisk på menukortet, så der må være andre end ham, der indtager denne kombination. Sært, men sandt!.

To år senere skulle vi ikke bo i byen, men vi kørte forbi hotellet og restauranten, som lå på en ringvej rundt om byens centrum. Vi talte om, at hvis vi havde skulle overnatte (på det tidspunkt var klokken kun omkring 14), ville vi gerne have boet der igen. Endnu to år senere skulle Dorte og jeg så faktisk overnatte i Charlottesville. Vi havde på den tur ikke bestilt værelse i byen, men vi besluttede at vi ville opsøge hotellet, Best Western Mount Vernon, som det hed, igen – og det gjorde vi. Desværre måtte vi konstatere at hotellet var væk. I stedet lå der et Best Buy supermarked, som i øvrigt også er væk, og nu ligger der et World Market, som sælger møbler, tæpper og den slags, foruden en butik, der sælger dyrefoder og artikler til kæledyr. Også restauranten er væk og erstattet af en bank. Og hvor poolen dengang var, er der nu parkeringsplads – dog ikke hjerteformet. *Sic transit gloria mundi!* [14]

Vi fortsatte derfor ad ringvejen til det næste hotel – der lå nogle stykke dengang, og der er faktisk kommet flere til siden. Det, vi forså os på, var et Holiday Inn, men her viste det sig, at alt var optaget. Damen i receptionen var dog meget hjælpsom, og forklarede, at hvis vi kørte tilbage i samme retning, som vi var kommet fra, forbi supermarkedet og under en bro, ville vi komme til The English Inn på venstre hånd, og der havde de nok værelser. I dag ville vi passere to andre hoteller, inden vi nåede The English Inn, men sådan var det altså ikke dengang. The English Inn viste sig at være bygget som (eller i hvert fald så den så ud som) en kro i en engelsk landsby. Hvidpudset og med (sikkert falsk) bindingsværk. Her havde de værelser, så vi fik et glimrende et, og hvad bedre var, reklamerede de med, at det var det eneste hotel/motel i Charlottesville, som serverede "varm" morgenmad. Det var ellers ikke udbredt på moteller og hoteller dengang, bortset fra de hoteller, som havde restaurant, hvor man kunne få morgenmad mod betaling, så vi spiste ofte vores morgenmad på forskellige diners. I øvrigt viste det sig

---

[14] Latin for: "Således forgår alverdens herlighed". Udtrykket blev brugt ved paveindsættelser mellem 1409 og 1963, og faktisk lød det: *"Pater Sancte, sic transit gloria mundi"*. Altså *"Hellige fader, således forgår alverdens herlighed."* Det blev fremsagt af en munk tre gange under indsættelsen, samtidig med at han brændte et bundt hør bundet til en stav. Hensigten var at huske paven på, at han trods den nye titels storhed stadig var dødelig. NB! I filmen "Pigen, der vidste for meget" fra 1975 med Goldie Hawn, Chevy Chase og Dudley Moore, hed Goldie Hawns karakter Gloria Mundy!

næste morgen, at morgenmaden var særdeles udmærket, så det endte med at blive et godt bytte.

Hvor f..... er byen?

I denne bog har jeg foreløbigt fortalt om såvel et kontor og en hotelreception, som vi forlagde; et helt hotel, vi ikke kunne finde og et, der var helt forsvundet; og nu tager jeg skridtet videre og fortæller om en hel by, som blev væk. Her var det dog ikke alene min skyld, at jeg ikke kunne finde den, men fordi byen simpelthen ikke længere eksisterede, mere om det nedenfor. Først dog noget udenomssnak.

USA har mange spøgelsesbyer, og vi har besøgt nogle af dem. Blandt disse er Calico i Californien, som faktisk ikke er så spøgelsesagtig endda, da det i dag er en turistattraktion, med flere "forlystelser", blandt andet "shoot outs" og så videre, men byen har faktisk været en spøgelsesby. Calico blev grundlagt i 1881, da der blev fundet sølv i Calico Mountains øst for byen Barstow, og i løbet af kort tid opstod 30 sølvminer i bjergene, og for at minearbejderne skulle have et sted at more sig, grundlagde man byen, der på et tidspunkt havde sit eget "red light distrikt" med 23 barer og fire borderller foruden spillehaller og spisesteder. Også en Chinatown eksisterede. I dag er der kun meget få originale bygninger tilbage af de, som byens 1.200 indbyggere boede i, da de var flest. Allerede i 1890'erne faldt prisen på sølv så meget, at det ikke længere kunne betale sig at udgrave det, og sølvminearbejderne forlod byen, mens nogle få hundrede, som arbejdede i nærliggende boraksminer, blev tilbage, men efterhånden forsvandt også disse, og byen døde ud og antallet af faste indbyggere faldt til under 10. En af disse var Lucy Bell Lane, som er den person, der har boet længst i byen. Hun flyttede dertil som barn i 1884 med sine forældre, men forlod byen igen i 1892, da hun blev gift. I 1916 vendte hun tilbage og åbnede en General Store, som hun drev til sin død i 1967. Lanes General Store er en af de originale bygninger, som fortsat eksisterer.

Jeg har besøgt byen et par gange med henholdsvis Tim og Dorte og har både kørt tur i et lille minetog, som kører en kort rundtur i området øst for byen og besøgt Maggie Silver Mine, en nedlagt sølvmine, der er åben for publikum. Hvis du selv vil grave sølv, er der stadig sølv tilbage i bjergene. Fx regner man med, at minen Silver Queen Mine rummer sølv for mere end 6 millioner dollars, men desværre vil det koste omkring 10 millioner at udvinde det, så det må nok afvente at sølvpriserne stiger.

Tim har også på egen hånd, eller rettere ledsaget af venner, men uden mig, besøgt Goldfield Ghost Town, som ligger lidt vest for Superstition Mountains i Arizona, omkring 60 km øst for Phoenix. Som navnet antyder, var det her guld, man gravede efter, og også her kan man komme på besøg i en nedlagt mine, sjovt nok en nedlagt guldmine. Desuden er der flere andre aktiviteter, man kan deltage i, som fx en zip-line (altså en wire, som man kan køre nedad, fastspændt i et seletøj), ligesom man også her kan overvære shootouts med mere. Som det fremgår, er denne by heller ikke længere en rigtig spøgelsesby, men er blevet til noget, der ligner en forlystelsespark.

Ellers er Superstition Mountains berømt for at være hjemsted for den såkaldte "Lost Dutchman's Mine", en legendarisk guldmine, som blev fundet af en tysker ved navn Jacob Waltz ("dutch" er en forvrængning af "Deutsch" og har altså ikke noget med hollændere at gøre – på samme måde som sproget Pennsylvania Dutch er en afart af tysk, ikke hollandsk), og som han fortalte om til en kvinde, der plejede ham på dødslejet, men som aldrig er blevet genfundet, og som mange har eftersøgt lige siden, alle uden held og mange med fatale følger. Faktisk er mindst seks omkommet siden 1940 i forsøget på at finde minen. For eksempel kan jeg nævne, at i 2010 forsøgte tre mænd at finde minen og drog ind i bjergene, men de vendte aldrig tilbage. Deres lig blev først fundet i 2011, og man kunne konstatere, at de formodentlig var omkommet af tørst og hede. Der er i øvrigt mange andre versioner af historien om minen, som inddrager en mexicansk familie ved navn Peralta, en anden tysker ved navn Weiser og flere andre, der enten placerer minen andre steder, blandt andet i Californien, andre steder i Arizona eller sågar i New Mexico. Andre historier fortæller, at der slet ikke var tale om en mine, men om en mængde guld, som var udgravet i Californien og nu er skjult i Superstition Mountains. Hvis der overhovedet er guld at finde, er den sidste historie nok mest sandsynlig, da videnskaben har konstateret, at rent geologisk er det meget usandsynligt, at der overhovedet findes guld i Superstition Mountains, der primært består af stivnet magma, der så godt som aldrig indeholder guld. Så lad være med at gå på minejagt i bjergene – det kan være dyrt på flere måder end én.

Der findes imidlertid mange andre spøgelsesbyer i USA, fx er der mindst 15 alene i Arizona og over 60 i Californien, og nogle af dem er faktisk "rigtige" spøgelsesbyer. Ikke nødvendigvis sådan at det spøger. De, der har læst min forrige bog vil vide, at jeg har været på flere spøgelsesjagter uden at se et eneste spøgelse, så dem tror jeg ikke på mere, hvilket er trist, for nu er der kun Julemanden, Påskeharen og Tandfeen tilbage af min barnetro, efter at jeg også i den pågældende bog måtte aflive min tro på køer af racen Texas Longhorn. Nej, de "rigtige" spøgelsesbyer er byer, der er forladt af alle eller i hvert fald næsten alle mennesker, og hvor bygningerne eller ruiner af disse, stadig findes.

En sådan by er Soldier Summit, som Tim og jeg har besøgt (dog med en vis skuffelse til følge) eller i hvert fald kørt langsom forbi. Soldier Summit er både navnet på et bjergpas i Wasatch Mountains i Utah og navnet på en by ved passet. Byen var tidligere en såkaldt "incorporated town", hvilket vil sige en by med eget bystyre, men i dag er det, der er tilbage af byen, et "unincorporated community", hvilket jeg har fortalt om i min tidligere bog, men det er i princippet et bymæssigt område uden eget bystyre, som kontrolleres af det amt, der ligger i. I 1861 under den amerikanske borgerkrig var en gruppe sydstatssoldater på vej over passet. Soldaterne havde tidligere været en del af Unionshæren på Camp Floyd i Utah, under kommando af General Philip St. George Cooke, men nu, da krigen var brudt ud, ville de vende hjem og slutte sig til sydstatshæren. De blev imidlertid fanget af en snestorm på vej over bjergene, så de måtte slå lejr i passet, hvor nogle af dem døde og blev begravet, og disse døde soldater har altså givet navn til i første omgang passet og senere byen. I 1921 blev byen så til en by med eget bystyre (incorporated), og der var adskillige forretninger, hoteller, restauranter, to kirker og i alt boede omkring 2.500 mennesker i byen, da der var flest i begyndelsen af 1920'erne. I byen var der blandt andet værksteder og remise for et jernbaneselskab (både en jernbanelinje og US Highway 6 går gennem byen). Få år senere flyttede jernbaneselskabet deres værksted til byen Helper omkring 40 km syd for Soldier Summit, og så begyndte det at gå tilbage for byen. Befolkningstallet svandt hurtigt, så allerede i 1930, var der under 400 indbyggere tilbage, i 1980 var der 12, og i dag er der faktisk ingen.

I 1984 blev byen "frataget" sin status som selvstændig by, og det betød at byen blev den spøgelsesby, som den altså er i dag, med nogle få tomme huse, og ikke ret meget andet, foruden en benzinstation, som af og til er åben, af og til ikke. Og det var den ikke, da Tim og jeg var der, og de fleste huse var også forsvundet, så kun fundamenterne var tilbage. Og det gav altså ikke det rigtige indtryk af spøgelsesby, men dog mere end de to ovennævnte eksempler. Dorte og jeg kørte i øvrigt også forbi byen i 2006, dog uden at stoppe, og ved den lejlighed så vi en masse små jordegern på en rasteplads, men dem har jeg allerede omtalt i aftnittet om vejarbejder i et tidligere kapitel[15].

Og efter denne udenomssnak nåede jeg endelig frem til byen, som forsvandt. Her skal vi til den anden ende af landet, og hvis nogle af de, der kender mig, har læst mine andre bøger, min hjemmeside eller har fulgt mine YouTube kanaler, vil gætte på, at vi skal til det vestlige North Carolina, så tager de ikke fejl. Vi skal netop til det vestlige North Carolina, nærmere betegnet til amterne Caldwell og Wilkes, og hele min interesse for dette område, udsprang af min interesse for Tom Dooley, som jeg også har udgivet bøger om. Har du ikke læst dem? Så er det på tide at få dem købt, men jeg må advare om, at de kun er udkommet på engelsk. De kan fås fra Amazon og andre velassorterede onlineboghandlere.

For mange år siden købte jeg min første bog om Tom Dooley sagen. I denne kunne jeg læse, at en mand ved navn James Isbell, Toms ivrige forfølger, havde boet "i nærheden af nutidens Grandin Road". På det tidspunkt sagde det mig ikke meget, og jeg troede at vejen var opkaldt efter en person, som mange veje i området faktisk er. Det viste sig dog kun delvis at være tilfældet, idet den var opkaldt efter en by, Grandin, som på sin side var opkaldt efter en person. Senere kom jeg til at køre på Grandin Road mange gange, og på et tidspunkt, ville jeg gerne identificere stedet, hvor Isbell havde boet. Under et af mine besøg i området besøgte jeg derfor det lokalhistoriske museum i Caldwell County, det amt, hvor vejen ligger, for at se, om de kunne hjælpe. De kunne så fortælle mig, at byen for længst var forsvundet, og at kun et hus var tilbage; et hus som i byens storhedstid havde været pensionat. De kunne til gengæld henvise til en bog, som jeg var velkommen til at læse på museet, så det gjorde jeg. Og nu lidt historie fra "det vilde vestlige North Carolina". Altså kort sagt, mere udenomssnak før jeg kommer til sagen.

I begyndelsen af 1900-tallet købte en mand ved navn William J. Grandin et større område (250 km²) i det vestlige North Carolina. Området omfattede en masse skov, og han havde fået regnet ud, at der kunne skoves 70 millioner kubikfod tømmer (ca. 2 millioner m³), så det gik han i gang med. Han ansatte derfor en række skovarbejdere og andre inden for træindustrien. Til dem byggede han by på et plateau over Yadkin River i Caldwell County. Byen indeholdt 30 huse, en stor blandet landhandel, en bygning, der blev anvendt som kirke, et pensionat, en

---

[15] I 2022 besøgte Tim og jeg spøgelsesbyen Bryan i Wyoming. Her så vi fundamenter og rester af nogle skure. De eneste levende væsenter på stedet, var en flok præriehunde.

grovsmedje, en savmølle og flere andre typer af møller til træbehandling, så han kunne levere ikke bare tømmer, men færdige brædder. Desuden blev der bygget flere andre bygninger i området. Imidlertid skulle han også af med sine produkter. Den nærmeste jernbaneforbindelse fandtes i North Wilkesboro omkring 40 km væk, som var endestation for en af Southern Railways jernbaneruter, og det var langt at transportere tømmer på vogne. I 1911 begyndte han derfor at anlægge en jernbanelinje mellem North Wilkesboro og hans nye by, som var opkaldt efter ham. Dette blev til Watauga og Yadkin River Railroad. Yadkin River, fordi den fulgte Yadkin Rivers forløb fra Wilkesboro til Grandin, og Watauga fordi det var meningen at den skulle føres igennem til amtssædet Boone i Watauga County. Oprindeligt havde banen otte stationer foruden de to endestationer. En af disse var Elkville. Fra denne station blev en sidegren ført nordpå, og det var denne, som til sidst skulle ende i Boone. Her var der planlagt yderligere 7 stationer inklusive Boone. Desværre nåede banen aldrig længere end til Darby, som var station nummer to efter Elkville, kun 8 km nord for denne, og som lå midt i det skovområde, som Grandin ejede. Det var også meningen, at banen skulle forlænges fra Grandin til Lenoir, men det skete heller ikke.

Lokale beboere havde advaret såvel Grandin som hans jernbaneingeniør mod at bygge banen langs med Yadkin River, som var kendt for at gå over sine bredder, men de lyttede ikke. Ingeniøren udtalte endda noget hånligt, at skulle der komme en oversvømmelse, *"kunne han stoppe denne med hælen på sin sko"*. Det kunne han imidlertid ikke, så i 1916 da Yadkin River som så ofte før (og senere – den seneste oversvømmelse var i efteråret 2024 i forbindelse med okanen Helene) gik over sine bredder, blev store dele af banelegemet skyllet væk. Linjen blev genopbygget, men tømmerarbejdet kom aldrig rigtigt i gang igen, og af de 2 millioner m^3 tømmer var der fældet mindre end 28.000 m^3. I 1918 ramte en ny oversvømmelse jernbanelinjen, og denne gang var skaderne så alvorlige, at Grandin ikke havde råd til at genopbygge sporene, og han endte med at gå fallit. I den tid, jernbanen faktisk eksisterede, var den kendt som "The Friendly Railway (Den venlige Jernbane), fordi den ikke tog det så tungt med køreplaner. Ville nogen fiske i floden undervejs, holdt toget en pause imens. Var nogen syge i nærheden af jernbanestrækningen, tog toget gerne den lokale læge, Dr. George Hill Carter, med og ventede, mens han behandlede den syge og så fremdeles. Men det ophørte altså efter oversvømmelsen i 1918.

Over de næste 15 år forsøgte andre at overtage og genoplive såvel jernbane som tømmerforretning, men alle uden held, og i 1933 blev jernbanen helt opgivet. Da der ikke længere var tømmerindustri og transportmuligheder i området, flyttede folk efterhånden fra byen, men den fik ikke lov at forfalde som andre spøgelsesbyer. Den (meget hesteglade) ingeniør, som i sin tid havde anlagt byen, og som stadig boede der med sin familie, købte området og omdannede den tidligere by til landbrugsjord – dog med plads til – sjovt nok - heste. Alle bygninger, bortset fra savmøllen og den bygning, der havde været pensionat, blev fjernet. End ikke fundamenterne er tilbage, og heller ikke en opdæmmet sø, hvor man opbevarede de fældede stammer, til de skulle forarbejdes, eksisterer mere, selv om resterne af den stadig kan ses på ældre kort. Siden dengang er også savmøllen forsvundet, så nu er det tidligere pensionat alt, hvad der er tilbage. Her er hvad den engelske Wikipedia skriver om Grandin (på engelsk altså – her har jeg selv oversat det til dansk for forståelighedens skyld:

"Grandin er et unincorporated community i Caldwell County, North Carolina, USA. Bebyggelsen er beliggende ved mindre veje i det nordøstlige Caldwell County, 18,2 km nordøst for Lenoir [amtssædet] *Fire steder i Grandin er opført i National Register of Historic Places: Dula-Horton Cemetery, William Hagler House, Mariah's Chapel og Riverside* [en landbrugsejendom ved bredden af floden]."

Jeg kan tilføje, at William Hagler House i dag ejes og bebos af nogle af mine gode venner i området, og huset har været i familiens eje siden det blev bygget omkring 1830.

NB! Hvis du vil læse en mere historisk korrekt og detaljeret artikel om Grandin og jernbanelinjen, kan du finde den på min hjemmeside, www.kronsell.net, under menupunktet Historie(r). Artiklen hedder "Byen, der kom og gik".

Nå, men jeg ledte altså først efter byen ved at køre rundt i området, men kunne ikke finde den, og jeg fandt så ud af, at den simpelthen ikke eksisterede mere. Så ledte jeg efter bygningen, der havde været pensionat, ved på samme måde at køre rundt uden at vide rigtigt hvad jeg skulle se efter, da jeg ikke helt havde styr på, hvordan et pensionat fra begyndelsen af 1900-tallet skulle se ud. Jeg havde dog en fornemmelse af, at det nok var en forholdsvis stor bygning. På en bakketop ved Grandin Road ligger i dag Grandin Baptist Church, som er af nyere dato end byen, og på kirkegården ligger den omtalte James Isbell og hans familie begravet, så den havde jeg besøgt et par gange. Fra kirkegården er der udsigt til nogle huse, og ved mine første besøg troede jeg at Isbells hus måske var et af disse, så en dag lod jeg bilen stå ved kirken og gik ad den lille markvej, som førte ned mod husene.

Ved det første hus mødte jeg et skilt med teksten: "Grandin, Befolkning 5". Jeg så på husene, men der var ingen der bare svagt lignede det billede, jeg havde set af Isbells hus, som godt nok også (billedet altså) var fra slutningen af 1890'erne (huset var meget ældre), så det kunne måske havde forandret sig. Men jeg var nu ret sikker på, at jeg i hvert fald ville kunne genkende det på, hvad man kunne se i baggrunden af fotoet. Det var, da jeg senere besøgte museet i Lenoir igen, at jeg fik at vide at huset ikke længere eksisterede, og så var der jo ingen grund til at lede efter det længere. Pensionatet manglede jeg dog stadig at lokalisere, men selvom jeg så flere huse i omegnen, der var store nok til at have været pensionat, var jeg bestemt ikke sikker.

I 2018 spiste jeg så frokost med en anden af mine bekendte fra området, en nu pensioneret direktør for Caldwell Historic Museum, og han kunne fortælle mig, at hans fætter havde skrevet en bog om jernbanelinjen, som også omhandlede den tilhørende by, og han ville meget gerne præsentere mig for fætteren, men sådan kom det ikke til at gå ved den lejlighed, så det har jeg endnu til gode. Til gengæld kunne John (som direktøren hedder) fortælle mig, at pensionatet kunne ses fra kirken. Jeg skulle bare se efter et hvidt hus med blå skodder. Dagen efter var jeg tilbage ved Grandin Baptist Church og kunne konstatere, at huset var et af de, som jeg allerede havde gået forbi ved mit besøg i Grandin, og som jeg flere gange havde set fra kirkegården. Sådan kan det gå, når man ikke ved præcis, hvad man leder efter i en by, som ikke eksisterer. Men Isbells hus, eller rettere stedet, hvor det lå, har jeg endnu til gode at lokalisere, selv om det at finde pensionatet nu har gjort det noget nemmere at forstå de gamle kort over Grandin, som jeg havde set på museet, så en dag skal det nok lykkes. Nu har jeg i øvrigt selv anskaffet fætters bog, så nu er jeg bedre rustet til mit næste be- og forsøg.

Hvor f..... er skatten?

Dette afsnit kunne have været billigt, fordi jeg kunne have "snuppet" det meste af teksten, fra noget jeg tidligere har skrevet, men sådan er jeg ikke (i hvert fald ikke så tit).

Jeg har været på skattejagt, og det er jeg ikke ene om. Skattejægere findes i alle former og faconer, og det samme gør de skatte, de leder efter. Der er noget spændende ved skattejagt – hvem har ikke fornøjet sig med Robert L. Stevensons "Skatteøen" eller andre romaner om skjulte skatte. Mange af disse er efter historierne gemt af sørøvere og andet godfolk, som har haft skatte at skjule. Også i

Danmark er der faktisk fundet en del af den type skatte, som muligvis (formodentlig) er gravet ned for at skjule dem for fremrykkende fjender, og da de skatte, man finder, jo ikke er blevet hentet af ejermanden, må man gå ud fra at fjenden vandt.

Det er nu ikke sådan en skat, jeg har været på jagt efter og ikke i Danmark (så skulle det jo have været med i en anden bog), men i USA og også her er der mange historier om skjulte skatte. En af de mest kendte er nok historien om Kaptajn Kidds skat, som nogle mener er gravet ned på Long Island ud for New York, mens andre mener, at det er den (heller aldrig fundne) skat, der er gravet ned på øen Oak Island ud for Nova Scotia i Canada – det er den, der er gemt i den såkaldte Money Pit (hvis der altså er en skat). Også flere andre steder er udlagt som gemmested, blandt andet en ø ud for Vietnams kyst (Kidd tilbragte en del tid i Sydøstasien i sin tid som pirat). De fleste historikere er dog enige om, at Kaptajn Kidd slet ikke have nogen skat, han kunne grave ned nogen steder. Og nu skal jeg jo ikke lyve. Den gode William Kidd begravede faktisk en skat på Gardiner Island, en lille ø mellem de to odder, der udgør den østlige spids af Long Island. Den skat var imidlertid ikke ret værdifuld, og den blev fundet og gravet op på foranledning af den lokale guvernør, der sendte skatten til London, hvor den indgik som bevis i retssagen mod Kidd – som endte med at blive hængt i Execution Dock i London, hvorefter hans lig blev hængt op over Themsen ved Tilbury Point, hvor det hang i tre år til skræk og advarsel for andre, som skulle have lyst til at blive sørøvere. Nå, men nu var det jo ikke Kaptajn Kidd, denne historie skulle handle om.

Historien skal i stedet handle om min forgæves, kortvarige, jagt på Beales Skat. Historien om Beales skat er lang, og da jeg allerede har fortalt den på min hjemmeside, hvor interesserede kan læse mere, skal jeg ikke gentage den her. Jeg er dog nødt til kort at introducere historien.

I 1885 blev der udgivet en pamflet, som fortalte den drabelige historie om en Mr. Beale og den skat, han skulle have gravet ned et sted i det sydvestlige Virginia i 1820 og 1821. Historien var dramatisk og indeholdt nogle hemmelige koder, som endnu ikke er dechifreret, og meget andet godt, men faktum er, at den foranledigede mange mennesker til at gå på skattejagt, dog uden held. I 1960'erne gik der igen skattejagt i folk, og mange drog til området, og endnu flere har siden eftersøgt skatten. Problemet er, at den viden pamfletten gav om hvor skatten er begravet, er særdeles upræcis. Den fortalte kun at det var et sted omkring 4-5 miles fra Buford's (som i 1821 var en kro i Bedford County, Virginia). Kroen er forsvundet, men lå der, hvor nu den lille bebyggelse Montvale ligger (find den selv på et kort eller på Google Earth).

Det betød selvfølgelig, at folk gav sig til at lede nærmest på må og få, og af og til gik jagten særdeles over gevind, og nogle af skattejægerne foretog sig helt uhyrlige ting. At trænge ind på private menneskers grunde og grave disse op, ikke mindst om natten, var blandt de "blidere" forseelser, men i begyndelsen af 1970'erne tog det så meget overhånd, at de lokale så sig nødsaget til at skyde varselsskud mod indtrængerne. Folk dukkede op med metaldetektorer, en enkelt med en geigertæller, selv om der ikke var noget radioaktivt materiale blandt det, som skulle være gemt (guld, sølv og ædelsten), men der var nogen, der gik længere endnu, og sprængte sig ved hjælp af dynamit ned i klippen på andre menneskers ejendom. Af og til sprængte nogen huller i andre folks marker og efterlod dem sådan, så køer faldt i hullerne og brækkede benene. En mand fra Texas var dog mere behersket. Han pakkede bare kone og børn i bilen, og drog til Virginia, hvor han lånte sig frem til et vejkort, som han var sikker på, ville vise vej til skatten, hvilket det ikke gjorde! En mand fra Massachusetts vågnede midt om natten, efter at have drømt, hvor skatten var, og begav sig øjeblikkeligt på vej syd på. Også han blev skuffet. En dommer fra Virginias Højesteret afsøgte et stort område på cykel uden held. En clairvoyant mand fra Oklahoma afsøgte en dal ved navn Goose Creek Valley fra en helikopter, og en enkelt mente, at Jesus havde fortalt ham, hvor skatten var, og da han ikke fandt den, mente han, at Jesus ville vende tilbage senere og afsløre den rigtige placering for ham.

Blandt de mest groteske historier er den om en mand fra Chicago, som undersøgte en kirkegård med en metaldetektor, og da han fik udslag på et område af kirkegården, hvor der ingen grave var, overtalte han menighedsrådet til at grave der – kun for at finde en stor mængde tøjbøjler af metal og nogle hestesko. Men han spurgte i det mindste om lov. En kvinde fra Pennsylvania hævede i 1983 en erstatning fra en ulykkesforsikring, tog til området, lejede en rendegraver og gravede dele af en anden kirkegård op i nattens mulm og mørke. Det eneste, hun fandt, var et håndtag til en kiste og nogle menneskeknogler, så hun blev arresteret og fik forbud mod nogensinde at vende tilbage til Virginia.

Også på offentlige områder blev der gravet, fx langs Blue Ridge Parkway og Appalachian Trail, der begge tilhører den føderale regering, og de, der blev taget her, blev idømt store bøder. I begyndelsen af 1990'erne mente en gruppe medlemmer af et kirkesamfund i Pennsylvania, at de havde fundet løsningen på dette problem, så de "hjemsøgte" Jefferson National Forest, selv om denne ligger omkring 15 miles sydvest for Buford's. De valgte kun at grave på nationale helligdage, da de mente, at de kunne undgå at blive opdaget af parkbetjente, hvis de kun gravede på disses fridage. Trods denne påpasselighed blev gruppen dog afsløret, men da havde de gravet huller i store dele af skoven, og som en del af straffen, blev de tvunget til at fylde alle disse huller op igen.

Og nu var det altså blevet min tur, men jeg tog knap så drastiske metoder i brug. I 2015 var jeg på vej mod syd fra byen Lexington i Virginia til Danville i samme stat (ved grænsen til North Carolina) for at se det sted, hvor der i 1903 fandt en togulykke sted (jo, jeg opsøger af og til den slags steder, blodtørstig som jeg er); en togulykke som gav anledning til den – i hvert fald af mig – kendte countrysang, The Wreck of the Old 97. Ved den lejlighed opdagede jeg, at jeg ikke var særlig langt fra Montvale, så jeg besluttede mig for at tage revanche. For hvad kan man spørge sig selv? Jo, allerede i 2000, da vi var på udflugt med storfamilien, som omtalt andre steder i denne bog, var vi i nabolaget, men dengang fik jeg ikke lov til at gå på skattejagt, fordi resten af familien hellere ville se en "bro" – den oplevelse er der også en historie om et eller andet sted i den første bog om oplevelser i USA, men nu var jeg alene, så der var ingen, der kunne bestemme.

De fleste, der har interesseret sig for denne historie, ser flere muligheder her:

1. De hele er et svindelnummer og der har aldrig været en skat. Hvis det er tilfældet har der imidlertid ikke været den store gevinst, da trykning af pamfletten samt annoncering for denne, ville have spist hele omsætningen op.
2. Der har aldrig været en skat, men der er ikke tale om svindel. Pamfletten blev skrevet som en god historie, en novelle, som folk bare opfattede bogstaveligt og forfatteren døde inden han kunne korrigere denne opfattelse.
3. Der har været en skat, men de oprindelige ejermænd vendte tilbage og fjernede den selv.

4. Der har været en skat, men den er for længst fundet og fjernet, og de, der fandt den, har bare gået stille med dørene, for at kunne beholde den for sig selv.
5. Der har været en skat, som aldrig er fundet, og som derfor endnu ligger begravet et sted i omegnen af Montvale.

Jeg satsede på, at den sidste forklaring var rigtig og satte derfor kursen mod Montvale. Her fandt jeg faktisk det sted – i bebyggelsens nordvestlige udkant – hvor Buford's kro i sin tid lå. Derfra besluttede jeg mig så for at køre 5 miles mod nordvest (jeg kunne have valgt alle andre retninger, da man ikke ved, hvor i forhold til kroen, at skatten er gemt, men jeg valgte nordvest, fordi det førte ind i bjergene). Det var bare nemmere sagt end gjort at komme i denne retning, for der gik ingen bilvej på tværs af Blue Ridge Mountains, så jeg endte med at køre en omvej på ca. 20 miles, men nåede til sidst frem til det sted, jeg havde udset mig til min skattejagt. Her parkerede jeg bilen ved et skovområde, og så drog jeg af sted, bevæbnet med ingenting, end ikke mit kamera havde jeg med. Jeg var overbevist om, at det ville komme i vejen når jeg skulle slæbe to ton sølv og mere end et ton guld tilbage til bilen. Jeg havde afsat hele 15 minutter til ekspeditionen og gik ind i skoven ad en mindre sti. Da jeg kom til et sted, hvor klipperne ragede op over skovbunden, var jeg sikker på at jeg nu havde fundet stedet, men desværre blev jeg skuffet. Der var ingen skat at finde, men måske skyldtes det, at historien fortæller at skatten er gravet seks fod ned, så måske er den ikke synlig fra overfladen. Til gengæld var min tid gået, så jeg måtte skuffet, nedslået og deprimeret og uden at blive mangemillionær ved den lejlighed vende tilbage til bilen og fortsætte min færd til Danville – og senere videre til mit endemål i Lenoir i North Carolina. Måske vender jeg tilbage en anden gang, og så medbringer jeg en skovl.

Noget i skrutten

Frisklavet guacamole på El Ranchero i Spruce Pine, North Carolina

Af og til skal man have noget mad for at overleve, og min foregående bog har jeg allerede fortalt om en del oplevelser med mad i afsnit som fx Hjemmegroet ko, Fuldt hus, Mås i præsidentens bås m.fl., men har kommer altså lige lidt flere oplevelser, som på en eller anden måde omhandler mad, selv om de sikker også kommer til at handle om andre ting, som det også er tilfældet med de fleste andre afsnit i bogen. Læs i dette kapitels mange afsnit (jo, mad er et særdeles vigtigt emne) om:

- *"Forfulgt"*
- *Når kvinder slås om os*
- *11 mennesker og ét æble*
- *Spillegale spiser hurtigt*

- *Betaling efter størrelse*
- *Kun to steder at spise*
- *Alligator var ikke inkluderet*
- *Tænderstik*
- *Dyrt? – Jo tak!*
- *Invaderet af orm*

"Forfulgt"

Vi bliver ved maden lidt endnu. Selvfølgelig gør vi det, da vi jo slet ikke er begyndt på den endnu – i hvert fald ikke i dette kapitel. Dette afsnit handler om dengang, vi blev "forfulgt" af en bestemt restaurationskæde.

Vi kan godt lide at få god mad, men det behøver ikke at være dyr mad. Selv holder jeg meget af at spise på lokale restauranter rundt omkring i de byer, hvor jeg kommer frem. Det kan være amerikanske restauranter, hvad det som oftest er, men det kan også være på "etniske restauranter", fx mexicanske, indiske, italienske og så videre. Vi har fået rigtigt gode måltider på den type restauranter. Vi holder os imidlertid ikke tilbage fra kæderestauranter, men vi foretrækker såkaldt "full service" restauranter og ikke fast food. En "full service" restaurant kan godt være lidt primitiv (men også det modsatte), og der er sjældent hvid dug på bordet, men maden er typisk god og forholdsvis billig. På en sådan restaurant, sidder man ved et bord og bliver betjent undervejs. På min YouTube kanal, Daddy Sage, har jeg en video, hvor jeg omtaler syv af disse "full service" kæder, men der er mange flere i forskellig kvalitet og prisklasse.[16] De kæder jeg omtaler i videoen er Chevy's Fresh Mex, Texas Road House, Bubba Gump Shrimp Co., Applebee's Neighborhood Grill and Bar, Ryan's Bakery and Grill, Denny's og Hooters. Jeg kunne også have omtalt Cracker Barrel, Ruby Tuesday, Shoney's, TGI Friday[17], Tony Roma's eller altså mange andre.

Man skal være opmærksom på, at i og med, at der er betjening ved bordene, skal man selvfølgelig give drikkepenge. Drikkepenge udgør en væsentlig del af serve-

---

[16] Et link til den pågældende video på YouTube ses her: https://www.youtube.com/watch?v=CpxYLdb5tQY, eller søg efter Daddy Sage i YouTube, vælg Videoer i menuen og så finder du den et godt stykke nede på listen.

[17] Både Ryan's Bakery and Grill og TGI Friday er siden desværre gået konkurs og lukket.

ringpersonalets løn. Mindstelønnen for mennesker, der forventes at få drikkepenge er helt ned til under $2,13 i timen (ca. 14 kr. pr. marts 2023), som er den føderale minimumsløn for denne type af ansatte. De enkelte stater kan selv fastsætte minimumslønninger, når bare den ikke kommer under den føderale. Typisk vil de højeste lønninger, fx i staten Washington, ligger på $13 (85 kr.). Så personalet forventer drikkepenge, typisk mellem 15 og 25 % af regningsbeløbet. Og har man lyst (og råd) kan man med fordel give mere – det hjælper på betjeningen, hvis man kommer tilbage en anden gang – hvis de fortsat kan huske en. Mere om det i næste afsnit. Tim og jeg har en gang glemt at give drikkepenge. Det var på en Cracker Barrel i byen Alexandria i Louisiana. Undladelsessynden var baseret på en misforståelse mellem Tim og jeg. Da vi skulle betale, skulle jeg lige afsides et kort øjeblik, mens Tim betalte. Da jeg kom ud igen, var han gået ud til bilen, og mens jeg troede, at Tim havde givet drikkepenge i forbindelse med betalingen, havde han regnet med, at jeg ville erlægge disse kontant, når jeg altså kom ud, da han havde betalt med kort. Vi skyndte os derfor at forlade parkeringspladsen, inden vi blev forfulgt af en vred sydstatsservitrice, som faktisk kan være ganske farlig og dødbringende, når hun føler sig snydt! Så den restaurant vender vi aldrig tilbage til. Jeg er sikker på, at de har sat en "Wanted Dead og Alive for Criminal Actions" plakat med vore billeder op i personalerummet. Men de havde nogle flotte, blomstrende træer uden for og mange blomsterbede, som også var særdeles nydelige. Synd, at vi aldrig får dem at se igen.

Vi (mest Tim) kender faktisk en anden kvindelig tjener på en restaurant i Bossier City i samme stat, og jeg er sikker på, at hun kan "aflive" kunder, der ikke giver drikkepenge. Da vi besøgte hende på restauranten, glemte vi det bestemt ikke, især fordi vi havde fået frokosten gratis.

Men det var nu ikke den forfølgelse, jeg skulle fortælle om, for det var ikke serveringspersonale, der forfulgte os, men derimod restauranter, altså restauranter fra en bestemt kæde. Som nævnt ovenfor kan vi godt lide at finde små lokale restauranter, og vi kan også godt finde på at køre efter en bestemt kæderestaurant, men af og til gider vi hverken at lede eller køre, fx fordi vi har kørt hele dagen, er trætte og bare "vil have noget i skrutten", og så tager vi simpelthen den første den bedste. På én af vores ture forholdt sig sådan, at hver gang dette indtraf, og det var ret ofte på den tur, var den nærmeste restaurant en Denny's, så dem spiste vi ret jævnligt på. Oprindeligt brugte vi stort set kun disse restauranter til morgenmad, som de gør fremragende, men senere fandt vi ud af, at man også kan få et godt måltid på andre tidspunkter af dagen (eller natten, for restauranterne i denne kæde har åbent 24 timer i døgnet, året rundt – bortset fra i nogle få stater, der insisterer på lukning på enkelte helligdage).

Første gang vi spiste på en Denny's på den tur, kørte vi faktisk efter den, da der slet ikke lå nogen restauranter lige i nærheden af hotellet, men det var den, som trods alt lå nærmest, hvilket vi opdagede ved at google. Dette indtraf i Santa Maria i Californien. Så gik der nogle dage, hvor vi ikke opsøgte kædens restauranter, men så begyndte det at "gå galt". I Tucscon, Arizona lå der en Denny's lige overfor hotellet, så igen blev det til aftensmad på denne restaurant, og da vi jo overnattede på hotellet, blev det også til morgenmad næste morgen. Fire år senere var vi tilbage i Tucson, og selv om vi ikke boede på det samme hotel, men på nabohotellet, spiste vi alligevel aftensmad på den samme Denny's og i øvrigt også morgenmad næste dag. Men tilbage til den første tur. Næste dag blev det ikke til en Denny's, men dagen efter var vi på den igen. Dette foregik i Holbrook, Arizona, og her lå der en Denny's på hotellets parkeringslads, så også her blev det til både aftensmad den første dag og morgenmad dagen efter. I Grand Canyon lå der ingen Denny's så her slap vi, men allerede ved det næste stop, Cortez i Colorado, var den der igen. Her spiste vi godt nok aftensmad på en lokal, italiensk restaurant, hvor portionerne var små og priserne høje, men morgenmaden indtog vi på en Dennys, tæt på hotellet, om end ikke lige ved siden af. I den næste overnatningsby, Moab i Utah, havde vi fejlbooket vores hotel, så vi først havde værelse dagen efter at vi ankom, så vi måtte finde et "nødhotel" til den første nat, og – yes, du har gættet det – der lå en Denny's på hotellets parkeringsplads. Heller ikke den brugte vi til aftensmad, men vi fandt i stedet en lokal restaurant, Susie's Branding Iron. Næste dag spiste vi så morgenmad på Denny's og da vi kom tilbage efter dagens udflugter, som blandt andet bød på en aftentur i bjergene, var klokken 23, og så var Denny's den eneste restaurant, som havde åbent, så her blev aftensmaden (eller måske snarere natmaden) indtaget. Så gik der nogle dage, og ved frokosttid på sjettedagen efter sidste besøg, passerede vi Eugene, Oregon og her var den første restaurant, vi så en Denny's så her blev frokosten altså indtaget. Det gjorde den også to dage senere i Santa Rosa i Californien. Det samme gjorde aftensmaden næste dag – fortsat i Santa Rosa og på den samme Dennys, men så var det også slut med Denny's på den tur. Men her blev vi faktisk "forfulgt" af denne restaurantkæde. Vi kunne selvfølgelig have valgt at bruge lidt mere tid på at opsøge andre spisesteder, men det gjorde vi altså ikke.

Når kvinder slås om os
Mere Denny's i dette afsnit.

Året var 2012, stedet var Carlsbad i New Mexico. Uden for byen besøgte vi en interessant zoologisk have med dyr fra Chihuahuaørkenen, men det har ikke noget med denne historie at gøre. Der kommer dog mere om dette besøg i kapitlet om Vejr og vind. Efter besøget her skulle vi så finde vores hotel, som undtagelsesvis var bestilt hjemmefra. På vej gennem byen passerede vi en Denny's, som reklamerede med gratis wifi, og det skulle komme os til gavn senere, at vi havde været vågne.

Vi fandt vores – forholdsvis dyre – hotel uden problemer og fik os indkvarteret. Hotellet reklamerede med gratis high-speed wifi, men hvor det var, vides ikke. Det var i hvert fald ikke på vores værelse, og selv da vi gik over i receptionsområdet, som lå i en anden bygning, blev det ikke bedre af det. Her var det så, at vores klæbehjerner kom til deres ret, for vi kunne begge huske skiltet ved Denny's. så vi besluttede at indtage vores aftensmad der. Vi bevæbnede os derfor med vores respektive tablets og drog af sted til den modsatte ende af byen, hvor påpladssætteren viste os hen til et bord, og fortalte os, at vores serveringsperson ville komme om et øjeblik. Mens vi ventede kontrollerede vi internettet, og det viste sig, at var glimrende, så vi kunne både tjekke verdenssituationen, og få sendt e-mail til dem derhjemme.

Vores serveringsperson (M/K/Andet) var en nydelig ung dame, som præsenterede sig som Jessica, og da vi havde bestilt, spurgte vi hende, hvad der foregik i byen om aftenen, hvortil hun svarede med de berømte ord, "*Absolutely nothing*", med tonløs stemme og med et opgivende udtryk i ansigtet. Det grinede vi en del af, og hver gang hun kom i nærheden af bordet, sludrede vi med hende, og vi fandt ud af, at hun oprindeligt var fra Californien, men var flyttet med sine forældre til Texas og nu altså videre til Carlsbad i New Mexico, hvor der var SÅÅÅÅ kedeligt. Vi spurgte hende så om, hvorfor hun var flyttet med forældrene, og hertil kunne hun fortælle, at det var hun nødt til, for hun var kun 16 år. Det overraskede os noget, for i hvert fald jeg havde tippet hende til at være omkring de 20. Da vi til sidst var færdige med at spise, og jeg havde fået kaffe (noget måtte der jo gøres, for at vi kunne blive siddende og ikke skulle hjem til det internetfri hotel), måtte vi til sidst bide i det sure æble og bede om regningen, som viste sig at lyde på formidable $19,50 eller noget i den stil for os begge to til sammen. Vi må have været meget beskedne ved den lejlighed, for normalt koster det os lidt mere at spise aftensmad. Det betød at vi skulle give mellem 15 og 25 % (3 - 5 dollars) i drikkepenge, men da hun havde været sød og rar og så nydelig ud, gav vi hende $30 i alt og sagde til hende, at hun kunne beholde resten. Det svarede til 53 % i drikkepenge, og selv i bedste fald forventer personalet kun omkring 25 %.

Næste dag skulle vi se flagermus, eller rettere jeg skulle, men det har jeg fortalt om i den første rejsebog, som ikke var en rejsebog. Tim ville ikke med, så vi skulle kunne nå at spise så tidligt, at jeg kunne nå at køre ham hjem til hotellet og alligevel nå ud til musene, som befandt sig omkring 45 km væk, hvoraf de sidste kilometer skulle køres af en ret snoet vej. Vi gad derfor ikke lede efter et sted at spise, men kørte bare tilbage til den samme Denny's som dagen før. Her blev vi igen modtaget af en 'sæder'. Det må det hedde, for på engelsk hedder den slags menneske en "seater" og "seat" betyder jo et sæde – eller plads, så måske er det en 'pladser'. Men normalt kalder jeg den slags mennesker "påpladsvisere" som ovenfor, men om de har et dansk navn, ved jeg faktisk ikke. Ingen af de engelskdansk ordbøger, jeg har adgang til, kender ordet. Nå, men altså vi blev modtaget og vist hen til et bord. Og så var det, at det gik galt, for den unge dame, som havde betjent os dagen før kom forbi, og opdagede, at vi nu sad ved en af hendes kollegers borde. Hun kontaktede derfor straks seateren, som på sin side kontaktede den dame, hvis bord vi nu befandt os ved, og så udspandt der sig i øvrigt en livlig diskussion, som grænsede til skænderi mellem de to piger med seateren som mellemmand. Det er vist første gang, jeg har oplevet to piger, der nærmest er ved at komme i slagsmål over mig (eller mine drikkepenge). Det hele endte med, at de byttede borde, så vi kunne blive siddende, mens servereren fra dagen før, betjente os, selv om det egentlig ikke var hendes bord. Der kan man se, hvad gode drikkepenge kan gøre for servicen. Vi talte igen hyggeligt med hende, men da vi skulle betale, var regningen en del større end dagen før, og vi besluttede derfor, at vi ikke ville give mere end 30 % i drikkepenge, selv om hun stadig var sød og så godt ud. Men da beløbet i dollars alligevel var større end dagen før, så hun nu meget tilfreds ud.

Da vi to år senere kom tilbage til Carlsbad, spiste vi et andet sted, så jeg ved ikke om vi havde gjort så stort indtryk på hende, at hun stadig kunne huske os, hvis hun altså stadig arbejdede på stedet. På det tidspunkt var hun jo blevet 18, og var måske flyttet tilbage til Californien, som hun ønskede i 2012.

11 mennesker og ét æble

Også i denne historie er vi tilbage til den første tur i 2000. Når overskriften måske får dig til at tænke på en gammel vise med Osvald Helmuth (hvis du altså er gammel nok til at huske Osvald Helmuth og hans viser), nemlig en vise fra ABC Revyen i 1951 med titlen "100 mand og én bajer", så er det helt bevidst.

Complementary Continental Breakfast er et udtryk, som egentlig hentyder til, at et hotel/motel tilbyder gratis morgenmad. Hvor dette er normalen på de fleste hoteller i Europa, bortset fra Storbritannien, hvor man ofte skal betale for sin morgenmad, er det ikke normalt i USA – eller sådan har det i hvert fald ikke altid været, selv om det har ændret sig en del siden vore første besøg. På dyrere hoteller vil man typisk skulle betale for sin morgenmad, ligesom man lige så typisk skal betale for at få adgang til internettet. På billigere moteller vil såvel morgenmad som internet ofte være gratis, og internetforbindelsen er som regel god, selv om vi altså har oplevet undtagelser, hvor det modsatte var tilfældet, se foregående afsnit, mens morgenmad er mere varierende. I de senere år har vi faktisk har fået en glimrende morgenmad mange steder, så det går den rigtige vej, selv om det fortsat ikke minder om de overdådige morgenborde, man ser på hoteller i Danmark og andre steder i Europa.

Men på vores første tur var dette bestemt ikke tilfældet. Det var faktisk nærmest undtagelsen, at den gratis morgenmad, som altså også den gang blev kaldt "continental breakfast", var bare rimelig. Continental breakfast betød, at der normalt var kaffe og te, ristet brød med marmelade (man ristede og rister selv brødet). Af og til var det ristede brød erstattet af muffins, og ved meget sjældne lejligheder var der begge dele. Frisk frugt og appelsinjuice var typisk også på morgenbordet, men absolut ikke andet. Det var derfor vi var så begejstrede for The English Inn i Charlottesville, se afsnittet "Hvor f….. er så det hotel" i forrige kapitel.

Men ét hotel slog alle rekorder i ringe morgenmad. Allerede da vi kom til hotellet om aftenen (vi skulle kun have en enkelt overnatning), så det trist ud. En stor grå

84

kasse, sammenbygget med en nyere bygning med svalegange, hvorfra der var adgang til værelserne. I denne del af hotellet fik hele familien værelser, bortset fra Dorte og jeg, der fik i den ældre del. Det lignede et nedlagt, men ikke moderniseret militærhospital fra 30'erne. Der var ingen vinduer i gangen, der førte til værelserne, og belysningen var sparsom, men dog god nok til at vi kunne se at væggene var malet mørkegrønne, og gulvtæppet var mørkebrunt. Værelset var holdt i de samme dystre farver, men som sagt skulle vi kun bo der en enkelt nat, så vi mente, at vi kunne overleve. Da vi ankom, fortalte receptionisten, der tjekkede os ind, at der var "complementary continental breakfast" i spisesalen mellem 6 og 10. Da vi skulle videre og køre ret langt næste dag, blev vi alle enige om, at vi ville mødes i denne spisesal kl. 7.30 og spise morgenmad sammen. Jeg skal lige sige, at vi bestemt ikke var alene på hotellet, som sværmede af unge mennesker – alle sportsfolk, som skulle deltage i et eller andet arrangement i byen. Som sagt så gjort. Vi mødtes uden for "spisesalen", som viste sig at være et rum på 3 gange 4 meter med to borde hver med plads til fire, så selv om der ikke var andre i lokalet på det tidspunkt, måtte nogle af de 11 mennesker i vores selskab stå op. Det viste sig imidlertid, at det ikke havde nogen nævneværdig betydning, for det eneste spiselige i rummet var et noget rynket æble i en skål. Alt andet var væk, formodentlig spist af de unge sportsfolk. Da en forespørgsel til en dame, som kom ud af en dør fra noget, der lignede et køkken eller anretterværelse, om ikke de kunne sætte mere mad frem, endte med et negativt svar, opgav vi helt, og fandt en nærliggende restaurant og spiste der. Det var i øvrigt på en Denny's – se et tidligere afsnit i dette kapitel.

Hvor det var? Det var såmænd i North Carolinas statshovedstad, Raleigh, men hotellet eksisterer ikke længere, og det kan jeg sådan set godt forstå, hvis det var den service de kunne levere. Mit gæt er, at de simpelthen ikke havde taget højde for, hvor sultne sportsfolk i teenagealderen kan være, og derfor ikke havde købt nok hjem, og måske har de unge sportsfolk "taget lidt med", så de ikke skulle købe frokost. Dengang eksisterede sider som TrustPilot, TripAdvisor og lignende ikke, men jeg er sikker på, at hvis de havde eksisteret, ville det ikke have være pæne anmeldelser, som var kommet fra vores hånd. Jeg har faktisk oplevet noget tilsvarende i Danmark under EM i Idrætsgymnastik i 1996, hvor et af de hoteller, hvor nogle af gymnasterne og deres ledere var indkvarteret, kontaktede stævneledelsen, for at bede os om, at fortælle de pågældende, at selv om morgenmad var inkluderet, var det ikke meningen, at de skulle fylde deres tasker med mad, inden de forlod stedet om morgenen!

Spillegale spiser hurtigt

Tilbage til Hilton Las Vegas. Efter problemerne med at finde hotellets reception, se foregående kapitel, slappede vi af oven på anstrengelserne. Senere ville vi gerne have noget aftensmad, og så gå en tur for at se på byen, så vi tog elevatoren ned i stueetagen, og at finde en restaurant var ikke svært, da der dengang var ikke mindre end 14 af dem på hotellet, fra fast food over casual dining til fine dining. Da vi ikke lige var klædt på til fine dining (selv om vi havde iført os det pæneste tøj, vi havde med på turen) valgte vi en casual dining, i det aktuelle tilfælde en mexicansk restaurant. På den tur var Dorte blevet bidt af en gal mexicaner, så vi spiste på mexicanske restauranter ved adskillige lejligheder og altså også her. Det viste sig at være en af de "high speed restauranter", man af og til møder i USA, hvor maden kommer som lyn og torden. Efter at vi var blevet vist på plads af en dertil indrettet påpladsviser, kom en tjenende åndinde (altså en kvindelig tjenende ånd), ilende og spurgte, hvad vi ville drikke. Her valgte vi at indlede måltidet med en margarita, da vi jo ikke skulle køre, og så regnede vi med at drikke vin til maden, men sådan skulle det ikke gå. Før vi havde sagt Jens Olsen, stod hun der igen med to margaritaer, som hver var på størrelse med et velvoksent topersoners badekar på løvefødder. Hun spurgte, hvad vi ville spise, og vi havde begge valgt nachos til forret og så fajitas til hovedret. Vi nåede dårligt at sige "skål og velkommen til Las Vegas" til hinanden, før hun var tilbage med vores nachos, og da vi havde spist af dem i ca. 3 minutter (måske en femtedel af portionen) kom hovedretten. Vi blev på det tidspunkt enige om, at vi ville nøjes med margaritaen, som altså var ganske imponerende stor, og opgav derfor at bestille vin. Da hovedretten kom, opgav vi resten af forretten, og inden vi havde taget tre-fire mundfulde af hovedretten, var hun tilbage med regningen. Det gælder om at få folk hurtigt ud af restauranterne og tilbage til kasinoet! Vi valgte dog at spise færdigt, selv om hun kom tilbage og fik penge inden da.

Da vi havde tygget af munden, forlod vi hotellet og gik ud til den monorailstation, som ligger lige uden for, og som dengang simpelthen hed "Hilton Station" – så let kan det gøres. Vi trak et par billetter i en automat, og da toget kom, tog vi det til den sydlige endestation ved hotellet MGM Grand. Her stod vi af, og så gik vi gennem hotellet, som i 2006 var verdens største hotel med sine over 6.000 værelser.

I dag er det kun nummer 3, men stadig det største i USA. Det har også områdets største kasino på næsten 16.000 m², og man kan ikke undgå at komme gennem dette, når man skal fra monorailen og ud til gaden, hvilket var vores plan. Vi ville nu ikke spille der, så vi lod os ikke friste. MGM Grand drives af Metro-Goldwyn-Meier koncernen, der som bekendt har en løve i sit logo, så selvfølgelig holder hotellet løver, som kan beses af publikum. Vi fortsatte nu forbi disse, mens vi så på alle de mange, meget festklædte mennesker, der færdedes i hotellets underste etage. Vel ude, ville vi spadsere op ad Las Vegas Boulevard, også kendt som The Las Vegas Strip eller bare The Strip. Turen tilbage til Hilton var omkring 5 km, og selv om klokken nu var over 22, var det stadig over 30° celsius, og vi havde som sagt det pæne tøj på – og de pæne sko. I min tidligere bog fortalte jeg om Tims ømme fødder, som blev udviklet i San Francisco og plaget videre i netop Las Vegas, men ved denne lejlighed fire år tidligere, var det mig, der fik ømme fødder.

På vej op ad The Strip nød vi de mange lys, og de spændende temahoteller, om ligger i gaden. Vi var inden for i Paris Las Vegas, der har et Eiffeltårn uden for (faktisk i halv størrelse af det rigtige i Paris, Frankrig) og et parisergademiljø indenfor. Desuden var vi inde i Venetian, hvor der sejler gondoler i kanaler inde i hotellet. Vi sejlede dog ikke, men nøjedes med at se på dem. De øvrige hoteller, hvoraf mange også har temaer, gik vi bare forbi og så på udefra, blandt andre Luxor, New York New York, Circus Circus (jeg ved ikke hvorfor de skal gentage det hele to gange), Excalibur, Mirage m. fl. Vi gjorde dog et længere ophold ved Bellagio lige over for Paris, for at nyde deres oplyste springvand med tilsat musik, og ved Caesar's Palace, hvor de havde gang i et større festfyrværkeri i anledning af nationaldagen. Den kom godt nok først et par dage senere, men som det fremgår af den tidligere bog, har bitre erfaringer vist os, at den typisk fejres i weekenden før (af og til efter). Undervejs kom vi også forbi det, der dengang var det nyeste hotel på The Strip, Wynn Las Vegas, som var åbnet året før vores besøg, og som vi kunne se fra vores værelse, men andre hoteller var under opførelse. Til sidst nåede vi tilbage til Hilton, og så var det os, der ville sprænge banken.

Vi havde hjemmefra besluttet, at vi ikke ville pantsætte huset for at spille, så vi havde bestemt os for, at vi måtte bruge $50 hver. Hiltons kasino er "kun" på 9.000 m², eller det var det i hvert fald den gang. Til gengæld havde og har hotellet USA's største "sportsbooking område", hvor man kan vædde på sportsbegivenheder over hele verden. Da ingen af os er hajer til hverken poker eller black jack eller andre kasinokortspil som faro m. fl, var der rouletter og spilleautomater at vælge mellem og vi valgte automaterne. I øvrigt er det karakteristisk for alle kasinoerne i Las Vegas (og andre steder), at der hverken er vinduer eller ure. Folk skulle jo nødig opdage, hvor længe de har befundet sig i spille- og drømmeland. I spilleautomaterne kan man selvfølgelig vinde små og ret store beløb; det sidste, hvis man får jackpot, men man kan også vinde en såkaldt "akkumuleret jackpot" (på engelsk "progressive jackpot"), det vil sige en jackpot, som der "indbetales til" fra alle spillemaskinerne, hver gang nogen spiller og ikke vinder noget. Denne jackpots størrelse blev vist på en lystavle over automaterne, og selv om beløbene, der indsættes for hvert spil, er ret små, kan jackpotten blive ganske stor, da den kun sjældent kommer til udbetaling. Ved vores besøg stod den på godt seks millioner dollars, men desværre vandt vi ikke. Men det lykkedes faktisk at underholde os selv i knap en time, inden vores 2 gange 50 dollars var spillet væk. Da vi var blanket af, gik vi hen til baren og fik en drink, som vi tog med op på værelset.

På de fleste hoteller, er der underholdning i form af et eller flere shows, og mange hoteller har også en fast kunstner tilknyttet. Hilton havde i mange år (fra 1969 til 1977) Elvis Presley som "lokal kunstner", og han boede i en suite på hotellets 30. etage, som i dag kaldes Elvis Presley Suite – utroligt så opfindsomme de er, når de skal finde på navne. Han lavede naturligvis andet i de otte år, men optrådte to måneder om året på hotellet. Da vi besøgte stedet var den residerende kunstner Barry Manilow, men vi så nu ikke hans optræden. Manilow optrådte på hotellet frem til 2009, og i dag (2020) er han der sandelig igen. Jeg kunne fortælle meget mere om dette og de andre spændende hoteller i Las Vegas, men vil slutte med at nævne, at da jeg i 2013 besøgte byen med begge mine børn, var hverken Tim eller jeg interesseret i at spille, men det var Tina. Vi boede ved den lejlighed på Stratosphere, hvor Tim og jeg tidligere havde boet (se afsnittet Frem og tilbage er lige langt"), og her var der selvfølgelig også et kasino. Som sine fornuftige forældre havde Tina også afsat et beløb til at spille for, men i modsætning til selvsamme forældre kastede hun sig over rouletten, så der gik ikke lang tid, før hendes kapital var opbrugt. Jeg prøvede at tage et billede af hende ved rouletten, men fik besked om, at man ikke måtte fotografere (først efter at jeg havde taget et billede), og så gik jeg i stedet hen for at se på blackjack bordene og ikke mindst de særdeles nydelige blackjack dealere.

I øvrigt besøgte vi også tårnet ved denne lejlighed, men i mørke, og det gjorde bestemt ikke oplevelsen mindre interessant at se ud over byens lys.

Betaling efter størrelse

I et senere kapitel fortæller jeg om, hvordan Anton, nåh nej, hvordan Tim, "revnede sin bukser". Hvis nogen er gamle nok til at have set DR's julekalender, Jullerup Færgeby i 1974 (senere i øvrigt genudsendt nogle gange), vil man kende historien om Anton, der "revnede sin bukser", hver dag fra 1. december til Juleaften Denne historie foregår dagen efter denne oplevelse, som altså først kommer senere i bogen, og vi befandt os i Yellowstone National Park. Ved denne lejlighed var vi kørt syd på i parken (fra vores udgangspunkt i Gardiner i Montana) og så blandt andet Hayden Valley, som Yellowstone River flyder igennem. Her er der masser af dyr, ikke mindst bisoner, og vi så også nogle traner, som jeg har glemt arten på, og så en lille sort plet i det fjerne, som en mand, der var udstyret med et kraftigt teleskop, fortalte, var en var en grizzlybjørn og to unger. Det kunne jeg ikke se, selv gennem kameraet med min telelinse. I dag har jeg fået bedre udstyr, så nu kunne jeg måske have set bjørnene. Vi så også adskillige varme kilder, blandt andre Mud Volcanoe, Devil's Cauldron, der er en sur kilde; faktisk er "vandet" i kilden mere surt en batterisyre – og så stinker den af svovl. Også flere andre kilder blev det til samt nogle gejsere, ikke mindst parkens mest kendte gejser, Old Faithful. Jeg kunne godt fortælle om alle disse oplevelser, men det vil jeg ikke, for de har som sådan kun det med historien at gøre, at vi brugte så meget tid på at se dem, at det nærmede sig tid til aftensmad.

Oprindeligt havde vi regnet med at køre tilbage til Gardiner, Montana, hvor vi boede, og spise på en af de mange restauranter der og så køre tilbage til parken efter maden. Vi ville nemlig gerne besøge Lamar Valley ved aftentide – eller rettere lige omkring solnedgang. Lamar Valley kaldes Nordamerikas Serengeti på grund af det righoldige dyreliv, og da mange dyr kommer frem omkring solop- og –nedgang, og vi var for magelige til at stå tidligt op, var det altså solnedgangen, vi skulle opleve. I dalen skulle man på den tid af dagen kunne opleve såvel elge, som selvfølgelig hjorte og bisoner, men også bjørne, hvis man altså var heldig. Det var vi ikke, men det er en anden historie. De eneste dyr, vi så mange af, var myg. Tre år senere oplevede vi både elge, bævere, bjørne og sågar ulve, men det har jeg allerede fortalt om i min forrige bog, så her må jeg hellere vende tilbage til historien.

Vi blev enige med os selv om, at det ville være for langt at køre frem og tilbage over bjergene, så i stedet besluttede vi os for at køre tilbage til Canyon Village, som er en af de "landsbyer", der ligger inde i parken. Andre er blandt andre (kan man sige det?) Mammoth Village (hvor parkens hovedkontor findes), Grant Village, Old Faithful Village, Lake Village og Fishing Bridge Village. Men Canyon Village var den nærmeste, både i forhold til, hvor vi befandt os, og også i forhold til vejen ud til Lamar Valley. Vi vidste fra vores besøg den foregående dag, at der lå en restaurant i landsbyen. Det gjorde der også, men desværre var alle borde optaget, og en flink dame fortalte os, at der ville være omkring en times ventetid, men så meget tid havde vi ikke, hvis vi også skulle se dyr. Heldigvis lå der en cafeteriaagtig restaurant ved siden af. Her kunne man vælge mellem buffet, og man hentede selv maden ved en disk og betalte, inden man gik ned til et bord. Der var heldigvis mange ledige borde, så vi gik direkte til disken og bevæbnede os med hver sin bakke. Næste stop var ved tallerkener, som fandtes i tre forskellige størrelser, lille, mellem og stor, og ved at læse på et skilt, kunne vi forstå, at prisen for maden afhang af, hvor stor en tallerken, man valgte. Jeg husker ikke om Tim tog en stor[18], men jeg tog i hvert fald en mellem. Udvalget på selve buffeten var OK, men så heller ikke mere. Jeg tog mest salat og så nogle kødbolleagtige ting og lidt fisk på min mellemstore tallerken. Hvad Tim tog, har jeg for længst glemt. Lige inden kassen stod der så desserter, som ikke var med i buffetprisen, men som skulle betales ekstra. Her stod blandt andet nogle skåle med en giftiggrøn gele, som jeg simpelthen ikke kunne gå forbi, så jeg placerede også en sådan på min bakke foruden noget at drikke. Jeg husker ikke den nøjagtige pris, men jeg mener at det var under $20 for Tim og mig tilsammen – inklusive desserten, som det kun var mig, der havde valgt.

Maden var OK, men var egentlig ret smagsløs. Den skulle jo nok kunne tilfredsstille også de mennesker, der måske ikke bryder som om krydret mad – eller også var det bare os, der havde valgt noget forkert. Geleen viste sig på trods af farven, som jeg troede indikerede lime eller noget i den stil, at være endnu mere smagsløs end resten, og den gjorde i hvert fald ingen skade på smagsløgene. Måske var det

---

[18] Efter at Tim har læst korrektur på værket og altså har set indholdet, har han bedt mig om at korrigere dette punkt. Han tog lige som jeg også kun en mellemstor tallerken.

bare vand med husblas og grøn frugtfarve; hvad ved jeg? Efter maden kørte vi så ud i dalen, hvor det var vores tur til at udgøre et måltid for de mange myg.

Kun to steder at spise

Året var 2018, det første år, hvor Tim og jeg splittede op undervejs, og så mødtes igen senere. Denne historie foregår på en af de dage, hvor jeg var alene. Jeg havde bestilt værelse på et Bed and Breakfast i den lille by Spruce Pine i det vestlige North Carolina, og jeg ankom til stedet forholdsvis sent på eftermiddagen, se nedenfor, da jeg havde brugt resten af dagen på forskellige turistaktiviteter, hvor jeg blandt andre gøremål havde været på en tur med Great Smoky Mountains Railroad, som kører ud i naturen fra Bryson City og returnerer til denne by igen. Dette var midt i min "Jeg vil besøge alle universiteter i det vestlige North Carolina" periode, så på vej til Spruce Pine, havde jeg været gennem byen Mars Hill. Byen har kun 2.000 indbyggere, men den har altså et universitet, og som led i min "se et universitet kampagne" valgte jeg altså at besøge det. Mars Hill University, som har 1.400 studerende, er grundlagt i 1856 og er det ældste universitet i det vestlige North Carolina.

Fra Mars Hill er der kun ca. 35 miles til Spruce Pine, hvor jeg var fremme lige før kl. 18. Jeg fandt mit Bed & Breakfast, Richmond Inn, uden problemer. En af mine bekendte, som jeg havde planlagt at mødes med dagen efter, havde anbefalet dette sted, og det viste sig da også at være udmærket – selv om jeg og min bekendt havde fået kludder i vores kalendere, så vi mødtes faktisk aldrig ved den lejlighed. B&B'et lå på en bakke over byen, og da jeg var blevet indkvarteret, spurgte jeg værtinden, hvor man kunne spise. Hun fortalte, at hvis jeg tog min bil og kørte 8-10 km syd på, ville jeg kunne finde "de sædvanlige" kæderestauranter, men det havde jeg ikke lyst til, så jeg spurgte om ikke, der var noget i selve byen – gerne inden for gåafstand. Det viste sig, at der ifølge værtinden kun var to steder i byen, der var åbne om søndagen – og dette udspillede sig netop på en søndag. Det ene sted var en sportsbar, som serverede pubfood, det andet en mexicansk restaurant. Jeg spadserede derfor ned ad bakken til "downtown", som bestod af to gader, og de var begge aldeles menneskeltomme.

Jeg valgte den mexicanske restaurant, El Ranchero, og det skulle vise sig at være et godt valg. Da jeg kom ind, sad der kun tre kunder ud over mig, men senere, da klokken blev hen ad otte, var der kommet en del flere, og der var ikke mange ledige borde. Her spiste jeg som forret en udmærket, hjemmelavet guacamole, selv om den ikke blev lavet ved bordet, som jeg et par gange havde oplevet i New York. Som hovedret spiste jeg noget oksekød i en sauce krydret med grøn chili, og det hed da også Chili Verde. Det hele var glimrende og ikke specielt dyrt; kun 24 dollars måtte jeg af med inklusive drikkevarer og drikkepenge. På vej tilbage til mit B&B så jeg lidt på byen, men den var ikke blevet mere livlig, siden jeg gik den modsatte vej. Det var faktisk den dødeste by, jeg har oplevet i USA. Der kom lidt mere liv dagen efter, hvor også flere restauranter var åbne.

Igen havde jeg været på sightseeing. Jeg havde besøgt et par museer og kørt en tur på Blue Ridge Parkway, og da jeg kom tilbage til mit B&B og havde slappet af på værelset en times tid til omkring kl. 19, valgte jeg igen at spadsere ned til "byen". Nu var det blevet mandag, så der var mange flere mennesker på gaden end dagen før, og altså flere restauranter, der havde åbent. Jeg havde set mig lun på et sted, der hed The Tropical Grill, som jeg dels kendte fra nettet, dels var gået forbi dagen før. De serverede mad fra USA selvfølgelig, men ikke mindst fra Columbia, Cuba, Jamaica og andre eksotiske steder. Nu var der så åbent, så jeg gik indenfor. Jeg har glemt, hvad jeg spiste til forret, men som hovedret bestilte jeg en Jamaican Jerk Chicken Salad. Jerk er en madlavningsstil, der, som navnet på retten antyder, stammer fra Jamaica, hvor kød er gnedet med eller marineret i en stærk krydderiblanding kaldet Jamaican Jerk Spice, hvorefter det steges på en særlig måde (slå det selv op, hvis du vil vide mere – jeg er jo ikke kok). Jeg havde fået en flaske med Jamica Jerk Marinade et par år tidligere af en god ven, da han vendte hjem efter nogle års ophold på øen, så jeg kendte dens kvaliteter og styrke. Da jeg havde bestilt hos den unge dame, der serverede, kom en ældre dame, som jeg gik ud fra var ejeren eller kokken, ned til mit bord og forklarede, at kyllingen var meget "hot", og anbefalede, at jeg tog en mundfuld kylling og så to-tre mundfulde salat. Jeg takkede hende naturligvis for anbefalingen, og så gjorde jeg ellers, som jeg ville og overlevede helt uden problemer. Men det var stærkt, det indrømmer jeg gerne.

Alligator var ikke inkluderet

Alligator er sund mad. Kun 2 gram fedt pr. 100 gram kød, ingen kolesterol og ingen kulhydrater. Det eneste problem er at få nedlagt alligatoren, inden den æder dig! Men skulle det lykkes at få nedlagt en alligator, (og det meste alligatorkød, der indtages af mennesker, kommer fra farme), skal man have tilladelserne i orden. I fx Florida er der omkring en million vildtlevende alligatorer, og Louisiana er der omkring 750.000 – og noget færre i andre stater, men sammenlagt er der ca. 2 millioner vildtlevende alligatorer i USA. For at holde bestanden nogenlunde konstant, tillades jagt på et begrænset antal alligatorer (som ikke er en truet dyreart) efter nogle meget stramme regler, og det kan koste dyrt, både i penge og fængselsstraf, hvis man dræber en alligator uden tilladelse; helt op til 10 års fængsel og $10.000 i bøde. Jeg skal ikke redegøre for lovgivningen om alligatorjagt (selv om jeg faktisk godt kunne have fundet på det), men vil bare sige at alligatorer jages såvel for deres skind, som for deres kød. Her kommer jeg til at tænke på en vittighed fra en oldgammel Dich Passer monolog (ja, jeg indrømmer, at jeg måske ikke har lånt helt så meget fra andre, som jeg plejer i mine bøger, men her gør jeg altså). Monologen, jeg tænker på, hedder Privatdetektiven, og er fra Cirkusrevyen i 1972 (den som blev berømt i hele verden fordi Helle Virkner, som jo var gift med den siddende statsminister, J. O. Krag, optrådte som prostitueret), og i monologen fortæller Dirch om, hvordan han har været på krokodillejagt med sin fætter (jo jo, jeg ved godt alligatorer ikke er krokodiller, men de ligner). Han hiver så en tegnebog op af lommen, viser den frem og siger, henvendt til publikum: *"Nu tror De måske, at dette er krokodille? Det er det ikke. Det er fætter, det skind!"* Det udtryk brugte jeg og min bror om vores fælles fætter i flere år, da vi var unge. Jeg beder venligst fætter undskylde, at jeg bringer denne familiehemmelighed frem i lyset. Nåh nej, det er vist mig, der skal give en undskyldning til fætter, så det være hermed gjort.

Jeg har smagt alligator, men det var flere år efter denne historie, og det var ikke noget at råbe hurra for. Det havde en konsistens som lidt sej kylling og med en let fiskesmag. Det var ikke dårligt som sådan, men bestemt ikke noget, jeg vil blive forfalden til. Det skulle nok havde været "halekød", som efter sigende skulle være meget mørt. En særlig delikatesse blandt pølseelskere er alligatorpølser, som består af 75 % alligatorkød og 25 % svinekød – foruden selvfølgelig alle de andre ingredienser, der skal til for at lave en pølse – som skal *"serveres med fø'lse, på et veldækket bord..."* Tak for lån af denne verselinje til Svend Asmussen og Ulrik Neumann. Og nu begynder jeg at nærme mig historien, som foregår under et af vores første besøg i New Orleans.

Dorte og jeg ville ud på en tur med en flodbåd. Der er flere af disse, som afsejler fra New Orleans, nogle på hele krydstogter op ad floden til Natchez eller helt til

St. Louis, men vi ville bare ud på en middagstur med en hjuldamper. Så vi begav os i retning mod billetkontoret, som solgte billetter til hjuldamperen Natchez – jo samme navn som byen. Natchez er er "rigtig" hjuldamper; det vil sige at den faktisk drives frem af damp fra en dampmaskine, som dog ikke længere fyres med kul men med olie. Som så mange andre hjuldampere, der i gamle dage sejlede på floder, er Natchez en såkaldt "sternwheeler", hvilket vil sige, at den har et enkelt skovlhjul siddende agter. Oceangående hjuldampere havde modsætningsvis typisk et skovlhjul på hver side af skibet (sidewheelers). Nå, men nu er dette jo ikke et kursus i hjuldampere, så videre med historien. Vi bevægede os altså ned til billetkontoret, som lå i et tidligere fyrtårn, for at købe billet. Jeg husker ikke længere prisen, men damen i billetkontoret fortalte, at vi for et beskedent tillægsbeløb kunne få frokostbuffet inkluderet, og da turen ville vare fra kl. 11.30 til ca. 13.30 passede det os fint, at spise ombord. Mens vi ventede på afgang blev vi underholdt af musik fra et damporgel, som blev drevet af damp fra skibets dampmaskine. Da vi havde lagt fra kaj, gik vi en tur gennem restauranten, for at besigtige buffeten, som så ganske godt ud – og der var udover alligatorpølser også flere andre retter med alligator. Vi besluttede imidlertid at gå ud på dækket og nyde turen ned ad floden til Chalmette, hvor Slaget om New Orleans blev udkæmpet i januar 1815, 18 dage efter at krigen mellem USA og Storbritannien var slut (det var der bare ingen, der havde fortalt tropperne i det sydlige Louisiana, som jeg allerede tidligere har omtalt – så to gange for samme pris! ☺). Slaget endte med et knusende nederlag til briterne, som trods en overlegen styrke på 11.000 mand, blev besejret at den amerikanske styrke på kun godt 4.000 mand. Af disse stillede sørøverkaptajnen Jean Lafitte med ca. 1.000 mand og nogle kanoner. Det betød, at han efter slaget, på trods af sit sørøveri, blev kendt som "Helten fra New Orleans". Turen ned ad floden var omkring 8 km, og varede en halv times tid. Vi ville så spise i løbet af de ca. 1½ time båden skulle bruge til at sejle mod strømmen tilbage til udgangspunktet. Som sagt så gjort. Vi sad på dækket og nød det gode vejr, og lyttede til styrmanden eller kaptajnen (eller hvem det nu var), som fortalte os om det vi passerede, herunder Algiers Point, som er et punkt på kysten, hvor floden i bugtningen rundt om punktet når sin største dybde på omkring 70 m.

Da båden havde vendt, vendte vi så også tilbage til restauranten, hvor vi kunne konstatere, at det største rykind tilsyneladende var overstået, og der var god plads ved buffeten. Vi så på udvalget, og så var det, at vi kunne konstatere, at ved såvel alligatorpølserne som de øvrige alligatorretter stod små skilte, som fortalte, at netop denne ret ikke var inkluderet i den betalte buffet, men skulle betales ekstra – det samme gjaldt i øvrigt også en række andre retter, så det, som vi faktisk havde betalt for, var noget trist udseende skinke, nogle uinteressante, bagte kartofler og noget endnu mere kedelig salat. Det blev vi så mopsede over, så vi simpelthen nægtede at spise. I stedet købte vi en eller anden cocktail, og så satte vi os ud på dækket og surmulede til vi var tilbage ved afgangsstedet. Da vi kom i land, satte vi kursen mod Decatur, den nærmeste større gade, hvor vi vidste, at der fandtes en del restauranter. Her gik vi ind på den nærmeste, som i dag hedder Gumbo Pot. Om den også hed det dengang, kan jeg ikke huske, men det var i hvert fald en fiskerestaurant, og da de serverede gumbo, bestilte vi en omgang af netop denne spise. Gumbo er en slags suppe med en masse spændende ting i, hvoraf fisk og skaldyr og ofte kylling er væsentlige ingredienser. Den kan også laves udelukkende med kød (nåh jah, og lidt grønsager og vand), men her var det altså fisk. Suppen er typisk jævnet, enten med okra, filé eller roux. Sidstnævnte er meljævning, førstnævnte er en grønsag, som har en meget "slimet" og dermed jævnende konsistens, og den midterste ingrediens, filé, er knuste sassafrasblade, som også tykner suppen. Nogen husker måske den gamle Hank Williams-sang (den første af de efterhånden mange Hank Williamser), Jambalaya, hvor linjen "*Jambalaya and a crawfish pie and filé gumbo*" forekommer. Det endte nu med, at vi slet ikke fik gumbo, da tjeneren meddelte, at den skulle vi undgå, da kokken ikke havde kunnet få de rigtige ingredienser den dag, så der blev serveret dåsegumbo. Dorte valgte så en cajunkyllingeret (jo, de serverede andet end fisk), mens jeg delikaterede mig med grillstegt "catfish", som man af og til fejlagtigt ser oversat til "havkat", men det er det bare ikke øv bøv! Det er faktisk en af flere forskellige arter af ferskvandsfisken malle. Den, der oftest spises i USA kaldes Blue Catfish, men om det lige var den art, jeg fik serveret ved den lejlighed, ved jeg ikke.

Selv om såvel kylling som catfish var glimrende, må jeg nok konstatere, at kulinarisk levede frokosten denne dag ikke op til vores forventninger.

Tænderstik

Nogen vil nok mene, at dette er en underlig overskrift, som består af et ord, der slet ikke eksisterer på dansk, og som ikke findes i ordbogen. Af uransaglige årsager kendes det dog af Words stavekontrol. Måske fordi det er sammensat af to ord, der begge findes. Men hvorfor så bruge ordet? Ja, det vil fremgå senere i afsnittet.

En af de dage, hvor vi ikke have et mål for vores tur, men bare ville køre så langt vi orkede og så finde et hotel, indtraf dette øjeblik, da vi befandt os på I-64 på vej vest på gennem Kentucky. Vi var nået til byen Winchester, som ligger lige uden for Lexington i samme stat. Vi kunne have fortsat til Lexington, men valgte altså at stoppe her, da vi mente at hotellerne nok ville være billigere her i en by med omkring 18.000 indbyggere end i Kentuckys næststørste by, der har over 300.000. Og det skulle vise sig at vi fik ret. Faktisk viste det sig senere, at det hotel, vi slog os ned på, endte med at være turens billigste – men bestemt ikke det ringeste.

Da vi var ankommet halvsent, var vi ret sultne, eftersom vi ikke havde spist noget siden frokost en 6-7 timer tidligere. Her havde jeg først lavet en slåfejl og skrevet "nogen" i stedet for "noget", men vi er trods alt ikke kannibaler. Heldigvis var det første, receptionisten gjorde efter at have registreret os og givet os nøglen til vores værelse, at spørge os, om vi havde spist, hvilket vi altså ikke havde for nyligt. Han anbefalede så en restaurant ca. 3 km fra hotellet ad motorvejen videre ind mod Lexington, og gav os sit visitkort. Hvis vi viste det, sagde han, ville vi få 10 % rabat. Vi gik ud fra, at han nok fik lidt provision for at henvise gæster, men vi besluttede os alligevel for at prøve stedet, da vi jo ikke kendte andre steder i byen, bortset fra de sædvanlige kæderestauranter, og det er altid sjovt at prøve de lokale steder, selv om man af og til bliver skuffet. Det gjorde vi nu bestemt ikke her. Vi bar bagagen op påværelset, nettede os lidt, og så tog vi af sted.

Vi havde lidt problemer med at finde restauranten, men da det endelig lykkedes viste det sig at være et nydeligt hus, bygget helt af træ, og stedets navn var Cantuckee Diner. Cantuckee er, som man nok kan gætte, en ældre stavemåde for Kentucky. Det viste sig, at restauranten, der var ejet af to søstre, primært blev besøgt af lokalbefolkningen, hvilket som regel er en god anbefaling. Hvis de lokale spiser et sted, er maden som regel god - ellers holder de sig væk. Maden viste sig da også, som antydet ovenfor, at være glimrende. Dorte fik bøf og coleslaw, grøntsager og kartoffelmos, mens jeg spiste tykke skiver af hickoryrøget skinke med grøn salat, grøntsager og mos. Det hele smagte fremragende og prisen var særdeles overkommelig. Men sundt var det næppe. Som mange andre steder i det landlige USA, var grøntsagerne dampet i smør, og sovsen var tyk og klistret, men godt smagte det altså – og det gør det som regel sådanne steder.

Stedet var en typisk diner som så mange andre i USA, hvor man får regningen "serveret" ved bordet, og så går man op til en kasse for at betale - efter at have efterladt et passende kontantbeløb på bordet til den tjenende ånd. Da vi var færdig med at spise, gik vi derfor op til kassen for at betale. Det var en af søstrene som passede kassen (det kunne ikke ses, men det var hende, der berettede om stedets ejerforhold), og da vi foreviste visitkortet fra hotellet, fik vi ganske rigtigt 10 % rabat. Mens vi ventede på, at kreditkortbetalingen blev valideret i Danmark - det tog en rum tid - faldt Dorte i snak med en pige på omkring 10 år, der også sad ved kassen. Vi gik ud fra, at det nok var et barnebarn eller lignende. Hun ville vide, hvor vi kom fra, så det fortalte Dorte hende. Pigen spurgte så, om Dorte ville have en teethpick (tænderstik)? Dorte mente, at det nok hed en toothpick og det fik de så en fin og venlig diskussion ud af. Da jeg var færdig med at betale, og vi skulle til at gå, indrømmede pigen, at det faktisk nok hed toothpick, så den diskussion vandt Dorte.

Dyrt? – Jo tak!

I kapitlet "Hvor mon den er?" fortalte jeg om, at vi på vores første tur til USA havde overladt hotelbestilling til en forening, og på nær et enkelt ophold, havde de booket os ind på Best Western hoteller. Jeg lovede at vende tilbage til det hotel, som ikke var et Best Western, senere i bogen, og det gør jeg så her. Ikke i kapitlet om ting som forsvandt, men i dette kapitel, som altså handler hovedsageligt om mad. Hvorfor jeg har placeret det her, skulle gerne blive tydeligt lige om lidt.

Hotellet, som vi havde fået værelser på, lå i Washington DC forstaden Georgetown, et godt stykke ude af Wisconsin Avenue, og det findes endnu. Bare søg på Google Maps eller Google Earth efter Glover Park Hotel, så får du et indtryk af, hvor vi boede. For de, der ikke har nogen af de nævnte apps, kan jeg fortælle, at det ligger meget tæt på United States Naval Observatory og heller ikke så langt fra Washington National Cathedral og sjovt nok i den bydel, som kaldes Glover Park og under en kilometer i luftlinje fra USA's Vicepræsidents officielle bolig på 1 Observatory Circle. Dengang, på vores første ferietur i 2000, hed hotellet imidlertid ikke Glover Park Hotel. Det hed derimod Savoy Suites Georgetown. Hotellet var nemt at finde, fordi det lå på en af byens store diagonalveje. Så inden jeg kommer til sagen, lidt om Washingtons vejnet.

Washington DC er en by med en forholdsvis overskuelig byplan. Sådan da. Byens arkitekt, Pierre L'Enfant, havde planlagt en by med Capitol som centrum, og med præsidentens bolig i passende afstand fra regeringsbygningen. Og sådan blev det. Med udgangspunkt i Capitol blev byen del op i fire kvadranter. I hver kvadrant blev der anlagt nord-syd- og øst-vest-gående gader. De gader, der går nord-syd har numre. 1'st Street, 2'nd Street osv. og de gader, der går øst-vest har bogstaver, fx A Street, B Street osv. Såvel nummererede som bogstaverede gader starter ved Capitol, så de gader, som er nærmest regeringsbygningen, er 1'st Street og A Street. Men for at gøre det hele lidt mere besværligt, kan alle gaderne forekomme i hver af de fire kvadranter, så det er desværre ikke nok at vide, at en adresse er fx 8512 M Street; man er også nødt til at vide i hvilken kvadrant, den ligger, da alle adresser altså forekommer fire gange. Så 8512 M-Street NW er bedre. Men det er nu alligevel ret enkelt, når man først har fattet fidusen. Nå ja, der er selvfølgelig undtagelser; ellers ville det jo være for nemt. Der er en række gader, der går diagonalt i forhold til de øvrige. Disse gader kaldes Avenue, og de er opkaldt efter stater, fx Wisconsin Avenue, hvor vores hotel altså lå, og Connecticut Avenue, hvor vi boede ved vores næste besøg i hovedstaden. Også præsidentens White House, ligger på en sådan avenue, nemlig på adressen 1600 Pennsylvania Avenue – hvis du ikke skulle vide det. Vidste du det allerede? Så blev det gentaget her.

Så er der parken The National Mall eller bare The Mall, som strækker sig fra Capitol mod vest til Potomac River. I denne park ligger to gader som falder helt uden for systemet, nemlig Jefferson Drive og Madison Drive, som altså er opkaldt efter præsidenter. Og lige uden for parken, parallelt med denne, går ligeledes to gader, den ene syd for parken og den anden nord for. De hedder henholdsvis Independence Avenue og Constitution Avenue, og burde efter "efternavnet" gå diagonalt, hvilket de altså ikke gør, men på den anden side er de jo heller ikke opkaldt efter stater. Pladser og torve er typisk, men ikke altid opkaldt efter personer. Længere væk fra cetrum og uden for det område, L'Enfant havde planlagt, har gaderne mere "tilfældige" navne. Og så tilbage til Savoy Suites om jeg så må sige.

Da vi ankom til hotellet, var der ikke mange parkeringsmuligheder at se, men det viste sig, at der var en parkeringskælder under bygningen. Nedkørslen var dog ret smal, og der var ikke meget plads til at komme omkring dernede, men vi fik parkeret, og slæbt vores bagage op i receptionen, og fik et værelse. Senere voldte det faktisk større problemer at komme op fra kælderen igen, og det resulterede i, at svoger endte med at lave en lille bule i sin bil, da han skulle op fra kælderen, som dog blev klaret af forsikringen (bulen, ikke kælderen), da bilen blev afleveret. Resten af vores selskab var ankommet længe før os, da de var kørt direkte fra vores forrige overnatningssted ad den hurtigste rute til hotellet på grund af det maveonde, jeg tidligere har omtalt, mens vi havde taget en omvej, og i øvrigt gik under jorden undervejs. 'Svigerne' havde ikke maveonde, men havde fulgt efter den syge del af familien. Da det var før mobiltelefonernes tid, kunne vi kun komme i forbindelse med dem, ved at opsøge dem på deres værelse. De fortalte, at de ville spise på hotellets restaurant, men det orkede vi ikke, så vi besluttede os for roomservice. Den syge del af familien sprang, så vidt jeg husker, aftensmåltidet helt over og nøjedes med nogle æbler eller noget i samme stil. Når vi ikke gad så meget, var det altså fordi, vi havde været på vejen noget længere end resten af selskabet.

I stedet for at køre den direkte vej, havde vi valgt at køre ad den såkaldte Skyline Drive gennem Shenandoah National Park. Vejen går de fleste steder oppe på toppen af Blue Ridge Mountains med en fantastisk udsigt over Shenandoah Valley. Her kunne vi så sidde og nynne sangen "Oh Shenandoah", mens vi nød udsigten, og af til gjorde holdt for at strække benene. Da jeg var yngre, var jeg faktisk overbevist om (måske fordi jeg aldrig rigtigt havde lyttet til teksten), at netop denne sang var en irsk, ikke en amerikansk, folkesang; der kan man se, hvor meget man kan tage fejl, men jeg syntes nu at ordet "Shenandoah" lød irsk. En medvirkende årsag til min fejlopfattelse kan være, at den irske rockgruppe, Thin Lizzy, brugte elementer fra sangen sammen med irske folkemelodier som Danny Boy og Go, Lassie, Go i deres 1979 rockudgave af en 1600-tal irsk folkemelodi, Róisín Dubh (Black Rose). Blev sætningen uklar? Måske, men det er der ikke noget at gøre ved. Undervejs nord på gennem bjergene tog vi en afstikker mod vest fra Skyline Drive og kørte lidt ned mod dalen, for at besøge drypstenshulerne i Luray. Der er mange drypstenshuler i denne del af Appalacherne, som nærmest har lige så mange huler, som en schweizerost har huller, men vi valgte altså at besøge Luray, og dermed "gik vi under jorden". Hulerne lignede de fleste andre drypstenshuler, jeg har besøgt, men i en af dem, fik vi lov til at opleve netop Oh Shenandoah spillet på et "stalagtitorgel", hvor små hamre slog ind på nedhængende drypsten, som derefter afgav forskellige toner. Interessant, men så heller ikke mere, selv om guiden fortalte, at denne konkrete hule var et populært sted for par at lade sig smede i hymens lænker – ledsaget af drypstensmusik. Efter besøget vendte vi tilbage til Skyline Drive og fortsatte ad denne til den sluttede i byen Front Royal. Folkeetymologien (lyder det ikke blæret med denne brug af fremmedord[19]) mener, at Shenandoah skulle betyde "Stjernernes smukke datter", men det er kun en legende. Mest sandsynligt er det, at ordet kommer fra et udtryk på et af landets oprindelige sprog (hvilket er man ikke helt klar over, da der taltes flere forskellige sprog blandt stammerne, som boede i dalen), Schinhandowi, som skulle betyde "Floden, der løber mellem fyrretræerne."

Front Royal, som i dag har omkring 15.000 indbyggere, men havde langt færre omkring 1798, var stedet hvor den berømte pelsjæger, soldat, politiker, præsidentkandidat og løgnhals, Davy Crockett, det år arbejdede som hattemagerlærling i en periode, da han som 12-årig var stukket af hjemmefra for at undgå at få prygl af sin far, fordi han havde tævet en anden dreng i skolen, som han (Davy) i øvrigt havde pjækket fra siden slagsmålet – så alt i alt nåede den gode Crockett kun at gå i skole 4 dage ved den lejlighed. Senere blev det til yderligere seks måneders skolegang, men dette til trods, var han faktisk udråbt som Whig-partiets kandidat til præsidentvalget i efteråret 1836, men inden det kom så langt, havde han forladt politik i vrede og var blevet dræbt ved The Alamo i marts samme år. Da han forlod politik, fordi han ikke blev genvalgt til kongressen, udtalte han de berømte ord til sin valgkreds i Tennessee: *"Since you have chosen to elect a man with a timber toe to succeed me, you may all go to Hell, and I will go to Texas."* og det gjorde han så. Nå, endnu et irrelevant sidespring. Fra Front Royal tog vi motorvejen til hovedstaden, og nu skulle vi altså have aftensmad.

Vi studerede menukortet fra roomservice og besluttede os for at delikatere os med hver sin burger og en cola, som Dorte også drak dengang. Burgeren viste sig at være netop det, en burger! Normalt, når man bestiller en burger på restaurant i USA, bortset fra fastfoodkæderne, vil der følge pommes frites og evt. salat med, og en cola eller anden soft drink vil typisk være ret stor og med free refill. Men sådan var det altså ikke her. Burgeren, som ikke var specielt stor, blev serveret med dressing og et salatblad, tomat og syltet agurk, på en passende lille burgerbolle, men intet andet tilbehør, og colaen var en 20 cl flaske (som de første Coca

---

[19] Etymologi er læren om ords oprindelse og betydning, og "folkeetymologi" betyder, at det er den forklaring, som "folk", der ikke kender den rigtige, kan finde på at give.

Colaer også var i Danmark, da jeg var barn) – og ingen free refill. Der havde ikke stået priser på menukortet, så vi blev lidt overraskede over den medfølgende regning, der lød på $65 svarende til 520 kr. med den tids kurs – og så havde vi selvfølgelig givet kontante drikkepenge til manden, der ankom med maden. Dyrt? Åh ja. Men det viste sig generelt at være et dyrt område, vi boede i.

Næste dag ville vi bese byen, men da der ikke lige var nogen offentlige transportmuligheder i nærheden, og vi ikke ville hente bilen op fra undergrunden, tog vi med en lille bus, som hotellet havde, og som kørte gæster til den nærmeste metrostation, og hentede dem igen. Det viste sig, at der faktisk kun var omkring 2,5 km til stationen, Woodley Park Zoo/Adams Morgan på Connecticut Avenue. Faktisk lå stationen kun omkring 1 km nord for Washington Hilton, hvor præsident Ronald Reagan var blevet skudt i 1981, og hvor vi valgte at bo to år senere, men det vidste vi ikke dengang – altså at vi ville komme til at bo der; vi vidste godt at Reagan var blevet skudt, da denne begivenhed var indtruffet 19 år tidligere. Fra stationen tog vi undergrundsbanen (The Subway/metroen) ind til byen, men det er en anden historie, som til dels bliver fortalt i et afsnit, jeg har valgt at kalde "De første ømme fødder". Inden vi "futtede af" spiste vi imidlertid morgenmad på en lidt underlig vietnamesisk restaurant på den anden side af gaden. Faktisk var restauranten ikke spor underlig, det var kun det ægtepar, som tilsyneladende ejede den eller i hvert fald passede den, som var underlige. De talte ikke specielt godt engelsk, men maden var fin – selv om det, vi fik serveret, ikke lige var det, vi troede, at vi havde bestilt. Et tjek på Google Streetview viser, at der stadig ligger en del restauranter over for stationen, men den vietnamesiske er tilsyneladende væk. Måske blev ejerne for underlige?

Da vi en del timer senere kom tilbage til stationen og gik op ad trappen fra metroen, blev vi antastet af en ung mand, som tiltalte os på et ret godt dansk – han havde nok hørt os tale sammen. Han fortalte at han skulle til Danmark for at læse dansk på Københavns Universitet – han havde allerede læst dansk nogle år på Georgetowns universitet, men ville gerne lære mere. Vi var selvfølgelig flinke, og sagde at han endelig måtte besøge os, men det gjorde han nu ikke. Måske fordi vi ikke havde fortalt ham, hvor vi boede. Da vi kom hele vejen op, måtte vi vente på, at bussen fra hotellet skulle komme og hente os. Der var ingen køreplan, da det var tale om en shuttlebus, som dog ikke kørte i uafbrudt rutefart, som shuttlebusser ellers gør, men holdt pauser på hotellet mellem turene. Mens vi ventede, besøgte vi et lille, og undtagelsesvis var det faktisk lille selv efter danske forhold, supermarked, hvor vi købte noget frugt, chips, vand, et par øl mm. til at tage med hjem på hotellet. Også supermarkedet er forsvundet i dag, og er blevet erstattet af en bank. Ak ja, ak ja. Tiderne skifter. Inden vi var tilbage på hotellet, var klokken blevet så mange, at det var tid til aftensmad. Ungerne var trætte, havde ømme fødder og gad ikke at gå nogen steder hen, og vi ville ikke endnu engang betale for roomservice. De måtte derfor klare sig med det, vi havde købt i supermarkedet (dog ikke de omtalte øl). Vi kontaktede mine svigerforældre, som også var sultne, mens den sidste gruppe fortsat led under deres maveonde, så vi fire bevægede os ud af hotellet, krydsede vejen og spadserede ned til en overfyldt, italiensk restaurant, hvor vi dog kunne få et bord, selv om vi sad tæt på naboerne. Det var aldrig gået her i disse coronatider, hvor man skal holde god afstand (og måske bære mundbind, når man ikke stopper i hovedet). Heller ikke denne restaurant eksisterer i dag, så jeg begynder at give svigerfar ret i, at så snart man vender ryggen til et øjeblik (i dette tilfælde kun 21 år – altså da jeg skrev dette afsnit), laver de om på tingene. Siger det med svigerfar dig ikke noget – så kommer historien senere i et afsnit, jeg simpelthen vil kalde "Med svigerfar på tur".

I modsætning til menukortet på hotellet, havde restaurantens menukort priser anført, og da vi havde set på dem, blev vi enige om, at vi ville skippe forret og dessert og nøjes med hovedret, som endte med at blive to forskellige pizzaer, som bestemt ikke var i familiestørrelse. Vi skar dem alligevel i kvarter, så alle kunne smage begge slags. Til pizzaerne delte vi en halv flaske rødvin! En halv – til fire mennesker. Da vi havde spist, skulle vi så betale, og regningen lød på ca. $85 (knap 700 kr.) plus drikkepenge. Så jo, det var ikke bare på hotellet, maden var dyr – det var i hele området. Da vi to år senere var tilbage igen, spiste vi på en anden italiensk restaurant i nærheden af Hilton på Connecticut Avenue, hvor vi boede ved den lejlighed. Også her var svigerfamilien med, men ikke børnene, så igen var vi fire, der skulle spise. Maden var langt bedre, restauranten mere hyggelig, og den samlede pris var nogenlunde den samme som to år tidligere, på trods af at vi her drak en hel flaske vin, havde spist forret og fik bøf, ikke pizza – og i luftlinje var der vel under 3 km mellem de to restauranter.

Sølvbryllup

Det egentlige formål med vores tur i 2002, var at fejre vores sølvbryllup, og en del af fejringen bestod i, at vi så ikke var hjemme på dagen og dermed slap for at blive vækket på et ukristeligt tidspunkt af morgenen med truthornsmusik og familie og venner, der afsang "Sølvstænk i dit gyldne hår" og "Vi skal gå hånd i hånd" uden for vores vinduer, efterfulgt af et krav om et langvarigt morgenbord og en stor fest om aftenen, hvor jeg ville blive tvangsindlagt til at møde op i minimum jakkesæt og slips, måske endda smoking; begge dele er noget, jeg hader, og som jeg for næsten enhver pris prøver at undgå. Ved at være bortrejst på dagen undgik vi det. Stort set! For da vi kom hjem blev vi bestormet af velmenende slægtninge og venner, som mente, at det ikke var godt nok, så vi endte med at at leje et telt, som blev stillet op i haven, og så inviterede vi hele flokken på brunch, men det var først i august, mere end en måned efter selve dagen, og så slap vi i hvert fald for morgensangen, og jeg slap for festtøjet, som ikke plager Dorte i samme grad, som det plager mig.

Men nu var vi altså i USA, og bryllupsdagen nærmede sig. Dagen før dagen, befandt vi os i Charleston, South Carolina, hvor vi havde brugt tid på at bese noget af byen og dens omegn (se bl.a. afsnittet Med svigerfar på tur i næste kapitel). Dorte havde egentlig et ønske om, at vi skulle have fejret vores sølvbryllup i St. Augustine i Florida, men det kunne vi simpelthen ikke få til at gå op med rejseplanerne, da vi jo også skulle se andre steder – i en fornuftig rækkefølge. Sølvbryllupsdagen havde vi altså endnu ikke helt nået, men den dag, hvor den indtraf, havde vi ikke bestilt hotel, og anede derfor ikke, hvor vi ville ende og hvilke fejringsmuligheder, der ville være i nærheden af et kommende hotel; herunder om der ville være et passende spisested. Vi besluttede derfor at spise en præliminær sølvbryllupsmiddag samme aften; altså den sidste aften i Charleston. Vores hotel lå i byens udkant ved Ashley River. De lokale, der er så beskedne, mener at Ashley River og Cooper River mødes ved Charleston og danner Atlanterhavet! Faktisk ligger den gamle del af byen på en halvø mellem de to floder.

Hotellet lå i virkeligheden ved en lille vig, der strakte sig nogle hundrede meter ind i landet fra flodløbet. Denne vig fungerede som lystbådehavn, og på den anden side af vigen i forhold til hotellet lå en pæn fiskerestaurant, som fik gode anbefalinger i en brochure, vi fandt på hotellet, og som vi derfor udså som et passende sted at afholde vores før-tiden sølvbryllupsmiddag. Restauranten lå på første sal i en bygning med en fantastisk udsigt over flod og vig, og på menuen kunne man vælge mellem fisk, fisk og anden seafood. Vi valgte af den grund fisk, fisk og anden seafood i form af en seafood buffet, hvorfra vi kunne forsyne os med lidt af hvert, og det gjorde vi så. Da vi kunne gå hjem til hotellet, drak vi en god hvidvin til måltidet. Det var ikke billigt, men det var godt! Da vi var færdige med at spise, var vi enige om, at det havde været en god fejring, selv om vi altså havde gjort det på forhånd. Restauranten eksisterer ikke mere; selv bygningen, hvor den lå, er væk og erstattet af et hotel. *Sic transit gloria mundi!* Det citat har jeg allerede brugt i et tidligere kapitel om et hotel, der forsvandt. men en god ting kan ikke siges for tit, og udsagnet kan også bruges om forsvundne restauranter. Der ligger stadig en restaurant i området, som serverer fisk (men også alt muligt andet), men den ligger på samme side af vigen som hotellet, og den har vi altså ikke prøvet.

Næste dag skulle vi så videre nord på. Som nævnt vidste vi ikke, hvor vi ville ende, men det ville tiden vise. Morgenmaden blev indtaget på hotellets restaurant mod betaling, og ved den lejlighed gav jeg Dorte en ring, som jeg havde indkøbt hjemme, og som Else og Carl Jørn havde "smuglet med" for mig. Havde jeg vidst på forhånd, hvad en brødkurv ville koste (se det omtalte afsnit om svigerfar), havde det været søvbryllupsgaven, og så ville jeg have brugt pengene til ringen på et nyt kamera til mig selv ;-) – se afsnittet om "En ægyptisk 'hustler' i Louisiana" i næste kapitel, hvis du vil vide, hvad jeg mener med kamerasnakken. Efter morgenmaden tog vi af sted og satte kursen mod Columbia, South Carolinas statshovedstad. Vi tog den hurtigste rute, nemlig I-26. Ved Columbia kørte vi ikke ind i byen, men blev på motorvejen uden om denne. Jeg har senere, sammen med Tim, taget revanche for denne "overspringshandling" under et besøg i 2016. Undervejs fandt vi et Waffle House ved en frakørsel, hvor vi så indtog vores frokost - som ikke bestod af vafler. På turene i den periode, spiste vi frokost hver dag, hvad vi ikke gøre længere.

Da vi havde spist, brugte vi et tidligere indkøbt telefonkort til at ringe vi hjem til børnene, mine forældre og et par venner fra en telefonboks uden for restauranten. Selv om vi ikke var hjemme på dagen, skulle de jo alligevel tvinges til at ønske os tillykke. På det tidspunkt troede vi stadig, at vi havde sparet dem for at skulle give os en gave (det ændrede brunchen så på, men det var jo ikke vores skyld).

Det med telefonkortet var ret teknisk; noget med at man ringede til et gratisnummer, som stod på kortet og derefter indtastede en kode med 24 cifre, som også stod på kortet, hvorefter man så kunne ringe til et andet nummer, hvor man fik en klartone, som man så kunne bruge til at ringe op til Danmark, men det betød, at man ikke skulle bruge kontanter til at ringe for fra telefonbokse eller fik dyre regninger for at ringe fra hoteller. Læseren har sikkert allerede regnet ud, at dette foregik før, vi kunne bruge vores mobiltelefoner i USA.

Efter frokost og telefonering fortsatte vi nord på til byen Clinton, hvor vi skiftede til en anden motorvej, I-385 til Greenville. I-385 er faktisk en ringvej rundt om byen, men da vi fandt et hotel i udkanten af denne, var den god nok. Fra Charleston via Whitmire til Greenville er der kun ca. 360 km, og det burde kunne være gjort på under fire timer. Godt nok var vi først kommet af sted fra Charleston omkring kl. 9 på grund af morgenmaden, men alligevel var klokken 15.30, inden vi havde fundet et hotel ved en motorvejsfrakørsel. Da bagagen var båret ind, kørte vi ind til centrum, for at lede efter en restaurant, hvor vi kunne fejre dagen på selve dagen. Selv om vi altså havde spist sølvbryllupsmiddag dagen før, ville vi gerne fejre den endnu engang med et godt måltid. Vi fandt nu ikke noget, der tiltalte os, og i det hele taget fandt vi byen kedelig, noget i stil med det, vi havde oplevet i Raleigh to år tidligere, en historie jeg ikke har fortalt og ikke fortæller i denne bog, men jeg omtaler kedsommeligheden i det allersidste kapitel – med facts om de forskellige stater.

I stedet besluttede vi os for at spise på en Cracker Barrel Old Country Store kæderestaurant, som vi havde passeret, da vi forlod motorvejen for at finde et hotel. Cracker Barrel er en blanding af en restaurant og en "blandet landhandel", hvor man kan købe alt fra slik til gyngestole. På vej tilbage til hotellet kom vi imidlertid forbi et område med flere restauranter, hvoraf et par stykker også så interessante ud, og de lå en del tættere på hotellet. Efter at have været tilbage på værelset for at friske os lidt op og skifte til noget knap så svedigt tøj, som vi ikke havde kørt i hele dagen, kørte vi til dette område, hvor vi valgte en Tony Roma's, som tilbød "casual dining", og det passede både til humør og påklædning. Her reklamerede de med, at de serverede USA's bedste BBQ Ribs. Dagens tilbud viste sig at være "Danish Ribs", og det grinede vi lidt af. Viseospåpladseren eller hvad sådan en fisk nu kaldes, forklarede, at det skam var rigtigt nok. Ribbenene kom faktisk fra Danmark, og så kunne vi jo oplyse, at det gjorde vi også, og at Carl Jørn og jeg

105

nok også var et par gamle grise ☺, hvilket hun, om ikke skraldgrinede, så dog smilede af. Dorte valgte de danske ben, mens resten af selskabet fik en bøf. Carl Jørn og jeg drak rødvin til bøffen, Dorte drak øl til sine danske ben og Else nøjedes med postevand til sin mad. Alt i alt et glimrende måltid og sådan fik vi fejret vores sølvbryllup to gange på to dage (plus den fejring hjemme, som vi altså blev mere eller mindre tvunget eller i hvert fald presset til at holde i august).

Invaderet af orm

Orm! Orm kan være mange ting. En definition er, at "en orm er et aflangt dyr uden ben", og den slags dyr findes der mange af. I gamle dage kaldte man også de dyr, vi i dag kalder slanger, orm, og en reminiscens fra dengang finder vi i navnet på Danmarks eneste giftige slange, hugormen ("*som Ejner sagde var en regnorm, men det VAR en hugorm, for jeg huggede den selv fra Niels*" – jf Hannah Bjarnhofs monolog, Campingturen, som jeg har hugget dette citat fra). Men ellers kan jeg nævne bændelorm, fladorm, pæleorm og stålorm (som faktisk er en øgle uden ben). Også fra den nordiske mytologi kender vi orm, fx lindorm og ikke mindst Midgårdsormen – og i mange omtaler af drager, bruges betegnelsen orm, for disse fabeldyr. Her rinder endnu et citat mig i hu (god gammeldags formulering): "*Hvis jeg havde været kaptajn på Noas Ark, ville jeg havde ladet børneormen blive hjemme*". Dette citat stammer fra Jan Monrad i rollen som Mogens i monologen "Mogens på safari". Men i virkeligheden er det slet ikke denne slags orm eller andre levende væsener, dette skal handle om. Afsnittet er placeret i et kapitel, der handler om noget, der kan spises, og man kan selvfølgelig spise orm – selv om jeg nødig vil, men den slags orm, som afsnittet handler om, er bestemt spiselige i et eller andet omfang, selvom de ikke nødvendigvis er velsmagende.

Historien begyndte på min anden tur alene med Tim. Det var den tur, som førte os fra Seattle i vest til New York City i øst, om end ad nogle få omveje, som fx omfattede besøg i både Texas og Florida. I turens første fire dage, kørte vi omkring i området nord og vest for Seattle, hvorefter vi besøgte selve byen et par dage, inden vores road trip startede for alvor. Vi kørte mod øst ad US Highway 2, og inden vi havde kørt ret langt, skulle vi have benzin på, og som så ofte ved den slags lejligheder gik vi ind i butikken, så jeg kunne få kaffe, og når vi nu var der alligevel, kunne vi lige så godt se os omkring, for at se om der var noget, vi ikke kunne undvære. Der var der sådan set ikke, men nu kommer vi lige straks til ormene. Inden, er jeg dog nødt til at afsløre en hemmelighed – i hvert fald en hemmelighed for de, der ikke kender den i forvejen. Amerikanere kan ikke lave vingummi! I hvert fald ikke vingummi, som vi kender det herhjemmefra. Det meste er noget underligt blødt stads, der mest smager af sukker. Vi kan faktisk få noget tilsvarende herhjemme, men jeg prøver at undgå det. Den bedste vingummi, man kan få i USA, er faktisk Haribos vingummibamser, og Haribo er som bekendt tysk, ikke amerikansk. Haribo laver i øvrigt mange andre former for slik, også andre former for vingummi, men i USA har jeg kun set bamserne.

Mens jeg gik rundt i butikken, fik jeg øje på nogle vingummiorm, "gummi worms" kaldes de på engelsk. Disse var amerikansk fremstillede, men jeg tænkte at det måske var bedre end ingenting, så jeg købte en pose på størrelse med de slikposer, vi også kan få herhjemme for en tier – altså ikke specielt stor. Da jeg kom ud i bilen, placerede jeg ormene i handskerummet, som var afkølet, så vingummien ikke smeltede i sommervarmen, og så fortsatte vi i øvrigt vores færd. Vi glemte imidlertid alt om disse orm, og de lå i handskerummet nogle dage, indtil jeg ville lægge et indkøbt æble derind, så det kunne holde sig koldt. Så opdagede jeg ormene, og vi gik i gang med at spise dem. Ikke alle på en gang naturligvis, men i små portioner. En uges tid senere var der ikke flere tilbage, så nu ville vi genforsyne. Vi befandt os på det tidspunkt på en tankstation i udkanten af Roswell i New Mexico. Roswell kalder sig "verdens UFO hovedstad", og i byen ses små grønne mænd i alle størrelser, og dem så vi en del af, da vi fortsatte køreturen gennem byen. Vi var ikke kørt ind på tanken for at få benzin på, men brugte tankens parkeringsplads til at indtage en let frokost af ting, vi havde i vores køleboks, og mens Tim rettede an på bagsmækken, gik jeg ind i butikken for dels at købe kaffe, dels at se om de skulle have orm. Og sandelig om de ikke havde, så endnu en gang anskaffede jeg en pose. De første orm, vi havde købt, var ret små, så vi fik to ad gangen. De orm, jeg købte på denne tank, var meget længere og tykkere. Vi døbte dem derfor "en-orms orm", fordi vi nu kun måtte få én ad gangen, og de andre blev dermed til to-orms orm. Selv om ormene var større (eller måske netop fordi de var større), var der færre af dem i posen, så vi blev enige om, at vi måtte have et system. Dette system gik ud på, at vi fik en orm, da vi forlod tanken, og så måtte vi ellers få en, når der var gået en time, den næste, når der var gået endnu en time og så fremdeles. Fra næste dag ændrede vi tidsskemaet til en orm hver fulde time – men kun hvis vi var i bilen, når det var ormetid. Ellers måtte vi pænt vente til nærmeste fulde time.

107

Senere blev det nærmest en besættelse, at vi hele tiden skulle have orm i handskerummet, og da vi på et tidspunkt handlede i et Walmart, opdagede vi, at denne supermarkedskæde, hvor alt er større ikke mindst slikposerne, også solgte orm – de store af dem, og i poser på omkring 800 gram. Så én sådan købte vi. Den store mængde fik os ikke til at ændre på reglerne for indtagelsen, så posen holdt næsten resten af vejen til New York, men da vi nærmede os byen, spiste vi de sidste, og besluttede os for, at der ikke var andet at gøre end at tage hjem til Danmark. Vi nåede dog at købe orm en gang til på en tankstation på Staten Island, og da vi afleverede bilen i JFK lufthavnen, var det eneste, vi glemte at tage med, den uåbnede pose orm, som lå i handskerummet.

Siden er det simpelthen blev en tradition, at noget af det første vi køber, ofte samtidigt med vores isboks og vand til at komme i den, er vingummiorm, og vi bruger fortsat det samme indtagelsesskema. Vidste du i øvrigt at vingummi blev opfundet i London i 1909? Men der gjorde det altså – sjovt nok af en englænder ved navn Charles Gordon Maynard. Historien om ham, hans far og vingummien, skal jeg forskåne alle for. Den kan interesserede selv slå op. Ifølge Wikipedia er vingummi fremstillet af vand, sukker, glukose, smagsstof, farvestof og gelatine. Tim og jeg er dog sikre på, at de amerikanske orm er 100 % syntetiske og ikke indeholder et eneste naturligt stof. Og sådan smager de også. Min favoritvingummi er Eldorado fra Haribo, som jeg prøver at undgå at købe, for gør jeg det, er de væk, så snart jeg har åbnet posen. Eldoradogummierne smager faktisk af frugt i et eller andet omfang, selv om de nok ikke har været i nærheden af hverken hindbær eller ananas, men det kan man altså ikke sige om ormene, som nærmest smager af kunstighed (kan noget smage af det? Ormene gør!)[20], men trods det, er det altså nu blevet en tradition, som vi holder i hævd. Jeg kan ikke tale for Tim, men jeg gør det faktisk også, når jeg er af sted alene.

Siden de første orm, har vi set flere forskellige slags, to-orms orm, en-orms orm, dobbeltorm (siamesiske tvillingorm) og flere andre modeller. De fleste fabrikater holder sig til farverne hvid (gennemsigtig), gul, grøn og rød, men af og til ses de også i blå, lilla og orange, og der vil normalt være to farver kombineret i samme orm, en farve i hver ende. Dog i tilfælde af dobbeltorm, har hver af de siamesiske

---

[20] Faktisk kan man nu af og til få vingummiorm fra Haribo, og de smager mere af naturlige stoffer, men de er sjældne.

orm ofte hver sin farve. Og de fleste ligner mere hugorm end regnorm, da de typisk har et "hoved" i den ene ende af ormen. Ved enkelte lejligheder, har vi ikke kunnet få orm, og har derfor måttet lade os nøje med andre ting, fx vingummialligatorer, som er lige så syntetiske som ormene, men det er bestemt ikke det samme. Af og til kryber ormene ud af handskerummet og kravler rundt på rattet eller andre steder i bilen – ellers også anbringer vi dem der, så vi kan tage billeder og sende til vores undrende omgangskreds hjemme i kongeriget. Og således slutter dette afsnit om spiselige orm, og også kapitlet om oplevelser om mad og andre ting, der kan spises.

Mennesker, vi har mødt eller medbragt

Pike Place Fish (World Famous) i Seattle, Washington. Fiskehandleren med den gode hukommelse ses midt i billedet, hvor han forsøger at sælge fisk til en kunde af (formodentlig) kvindeligt hunkøn

Man kan godt hævde at mange af oplevelserne i denne bog handler om mennesker, men i dette kapitel har jeg anbragt nogen, som handler mere om mennesker end de andre som handler mindre om dem, og som jeg derfor har placeret i andre kapitler. Sådan er der så meget, men du kan læse disse afsnit:

- *Kender I Jensen?*
- *En ægyptisk "hustler" i Louisiana*
- *Brugt som sovepude*
- *Løgkrise og god hukommelse*
- *Med svigerfar på tur*
- *Alle vores venner*

Kender I Jensen?

USA's mest fotograferede plantage eller i hvert fald plantagebygning og egeallé, skulle efter sigende være Boone Hall Plantation på halvøen Mount Pleasant uden for Charleston i South Carolina. Plantagen har da også medvirket i adskillige film og tv-serier, blandt andet America (tv-serie fra 1972), Days of Our Lives (1984), Alex Haley's Queen (miniserie fra 1993), Scarlett (miniserie fra 1994), The Notebook (fim fra 2004), og flere andre. Bedst kendt i Danmark er nok tv-serien Nord & Syd fra midtfirserne (senest genudsendt i julen 2021). Denne serie handler, for de, der ikke skulle kende den, om to familier før, under og efter den amerikanske borgerkrig; familien Hazard fra Pennsylvania og familien Main fra South Carolina, som lærer hinanden at kende gennem sønnerne, George Hazard og Orry Main, der begge går på militærakademiet West Point. I denne serie optræder Boone Hall Plantation som Main-familiens hjem – i hvert fald i seriens udendørsscener. Indendørsscenerne et optaget i Stanton Hall i Natchez i Mississippi, men det var et sidespring. Plantagen blev grundlagt i 1681, så den har et par dage på bagen, men selv om hovedbygningen ofte "spiller" en plantage fra før og under borgerkrigen, er denne faktisk bygget så sent som i 1936, selv om der naturligvis lå en anden bygning tidligere. Plantagen var oprindeligt en bomuldsplantage, drevet med slavearbejdskraft, og ni af de oprindeligt 27 murede slavehytter eksisterer stadig. Senere blev der plantet over 3.000 pecantræer, og så blev nødder den vigtigste afgrøde, og plantagen var USA's største producent af disse nødder, som minder om valnødder. En del af disse træer eksisterer endnu, men nødderne høstes ikke længere. Da plantagen var størst, havde den et areal på over 17.000 hektar, men i dag er der kun ca. 740 hektar tilbage. Der dyrkes bomuld på et ca. 100 m² stort areal, for at vise hvordan, det oprindeligt foregik, men i dag er de vigtigste afgrøder (jo plantagen er fortsat aktiv) æbler, ferskener, tomater, agurker og andre grøntsager, foruden amerikanske juletræer i form af en særlig art af cypres, der hverken stikker eller drysser. Men nok om plantagen.

Vi har besøgt stedet ved et par lejligheder. Første gang tilbage i 2000, hvor det regnede så meget, at vi måtte søge ly i den såkaldte bomuldsdok, hvor man opbevarede bomulden, inden den blev lastet på pramme og sejlet ind til Charleston. Men inden det begyndte at regne, havde vi fået en rundvisning i hovedbygningen, hvor vi kunne se underetagen, mens første sal var privat og forbeholdt ejerne. I dag drives plantagen af de seneste ejere, familien McRae, i form af et aktieselskab i samarbejde med South Carolinas "indenrigsministerium". Jeg har ikke besøgt plantagen i flere år, men mon ikke familien stadig reserverer overetagen til sig selv.

Efter besøget i hovedbygningen ville vi tage en rundtur på plantagen. Det kunne man gøre til fods eller man kunne komme på en guidet tur med et lille "tog", i stil med Sandormen på Grenen, altså to vogne trukket af en traktor. Det var faktisk meget interessant, og guiden fortalte om det vi så, blandt andet de områder, hvor de i dag dyrkede deres afgrøder, en lille sø, hvor der var alligatorer, det ældste egetræ i South Carolina og meget andet. Da turen nærmede sig sin afslutning, ville han gerne vide, hvor deltagerne kom fra, så en efter en eller par efter par, fortalte deltagerne, hvor de kom fra. Et enkelt par var fra England, mens ellers var alle fra USA – og så altså os, fra Danmark. Da vi fik sagt det, fortalte guiden, som tidligere havde præsenteret sig som "Bob", at han faktisk hed Bob Jensen, og at hans oldeforældre eller tipoldeforældre, jeg husker ikke, om det var den ene eller den anden slags forfædre, var kommet fra Danmark engang i 1880'erne. Og så ville han gerne vide, om vi kendte hans familie i Danmark, så vi kunne overbringe en hilsen? Her var vi nødt til at sige *"Vi ved det faktisk ikke, for Jensen er lige så almindeligt i Danmark som Smith eller Jones i USA"*. Jeg tror at han blev en smule skuffet, og han troede måske at Danmark var så lille et land, at alle kendte alt til alle, men der var desværre ikke rigtigt noget, vi kunne gøre ved det, så vi fik ingen hilsen med hjem.

To år senere ville vi prøve turen igen, for at se om det stadig var Bob, der var guide, men dette besøg fandt sted på en søndag, og disse rundture kørte ikke om søndagen, så det blev ikke til noget ved lejlighed, og ved ingen af mine senere besøg i Charleston, har jeg opsøgt plantagen, så jeg ved ikke om Bob nogensinde har fået kontakt til sin danske familie.

En ægyptisk 'hustler' i Louisiana

Dette er en af de historier, som jeg også havde nogle stykker af i Vejen til Petaluma, og endnu flere i denne bog, hvor jeg har meget svært ved at komme til sagen, fordi der er så meget, der er egentlig er sagen uvedkommende, men som jeg alligevel skal af med først. Find dig i det, spring frem til side 116, eller spring afsnittet helt over.

I 2004 ville jeg (igen igen ville Dorte nok mene) have et nyt kamera. Det er nu engang min svaghed, som andres er tøj, sko eller mobiltelefoner – og jeg har købt adskillige siden. Jeg var overbevist om, at det kamera, jeg havde udset mig, ville være billigere i USA end i Danmark; det var det bare ikke, næh, nej. I hvert fald ikke i de to første fotobutikker jeg hjemsøgte. Jeg kom så til den konklusion, at man måske kunne få kameraet billigere, hvis jeg ventede til vi kom til en anden by i stedet for at forsøge mig i en af Washington DC's velhavende forstæder. Den første større by, vi havde ophold i, var St. Louis, Missouri (som en lokal udtalte med tryk på første stavelse, så det lød som "misery" – elendighed eller jammer), men her var priserne på niveau med de, jeg havde set i DC. Så det blev udsat endnu engang, og nu nærmer jeg mig udenomssnakken.

For mange år siden – tilbage i slutningen af 90'erne, var jeg i forbindelse med mit job, et par gange i Ægypten for at arbejde, et arbejde som dels foregik i Alexandria og dels i Cairo. Da vi, en kollega og jeg, første gang ankom til sidstnævnte destination, havde vi lavet en aftale med handelsattacheen på den danske ambassade, så vi kunne få lidt informationer om ting, som vi skulle være opmærksomme på, når vi nu skulle ud og besøge ægyptiske virksomheder, og det var en samtale, som var god at blive klog af, da den ægyptiske virksomhedskultur adskiller sig fra den danske på mange måder. Blandt andet har de ikke helt samme kultur omkring møder, som vi har i Danmark. Vi fik at vide, at vi aldrig måtte arrangere mere end to møder om dagen, ét om formiddagen og ét om eftermiddagen, for selv om vi havde aftalt et møde kl. 9, skulle vi ikke regne med at "blive lukket ind" før klokken var 10 eller 11, og derfor skulle eftermiddagsmøderne heller ikke aftales før omkring kl. 15, så vi kunne være sikre på, at formiddagsmøderne var afsluttet. Og det skulle hurtigt vise sig, at dette var helt korrekt, da vi flere gange kom til at vente, men vi fik altid te, chai, kaffe eller lemonade og kager, mens vi ventede. Vi fik selvfølgelig mange andre gode råd af attacheen, men der var også tid til at få lidt anbefalinger om, hvad vi skulle se i henholdsvis Cairo og Alexandria, når vi ikke besøgte virksomheder eller skrev rapport om disse besøg. Pyramiderne var selvsagt givne på forhånd, og vi fik gode forslag til begge byer. Blandt andet fik vi anbefalet at besøge Khan el-Khalili, det berømte basarområde i Cairo, der stammer helt tilbage fra mamlukkerne, der regerede Ægypten mellem 1250 og 1517. Det var i den forbindelse "hustleren" kom ind i billedet for første gang, selv om attacheen ikke lige brugte den betegnelse – den står helt for min egen regning, men vi blev advaret om, at vi skulle være forsigtige, når vi handlede i basaren.

Mange af de handlende i basaren kunne slet ikke sove om natten, hvis de ikke havde "taget r...." på mindst én europæer i løbet af dagen. Dette ville blandt andet komme til udtryk ved, at de ville forsøge at sælge "juks" som dyre varer, fx pressede bananblade som "ægte papyrus" eller håndlavede skrin med indlagt perlemor, hvor skrinene i virkeligheden var lavet på en fabrik i Korea og "perlemoren" lavet af plastic. Man kunne også være sikker på, at hvis de stadig smilede, når man var færdig med at prutte om prisen og havde indgået en aftale, så havde de tjent godt på den handel.

Det skulle vise sig at være helt korrekt, men nu var vi advaret, så vi passede på, hvad vi gjorde, og jeg endte med ikke at købe noget i basaren ved den lejlighed. På den tilsvarende, men mindre, basar i Alexandria, købte jeg dog en ternet burnus, som var magen til den palæstinenserlederen Yassir Arafat altid gik med, og den lå så og samlede støv i et skab i flere år, inden jeg smed den ud. Den nåede dog at komme på én gang ved et karneval – den var nok ikke gået i dag, da det vel ville blive kaldt "kulturel appropriation", og jeg ville være blevet udelukket fra det gode selskab – hvis jeg altså nogensinde har været lukket ind i det. Så på en eller anden måde må jeg vel tilgive Dorte for hendes hatte (se afsnittet Hattepjat i kapitlet om Blandede bolsjer i Vejen til Petaluma). Nogle år senere købte Dorte og jeg faktisk et maleri, der forestiller Tutankamons guldmaske, malet på ægte papyrus, og det hænger stadig på min væg – vi købte det dog ikke i basaren, men på papyrusmuseet, og der var garanti for ægtheden – af papyrussen, ikke nødvendigvis af maleriet.

Lige inden jeg forlader Ægypten helt, må jeg hellere fortælle om fætter. I en af de weekender, vi tilbragte i Cairo i 1998, besluttede min kollega og jeg at tage på udflugt. Det havde vi også været i Alexandria, men den historie får I ikke her, da der ikke skete noget særligt. Det mest ophidsende var et besøg i en underjordisk tunnel, hvor vi så en blomst i loftet. Da vi – altså i Cairo - i en taxi efter et af dagens eftermiddagsmøder, kom hjem til vores hotel i bydelen Zamalek på øen Gezira midt i Nilen, spurgte vi taxichaufføren om han var optaget næste dag, for ellers ville vi gerne hyre ham til denne udflugt, som skulle være en heldagstur, og vi tog gerne mod anbefalinger fra ham om, hvad vi skulle se, bare pyramiderne i Giza var inkluderet. Han slog straks til og vi aftalte en pris på 200 ægyptiske pund, hvilket med den tids kurs svarede ca. til 400 kroner, hvilket vi fandt var rørende billigt. Næste dag holdt han som aftalt uden for hotellet klokken 9 om morgenen, og han foreslog at vi skulle starte dagen med at køre til Memphis syd for Cairo for at se på seværdighederne i det område, eksempelvis (han brugte godt nok ikke lige udtrykket "eksempelvis" – det er mit påhit) et museum samt pyramiderne i området, blandt andre trinpyramiden i Sakkara, og længere mod syd så vi Knækpyramiden i Dashur, dog kun på afstand, da vi ikke havde tid til at vandre gennem ørkenen, når vi også skulle til Giza. Til gengæld fik vi ved samme lejlighed set Amenemhat III's pyramide, som allerede dengang så noget miserabel ud, og på vej nord på passerede vi også Den røde Pyramide, som er den nordligste af pyramiderne i Dashurområdet.

Så satte vi ellers kursen nord på mod Giza. Jeg skal lige tilføje, at ved alle vores besøg havde taxichaufføren tålmodigt ventet udenfor, mens vi så på museer og pyramider, men ikke i Giza. Da vi nåede hertil, kørte han ind på området (hvilket normalt kræver tilladelse), og efter at have parkeret bilen spurgte han os, om vi havde lyst til at komme ind og se det indvendige af den store pyramide, Kheopspyramiden? Da vi mente, at den var lukket for turister, forklarede han, at han havde en "fætter", der var overgeneral eller noget i den stil for sikkerhedsfolkene, og hvis vi gav ham 50 pund, som han kunne give videre til fætter, ville denne med sikkerhed lukke os ind i pyramiden og vise os rundt. Det tilbud kunne vi ikke afslå, så vi sagde ja og rystede op med pengene (hvordan han har delt med fætter, skal jeg ikke kunne sige), hvorefter han forsvandt for fem minutter senere, at komme tilbage med en mand iført en ægyptisk dragt, som ikke just lignede en sikkerhedsmand, men han var jo også "overgeneral", så måske gik han ikke i uniform, som de andre vagter. Ind i pyramiden kom vi dog, og det var en fantastisk oplevelse at gå krumbøjet gennem de lave gange, og så nå til Det store Galleri, hvor man bestemt ikke skulle bukke sig, og så komme op i Kongekammet, der er helt tomt bortset fra en tom sarkofag uden låg. Jeg tog en del billeder på den tur, blandt andet altså inde fra pyramiden, men desværre blev min taske, som indeholdt såvel de fremkaldte billeder som negativerne, stjålet fra min bil samme dag, som jeg havde hentet billederne fra fremkaldelse (det var før de digitale kameraers tidsalder – i hvert fald for mig). Tasken blev senere fundet i voldgraven på Vestvolden, men da var de fleste billeder desværre gået i opløsning, og det samme var tilfældet med negativerne – og heriblandt alle de billeder, jeg havde taget inde i pyramiden. Men en fantastisk oplevelse var det. Efter besøget her, så vi lidt på de andre pyramider og området i øvrigt, og så kørte vi hjem til hotellet, hvor vi betale chaufføren de aftalte 200 pund plus lidt drikkepenge. Samtidigt slog han sit taxameter fra, og vi kunne se, at det stod på 27 pund! Selv om han havde aftalt en fast pris, og vi var glade for den, skulle han alligevel slå taxameteret til, så myndighederne, kunne se, at han havde arbejdet, og så var det i øvrigt taxametervisningen, han betalte skat efter! Undervejs havde vi lært en del om ham og hans familie. Han var egentlig uddannet jurist og havde undervist på et universitet i Cairo, men han kunne tjene lige så meget på en måned ved at køre taxi med turister, som ved at undervise et helt år. Og faktisk havde han råd til at lade sine to sønner studere på det private American University i byen – sådan er der jo så meget.

Men nu er det nok på tide at komme tilbage til "hustleren" i Louisiana. Da jeg altså heller ikke fik købt kamera i St. Louis, var næste større by, hvor vi skulle opholde os i flere dage, New Orleans. Og her lykkedes det endelig – næsten, og det er her "hustleren" kommer ind i billedet. Efter en flodbådstur på Mississippi spadserede vi gennem French Quarter (det franske kvarter – genialt ik?) ad Bourbon Street mod Canal Street. Grunden til, at vi ville til Canal Street, var, at da vi kørte ind i byen, havde jeg spottet en fotohandler på denne gade, og just som vi drejede om hjørnet til Canal Street, lå der ganske rigtigt en fotohandler. Så her gik vi ind. En mand af arabisk tilsnit, der skulle vise sig at være indehaveren, kom ud fra et baglokale, og jeg fremførte mit ærinde. Han blev da også fyr og flamme, og ville meget gerne sælge mig et kamera. Bare ikke det, jeg gerne ville have. Det var der mange gode grunde til. Det, jeg gerne ville have, var for stort, tungt og klodset. Mens det, han gerne ville sælge, var mere elegant, det var lettere og det var også billigere og bedre (havde flere megapixels) og så videre, men den nok væsentligste årsag (selv om han ikke brugte det som argument) var, at han slet ikke forhandlede det mærke, jeg gerne ville have! Jeg slog mig så til tåls, og vi gik i gang med at forhandle pris, selv om der var et prismærke på kameraet. Ud over kameraet købte jeg også en vidvinkellinse, men synes stadig prisen var for høj, så det arabiske forretningstalent satte prisen lidt ned, og kastede også en taske, et par filtre og en oplader ind handelen – uden beregning naturligvis. Han var også villig til at trække den lokale told og skat fra, hvis vi skulle flyve hjem til Europa fra New Orleans, og kunne ordne papirerne i lufthavnen. (Louisiana er told- og afgiftsfrit område i nogle henseender for mennesker, der ikke er bosat i USA). Desværre skulle vi ikke flyve hjem derfra, men han mente nu ikke, at det ville være et problem, bare vi tog ud i lufthavnen og klarede papirerne der, så kunne vi sikkert godt rejse hjem fra Washington. Her valgte vi nu alligevel at sige nej tak, og så satte han prisen en smule mere ned i stedet. Da vi var færdige, havde jeg fået det hele for det halve – og han havde sikkert tjent det dobbelte. Efter handelen snakkede vi videre, og han fortalte, at han oprindeligt kom fra Ægypten, men var flyttet til USA som ung. Da Dorte erfarede hans nationalitet, fik hun sagt, at hun godt kunne genkende hans handelsmetoder. Det var de samme, som hun havde mødt på Khan El-Khalili et par år tidligere, da hun forhandlede om køb af en T-shirt. Det fik ham til at more sig højlydt, og da vi gik, sagde han held og lykke – på svensk. Vi forklarede ham så, at vi var danskere, ikke svenskere, hvorefter han sagde det samme på dansk. Jeg er ret sikker på, at havde vi spurgt, havde han haft en søster, der boede på Nørrebro. En flink fyr og en typisk ægyptisk "markedssvindler" ☺. Når det siges (som ovenfor nævnt) om de ægyptiske handelsmænd på markederne, at de ikke sover godt om natten, hvis de ikke har "taget numsen" på mindst én europæer hver dag, er jeg sikker på, at det samme gjaldt vores ven. Men flink var han.

I øvrigt gik det op for os, da vi kom ud fra butikken og fortsatte mod floden, at vi kom forbi adskillige flere fotohandlere, hvoraf en del faktisk havde det kamera, jeg oprindeligt ville have haft, udstillet i vinduet, men jeg fik ikke lov til at gå ind i nogen af disse. Mere end ét kamera på samme dag ville være for mange, mente Dorte, hvilket hun i øvrigt nok også mente om det, jeg havde allerede købt.

Brugt som sovepude

Inden jeg helt siger farvel til Ægypten, eller i hvert fald ægyptere, skal der lige en kort historie mere med. Den fandt sted i New York, ikke i New Orleans og ingen form for handel indgik i den historie. Vi (stadig Dorte og jeg som i den foregående historie) havde været på et road trip og havde nu afleveret vores bil i JFK lufthavnen og skulle så ind til New York City og tilbringe nogle dage der. Vi valgte at tage en "limousineservice", selv om limousinen nærmere lignede (og var) en minibus. Man bestilte denne service inde i terminalen, og så ventede man bare på at blive afhentet af en chauffør. Det tog heller ikke lang tid, før en chauffør kom og afhentede os og en anden passager og fulgte os ud til bilen, som stod lige uden for. Vi steg på sammen med denne passager, mens chaufføren fik bakset vores kufferter på plads bagest i bussen. Vi troede, at nu skulle vi så bare ind til byen, men næh nej. Bussen skulle åbenbart være fyldt op (10 passagerer), før han satte kursen mod Manhattan. Så han startede en rundtur til JFK's den gang otte terminaler (i dag er der kun seks), hvoraf en måtte besøges to gange, før "bussen" var fyldt op. Trods trafikken ind og ud af JFK (når der ikke lige hærger en pandemi som i skrivende stund), og det forhold at JFK er en meget vigtig ankomstlufthavn for passagerer til USA, er den faktisk kun nummer 6 på listen over de travleste lufthavne i USA. Travlest er lufthavnen i Atlanta (Georgia) efter fulgt af Los Angeles (Californien), Chicago (Illinois), Dallas/Fort Worth (Texas) og Denver (Colorado) – og sådan kom der lige lidt statistik ind i dette afsnit også.

Rundturen tog næsten halvanden time, så selv om vi steg ind i "limousinen" ved 18-tiden, var klokken faktisk 19.30 før bussen kørte ud af lufthavnen. Så gik det til gengæld forholdsvis hurtigt med at komme til vores hotel i Midtown Manhattan – vi var nogle af de første, der blev sat af, så allerede før kl. 20.30 kunne vi tjekke ind. I minibussen sad Dorte og jeg på det forreste trepersoners sæde, da vi skulle af som nogle af de første. Ved siden af mig sad en mand, som vi ikke kendte. Vi havde ikke kørt langt, før han faldt i søvn med hovedet på min skulder, og jeg nænnede ikke at vække ham. Han blev dog vækket kort tid efter, da chaufføren åbnede vinduet og højlydt, meget højlydt, skældte ud på en medtrafikant. Da han vågnede (manden, som sov på min skulder, ikke chaufføren eller medtrafikanten), undskyldte han mange gange, og så faldt vi i snak. Han viste sig at være ægypter og komme fra Cairo, og han var meget glad for at møde nogen, som havde besøgt hans land – og det har vi jo begge to. Dorte fortalte om oplevelserne på Khan el-Khalili, og det fik ham til at grine, og forklare, at det mest var turister, som handlede der og ægyptere fra andre steder i landet. De fleste lokale handlede andre steder. Når vi ikke sludrede med den ægyptiske herre, blev vi underholdt af den vestindiske chauffør, der med høj og klar røst sang med på de sange, der blev spillet i bilradioen. Han sang i øvrigt særdeles udmærket. Når han ikke sang, skældte han ud på stort set alle de andre bilister, cyklister og fodgængere, som vi passerede. Til sidst blev ægypteren sat af som den første, så vi sagde farvel og tak for snakken, og så var det vores tur næste gang – og vi så ham ikke igen. Eller måske gjorde vi, uden at genkende ham. Man møder mange mennesker på gaden i New York City, faktisk alt for mange efter min mening. Min personlige holdning er, at New York er en by med alt for mange mennesker i alt for høje huse på alt for lidt plads. Nej tak – jeg foretrækker bøhlandet.

Løgkrise og god hukommelse!

I min forrige bog havde jeg et par historier om folk, der led af hukommelsestab. Her skal det til gengæld handle om i hvert fald én mand, som huskede særdeles godt. Episoden udspillede sig i Seattle tilbage i 2012, så det er et par dage siden. Tim og jeg havde bevæget os fra "hotellet, der blev væk" ned til downtown Seattle for at se nærmere på byen. Her gik vi lidt omkring og besøgte blandt andet den største turistattraktion i byen, Pike Place Farmer's Market i gaden af samme navn – i hvert fald hedder den Pike Place. I samme gade kan man for øvrigt besøge en café. Det kan man mange steder i Seattle, som er den by, jeg har besøgt, hvor der er flest caféer i forhold til antal indbyggere – og flere steder nede ved havnen lugter der af kaffe fra byens kafferisterier. Da den omtalte café åbnede i 1971, vidste ejerne næppe, at det skulle blive en så stor succes, at der i dag er flere en 30,000 Starbucks caféer over hele verden – for en Starbucks var det, og det er det fortsat. Starbucks startede faktisk som en butik, som solgte kaffebønner, og først da stifterne solgte butikken i begyndelsen af 1980'erne, fik den nye ejer den geniale idé, også at brygge og servere kaffe – og bare se, hvad der kom ud af det. Jeg spekulerer af og til over, om de tre oprindelige ejere ærgrer sig over, at det ikke var dem, som fik idéen. Starbucks havde i 2019 en omsætning på godt 26 milliarder dollars og et overskud på omkring 4 milliarder i samme valuta. Der bliver sgu langet nogle kopper kaffe over disken. I øvrigt er caféen i (eller hedder det på, når det er en gade?) Pike Place speciel ved stadig at anvende kædens oprindelige logo, der var brunt og ikke grønt, og hvor havfruen var topløs. Senere blev logoet skiftet til et, som var grønt, og hvor håret dækkede brysterne og endnu senere til det, som bruges af kæden i dag, hvor hverken bryster eller navle er synlige, og hvor "fiskehalen" kun antydes. Faktisk kunne det lige så godt forestille alt andet end en havfrue. Men i Pike Place kan man altså stadig se både navle og bryster i brunt.

Men nu var det ikke Starbucks, jeg skulle fortælle om, men derimod Pike Place Farmers Market. Sådan går det når man ikke kan koncentrere sig om emnet. Pike Place Market har eksisteret siden 1907, og de lokale mener, at det dermed er USA's ældste kontinuert fungerende marked af sin art. Den engelske udgave af leksikonnet Wikipedia er lidt mere tilbageholdende og siger bare, at det er "et af de ældste". Stedet er, som nævnt ovenfor, den mest populære turistattraktion i byen, og har mere end 10 millioner besøgende om året. Faktisk mener de, der laver den slags statistikker, at det er den 33. mest besøgte turistattraktion i hele verden, og det er da meget godt gået af et marked, som blev åbnet i protest mod priserne på løg! I begyndelsen af 1900-tallet solgte bønderne i området deres produkter til borgerne i byen via mellemmænd, som solgte dem videre til forbrugerne.

119

narmerne fik en betaling fra mellemmændene på grundlag af en forventet salgspris, som mellemmændene fastlagde, men denne pris blev ofte sat så lavt, at det kun lige kunne løbe rundt for bønderne, og af og til kunne det slet ikke løbe nogen steder. Byens borgere mente, at de betalte for høje priser for varerne, mens mellemmændene strøg fortjenesten, men hvad kunne de gøre? I 1907 var priserne på løg blevet så høje, at borgerne ikke ville købe dem, og bønderne derfor ikke kunne sælge dem. Bystyret besluttede derfor at udlægge et område ikke langt fra havnen som et nyt marked, hvor bønderne kunne sælge direkte til forbrugerne, og lørdag den 17. august kunne byens borgmester erklære markedet for åbent. Imidlertid var der kun nogle få farmere, som opsatte boder, mens hundredevis af borgere besøgte markedet, og i løbet af få timer havde alle boderne solgt deres varer, og mange kunder måtte gå skuffede hjem. Men markedet fortsatte, og i november samme år kunne det flytte indendørs, da den første markedsbygning åbnede, mens flere fortsat havde deres boder udendørs. Markedet måtte holde åbent mellem kl. 5 om morgenen og middag fra mandag til lørdag, men i dag er den restriktion væk. I dag er der mere end 500 stande på markedet, som sælger alt fra kunst, over souvenir til tøj mm. Der er flere restauranter, men der sælges også stadig frugt og grønt, blandt andet besøgte Dorte og jeg i 2006 en stand, som udelukkende solgte hasselnødder fra egen plantage!

Manden med den gode hukommelse solgte imidlertid ikke grønsager, men fisk. Og det gjorde han fra en af markedets dengang tre fiskebutikker – om de stadig eksisterer alle tre, skal jeg ikke kunne sige, da jeg ikke har været i Seattle siden 2013, men et besøg stod på planen for det road trip, som vi skulle have været på i 2021, hvis det ikke var fordi vi måtte udsætte turen fra 2020 på grund af pandemien, som forhindrede alle rejser til USA. Da det heller ikke kunne lade sig gøre i 2021, bliver denne tur (forhåbentlig) nok kørt i 2022[21], og så må Seattle vente til en anden gang. Den butik, hvis man kan kalde den det, hedder simpelthen Pike Place Fish Co. (World Famous)! "World famous" står faktisk på deres logoer, og sandt er det, at butikken er verdensberømt, i hvert fald i visse kredse. Den er blevet verdensberømt på grund af den ledelsesstil, der praktiseres; der er lavet flere undervisningsfilm om såvel virksomheden som den filosofi, de praktiserer, som simpelthen er kendt som "The Fish Philosophy". Denne filosofi handler meget

---

[21] Hvilket den gjorde – om end i en noget udvidet og tilpasset version, som dog ikke omfattede Seattle.

om hele tiden at være nærværende, at lege sig gennem dagen og så videre, og mange andre virksomheder, har adopteret filosofien, som både skaber glade kunder og glade medarbejdere. Jeg brugte selv såvel filmene som filosofien, når jeg fx underviste i virksomhedskultur, arbejdsglæde, kvalitet og service og lignende. Medarbejdere fra butikken har også medvirket i flere spillefilm, der foregår i Seattle, blandt andre den første "Befri Willie" fra 1993. De ansatte i Pike Place Fish Co. kaldes populært "de fiskekastende fiskehandlere fra Pike Place", fordi de faktisk kaster med fisk, hummer, krabber, muslinger, og hvad de nu end sælger. Det er en del af arbejdsglæden, og det tiltrækker dels mange kunder, men også mange tilskuere, som ikke nødvendigvis køber fisk, så der står ofte en "kødrand" omkring butikken.

Nå, men tilbage til manden med den gode hukommelse. Tim og jeg stod, som mange andre, og så på fiskekasteriet, da en af fiskehandlerne, som tydeligvis havde hørt, at vi talte et fremmedsprog, henvendte sig til os. De, der på et givent tidspunkt fungerer som sælgere, står uden for skranken, mens de, der pakker og tager mod betaling, står bag denne. Han spurgte, som amerikanere gør flest (se afsnittet "Det store spørgsmål" i kapitlet "Det menneskelige element" i bogen "Vejen til Petaluma" – jeg sagde jo, at du skulle have købt den bog) om, hvor vi kom fra, så det fortalte vi ham naturligvis. Han ville så gerne sælge os noget fisk, men kunne godt forstå, at frisk fisk, måske ikke var det optimale at indkøbe i begyndelsen af en fire uger lang rejse i bil på tværs af USA, så vi sludrede bare lidt og forlod så stedet igen, for at fortsætte vores tur rundt i byen. Nogle dage senere besøgte vi igen Pike Place Farmer's Market, dels for at se, dels for at købe lidt frugt til bilturens første dage – nok mest til mig, Tim er ikke den store frugtspiser. Ved den lejlighed stoppede vi ikke op ved fiskehandleren, men da vi gik forbi, kom "vores ven", som ved den lejlighed stod bag skranken, farende ud, gav hånd og hilste os med et "Ah, my Danish friends", og ved den lejlighed kan han ikke have hørt os tale, så han har altså kunne huske os, på trods af, at han formodentlig i den tid, der var gået siden vores første besøg havde betjent hundredevis af kunder fra hele verden. Godt husket, siger jeg bare.

Jeg har faktisk også ved en enkelt lejlighed købt fisk i fiskebiksen. Det var et år senere, og her skulle vi flyve hjem fra Seattle, så jeg mente at vakuumpakket, røget laks og kogt laks i dåse, kunne holde sig, hvis jeg købte det dagen før hjemrejsen. Stedet er specialister i laks og dungeness- og king krabber, selv om de sælger meget andet. Så jeg henvendte mig denne gang aktivt til en fiskehandler. Fra mine undervisningsfilm vidste jeg, at han hed Sam Samson, og var af orientalsk (mere præcist koreansk) oprindelse. Der er mange orientalere i Seattleområdet. Den mand, der startede det hele i 1986 (han havde da haft butikken nogle år på dette tidspunkt, men det var ikke nogen speciel succes) hed John Yokoyama og var af japansk afstamning. Nå, men jeg bestilte, og skulle så betale, men da Samson så, at jeg ville betale med kreditkort, mente han at jeg havde købt for lidt. Ikke fordi, der var regler, men hvis jeg havde kreditkort, havde jeg råd til mere. De ansatte, ved godt, hvad de kan sige til hvem og hvordan, og det blev da også sagt med en bister stemme, men med et stort grin – og det endte faktisk med at jeg fordoblede mit køb – se det er salgsteknik. I øvrigt har John Yokoyama i 2018 solgt sin butik til fire "gamle" ansatte med tilsammen over 80 års anciennitet, og en af disse var netop Sam Samson!

Med svigerfar på tur

Overskriften snyder. Når svigerfar har været med på tur, har svigermor også været med, men da jeg i min forrige bog havde et afsnit, der hed "Hvor er svigermor?" syntes jeg, at det denne gang skulle være svigerfar, som var i centrum, også fordi han har givet anledning til en del pudsigheder undervejs. Desværre er begge mine svigerforældre gået bort siden min første bog om oplevelser i USA, men jeg mindes dem stadig med glæde, så lad dette afsnit være min hyldest til dem, ikke mindst fordi, det faktisk var dem, som oprindeligt satte gang i alle vores USA rejser, da de i forbindelse med deres 45-års bryllupsdag inviterede hele familien derover. Det var den tur, som gjorde at jeg blev bidt af landet, og nu har været der 26[22] gange og burde have været der 27, havde det ikke været for covid-19 virussen, som i skrivende stund har plaget os i mere end halvandet år og forhindret alle rejser – og det ser desværre ikke ud til at det ændrer sig foreløbigt, når det gælder rejser til USA. Men måske er det anderledes, når denne bog engang udkommer.[23]

---

[22] Inklusive i alt 3 besøg i 2022 (april, juli/august og september) samt et i juli '23 og et i oktober '24.
[23] Og det er det blevet, for lige nu (december 2021) kan vi faktisk rejse til USA igen, selv om der er en del betingelser omkring vaccination, test mm, og en del restriktioner i form af brug af mundbind mm. Og i redigerende stund, november 2024, har jeg altså lagt fem, besøg oven i de allerede foretagne, se venligst ovenstående fodnote.

122

Min svigerfar var altid god for en "underlig" bemærkning på vores ture. Én af de gange, jeg erindrer tydeligst, fandt sted på en rasteplads et sted på Interstate Highway 64 i Virginia. Vi var på vej over Blue Ridge Mountains fra vest mod øst og var kørt ind på rastepladsen, som reklamerede med et "scenic overview". Det sceniske overblik viste sig at være ud over en stor, bred dal med spredte marker og kun to eller tre huse inden for synsafstand og med god afstand mellem husene. Her kom svigerfar så med de – i familien – herostratisk berømte ord: *"Her rutter de s'gu med pladsen."* Det udtryk har vi siden brugt i familien, når vi har besøgt steder hvor husene ikke netop lå tæt. To år senere var vi tilbage på I-64, også ved den lejlighed med svigerfar og –mor, og svigerfar ville gerne kontrollere om de stadig "ruttede", men denne gang var rastepladsen lukket på grund af vejarbejde, så det fandt vi aldrig ud af. Da det var hidtil seneste gang jeg har kørt på I-64 i østgående retning, kan jeg hverken be- eller afkræfte, om de stadig "rutter". Da vi det år fandt en åben rasteplads, var vi kommet længere ned fra bjergene, og til mere beboede områder, og desværre var der også en del træer, som hæmmede udsynet, men vi kunne da se, at de her ikke ruttede helt så meget.

Allerede tidligere på turen havde vi dog også fået en frisk bemærkning. Jeg er ikke 100 % sikker på, hvor det var, men jeg tror, at det var i den sydlige ende af Blue Ridge Parkway på vej mellem Cherokee og Asheville i North Carolina (vi holdt os meget til det østlige USA i de år), og igen befandt vi os på en rasteplads eller et pull-out (en mindre vigeplads med plads til at par biler); man må ikke parkere på parkvejen uden for pull-outs og rastepladser, selv om mange (inklusive os) gør det, hvis de ser noget spændende, men dengang, i begyndelsen af vores karriere som bilister i USA, var vi mere lovlydige, end det er tilfældet i dag, hvor vi er blevet mere amerikaniserede, så vi var altså kørt ind på et pull-out for at få strakt benene. Det var på den tur, vi kørte i tre biler. Vores familie i én, svigerfamilien i en anden, og svogerfamilien i en tredje. Sidstnævnte del af familien var dog ikke med på ekspeditionen gennem bjergene, da de var kørt til en lufthavn i nærheden, for at hente en kuffert, som luftfartsselskabet havde sendt en omvej via Det ydre Mongoli eller noget i samme stil, og som nu var blevet eftersendt. Der var derfor netop plads til begge biler på det pågældende pull-out, og vi stod nu og nød udsigten til skyerne, som hang lavt over bjergene, faktisk så lavt at vi kunne se ned på nogle af dem, som befandt sig under os – ellers havde vi jo nok heller ikke kunnet se ned på dem! Så var det, at svigerfar fik øje på et dyr, der fløj rundt i luften over os. Rolig nu! Der var hverken tale om en elefant, en elg, en bjørn eller en bjergløve, for slet ikke at tale om en drage eller en grif. Næh, der var såmænd tale om et tobenet, bevinget dyr af den type, som vi normalt kalder fugle. Fuglen var pænt stor, og så kom bemærkningen fra svigerfar: "*Se! En dejlig ørn*". Det var især ordet "dejlig", som gjorde bemærkningen til noget særligt. Havde han bare sagt "*Se! En ørn!*" havde vi formodentlig glemt alt om det. Ingen af os nænnede at fortælle ham, at der desværre ikke var tale om en ørn, men om en kalkungrib, som der er mange af i området, mens ørne er noget mere sjældne, men udtrykket er blevet en slags bonmot i familien, så hver gang vi ser et sådant flyvedyr, siger vi til hinanden "*Se! En dejlig gråspurv*" eller hvad det nu måtte være for fugle, vi har opdaget. I øvrigt har vi siden set flere ørne, men kun én gang med svigerfar.

Dette indtraf to år senere, og igen var vi øst på, og igen på Blue Ridge Parkway, men noget længere mod nord, om end stadig i North Carolina, omkring 40 km syd for grænsen til Virginia. Her ligger en af vejens mange attraktioner, Brinegar Cabin, en lille hytte, som blev brugt som bolig af familien Brinegar fra omkring 1800 og op til 1934 (det var godt nok flere generationer af familien, ikke de samme som byggede hytten, og som blev meget gamle). Nu fungerer den som en slags udstilling af lokale håndværkstraditioner, herunder vævning. Desværre var hovedbygningen lukket (hvis man ellers kan kalde en hytte med to rum for en hovedbygning), så vi måtte nøjes med at se ind ad vinduerne, og kunne da også se såvel væv som andre genstande. Til gengæld kunne vi se på et par udbygninger, blandt andet tidens og stedets svar på et køleskab, et halvtag placeret i skyggen af et stort træ og henover en lille bæk, som altså løb under halvtaget, og som derfor kunne afkøle, hvad man nu ellers placerede under halvtaget, fx mælk. Det var faktisk først, da vi ville gå tilbage til bilen, at vi opdagede at vi kun var tre; undertegnede, fruen, og svigermor. Svigerfar var ikke med. Vi kunne så se, at han stod oppe (hytten lå nede i en lav dal) på parkeringspladsen, som han åbenbart var vendt tilbage til, da vi forlod hytten for at besøge "køleskabet". Her var han faldet i snak med to damer, som stod med hver sit staffeli og var ved at male landskabet. Det sidste opdagede vi, da vi selv kom tilbage til bilen. På det tidspunkt var svigerfar i gang med at forklare om den dejlige ørn, som svævede over dalen – og denne gang havde han faktisk ret i identifikationen af fuglen. Jeg ved ikke, om han faktisk havde brugt en angliseret version af udtrykket overfor de to damer, men vi gassede ham med det, da vi fortsatte vores færd – og som sædvanligt tog han det pænt og grinede selv med.

Der har været mange bemærkninger af samme eller tilsvarende art, men jeg vil nøjes med at nævne en til. Den fandt sted på samme tur som episoden med de kunstmalende damer, men en uges tid tidligere og længere mod syd i South Carolina. Vi var ved den lejlighed på vej ad I-26 fra Charleston til Greenville, hvor vi skulle have den næste overnatning. Nord for South Carolinas statshovedstad, Columbia, valgte vi at forlade motorvejen, for at sætte kursen mod den lille by Whitmire, hvor vi ville spise frokost. Derfra ville vi så fortsætte gennem Sumter National Forest og ad små veje til målet i Greenville. Det med frokosten blev nu ikke til noget, da vi ikke kunne finde et eneste spisested i byen, og selv i dag, omkring tyve år senere, hvor byen har næsten 1.500 indbyggere, ser det da også ud til at der kun er et eller to spisesteder. Men skoven fik vi set, da vi fortsatte nordvest på, og så var det at svigerfar slog til igen, da han meddelte: *"Den skov er slet ikke vild nok."* Jeg ved ikke om han havde regnet med at se vilde dyr eller planter, men skoven var altså ikke tilstrækkeligt vild efter hans smag. Efter min mening lignede den de fleste andre skove, jeg er stødt på i USA, men da skoven ligger under 100 km fra storbyer som Columbia, Greenville og Spartanburg og kun 110 km fra millionbyen Charlotte i nabostaten North Carolina, er den selvfølgelig knap så vild som de store canadiske skove, men den var bestemt lige så vild eller vildere end en dansk bøgeskov. Men nu var endnu et standardudtryk i familien født, så når vi nu ser på en skov, når vi kører gennem denne, overvejer vi altid, om den ville være vild nok for svigerfar.

Svigerfar var i det hele taget glad for naturen. Det nød hans børnebørn, ikke mindst Tina (min datter), godt af, da de var små. Han gik ture med Tina i lokalområdet, hvor han lærte hende at kende forskel på forskellige sommerfugle, at klappe brumbasser og meget andet naturligt tidsfordriv, og da de engang fandt en død ræv under en busk, vendte de jævnligt tilbage til stedet, så Tina kunne se, hvordan den langsomt gik i opløsning og blev til muld, som morfar forklarede. Det havde dog den uheldige effekt på Tina, at hun på et senere tidspunkt insisterede på, at jeg skulle grave et længst afdødt marsvin op, så hun kunne se, om det var formuldet! Men her måtte jeg sætte hælen ned. Ikke mindst fordi jeg havde haft store problemer med at grave en marsvinegrav, der tilfredsstillede damen. Den skulle både være dybere, længere og bredere end det, jeg havde præsteret, så dyret ikke blev bukket sammen, men kunne ligge udstrakt. Jeg skal måske lige tilføje, at begravelsen foregik i juli efter en meget lang tørkeperiode, så jeg var nødt til at bruge en hakke for overhovedet at få hul på overfladen, så jeg kunne komme til at bruge spaden. Personligt ville jeg have foretrukket af bortskaffe liget med dagrenovationen, men sådan skulle det ikke være. Og så tilbage til svigerfar.

Hans glæde ved og interesse for naturen var ved at koste os svigerfar allerede på Dag 2 af den store familietur i 2000. Vi var, på grund af en fejlnavigering kørt ind i Great Smoky Mountains nationalparken i Tennessee ad en anden vej, end vi havde planlagt, og vi var nu på vej mod øst langs floden Little River, som jeg også har omtalt et par andre steder i bogen. Ved en parkeringsplads, hvor vi kunne komme ned til floden, gjorde vi et kort ophold, og mens vi holdt her, fik svigerfar øje på et par interessante sommerfugle, som baskede rundt nede i vandkanten, og dem ville han gerne studere nærmere. Så han kravlede ned ad skråningen, og et par af os fulgte efter. På det tidspunkt vidste ingen af os, hvad det var for nogle flyvedyr, men de blev senere identificeret som sorte svalehaler (Black Swallowtail på udenbysk). Men det var under investigeringen af smørfluerne (som butterflies bliver til, hvis navnet oversættes direkte), at der var ved at opstå drama. Da svigerfar bøjede sig ned for at se nærmere på det, der mest af alt lignede sommerfuglesex, gled hans fod på den våde sten, han stod på, så han fik overbalance og var ved at snuble. Heldigvis fik vi fat i armen på ham, og reddede ham fra at styrte i den rivende flod – som på dette sted vel var omkring 20 cm dyb – men der var faktisk en del strøm, og længere ude mod midten af floden var en flok børn i gang med at dyrke tubing – altså sejlads i oppustede lastbil- og traktorslanger. Men selvom svigerfar næppe var druknet, kunne han nemt have slået hovedet mod en af de mange andre sten, der lå langs bredden, og så var alle de andre oplevelser, jeg har berettet om i dette afsnit, aldrig blevet til noget. Heldigvis skete der altså ikke noget, og vi kunne vende tilbage til bilerne og svigermor, som ikke havde set uheldet, og derfor ikke var gået i chok.

Svigerfar var meget berejst. Qua sit job havde han besøgt mange steder i verden, fx Asien, Nord- og Sydamerika og så vidt jeg husker også Australien, men her er jeg ikke sikker på, om min hukommelser svigter. Han arbejdede i en branche i fortsat og hurtig udvikling, så forandringer, var noget han levede med, var vant til og satte pris på. Der var dog visse ting, som ikke burde ændre sig, og som han kunne blive grumme overrasket over, når de gjorde det alligevel. Tilbage, længe før USA rejserne begyndte, havde vi lejet et sommerhus i Nordvestsjælland, og "svigrene" var med. Nogle skulle jo passe børnene! Med udgangspunkt i dette sommerhus, kørte vi ud på ture i lokalområdet, og en af disse førte os til Kalundborg. Efter at vi havde set på den femtårnede Vor Frue Kirke, ville svigerfar vise os sin mormors hus, som lå inden for gåafstand af kirken, et hus, hvor han var kommet meget som barn. Imidlertid syntes han ikke, at han kunne identificere huset, da der havde været nogle gadeomlægninger, så vi opsøgte den stedlige turistinformation. Her viste det sig, at vi faktisk havde været det rigtige sted, men huset var væk! Oh ve, oh skræk! Hvor det havde ligget, lå nu en varmecentral, som forsynede den stedlige svømmehal og Kalundborghallerne med varme. Tænk sig! Bare fordi han havde vendt ryggen til i få øjeblikke (omkring 50 år), havde de revet hans mormors hus ned, og bygget en varmecentral. Nu stod verden da snart heller ikke længere.

Men tilbage til USA, og faktisk tilbage til South Carolina. Ved vores besøg på Boone Hall Plantation nogle år tidligere, som jeg har fortalt om i afsnittet "Kender I Jensen?" tidligere i dette kapitel, havde der uden for indgangen til plantagen siddet nogle damer af afroamerikansk tilsnit, som solgte nogle håndflettede kurve lavet af et materiale kaldet sweetgrass. Disse kurve var Dorte meget begejstret for, men hun syntes, at de var for dyre, så det blev ved begejstringen. Jeg var også begejstret – dog for damerne, men fandt, at disse nok også var for dyre (jeg spurgte ikke, men foretog en hurtig vurdering). Men nu havde Dorte altså sat sig for, at denne gang ville hun have en sådan kurv med hjem, koste hvad det ville. Kurvene håndflettes af "gullahkvinder" og kan være utroligt kunstfærdige. Gullah er en lokal betegnelsen for mennesker af afroamerikansk oprindelse, som bor i lavlandsområderne i Georgia og altså South Carolina. De taler en særlig kreolsk dialekt, og betragter faktisk sig selv som et "folk", selv om deres forfædre oprindeligt stammede fra mange forskellige steder i Afrika, da de blev bragt til Nordamerika som slaver. En af de skikke, de har bevaret, er altså kurvefletningen. Svigerfar, som havde været i området tidligere, forklarede så, at ved hans seneste besøg havde der siddet mange af disse gullahkvinder i små boder langs vejsiderne, hvor de både flettede og solgte kurve af forskellige slags. Så i og med at vi var på vej fra Savannah i Georgia til Charleston i South Carolina, ville vi givetvis møde mange sådanne boder, så snart vi forlod motorvejen. Det gjorde vi bare ikke; godnat og sov godt! Selv om vi både tog hovedvejen ind mod Charleston og tog afstikkere ad mindre veje, så vi hverken boder eller damer. Siden svigerfars seneste besøg i området i 1962, præcis 40 år tidligere, havde kvinderne pakket deres kurve sammen og var gået hjem. Uforståeligt! Det var jo ikke mere end et øjeblik, at han havde været væk. Næste dag opsøgte vi byens turistkontor. Ikke fordi vi skulle noget der, men der var en stor parkeringsplads, hvor vi kunne sætte bilen, og så tage en bus ind til centrum, hvilket dog endte med i stedet at blive en guidet tur i en minibus. Inde i bygningen stod der imidlertid en kvinde, som om ikke flettede på stedet, så i hvert fald solgte de rigtige kurve, men de viste sig at være voldsomt dyre, også for dyre, og selv om svigerfar prøvede sit bedste med at rose damens produkt ved at forklare, at han havde købt en sådan kurv 40 år tidligere, og at den holdt endnu, hvilket var helt sandt, var damen ikke modtagelig for smiger, og nægtede at sætte prisen ned. Vi tog så ud på busturen, hvor den kombinerede chauffør og guide underholdt os, og da vi forklarede vores problem, kunne han fortælle, at han havde en kusine, som flettede disse kurve og solgte dem i markedsbygningerne på Market Street, og hvis vi opsøgte hende og fortalte, at vi kom fra ham, ville hun med sikkerhed give os en god pris. Så da turen var slut, gik vi ned til markedet, men der var ingen, som lignede en kusine, og slet ingen som solgte kurve ved den lejlighed (selv om jeg har set kurvesælgere på markedet ved senere besøg), så vi opgav igen.

Næste dag besøgte vi Fort Moultrie uden for byen. Fortet ligger på en lille, brofast ø, kaldet Sullivan Island, ikke langt fra halvøen, hvor Boone Hall Plantation ligger, så efter besøget på fortet blev vi enige om at besøge plantagen igen igen, eller i hvert fald indgangen, for at se om der stadig blev solgt kurve der, men så langt nåede vi aldrig; i hvert fald ikke i første omgang. Vi tog ikke den hurtigste vej, men fortsatte langs kysten af Sullivan Island, og undervejs passerede vi en bro, der førte over farvandet Breach Inlet, over til Isle of Palms, hvorfra vi kørte tilbage mod fastlandet gennem et marskområde, som kaldes Gray Bay – ok, vi holdt os på en dæmning eller noget i den stil gennem marsken; det var jo trods alt ikke et amfibiekøretøj, vi befandt os i. Det udtryk har jeg vist allerede brugt tidligere, man hvad så? Jeg kan jo ikke finde på noget nyt hele tiden! Jeg skal lige nævne som kuriosum, at da ubåden CSS H. L. Hunley i 1864, som den første undervandsbåd nogensinde, sænkede et skib, nemlig USS Housatonic, sejlede den ud fra netop Breach Inlet. Desværre kom Hunley aldrig hjem igen, idet fartøjet blev beskadiget under angrebet og sank på vej tilbage til sin base. Ubåden forsvandt sporløst, og trods mange eftersøgninger blev vraget først fundet igen i 1995. Det er nu bjærget, konserveret og udstillet i Charleston. Men tilbage til kurvene. Den vej, vi tog tilbage til fastlandet, førte os op til US Highway 17, og ikke så snart var vi drejet ud på denne vej i den retning, vi skulle for at komme til Boone Hall, før vi så en bod, hvor nogle kvinder sad og flettede kurve, og havde et større udvalg til salg. Vi stoppede straks, og Dorte begav sig hen til en af disse kvinder, som var i gang med at flette. Hun beså de ophængte kurve og fandt én, hun synes om, men hun syntes fortsat at den var for dyr. Kvinden var dog mere modtagelig for argumenter end hende, der solgte kurve på turistkontoret. Dorte forklarede, at vi havde sølvbryllup (hvilket var sandt; det fejrede vi nogle dage senere, se afsnittet Sølvbryllup i forrige kapitel), og hvilke argumenter hun nu end kunne bruge, og det endte med, at hun faktisk fik pruttet prisen ned, så kurven i stedet for 1.000 kroner med den tids kurs, "kun" kom til at koste 700. En tilsvarende, men måske nok ikke håndflettet, brødkurv, kunne vi have købt i Bilka for 29,95, men Dorte fik sin kurv, svigerfar fandt sine flettedamer, og kunne på vej videre triumferende sige: *"Kan I så se, hvad jeg sagde. De sidder ved vejsiden og fletter!"* Og det gjorde de jo, selv om det godt nok var omkring 130 km fra det sted, hvor han havde påstået, at de sad, men vi lod ham beholde triumfen og sagde ikke noget. Ved et senere besøg opdagede jeg, at der faktisk sad nogle kvinder på et fortov inde i selve Charleston, som også flettede og solgte, og også disse var til at tale med, når det gjaldt om at få sat prisen ned, så jeg købte endnu en kurv og tog med hjem til Dorte, som ikke var med på den tur.

For lige at afslutte dette afsnit om svigerfamilien, vil jeg fortælle, at ved besøget på Fort Moultrie, lige før vi fandt kurvedamerne, som jeg kunne fortælle en lang historie om (fortet, ikke damerne), men det har jeg allerede gjort i form af en artikel på den danske version af Wikipedia, så den vil jeg ikke gentage her; men altså ved dette besøg skulle man købe billetter i et informationscenter, og da vi kom derind nægtede svigermor af fortsætte, så hun slog sig ned på en bænk i det airconditionafkølede lokale, og der blev hun mens vi andre, inklusive svigerfar, gik en timelang (snarere halvanden time lang) tur rundt på det meget interessante fort i en temperatur på omkring 45 i skyggen og med en luftfugtighed på over 95 %. Svigerfar holdt det ud, men da vi kom tilbage for at hente svigermor, måtte vi lige have en is, inden vi kunne fortsætte.

PS! Efter indkøbet af kurven, som vi tog med hjem og kørte direkte til vores bank, hvor den på grund af sin værdi blev anbragt i en sikret bankboks med bevæbnede vagter uden for, fortsatte vi faktisk til Boone Hall. Her viste det sig, at det nok var meget godt, at kurven var købt, da der ikke sad en eneste kurveflettedame uden for ved den lejlighed.

Alle vores venner

Har man læst den foregående bog, såvel som denne, vil man være klar over, at vi har en del venner i USA. Nogle, som vi først har lært at kende på nettet og senere mødt face-to-face, og nogle, vi først har mødt fysisk. og senere har holdt kontakt med via internettets mange muligheder. Jeg skal ikke opremse alle disse venner, men vi deles om at kende dem, forstået på den måde, at en del kender Tim og del kender jeg, og så er der der også nogle vi har til fælles, selv om jeg har lært dem at kende gennem Tim, og Tim har lært mine venner at kende gennem mig.

Det gælder fx pingvinpigen Lexie fra Florida. Hun er ikke en pingvin, men er meget glad for dem, og samler på dem i form af tøjdyr og andre lignende genstande. Så er der de to temmelig hemmelige piger i Texas. De er hverken spioner eller usynlige, men optræder under pseudonymer på nettet. Dem hører du lidt mere om i afsnittet Drama i Texas senere i bogen. I Arizona mødte jeg en af Tims vennner, som nu er flyttet til Oklahoma med sine ret store familie, og i North Carolina, hvor vi begge har "separate" venner, mødte Tim et par af dem, jeg har lært at kende, og nu holder digital kontakt med, når jeg ikke kan besøge dem. Vi kunne kalde dem "museumsdamen og hendes mand". Også i South Carolina har jeg mødt en af Tims veninder. Faktisk er de fleste af hans venner veninder af kvindeligt hunkøn, men der er også mænd i flokken. Mine venner fordeler sig nogenlunde ligeligt på køn, men til gengæld er de alle bosat i North Carolina, bortset fra to, som har boet der, men nu er flyttet til henholdsvis South Carolina og Florida. Her er der tale om to betalingsdamer – eller i hvert fald har jeg lært dem at kende ved at betale for at bo på deres respektive Bed & Breakfast steder.

Herudover er rigtigt mange af mine venner og bekendte i USA, nogle, der på en eller anden måde er knyttet til museer eller af andre grunde er historisk interesserede – hvilket harmonerer fint med mine egne interesser.

På den kommende tur (som blev afviklet i sommeren 2022), skal vi besøge nogle af disse venner i Iowa, Wyoming, Oklahoma, Texas, Kentucky, North Carolina og

Virginia[24] i den rækkefølge, mens venner i Ohio, Oregon, South Carolina og Florida må kigger langt efter os denne gang. Men lad mig slutte dette afsnit og dermed også kapitlet her, inden jeg begynder at røbe alt for mange slibrige detaljer.

---

[24] Vennebesøget i Virginia blev ikke til noget, da damen var taget på fiolspillekursus (for meget øvede) i North Carolina, så i stedet mødtes vi med hende der.

Mord og andre vederstyggeligheder

Galapagos kæmpeskildpadder i Columbia Zoo, South Carolina

I min første bog af denne art, havde jeg et afsnit om mystik, spøgelser og mord. Dette kapitel handler kun om mord og vold, ingen mystik, og ingen spøgelser – tror jeg, men det må jo komme an på en prøve, hvad jeg bliver inspireret til, mens jeg sidder og skriver. Det kan være mord på mennesker eller uskyldige dyr, men også andre vederstyggeligheder kan komme på tale. Kapitlet omfatter afsnittene:

- *Mord på åben gade*
- *Roadkill*
- *Paddesnak*
- *Drama i Texas*

Mord på åben gade

En af mine yndlingskrimiforfattere, faktisk min mest yndlingste (kan man sige det? Nok næppe, men jeg gør det alligevel), er amerikaneren Michael Connelly. Han bor i Florida, men hans romaner foregår i Los Angeles, hvor han tidligere har været kriminaljournalist. Han skriver om flere forskellige personer, blandt andet advokaten Mickey Haller, The Lincoln Lawyer, som er en af de kun to romaner, der er blev et filmatiseret. Den har Matthew McConaughey i hovedrollen. Den anden filmatiserede roman er Blood Work om FBI profileringseksperten Terry McCaleb, som blev spillet af Clint Eastwood. Desuden har han en række andre tilbagevendende hovedpersoner, så som journalisten Jack McEvoy, FBI agenten Rachel Walling og politikvinden Renee Ballard, og han har også skrevet et par romaner, med hovedpersoner, som kun optræder i en enkelt bog. Hans mest berømte hovedperson er dog Hieronymus "Harry" Bosch, politidetektiv. Bosch er opkaldt efter min yndlingsmaler fra Renæssancen, Hieronymus van Aken Bosch, hvis malerier er ganske surrealistiske i deres udformning, og læsere af "Vejen til Petaluma" vil vide, at jeg holder af surrealisterne, så selv om han ikke er det, anser jeg ham alligevel for en meget tidlig surrealist. Hvis du ikke tror mig kan du selv studere hans mest berømte maleri, "Lysternes Have", som hænger på Pradomuseet i Madrid. Så det passer fint: min yndlingskrimiforfatter og min yndlingsrenæssancemaler. Ud over de nævnte hovedpersoner, optræder naturligvis et større galleri af mere eller mindre tilbagevendende personer i Connellys efterhånden 36 romaner foruden et antal noveller. Connelly lader ofte personerne optræde sammen, og alle de førstnævnte personer har optrådt i romaner sammen med Harry Bosch. Og nu er jeg langt om længe ved at nærme mig forklaringen på, hvorfor dette oplæg om en kriminalromanforfatter har trængt sig ind i en bog om oplevelser i USA, når jeg alligevel ikke får penge for at reklamere for Connellys bøger (måske skulle jeg sende ham en regning?)

Bosch er den type detektiv, som tit rager uklar med sine foresatte på grund af sin måde at være på, og sine af til noget utraditionelle opklaringsmetoder. Det betyder, at han har haft en del forskellige jobs i de 24 romaner, hvor han hidtil har optrådt. I de første af disse er han således "deporteret" fra Los Angeles til politiet i West Hollywood, som er en af de to selvstændige byer med eget bystyre, der ligger inden for Los Angeles' bygrænse (på samme måde som Frederiksberg ligger inden for Københavns bygrænse), og det er faktisk her i West Hollywood, at man finder Sunset Strip (en 2½ km lang delstrækning af den ellers 35 km lange Sunset Boulevard), hvis nogen skulle være interesserede. Er ingen interesserede, er det alligevel her man finder gaden. Den anden selvstændige by i LA er i øvrigt Beverly Hills, som foruden eget bystyre også har sin egen politistyrke. Ved mit første besøg i Los Angeles, havde Dorte og jeg indkvarteret os på et hotel i netop West Hollywood. Da jeg en del år senere besøgte byen med Tim, boede vi på The Historic Mayfair Hotel i downtown. Det var i øvrigt på dette hotel, at festen efter den første Oscar-uddeling i 1929 fandt sted, men den var forbi, da vi boede der.

Ved den lejlighed havde Tim og jeg kun en enkelt dag i byen, inden vi skulle videre. Vi skulle have haft en aften mere, men på grund af diverse hindringer, fx at British Airways havde lavet en fejl i deres papirer, så vi måtte vente lang tid, omkring en time, i indrejsekontrollen – altså efter at vi var kommet gennem køen og hen til immigrationsofficeren eller hvad en sådan nu hedder på dansk. Han skulle først have fat i sin overordnede og forklare hende sagen, og så skulle hun have fat i sin overordnede og så fremdeles, men efterhånden fandt de da ud af, at vi ikke var efterlyste terrorister, og så fik vi lov til at komme ind. Så skulle vi bare have bagagen, men af en eller anden grund havde luftfartsselskabet sendt min ene kuffert til Timbuktu, Valparaiso, Samarkand, Antarktis eller et andet ukendt sted. Den var i hvert fald ikke i Los Angeles. Så måtte vi med de kufferter, som vi trods alt havde fået med (for en sikkerheds skyld havde jeg lidt af hvert i begge kufferter, så jeg stod ikke uden sokker, underbukser eller lignende beklædningsgenstande – det har jeg lært af tidligere erfaringer), bevæge os til en anden del af lufthavnen, hvor kontoret for "bevidst fejlsendt bagage" kunne findes. Det får mig til at tænke på anekdoten om manden, der skal tjekke ind i Kastrup: *Damen bag skranken siger så til ham: "De skal til London?", hvortil han svarer: "Korrekt, men jeg vil gerne have min bagage sendt via Paris, Sidney, Buenos Aires, Frankfurt, Karup, Beijing, og San Fransisco – i den rækkefølge." Da damen svarer ham, at det kan de sandelig ikke, replicerer han: "Det gik da fint, sidst jeg skulle til Aalborg!"*

Nå, men vi fandt Lost Baggage, og her var der minsandten en særdeles lang kø, så det var ikke kun mig, hvis bagage var blevet sendt ud på en omvej. Da vi nåede frem til skranken efter en rum tid, registrerede de tabet, lavede en mindre eftersøgning online, og uden at fortælle, hvor kufferten befandt sig, kunne de fortælle, at den ville blive leveret på mit hotel kl. 4 næste dag. Det gjorde den også. Bare ikke om eftermiddagen, som vi havde regnet med, men klokken fire natten til den næste dag igen, tre timer før vi skulle forlade hotellet. Men da alle papirer var udfyldt, kunne vi endelig forlade lufthavnen og begive os ud til de busser, som skulle køre os til biludlejningsselskabet. Bussen kom hurtigt, men da vi nåede frem til udlejningskontoret, var der til en afveksling kø. Ca. 30 mennesker stod foran os, og med kun to til at ekspedere tog det mere end tre kvarter, før det blev vores tur. Omkring midnat var vi dog fremme på hotellet i stedet for kl. 18 som planlagt, men sådan kan det gå.

Da vi altså kun havde denne ene dag i Los Angeles, havde vi bestilt en sightseeingtur i bus rundt i byen, men dog uden at se Homes of the Stars" og andre Hollywood ting; bare selve Los Angeles by – The Grand Tour of Los Angeles. Selve turen afgik fra et sted på Hollywood Boulevard, men vi blev hentet på hotellet af en bus, som kørte rundt til flere andre hoteller og samlede folk op og så kørte hele forsamlingen til det egentlige afgangssted. Denne bus, var faktisk en lille trolley, og den hentede os kl. 8, så vi stod op kl. 6 efter få timers søvn, men med to mennesker, der skal gøre morgentoilette og kun et badeværelse, tager det sin tid at blive færdige. Vi var de første der blev samlet op, men allerede ved det næste hotel gik det galt. Den eller de, der skulle med, var ikke klar uden for hotellet, men her var chaufføren iskold og fiskeagtig (som vi sagde i min ungdom). Han ventede fem minutter, og da de ikke var kommet, kørte han – og så var det bare ærgerligt, at de havde betalt en formue for turen. Det samme gentog sig yderligere et par steder, og ved den ene lejlighed nåede gæsterne, et japansk par, med, men ved to andre lejligheder kørte han, uden at nogen var kommet ombord. Hver gang han kørte uden passagerer, underrettede han kontoret over radioen, formodentlig så de kunne være klar til at besvare klager fra de for- og efterladte og forklare dem, at de ikke havde været på plads som befalet i deres reservationsbekræftelse.

Det sidste hotel, vi skulle samle op ved, var det, hvor Dorte og jeg havde boet næsten 10 år tidligere. Det lå på North Vermont Avenue, som nævnt i West Hollywood ikke langt fra Sunset Boulevard, men da vi kom til Vermont Avenue fra Vermont Place, var hele gaden afspærret med bomme. Vi skulle ellers bare lige have været til højre, så ville vi have været ved hotellet. Chaufføren måtte i stedet dreje til venstre og fortsætte til Santa Monica Boulevard og dreje til højre ad denne, derefter igen dreje til højre ved New Hampshire Boulevard og så endnu et højresving ved Lexington Avenue, men da vi langt om længe igen var tilbage ved

Vermont, var gaden lige så spærret fra den side. Der stod nogle politifolk ved afspærringen, og vi kunne også se, at der holdt såvel ambulancer som adskillige politibiler længere nede ad gaden. Synd, at Dorte, som elsker udrykningskøretøjer, ikke var med. Chaufføren konverserede med politifolkene, og vi fortsatte over Vermont. Her parkerede han bussen i vejsiden, og efterlod os ene og forladte der, mens han spadserede ned til hotellets hovedindgang, og hentede de to yngre, engelske piger, som ventede der, og som også skulle med bussen. Med alle disse gadenavne og Google Maps eller Earth, kan du uden problemer lokalisere stedet – hvis du altså har den slags lyster. Det har jeg selv. Hver gang jeg læser om et geografisk sted, som jeg ikke lige ved hvor er, bliver jeg nødt til at slå det op. Fx er jeg i skrivende stund (OK, ikke lige mens jeg skriver, men i samme periode, som jeg skriver dette afsnit.[25]) ved at genlæse Sjöwall og Wahlöös 10-bindsværk, "Roman om en Forbrydelse". Og hver gang der kommer et nyt stednavn fra Stockholm eller andre steder i Sverige, som jeg ikke lige kan placere, skal jeg finde det på Maps inden jeg kan læse videre. Det forsinker læsningen en del, men er ret sjovt – synes jeg.

Da chaufføren og de to passagerer kom tilbage, kunne pigerne fortælle, at afspærringen var sat op og politiet til stede, fordi der havde været skyderi på gaden lige over for hotellet en times tid tidligere, hvilket chaufføren kunne bekræfte, da han havde talt med nogle af politifolkene. Mindst seks personer var blevet skudt og flere af disse var døde, hvilket var grunden til det store opbud af udrykningskøretøjer, kriminalteknikere i beskyttelsesdragter og civile kriminalbetjente. Så her fik vi – om end på afstand – set CSI i arbejde. Og det er her Harry Bosch kommer ind i billedet, for havde han ikke været en fiktiv person, er jeg sikker på, at han havde været en af de civilklædte detektiver. Politiet mente i øvrigt, at der havde været tale om et bandeopgør, så det var godt, at vi havde fundet et andet sted at bo end i sådan et rabarberkvarter. Nå, da Dorte og jeg boede der, var der nu stille og roligt og vi spadserede flere gang på Vermont Avenue – også om aftenen, uden at hverken blive overfaldet af, eller bare møde nogen bander – i hvert fald ikke nogen, vi kunne identificere som sådanne – og restauranterne på gaden var da også af den pænere og dyrere slags. Vidste du i øvrigt, at det eneste ord, der rimer på rabarberkompot er araberkomplot?

---

[25] Selv for mennesker, der er gode til multitasking, vil det nok være svært at læse én bog, samtidigt med at de skriver en anden.

Vi var blevet så forsinkede af ventetiden, omvejen og den manuelle afhentning, da vi endelig nåede frem til afgangsstedet for den egentlige tur, at vi kun lige kunne nå at registrere os i billetlugen, og få at vide hvilken bus, vi skulle med, da der skulle afgå mange forskellige ture på samme tidspunkt. Vi fandt bussen, og resten af byrundturen foregik i god ro og orden, bortset fra, at da vi igen skulle fragtes hjem til vores hotel, havde chaufføren (som var en anden end om morgenen) lidt svært ved dels at finde ud af, hvilken vej han skulle køre, dels at finde ud af, i hvilken rækkefølge han skulle besøge hotellerne. Han fandt dog ud af det til sidst, og det endte med at vi blev sat af som de sidste. Vi var derfor også med, da han kom til hotellet på Vermont Avenue og skulle sætte de to piger af. På det tidspunkt var afspærringerne fjernet og gaden åbnet, og selv om der fortsat gik nogle mennesker, som jeg regnede med var teknikere, kunne de to piger blive kørt helt hen til hotellets indgang.

PS! Vi fandt aldrig ud af, hvad der præcis var sket på Vermont Avenue, men hørte på vores eget hotel, at tre var blevet dræbt. Vi fandt heller ikke ud af, om nogen var blevet anholdt, for næste morgen forlod vi Los Angeles for først at komme tilbage fire år senere, og der var der ingen, som talte om det. I øvrigt kom vi også ved den lejlighed sent til hotellet (et stykke efter midnat), men det er en anden historie.

Roadkill

Overskriften refererer til begrebet "roadkill", så det er faktisk en ret smart overskrift, når jeg selv skal sige det. Artiklen handler dog om meget andet, men sådan er der jo så meget. Definitionen på roadkill er: *"Roadkill er et eller flere dyr, der er ramt og dræbt af motorkøretøjer på hovedveje"*. Nu skal begrebet "hovedveje" tages med et overordentligt stort gran salt (et gran er ikke ret meget, faktisk kun godt seks hundredele af et gram); jeg vil endda gå så vidt som til at tale om salt i mængder som medbringes af de lastbiler, der salter de danske veje. Dette skyldes, at selv ganske små veje kaldes hovedveje (highways) i USA. Et af de billeder, der illustrerer artiklen om "highways" på den engelske Wikipedia forestiller en lille grusvej på nok ikke over 2 meter i bredden, og sådanne har vi også selv kørt på. Men tilbage til roadkill, som altså er dyr, som bliver slået ihjel af biler (eller de chauffører, som kører bilerne). Det kan være dyr i alle størrelser fra elge over wapitihjorte til bjørne, rådyr, vaskebjørne, pungrotter (opossums), bæltedyr, rotter, mus, katte og hunde, men også slanger, andre krybdyr og padder og i vid udstrækning fugle: faktisk stort set alle de dyr, som færdes i naturen, kan ende som roadkill; fisk går dog normalt fri, med mindre de er krøbet op på kørebanen, og det sker trods alt kun sjældent! Hvis dyret, som bliver ramt, er i størrelsesordenen elg, wapiti, bjørn eller noget i samme kaliber, kan det ende med, at også menneskeliv går tabt, da det meget ofte vil gå alvorligt ud over bilen, hvis den rammer en 500 kg eller mere tung wapiti- eller elgtyr. Specielt på veje med såkaldte "rumleriller", er der stor risiko for at ramme hjortedyr, da der om vinteren samler sig salt i rumlerillerne, som hjortene derefter vil forsøge at slikke op – og dermed parkerer de sig selv midt på kørebanen – og ofte i mørke. Men også mindre dyr, som bæltedyr kan være farlige at påkøre. Ikke på grund af størrelsen, men på grund af deres adfærd. Når bæltedyr bliver forskrækkede, fx når de bliver fanget i lyset fra en bil, vil de typisk springe lige op i luften, og da de kan hoppe mellem 90 og 120 cm, betyder det desværre ofte, at de ikke bliver ramt af bilens kølergrill, men rammer forruden (eller vindspejlet, som jeg i sin tid blev belært om, at det hed) i stedet. Bæltedyr er derfor ikke gode til at krydse veje. Faktisk har man en "gåde", der bruges i det sydlige USA, hvor bæltedyr oftest ses: *"Hvorfor går pungrotten over vejen? For at vise bæltedyret, at det **kan** lade sig gøre."* Hov, den stjal jeg næsten ordret fra en anden af mine bøger, "Smuk natur, Venlige mennesker", men så sparede jeg jo at finde på noget nyt igen igen.

De dyr, der oftest bliver trafikdræbt, både i USA og i Danmark, er insekter, men dem regner man ikke rigtigt med. Men der dræbes årligt over 1,3 millioner rådyr i forbindelse med trafikuheld i USA. Der køres selvfølgelig også mange kilometer, men chancen for at ramme et rådyr er ganske stor, og ved en enkelt lejlighed undgik jeg selv kun med nød og næppe at påkøre et rådyr, da et sådant på en mørk aften, da jeg kørte på en smal landevej, sprang ud fra en mark lige foran bilen. Jeg nåede dog at klodse bremsen og dreje rattet i den retning, rådyret kom fra, og så lykkedes det såvel mig som dyr at overleve, uden at vi kolliderede.

I visse stater i USA, er det tilladt at beholde roadkill, man har ramt, mens det i andre stater er strengt forbudt, og man skal kontakte myndighederne, hvis man har påkørt et større dyr. Fx i Arizona må man tage større dyr med, hvis man først har spurgt om tilladelse hos politiet. I andre stater, som fx Kentucky og Illinois, behøver man ikke tilladelse. I Illinois gælder den regel, at hvis den, der har påkørt et dyr, lader det ligge, må enhver indbygger i staten tage det til sig, men "morderen" har altså førsteret – og der er altså flere andre stater, hvor tilsvarende regler gælder. Alle stater har deres egne regler, og i nogle stater er det simpelthen forbudt, fx Alaska og Californien, og man skal underrette myndighederne, hvis man har påkørt et større dyr. Og hvorfor så tage roadkill med sig hjem? For at spise det selvfølgelig! I Kentucky findes der ligefrem en ret, burgoo, hvor roadkill er en væsentlig ingrediens, og det samme gælder i Georgia, hvor retten Brunswick Stew typisk indeholder roadkill. Og i USA er der flere spisesteder med navnet "Roadkill Cafe" eller tilsvarende, hvoraf jeg har, om end ikke besøgt, så dog kørt forbi den ene, som ligger i Seligman i Arizona. Den har det interessante slogan: *"You kill it. We Grill it."* Andre har tilsvarende slogans, som fx *"From your grill to ours"*.

Selvfølgelig advares bilister mange steder om risiko for "dyr på vejen", men det er bestemt ikke alle steder, og dyr færdes overalt i naturen, de bæster! Intet sted kan man være sikker og i køre i fred. I Danmark viste disse skilte tidligere typisk en kronhjort, som i noget der lignede adstadigt tempo krydsede vejen, men i dag er der kommet mere fart over hjortene, der springer i stedet. Som det så smukt siges: *"Tavlerne* (færdselsskilte hedder af en eller anden grund tavler, selv man ikke må skrive på dem) *opstilles på strækninger, hvor der forekommer meget dyrevildt, der krydser kørebanen."* I USA springer hjorte tilsyneladende altid og går aldrig roligt i hvert fald på "tavlerne". Ved en lejlighed i det østlige Wyoming kom Tim og jeg forbi en sådan tavle, og ikke så snart vi havde passeret skiltet (som det hedder i USA – altså på engelsk "sign"), før et rådyr sprang over vejen foran bilen og over et hegn ind på en mark, men så langt foran, at vi ikke behøvede at bremse eller undvige. Af og til kan tavlerne i Danmark vise andre dyr end hjorte, og det kan de også i USA, og disse er noget mere eksotiske end i Danmark. Vi har set skilte, der advarede om krydsende bjørne, elge, skildpadder, prærieulve og sågar pumaer, som amerikanerne, især i Øststaterne, ynder at kalde pantere. Vest på kalder man dem snarere bjergløver.

Men efter denne meget lange og egentlig ret ligegyldige indledning, må jeg hellere komme frem til historien, som jeg ville fortælle, og den handler slet ikke om roadkill – i hvert fald ikke til at begynde med. Jeg har i et tidligere afsnit ("Uden sving og svinkeærinder") fortalt om, hvordan vi på vej gennem Oregons high desert kørte på nogle meget lange, helt lige strækninger på vej til byen Bend. Derfra gik det nordvest på til Sisters, hvor vi forlod US Route 20, som vi havde kørt på stort set hele vejen gennem staten. Fra Sisters skiftede vi i stedet til en meget lille vej, Oregon Road 242. Da vi kørte ud på denne vej fra byen, stod der et advarselsskilt om, at 16 km (10 miles) længere fremme ville det blive forbudt for køretøjer, der var over 10 meter lange, at fortsætte ad vejen, og efterhånden som vi kom frem, blev det ret klart hvorfor. 16 km længere fremme var der ganske rigtigt en vendeplads, til de "for lange" biler, som var kørt hertil på trods af advarslen. Vi mente dog, at selv om Camaroen, som vi kørte i på den tur, var stor, var den ikke 10 meter lang, så vi fortsatte. Efter vendepladsen snævrede vejen ind til næsten ingenting, mens den snoede sig gennem skoven op mod bjergkammen i skarpe sving.

Efterhånden tyndede det ud i træerne, og så var vi på månen – eller i hvert fald i et landskab, der så ud, næsten som jeg forestiller mig, at et månelandskab ser ud. Jeg har tidligere oplevet præcis det samme på Island. Et landskab, hvor alt bare var gråt i form af grålige sten, men i modsætning til på månen, også nogle grå, visne nåletræer. Nu overdriver jeg lidt. Der var faktisk nogle få grønne islæt i form af små nåletræer, som endnu ikke var gået ud. Faktisk var der ikke tale om klipper i almindelighed, men om lava, og jeg ved ikke, om der er lava på månen, men sådan forestiller jeg mig i hvert fald at der ser ud på Jordens satellit. Og er du uenig, er der ikke noget at gøre ved det. Til sidst nåede vi vejens højeste punkt, inden det igen gik nedad. Her i bjergpasset, som er kendt som McKenzie Pass, nåede vi en højde over havet på 1.623 meter. Ikke meget i forhold til de højder, vi havde været i tidligere på turen, men alligevel ganske pænt højt. Passet har i øvrigt navn efter en skotsk-canadisk pelsjæger, som jagede her i området i begyndelsen af 1800-tallet. Vi var på vej fra den østlige til den vestlige side af den bjergkæde, som kaldes Cascade Range, og som strækker sig fra British Columbia i Canada til det nordlige Californien, parallelt med Stillehavskysten, og på toppen af passet (kan et pas have en top?) var der bygget et observatorium. Ikke et astronomisk observatorium, men et observatorium, som faktisk var et lille tårn bygget af lava, og hvorfra der var en fin udsigt over lavamarkerne, et område på 170 km^2 dækket af lava fra et udbrud fra vulkanen Belknap Crater, som fandt sted for omkring 1500 år siden. Vi parkerede bilen og besteg tårnet.

Oppe i tårnet, som oprindeligt blev bygget af de vejarbejdere, som anlagde vejen over bjergene, og som de havde opkaldt efter deres arbejdsformand (tårnet, ikke vejen), og som derfor den dag i dag er kendt som Dee Wright Observatory, var der en messingplade med retningsangivelser til alle de vulkaner, der var synlige fra tårnet. Blandt disse var selvfølgelig Belknap Crater, som var den nærmeste vulkan (det er den nok endnu), men også til andre bjergtoppe så som: Mount Jefferson, Cache Mountain, Dugout Butte, Black Butte, Bluegrass Butte, Black Crater, Little Brother, Condon Butte, Scott Mountain, South Belknap Cone, Little Belknap, og Mount Washington, hvoraf de fleste er vulkaner. Det samme er Oregons højeste bjerg, Mount Hood, som også kan ses fra observatoriet, omend kun i helt klart vejr, da det ligger et godt stykke væk. Og så kan man se de tre søstre, som jeg faktisk omtalte i afsnittet "Uden sving og svinkeærinder", og som jeg lovede at vende tilbage til i netop dette afsnit. Så her kommer et lille kursus i vulkanologi – eller noget.

Three Sisters er altså tre vulkaner, North, Middle og South Sister. Faktisk kan man kun se North og Middle Sister fra observatoriet, da South Sister ligger skjult bag de to andre, når man ser dem fra den vinkel, men vi havde jo set dem alle tre på afstand, før vi kørte op i bjergene. North Sister er den ældste og mest eroderede af de tre søstre, men alligevel rager den op i 3.075 meters højde over havets overflade – som man dog ikke kan se. North Sister er en såkaldt skjoldvulkan, hvilket betyder at den er opbygget af oprindeligt flydende, men nu størknet lava, hvilket giver vulkanen en lav og bred profil – som et skjold, deraf navnet. Lidt lavere er Middle Sister, der kun når en højde af 3.064 m ("*Øv bøv, du er bare lille!*", kan North Sister, der også kaldes Faith, råbe efter den). Middle Sister kan til gengæld prale af, at være en stratovulkan, hvilket indebærer, at den er opbygget af mange lag, der er "stablet" oven på hinanden efter adskillige udbrud, der hver især har skabt et lag, så den har også sin "håneret (*Øv bøv!" Du er kun en skjoldvulkan*"). Stratovulkaner har typisk stejlere profiler end skjoldvulkaner, og Middle er flot kegleformet. Vesuv i Italien er et mere kendt eksempel på en stratovulkan. Disse to søstre, hvoraf North Sister oprindeligt blev dannet for over 300.000 år siden, mens Middle Sister (Hope) blev dannet for kun omkring 50.000 år siden (det er jo som var det i går – i hvert fald rent geologisk), har ikke haft udbrud i omkring 20.000 år, og man regner dem for udslukte – selv om man aldrig kan være helt sikker.

Lillesøster South Sister (kendt som Charity) gider ikke finde sig i noget fra sine to ældre søskende. Hun er ikke meget yngre end Middle, kun nogle få tusinde år, men hun har valgt at være en stratovulkan, som ligger oven på en skjoldvulkan, så hun kan det hele. Hun er også den højeste af de tre søstre med sine 3.159 meter.

Når hun skal håne de to ældre søstre må det derfor blive noget med "*Øv bøv! Jeg er yngre og højere end jer, og så er jeg en stratovulan OG en skjoldvulkan på samme tid – og så har jeg en sø i mit krater. Det har I ikke bare ikke, nemlig. Æv bøv!*". Og så tilføjer hun måske: "*Og så ser jeg langt bedre ud. Æv bøv! Øv bøv!*" Charity havde sit seneste udbrud for omkring 2.000 år siden, og i modsætning til søstrene mener man, at hun fortsat er aktiv. Ak ja, de kvinder, de kvinder – selv når de er vulkaner, skal man passe på dem.

De tre søstre er snedækkede om vinteren, og også om sommeren skinner de hvidt, på grund af de 16 navngivne gletsjere, som dækker dem. South Sister regnes som farlig for sine omgivelser, idet et udbrud vil kunne dække Bend med 75.000 indbyggere med at lag af glødende, fragmenteret materiale op til 5 cm tykt, foruden de øvrige småbyer, som ligger nærmere. En lavastrøm fra et eventuelt udbrud, regner man dog ikke med, vil nå mere end omkring 10 km fra vulkanen, og inden for den afstand ligger der ingen bymæssige bebyggelser. Vulkanen er faktisk begyndt at røre på sig, så US Geological Surveys overvåger den tæt. Men ikke mere om vulkaner her.

Da vi ikke gad se mere, vendte vi tilbage til bilen, og fortsatte vores færd ned fra bjergene, stadig af den smalle og snoede Oregon Road 242, som hurtigt forlod lavamarkerne og kørte ind i et skovområde (stadig på en bund af lava, men nu med muld nok til at træerne kunne overleve), med samt en tæt underskov af diverse buske. Det mindede mig lidt om Trylleskoven ved Mosede med træer i sære forkrøblede former, bortset fra at skovbunden var dækket af bregner[26]. En anden besøgende på toppen forlod stedet lige efter os, og af en eller anden grund lå han helt oppe i r.... på os, når han kunne. På det sted, hvor vejen var absolut smallest, var han kun få meter efter os, så bremseafstand var der ikke. Her mødte vi den eneste modkørende på hele turen ned, hvilket ikke i sig selv gav problemer, men netop her, valgte et egern at løbe over vejen. Tim, der var chauffør, turde ikke bremse på grund af bilen bag ham, og han kunne ikke undvige til venstre på grund af den modkørende bil, og til højre var der klipper, så den gik heller ikke. Vi måtte derfor krydse fingre og håbe, at det stakkels dyr befandt sig mellem hjulene, når vi passerede, men det gjorde det ikke. Der lød et bump fra et af Camaroens brede bagdæk, og da jeg vendte mig om og så bagud, så jeg det fladeste og bredeste

---

[26] Måske ville denne skov have været vild nok for svigerfar!

egern, jeg nogensinde har set. På den måde ydede vi vores bidrag til de 41 millioner egern, der årligt ender som roadkill i USA, men ud over insekter er det så også det eneste dyr, vi har taget livet af med vores bil – og heller ikke på anden måde har vi opført os som dyredræbere. Det er noget helt andet, når de gælder andre familiemedlemmer!

Paddesnak

"Padder eller amfibier er en delgruppe af tetrapoder. Tetrapoder er så en delgruppe af hvirveldyrene. Den omfatter de hvirveldyr, der stammer fra former, der oprindeligt havde tilpasset sig livet på land ved at udvikle fire lemmer og lunger. Dette inkluderer således også slanger (krybdyr) og hvaler (pattedyr), selv om de ikke har fire lemmer længere. Hvalerne er så senere "gået i vandet" igen og deres ben er blevet til finner, men lungerne har de endnu. Gruppen af padder omfatter i dag springpadder (frøer, løvfrøer og tudser), halepadder (salamandre) og ormepadder (som lever under jorden forskellige steder i Afrika, Asien og Amerika, men ikke i Europa)."

Som de fleste sikker har gennemskuet, er ovenstående ikke noget, jeg selv har fundet på, men jeg har stj... – er blevet inspireret af nogle leksikonartikler. Og i virkeligheden har jeg her forsøgt at lede læserne på vildspor, for artiklen handler faktisk slet ikke om padder, men om krybdyr. Hvorfor så kalde den Paddesnak, kan man spørge sig selv, og det har jeg da også gjort flere gange, men ikke alt skal jo være lige gennemskueligt, end ikke for mig selv. Og faktisk handler den om "padder", nemlig den slags, hvoraf et eksemplar forekommer i tegneserierne om Rasmus Klump under navnet Pildskadden, mens en anden type eksemplarer af arten kan købes fra Tom's i en chokoladeudgave med cremefyld, så vi taler altså SKILDpadder.

Skildpadder er altså krybdyr, ikke padder, men navnet kommer faktisk fra tysk, schiltpadde (schilt = skjold + padde, fordi man oprindeligt regnede dem som padder – tror jeg). Da vi nu er i USA, må jeg hellere forklare, at man her (og i andre engelsktalende lande) har to udtryk for skildpadder, nemlig "turtles" og "tortoises". "Turtles" er de skildpadder, som primært lever i vand (salt- eller ferskvand), selv om de selvfølgelig som amfibier kan gå på land af og til. "Tortoises" lever modsætningsvis primært på land, men kan som amfibier gå i vandet, hvis de har lyst til at bade. I resten af dette afsnit har jeg nu ikke tænkt mig at skelne, men vil bare bruge det gode danske (tyske) ord "skildpadde" om alle slags – når jeg altså ikke alligevel skelner og bruger de engelske betegnelser. Det er jo min bog, så jeg bestemmer selv, hvad jeg gør, og jeg forbeholder mig retten til at skifte mening, som det passer mig. Nå, men nu var jeg som sædvanligt ved at komme væk fra emnet, så lad mig komme tilbage. Skildpadder kommer i mange størrelser fra ganske små til meget store, og jeg har set dem i alle størrelser i USA. Og det er altså disse padder, som afsnittet handler om. Men hvorfor har jeg placeret af afsnit om uskyldige små dyr i et kapitel om mord mm? Det vil formodentlig blive klart, inden jeg er færdig med afsnittet, men jeg gemmer den overraskelse til sidst.

Første gang jeg mødte noget, der havde med skildpadder at gøre (altså i USA), var i New Orleans i 2002. *"På den verdensberømte restaurant, Commanders Palace i Garden District, serveres verdens bedste skildpaddesuppe"*, forklarede Miss Katie, den ældre dame, som guidede os på en gåtur i området for mange år siden. Hende har jeg omtalt i min tidligere bog, så ikke mere her. Vi spiste nu ikke skildpaddesuppe, hverken ved den eller andre lejligheder. Næste gang, jeg antraf noget, der var skildpadderelateret, var i Georgia senere på samme tur. Vi var ved den lejlighed på vej fra byen Brunswick på fastlandet via en dæmning gennem marsken til en ø med det interessante navn, St. Simons Island. Øen er en af Georgias såkaldte "Golden Islands", et kælenavn de har, fordi mange velhavere har sommerhuse her, men det var nu ikke derfor vi skulle derud. Vi ville ud at se på ruinen af et gammelt fort, Fort Frederica[27], og det gjorde vi så – men på vej derud kørte vi altså på dæmningen gennem og over marsken via nogle andre øer. Og undervejs på dæmningen var der flere steder sat advarselsskilte op med en tegning af en skildpadde og teksten *"Look out! Turtles crossing"*. Vi mødte dog ingen skildpadder på vejen, hverken på vej ud til eller tilbage fra øen.

Den første rigtige levende skildpadde, jeg så i USA var en såkaldt alligator snapping turtle. Dette var i Louisianas sumpe, men den pågældende skildpadde var, om ikke i bur, så dog i en indhegning, så den ikke stak af fra sine ejere, et sumptursselskab. Et skilt ved indhegningen advarede mod, at man stak hænderne ned til skildpadden, da man nemt kunne miste en finger. Denne skildpaddes mund

---

[27] Svigerfar hed Simonsen og var født i Fredericia, og det var derfor han fandt navnene på henholdsvis ø og fort interessante.

har form som et skarpt "næb", og den har et særdeles kraftigt bid, som kan bide et rimeligt tykt kosteskaft over, så fingre er barnemad for en sulten padde. I en episode af The Simpsons, hvor Homer prøver parasailing, men hænger med r.... i vandskorpen, bliver han forfulgt af disse reptiler, og skriger til sine kone: *"Faster, Marge, the snapping turtles are massing"*, mens børnene tørt konstaterer, at deres far er for tung til den type aktivitet. Padden lå og flød rundt i et vandhul og så ud som om, den nød livet. Om der var flere undersøiske næbbede skjolddyr, skal jeg ikke kunne sige, men jeg så kun den ene, som var ovenvande. Alligator Snapping Turtles bliver normalt mellem 50 og 80 cm lange, og vejer mellem 10 og 80 kg, men der er registreret ekstraordinært store eksemplarer, der har vejet op til over 150 kg. Arten er den største skildpaddeart, der lever i ferskvand.

Endnu større er læderskildpadden, som lever i saltvand, og den har jeg også set, men kun fra et fly, der i lav højre fløj mig (og flere andre) fra Key West i Florida til Dry Tortugas National Park i Den Mexicanske Golf. Det lave og helt klare vand betød, at man tydeligt kunne se de svømmende skildpadder. Dry Tortugas betyder i øvrigt "De tørre skildpaddeøer"; "dry" fordi der ikke er ferskvand på øerne og "tortugas" fordi, der tidligere var mange flere havskildpadder på øerne. Tortuga er spansk for skildpadde (de vandlevende altså – de landlevende kaldes galapago, så også på spansk skelnes der mellem de to typer af skildpadder). Disse skildpadder kan blive over 2 meter lange, selvom det er de færreste, der gør det, og deres forluffer kan blive op mod 2,5 meter. Vægten ligger typisk omkring 350 kg, men eksemplarer på op til 900 kg er målt. Ikke af os altså, for vi (Tim og jeg) så dem jo kun fra luften, og kunne derfor ikke verificere størrelsen.

Jeg har set en del skildpadder i fangenskab, flest i Riverbanks Zoo and Gardens i South Carolinas hovedstad, Columbia. Her havde de hele fire arter af skildpadder, nogle meget små, nogle små, nogle større og nogle meget store. Den første var en vandlevende Mississipppi Mud Turtle, der ikke bliver mere end 8-10 cm lang, men der findes faktisk nogen, som er endnu mindre. De sidste tre, vi så i den zoo, var alle landlevende, så der var altså tale om tortoises. De mindste af disse var Bog Turtles, som bliver mellem omkring 10-12 cm, og som (trods navnet) er landlevende, om end de foretrækker fugtige moseområder. Mellemstørrelsen var såkaldte Stråleskildpadder (Radiated Tortoise), og hvorfor de hed sådan, fremgik tydeligt af mønsteret på deres skjolde, hvor hvert "skæl" havde et mønster som en gul sol med stråler. Disse stråleskildpadder kan blive op til 40 cm lange og veje omkring 14-18 kg. De lever meget længe; den ældste bekræftede var 188 år, men en hanskildpadde, der døde i 2006, menes at have været endnu ældre.

De meget store skildpadder, vi så ved den lejlighed, var eksemplarer af verdens største landlevende skildpaddeart, galapagos kæmpeskildpadderne, som kan blive omkring 175 cm meter lange, veje op til 500 kg og blive over 150 år gamle. Disse padder kommer, som navnet antyder, fra Galapagosøerne, som faktisk har navn efter padderne. Galapago er, som jeg lige har fortalt, (hvorfor skal jeg dog være nødt til at gentage alting?) den spanske betegnelse for landskildpadder. Da spanierne kom til Galapagos, fandt de disse meget store skildpadder på mange af øerne i øgruppen, som de altså opkaldte efter skildpadderne, som så senere har fået navn efter øerne! Så vi kan altså sige, at de hedder "skildpaddeskildpadder", og så er man vel ikke i tvivl om, hvilket dyr, der er tale om. Under besøget i Riverbank Zoo lykkedes det for en af Galapagospadderne at nidstirre os i flere minutter uden at blinke (jeg ved faktisk ikke om skildpadder overhovedet blinker, men denne gjorde i hvert fald ikke). Jeg har i øvrigt set flere fangenskabsskildpadder (igen et fantastisk ord) i andre zoologiske haver i USA, men nu må jeg hellere fortælle lidt om dem, som jeg har mødt i naturen.

Jeg og mine skiftende ledsagere har set mange skildpadder på vores ture ud i sumpene, mest i det sydlige Louisiana, men også i Florida. Den art, vi har set oftest, er den, som på dansk kaldes rødøret terrapin (på engelsk red-eared slider), som ofte holdes som kæledyr, selv det nu er blevet forbudt at købe, sælge eller avle disse dyr i Danmark. For mange tidligere ejere har sat dem ud i naturen, og de betragtes som en invasiv art. Det gør terrapinen i øvrigt også visse steder i USA, fx i parker i New York City og andre storbyer, hvor de ikke hører naturligt hjemme. Denne skildpadde er en sumpskildpadde – nok derfor vi har set så mange af dem i sumpene, hvor de ofte sidder eller ligger eller hvad skildpadder nu gør, på en væltet træstamme, en sten eller lignende og varmer sig. Af til hviler de på skjoldet, men jeg har også set nogle, der nærmest laver håndstand, ved at løfte bagbenene fra overfladen, de sidder på. Disse padder er normalt mellem 15 og 20 cm lange, men kan blive helt op til 40 cm, og vi har set en del eksemplarer på 25-30 cm, ikke mindst omkring Lake Martin i Louisiana. En anden skildpadde, vi har set både i Florida og South Carolina er den såkaldte Chicken Turtle, som hedder sådan, fordi dens kød skulle smage som kylling, hvilket jeg desværre –

eller heldigvis – ikke kan bekræfte, da jeg aldrig har spist hverken denne eller andre skildpaddearter. De har nogenlunde samme størrelse som terrapinen.

På mine mange ture til North Carolina har jeg også set skildpadder ved flere lejligheder, både vand- og landlevende. I byen Lenoir har de en lille park, T. H. Broyhill Walking Park, hvor jeg ofte har gået en tur under mine besøg. Her går man rundt om en lille sø, og i søen er der skildpadder, men da jeg kun har set dem være i og under vandet, vidste jeg ikke med sikkerhed, hvilken art der var tale om, da jeg begyndte at skrive dette afsnit. Jeg havde dog konstateret ved mine besøg, at de var ret små, måske 25-30 cm lange. Nu har jeg imidlertid kontaktet de rette myndigheder, nemlig de ansvarlige for byens parker, og de har venligst besvaret min forespørgsel og oplyst mig om at paddedyrene er guldbugede terrapiner, rødørede terrapiner, "river cooters", som ikke har et dansk navn, og krydsninger mellem disse. Så blev jeg så klog, og kan nu lade min viden om parkens skildpaddebestand gå videre til den utålmodigt ventende læser. Utroligt hvilke anstrengelser jeg gør mig for at bribringe mine læsere disse mængder af unødvendig partatviden. Men skulle du nogensinde stille op i en quiz om skildpadder i T. H. Broyhill Walking Park, kender du altså svaret på, hvilke arter, der kan ses i søen.

Ved en enkelt lejlighed, hvor jeg gik tur rundt om en lille sø oppe i Blue Ridge Mountains, så jeg en skildpadde stå på bredden noget foran mig, men inden jeg nåede derhen, var den gået i vandet og viste sig ikke igen. Jeg nåede ikke at tage billeder af dyret, så jeg kan ikke artsbestemme den, men ud fra min uprofessionelle og amatøragtige vurdering, var det nok en common snapping turtle, som er pænt stor (omkring 40-50 cm), men altså noget mindre end sin fætter, den snappende alligatorpadde, som jeg omtalte ovenfor. Ved en anden lejlighed, var jeg også i bjergene; ved den lejlighed med en bekendt, og på den tur så vi også skildpadder, men kun på afstand. Min bekendt identificerede dem som "stinkpots", og anbefalede mig at holde afstand, da disse skildpadder, hvis egentlige navn er musk turtles, kan udsende en meget ilde lugt ved hjælp af et sekret fra nogle kirtler ved kanten af skjoldet, som de bruger til at holde rovdyr på afstand (lugten altså, ikke skjoldet); alt dette fra min bekendt, der selv om han ikke er biolog, elsker alt, hvad der har med naturen at gøre og ved meget om den – måske fordi han selv bor midt i den. Disse gråbrune skildpadder var ikke ret store, måske 15 eller 20 cm lange, og et opslag på nettet har fortalt mig, at de typisk vejer omkring 5-600 gram.

De sidste skildpadder, jeg vil nævne, inden jeg kommer til den alvorlige del af kapitlet, har jeg også mødt i North Carolina. Her er tale om den eneste landlevende skildpadde i staten, eastern box turtle, som nærmest kan oversættes til "østlig æskeskildpadde". Denne skildpadde (arten, ikke en bestemt padde) har æren af at være "statsreptil" (jo et sådant har man) i North Carolina. Her har man også en statssang, en statsblomst, et statstræ, en statsfugl, en statshund og flere andre "statsdyr". Faktisk har staten 48 forskellige statssymboler. Og så kan jeg lige nævne, at når det kommer til "rigtige" padder, er det vestlige North Carolina det område i USA, som har flest forskellige arter af salamandre! Men tilbage til æskepadderne. Disse er forholdsvis små, kun omkring 11-17 cm lange, og de bevæger sig ganske langsomt. Dels alene, dels sammen med Tim, har jeg nogle gange måtte stoppe bilen, fordi en sådan æskeskildpadde ville krydse vejen foran mig, og det tog sin tid, op mod 15 minutter ved den ene lejlighed. Til gengæld er det indtil videre lykkedes for os at undgå at køre disse nuttede pildskadder over. Det samme kan man desværre ikke sige om alle familiemedlemmer.

For mange år siden var Dorte på tur med sin far, mens jeg blev hjemme og passede dels børn, og dels mit arbejde. Ved den lejlighed var de på vej nord på langs Floridas Atlanterhavskyst fra Fort Lauderdale og valgte at besøge Jonathan Dickinson State Park, som ligger omkring 100 km nord for Fort Lauderdale og ikke langt syd for Port St. Lucie. Denne begivenhed skulle måske have været med i afsnittet "Med svigerfar på tur", men det kom den ikke, mest fordi jeg ikke selv var med på turen – og det er jeg stadig bitter og indebrændt over!!!!! Sådan, fem udråbstegn; mindre kan ikke gøre det. Nå men svigerfar var altså chauffør, mens de kørte rundt inde i parken, mens Dorte var passager, og det var hende, der fik øje på en skildpadde, der var ved at krydse vejen foran dem, hvilket hun gjorde sin far opmærksom på. Inden han nåede at reagere, lød der imidlertid et bump, og Dorte kunne konstatere: *"Nu kørte du skildpadden over"*. Svigerfar vidste som alle gode bilister, at når man har ramt et dyr, skal man undersøge om dyret har taget skade, og så agere i henhold til sin observation, så han stoppede bilen, satte den i bakgear og bakkede baglæns tilbage til åstedet. Undervejs lød et nyt bump, og Dorte kunne nu meddele: *"Nu kørte du den over igen!"* Da bilen endelig stod stille, og de stod ud, kunne de konstatere at dyret ikke stod til at redde, da det mest af det, der normalt bør holde sig inde i skjoldet, var kommet ud af åbningerne i dette, og padden var stendød, så de lod som ingenting, steg ind i bilen og fortsatte som om intet var hændt. De blev dog noget nervøse, da de senere mødte en parkranger, som kom kørende bagfra, men der skete ikke yderligere. Da de kom hjem og fortalte historien, udviklede vi den selvfølgelig straks videre. I vores øjne kunne de hver dag forvente artikler i aviser og udsendelser i tv med nogenlunde denne ordlyd:

Tragedie i Florida!
Metusalem Jr., den mindst 299 år gamle, og sidste kendte overlevende af den ellers uddøde skildpaddeart, Pildskadensis Floridassimus Perfectum, blev i går fundet død i Jonathan Dickinson Park, hvor han har boet alene de seneste 78 år, efter at hans partner, Metusaline, blev fanget af en krybskytte og serveret som suppe på en lokal restaurant. Metusalem er tydeligvis blevet kørt over af en bil gentagne gange, og nu venter der skildpadden en trist skæbne som ragout. Skildpadden blev myrdet få dage før dens 300 års fødselsdag og selv om verden sørger, vil dagen blive fejret i Metusalems ånd. Langsomt!

Politi og park rangers mistænker et par danske turister for drabet. En anholdelse forventes snarest.

Havde det været én af galapagoskæmpeskildpadderne, de havde ramt, var det nok gået værst ud over bilen!

Drama i Texas

Dette afsnit handler hverken om mord eller vold, så det må nok gå under begrebet andre vederstyggeligheder, selvom der faktisk blev begået vold i forbindelse med historien – dog ikke mod et menneske eller dyr. Kun mod en genstand. Denne voldshandling fik dog indflydelse på adskillige mennesker, men det kommer jeg til. Jeg overvejede faktisk også at placere afsnittet i kapitlet "Hvor mon den er?", for det handler også om noget, som blev væk fra os. Men det endte altså her, og vil du hellere have det et andet sted, er det bare ærgerligt. Men mon ikke jeg skulle komme i gang med historien? Som det fremgår, prøver jeg desperat at finde på noget, der kan gøre den længere end den egentlig er, men det er svært, så tilgiv mig, hvis der kommer for meget udenomssnak – men nåh ja, det er der jo også i de øvrige historier.

I den forrige bog havde jeg en artikel, som ikke hed, men handlede om et drama i San Francisco, og her var Tina hovedpersonen. Denne historie foregår også i en by, om end i en mindre kategori end Frisco. Vidste du for øvrigt, at da Norton den Første var regerende "Kejser af USA og Beskytter af Mexico", forbød han, at borgerne brugte kælenavnet Frisco om San Francisco? Men det gjorde han altså! Har du aldrig hørt om Kejser Norton? Så slå ham selv op, jeg skal vel ikke lave alt arbejdet? Dette afsnit har jeg stj… øh, lånt ordret fra den tidligere bog, men det kan jo altid bruges igen. Nå, men her var vi altså ikke i San Francisco, men længere mod øst. Det er også svært at komme meget længere mod vest fra San Francisco, man mindre man tager til Hawaii, og den stat har vi endnu ikke besøgt (den er da også svær at køre til på et roadtrip). Vi kunne selvfølgelig være svømmet ud fra kysten, men der ligger ikke mange byer, og jeg har jo lige afsløret, at historien foregår i en by. Men nu tilbage til Tim.

Tim har et hoved, der enten er massivt eller lavet af beton, og så kan det bruges som rambuk, hvis politiet skulle få brug for at bryde en dør ned. Hvad mener jeg nu med det? Se det er præcis, hvad du vil vide, når du er færdig med at læse denne historie, som i øvrigt fandt sted i 2018. Turen det år, har jeg kaldt "Venskabsturen", fordi vi undervejs besøgte mange af henholdsvis Tims og mine venner i USA. De første, vi besøgte, var nogle af Tims venner, som dengang boede i Gilbert, en forstad til Phoenix, Arizona. De er senere flyttet et par gange, men de har faktisk slet ikke noget med historien at gøre, så lad mig køre videre. Fra Gilbert skulle vi fortsætte til det nordøstlige Texas, for at besøge flere af Tims venner. Det var det første fysiske besøg, da han ellers kun kendte dem fra internettet, og undervejs var jeg også blevet præsenteret for dem – på Twitter, så jeg havde en fornemmelse af, hvem de var, og at dem kunne jeg nok holde ud at være sammen med en enkelt dag. Det skulle senere vise sig, at det var helt korrekt, og jeg kan faktisk holde ud at være sammen med dem langt mere end det, for det er nogle dejlige mennesker. Vi besøgte dem igen i 2019 og skulle have været af sted i 2020 og da det ikke blev til noget, så i 2021, men også det forhindrede en vis pandemi, så nu satser vi på 2022[28], så indtil det bliver aktuelt at komme af sted må kommunikationen fortsat foregå på Twitter. (Tim er faktisk nu rejst til USA – takket være åbningen nævnt i fodnote 23 på side 122 – rejst til USA for at fejre julen 2021 med de to damer og deres familier. Desværre måtte jeg af arbejdsmæssige årsager blive hjemme). Det

---

[28] I 2022 lykkedes det endeligt, og vi tilbragte en forlænget weekend i byen.

sted, vi skulle hen, og hvor vennerne altså kunne opsøges, var byen Bonham i Texas, hvor de to venner (to par med børn), formodedes at bo, hvis de ikke havde narret os. Fra Gilbert til Bonham er der ca. 1.700 km, så vi indlagde et par overnatninger undervejs.

Da vi passerede Dallas på dag tre af turen fra Arizona, blev vi forsinket noget, så i stedet for at ankomme omkring 12 som aftalt, var den næsten 13, og vi havde været på vejen i omkring fem timer, hvilket ikke er meget, når man sammenligner med andre stræk, vi har kørt, men nok til at vi var en anelse trætte, hvilket måske kan have haft betydning for de senere begivenheder. Da vi nåede Bonham, fandt vi – ved hjælp af vores gps - ret hurtigt den vej, som Shaggy (det kalder damen sig, hvilket er en forkortelse af Shagrin, som hun heller ikke hedder, men hun bruger navnet på de sociale medier, fx på sin YouTube kanal, hvor hun tidligere har haft en serie kaldet White Trash Wednesday) og hendes familie, dengang to børn og en ægtemand, boede på, og efter lidt køren omkring i den bebyggelse hun boede i, fandt vi også det rigtige husnummer, som viste sig at være et rækkehus. Shaggy havde på Twitter lovet os, udover godt selskab og aftensmad, at hun kunne vise os Texas Longhorns, som vi havde ledt efter så mange gange og så længe uden held, at vi begge (Tim og jeg) var overbeviste om, at der måtte være tale om fabeldyr, som kun forekom i form af computergenererede figurer i westernfilm. Efter at have sagt behørigt goddag til hende og hendes to børn (manden var på job) skulle vi så ud for at se køer. Samtidigt ville hun vise os Lake Bonham, er ret stor sø nord for byen, hvor der var bademuligheder. Det vil sige at inden vi kom afsted, skulle den 11-årige datter lige fremvise sin shotgun. Som stod i hendes fars navn; først når hun fyldte 12 kunne hun selv overtage licensen, hvilket hun så meget frem til. Vi er vel i Texas.

Det viste sig, at de lovede køer befandt sig et sted på vejen ud til søen, og da vi nåede til det rigtige sted, stod der da også en flok køer på en mark, og horn havde de, og de lignede billederne, jeg havde set af texanske langhornskøer, men jeg var bestemt ikke tilfreds med længden på hornene, og jeg er stadig i tvivl om, hvorvidt Shaggy bare havde forklædt nogle almindelige køer for at holde sit løfte ☺. Vi havde ikke set længe på køerne, før de besluttede sig for at forlade os og gå til den fjerneste ende af marken, hvor de var skjult bag træer og buske, men vi nåede da at få taget nogle billeder. Efter kokiggeriet fortsatte vi ud til søen, hvor Shaggys to børn, en pige og en dreng, badede, mens vi andre hyggesnakkede på stranden imens. I modsætning til det seneste par dage var temperaturen igen kommet over 40°, så efter et par timers snak i solen, satte vi igen kursen tilbage mod Bonham.

Da vi nåede byen, passerede vi et ishus, eller rettere en lille bod, hvor der blev solgt noget, der lignede det, der i gamle dage kunne købes i Tivoli (måske fås de endnu), og som blev kaldt snemænd, altså et bæger med knust is overhældt med forskellig saft. Her havde Shaggy åbenbart lovet sine børn en is, så da hun drejede ind her, fulgte vi efter. Ved et af bordene uden for boden sad en dame med to små drenge, og det viste sig at være Shaggys svigerinde og hendes nevøer. Altså Shaggys nevøer, ikke svigerindens nevøer. Så sludrede vi med hende, mens de fire børn - og Tim - hver delikaterede sig med et stort bæger is med frugtsaft. Derefter kørte Tim og jeg mod vores hotel, hvor vi endnu ikke havde været, da det var for tidligt at få værelse, da vi kom til byen, så nu skulle vi lige indkvarteres og slappe af lidt, og så skulle vi tilbage til Shaggy og aftensmaden. Da vi havde fået nøglen, skulle vi have bagagen båret op på værelset, og det gik også fint at tjekke ind og komme ind i elevatoren, og så var det at dramaet, som jeg lovede i overskriften, begyndte.

På vej op i elevatoren sagde Tim pludseligt "*Jeg har det dårligt. Jeg tror at jeg besvimer*", og det gjorde han så, altså besvimede. Da elevatoren nåede vores etage, faldt han forover, inden jeg kunne gribe ind, og han bankede hovedet ind i elevatordøren lige som den var ved at åbne. Tims hoved holdt, men det viste sig senere, at det havde elevatordøren ikke gjort. Den var slået så skæv at dørene ikke kunne lukkes, og den blev faktisk først repareret næste dag, efter at vi havde forladt hotellet. Det var på den måde at Tims "voldelige" adfærd kom til at genere andre mennesker, som nu måtte gå op og ned ad trapperne i to dage, da hotellet, som mange andre små hoteller, kun havde den samme elevator. Men i første omgang lå Tim altså halvt inde og halvt ude af elevatoren i bevidstløs tilstand. Heldigvis kunne jeg konstatere, at han både trak vejret og havde puls, og han var faktisk ikke mere bleg end han plejer. Jeg prøvede at slæbe ham ud af elevatoren, men Tim er en stor dreng, så det kunne jeg simpelthen ikke, så i stedet hældte jeg koldt vand ud over ham, og så begyndte han at vågne. Han fik så selv slæbt sig helt ud af elevatoren og sad på gulvet uden for, lænet op af væggen, mens jeg bar bagagen hen på vores værelse. Da jeg kom tilbage til Tim, var han stadig lidt groggy, så han fik mere vand, både i hovedet og i maven, og så kom han sig så meget, at han kunne rejse sig og gå med ind på værelset mens jeg støttede. Her lagde han sig på sengen og slappede af med endnu en flaske vand ved siden af sig og værelsets aircondition på fuld kraft, mens jeg gik ned i receptionen for at rapportere om situationen og den ødelagte dør. Den unge dame, som passede receptionen, og hendes chef var begge meget hjælpsomme og forærede os mere vand, da jeg sagde, at det nok ikke ville blive nødvendigt med læge eller ambulance. Tilbage på værelset blev vi enige om at se tiden an, inden vi aflyste middagen hos Shaggy. Da Tim havde hvilet en times tid, havde han det helt godt igen; faktisk så godt at han kunne gøre grin med, at han nu kan skrive på sit CV, at han kan ødelægge en elevatordør med sit betonkranium (min betegnelse, ikke hans). På det tidspunkt opdagede han, at hans briller var væk, og vi kunne ikke finde dem nogen steder på værelset. Jeg gik ud på gangen til elevatoren, men de var ingen steder at se, hverken i elevatoren, der jo stadig holdt på vores etage, da døren ikke kunne lukke, eller på gangen uden for denne. Jeg gik derfor ned i receptionen for at spørge om nogen havde indleveret dem, men det var ikke tilfældet. Det måtte jeg så meddelte Tim, og vi blev enige om, at de måtte være blevet slået af i faldet og være faldet ned i det smalle mellemrum mellem elevatordøren og gangen udenfor.

Efter yderligere en times tid med airconditionanlægget på fuld kraft og mere vand, havde han det så godt, at vi blev enige om, at vi nok godt kunne besøge Shaggy. Vi talte om, hvad der havde været årsag til besvimelsen, og blev enige om at det nok ikke var dehydrering, for selv om det var varmt havde han drukket rigeligt, og i hvert fald ikke mindre end mig. Som jeg selv havde han haft hat på, når han var i solen, så vi blev enige om, at det næppe heller var hverken solstik eller hedeslag. Til sidst kom vi til den konklusion, at det nok var det kuldechok hans mave havde fået af den is, han havde spist - en ret stor og meget kold is i en varm mave. Nærmere kom vi det ikke, men der skete ikke yderligere, hverken den dag eller resten af ferien. Da tiden nærmede sig, hvor vi skulle af sted, havde han det stort set som normalt igen – altså så normalt, som Tim nu kan have det. Da vi kom ned i receptionen, fortalte vi om vores teori med brillerne, og den unge dame lovede at hun ville sende nogen ned at se efter i bunden af elevatorskakten. Vi kørte således trøstet (det skal siges at Tim heldigvis havde medbragt reservebriller, og derfor kunne fortsætte ferien uden problemer) tilbage til Shaggy. Her blev vi nu ikke, men gik i fællesskab over til et hus i nærheden (næsten et nabohus), hvor den anden af Tims venner og hendes mand boede. Denne ven, kalder sig Addie (en forkortelse af Adelaide, som hun heller ikke hedder – de har noget med dæknavne, de to kvinder, og Addie påstår oven i købet at hendes efternavn er Chaos – det er det heller ikke, men også hun har en YouTube kanal, som hedder

Welcome to my Chaos). Hun havde bedre plads, og det var hende der havde slow-cooked den tex-mex mad, vi skulle have. Også dette par havde dengang to børn, hvoraf den yngste kun var et par måneder, mens den ældste vel var omkring tre år. Sidenhen har begge par formeret sig, så de nu har henholdsvis tre (Shaggi) og fire (Addie) børn, og de er ikke længere naboer, da Shaggy er flyttet til et større hus ikke langt fra rækkehuset, mens Addie er flyttet på landet (men stadig tæt på Bonham) for at få plads til sine fem heste foruden køer, får, kaniner, høns og hvad hun nu ellers har af husdyr.

Maden var fremragende, og Tim meddelte, at det var første gang, han fik bønner, som han faktisk kunne lide (stuvede chilibønner, ikke grønne bønner), og han må have ment det, for han taler stadig om det, når vi taler om turen. Shaggys to børn var selvfølgelig også med, og da hendes mand fik fri fra arbejde, kom han også. Det var en utroligt hyggelig aften efter min mening, og det tror jeg også at de synes, for de inviterede os tilbage, når vi kom forbi Texas igen, og det gjorde vi så året efter, altså i 2019, hvor vi blev i flere dage. Omkring kl. 23 måtte vi desværre tage afsked, da vi skulle køre en forholdsvis lang tur mod syd til det sydlige Louisiana næste dag. Inden vi kørte takkede jeg Shaggy mange gange for at have vist mig langhornskøerne, selv om hornene ikke var så lange, som jeg kunne have ønsket mig. Da vi kom tilbage til hotellet, spurgte vi efter brillerne i receptionen, men de havde ikke været i bunden af elevatorskakten, så hvor de er blevet af, er fortsat et mysterium. Måske ligger de på en "hylde" et sted i skakten. Vi glemte at spørge i 2019, for ved den lejlighed boede vi ikke på hotellet, men på et B&B.

PS! Vi ved godt hvad de begge (og deres mænd og børn) hedder i virkeligheden, men vi har lovet ikke at røbe det, og vi kalder dem da også Shaggy og Addie når vi taler med dem.

Vejr og vind

Højvande i Mississippi betød, at al tursejlads fra St. Louis, Missouri var indstillet. Ingen kunne komme ud til bådene.

Afsnittene i dette kapitel handler på en eller anden måde om ting, der har med vejret at gøre. Det er der jo så mange ting, der har, så præcis, hvad afsnittet kommer til at dække over, er et svar, som svæver i vinden, lige så uforudsigeligt og upræcis som en vejrudsigt, så du bliver nødt til at læse disse afsnit for at få svaret:

- *Rainy City*
- *En tør tur*
- *Tornadoer i det fjerne*
- *Højvande*
- *Modvind*
- *Gennemblødt*

Rainy City

Mange byer i USA har kælenavne, og nogle af disse er mere forståelige end andre. Et af de mest kendte kælenavne er nok Big Apple for New York City. Dette kælenavn er der forskellige forklaringer på, hvoraf nogle med sikkerhed er forkerte, mens andre er mere tvivlsomme og nogle er sandsynlige. Hvad, der er den rigtige forklaring svæver i det uvisse. Navnet blev populariseret af en sportsjournalist i 1920'erne, men betegnelsen er kendt i hvert fald tilbage til 1909. Chicago er kendt som Windy City, hvilket måske ikke er så underligt, da det ofte blæser kraftigt ind mod byen fra Lake Michigan, men en anden forklaring er, at beboerne i Chicago blev opfattet som pralhalse (windy = fyldt med luft) og så fremdeles med mange andre byer. Los Angeles kaldes City of Angels, hvilket forekommer naturligt på grund af byens oprindeligt spanske navn: "El Pueblo de Nuestra Señora la Reina de los Ángeles", hvoraf de sidte fem ord betyder "englenes dronning". Baltimore er kendt som Charm City og der er mange flere. Slå dem selv op, for nu må jeg hellere komme videre med historien.

Jeg er generelt ikke så meget for storbyer; jeg vil hellere ud på landet, men der er et par storbyer, som jeg godt kan holde ud, og som jeg derfor har besøgt en del gange. En af disse er Seattle i Washington. Hvorfor den by tiltaler mig, er faktisk svært at sige, men det gør den altså. Byen er en af de byer, der faktisk har et officielt kælenavn, nemlig Emerald City (Smaragdbyen). Dette navn stammer fra en konkurence afholdt af delstatsregeringen i 1981, og navnet skal afspejle byens grønne omgivelser, og de mange parker i byen – og så passer det meget fint med staten Washingtons kælenavn, Evergreen State, "Den Stedsegrønne Stat" . Uofficielt er byen også kendt som Jet City på grund af Boeing fabrikkerne, mens et ældre kælenavn er Rain eller Rainy City. Sidstnævnte navn skyldes, at nogle mener, at det ofte regner i Seattle. Faktisk falder der årligt ikke mere end omkring 950 mm regn i gennemsnit, hvilket ikke er meget mere end Danmarks ca. 750 mm. Ikke langt fra Seattle, på den vestlige side af Olympic Peninsula regner det derimod meget. Her falder der nemlig omkring 4.000 mm nedbør årligt; statshovedstaden Olympia, som ligger omkring 100 km syd for Seattle får i gennemsnit 1.250 mm, og andre byer i nærheden får også meget mere regn end Seattle. Alt dette bare for at vise, at kælenavnet faktisk er lidt urimeligt efter min mening. Men måske har byen kælenavnet fra november måned. Her falder der mere nedbør i Seattle end i nogen anden by i USA med flere end 250.000 indbyggere. Jeg har som sagt besøgt Seattle en del gange, men altid om sommeren, og jeg har faktisk aldrig oplevet at få så meget som en dråbe regn under mine besøg i byen, så det er måske derfor, jeg synes at kælenavnet er urimeligt. Det nærmeste, jeg er kommet, var, da det regnede under et besøg ved Mount Rainier tilbage i 2006, men vulkanen ligger 100 km sydøst for byen, så jeg mener ikke, at det tæller.

En anden af de storbyer, som jeg kan holde ud, og som jeg har besøgt en del gange, er New Orleans i Louisiana, som det også fremgår af de mange historier fra denne by, som bliver fortalt i bogen. Også denne by har selvfølgelig kælenavne, hvoraf et hyppigt anvendt er The Big Easy. Dette kælenavn skyldes sandsynligvis den "lette og muntre jazzmusik", som blev spillet i byen i begyndelsen af det 20. århundrede, samt det forhold, at det i samme periode, var forholdsvis nemt (easy) at finde job i byen. Et andet kælenavn i samme genre er "The City that Care Forgot", hvilket hentyder til at byens indbyggere er sorgløse og har en afslappet livsindstilling, et kælenavn, der går til bage til før 2. Verdenskrig. Det sidste kælenavn, jeg vil nævne er "Crescent City", Halvmånebyen, og det hentyder simpelthen til byens beliggenhed mellem bugtninger på Mississippifloden mod syd og søen Lake Pontchartrain mod nord. Jeg mener dog, at det er New Orleans, som burde kaldes Rainy City. Det har regnet hver evig eneste dag, jeg har opholdt mig i byen, fra mit første besøg i 2002 til det seneste i 2016, og selv da vi bare kørte gennem byen på I-610 i 2018, regnede det minsandten også. Og når jeg siger, at det regnede, mener jeg ikke en let sommerstøvregn, men tunge tordenbyger, som i Danmark nok ville være blevet klassificeret som skybrud. Disse byger har som regel ikke varet mere end en times tid, selv om en enkelt faktisk varede hele eftermiddagen – se næste afsnit. Og de kommer netop ofte om eftermiddagen om sommeren, når den fugtige luft hele dagen er blevet varmet op af solen og blevet til skyer. Så derfor burde Seattle frikendes og New Orleans tilkendes titlen som Rainy City, og i gennemsnit falder der da også næsten 1.600 mm regn årligt, mest i juni, hvor jeg i øvrigt aldrig har besøgt byen, hvor der falder 205 mm. Jeg har kun besøgt byen i juli, hvor der falder mindre end 160 mm. Til gengæld påstår statistikkerne, at det er den måned, hvor det regner i flest dage, nemlig ca. 14, men jeg må så bare have været uheldig og altid ramt en eller flere af disse 14 dage.

En tør tur

Det længste roadtrip, vi har været på til dato, både for så vidt angår kilometer vi kørte, som dage vi brugte på det, var i 2012[29]. Vi kørte knap 13.000 km på de 29 dage turen varede. Varigheden skulle have været overgået i 2020, men ikke kilometrene, da vi skulle have haft flere længerevarende ophold undervejs, hvilket vi ikke havde i 2012.

Denne tur var, udover at være den længste, også den tørreste. Ikke sådan at forstå, at vi var tørlagt for alkohol, for det er vi næsten altid. Faktisk drikker vi kun øl, vin eller spiritus på dage, hvor vi kan gå til og fra en restaurant, så vi ikke skal køre hjem. Nogle stater har nultolerance når det gælder det såkaldte BAC (Blood Alcohol Content), mens andre stater tillader en promille på 0,5 eller enkelte helt op til 0,8, men i stedet for at holde rede på, hvilke regler som gælder i en given stat, hvor vi tilfældigvis opholder os, og hvor meget vi derfor kan tillade os at drikke, holder vi os på vandvognen, når vi skal ud i en bil. Ved andre lejligheder, når vi ikke skal køre, kan vi godt tage en lille én. Således også i 2012, hvor vi fx drak en lokal øl på en pub i Anacortes i staten Washington og det samme i Forks og Seattle i samme stat (vi var frygteligt fordrukne i Washington – måske fordi vi ikke brugte bilen så meget). På resten af turen var der ingen alkoholindtag, så 3 dage ud af 29 med mådeholden druk (én øl pr. mand), må vel siges at være OK.

Så det var altså ikke os, der var tørlagt (i hvert fald ikke mere end normalt); det var vejret. På de 29 dage oplevede vi kun regn ved to lejligheder – og det på trods af at vi havde brugt tid på at besøge en regnskov. Her skinnede solen og alt var lyst, lykkeligt og tørt! På resten af turen besøgte vi større og mindre byer, ørkener, strande og så videre, men oplevede altså kun regn to gange. Den ene (og sidste gang) var, jeg havde nær sagt naturligvis jf. forrige afsnit, i New Orleans. Vi havde faktisk slet ikke regnet med at besøge byen på den tur, men ville bare passere syd om den af US Route 90. Da vi imidlertid slog os ned på et hotel syd for byen og Mississippifloden og havde tid til overs efter en tur ud i sumpene, ændrede vi mening. Da vi nærmede os byen, stadig syd for floden, bad vi vores gps om at vise os den nærmeste vej til centrum. Det gjorde den så. Den viste os ad ganske små veje og smalle gader, der førte til og gennem ret fattige villakvarterer i Algiers på

---

[29] Blev overgået på begge punkter i 2022.

den *sydlige* bred af Mississippi. På grund af flodens snoninger, ligger Algiers faktisk *øst* for New Orleans på det, der for at gøre endnu mere forvirrende, kaldes *Vestbredden* (West Bank of the Mississippi). Endelig nåede vi frem til en færge over floden. Desværre tog færgen ikke biler med! Det havde den tidligere gjort, men biltrafikken var pt. indstillet, og det vidste vores GPS ikke. Så vi måtte på den igen. En glæde havde vi dog af omvejen, da vi kom forbi flere af de lagerbygninger, hvor de såkaldte "krewes" opbevarer de vogne (floats) og andet udstyr, som de bruger under Mardi Gras karnevallet. Færgen ville, hvis vi altså havde kunnet komme med den, ellers have bragt os over til Canal Street, lige ved French Quarter, men nu måtte vi ud på en større omvej, stadig gennem diverse beboelseskvarterer for at nå frem til Crescent City Connection, en betalingsbro, som vi så kørte over.

Da vi kom over floden, fandt vi ned til French Quarter og stillede bilen på en parkeringsplads. Mens vi havde kørt rundt i Algiers havde det styrtregnet, men lige på det tidspunkt var det faktisk tørvejr. Det skulle imidlertid snart ændre sig igen. Mens vi til fods var på vej op ad Decatur Street mod French Market, kom der en skylle af de større, og da vi kun var iført T-shirt og shorts, måtte vi søge ly på en overdækket fortovscafé. Da bygen, der som alle byger i New Orleans var ret intensiv, ebbede lidt ud, fortsatte vi vores færd gennem French Quarter, men ikke så snart var vi kommet næsten gennem Bourbon Street og nærmede os Canal Street før det begyndte igen, dog kun lidt småregn til at begynde med. Da vi nåede Canal Street besluttede vi os for at tage en tur med St. Charles Avenuesporvognen med de gamle vogne fra 1920erne, hvor aircondition består i at hvert andet vindue kan lukkes op, hvilket ikke hjælper meget, når temperaturen uden for er omkring 35° C, og det i øvrigt øsregner, hvilket det hurtigt kom til at gøre igen. Hele vejen ud ad St. Charles Avenue styrtede det ned, og det samme gjorde det, da vi kørte i modsat retning, og det holdt faktisk ikke op, før vi havde gået tilbage til bilen, som vi nåede godt våde. Heldigvis kunne vi sætte kursen mod hotellet og noget tørt tøj.

Første gang vi oplevede regn på turen, regnede det faktisk endnu mere end i New Orleans, men til gengæld i betydeligt kortere tid. Og den regn faldt i ørkenen! Helt præcist i Chihuahuaørkenen i New Mexico. Vi besøgte Living Desert Garden and Zoo på en bakke over Carlsbad, som jeg har omtalt i flere andre afsnit i bogen. Mens vi gik rundt i denne interessante zoologiske og botaniske have, kom der et mindre, men kortvarigt skybrud, hvor himmel og jord stod så meget i et, at de fleste dyr søgte ind i deres huler eller huse, mens vi og et mexicansk par, vi mødte ved lejligheden, måtte søge ly under en slags pergola med tag af løv. Det lykkedes for os at undgå at blive alt for våde, og da temperaturen også her nærmede sig de 40° C, tørrede vi lynhurtigt, da solen kom frem igen. Da vi var færdige med besøget og kom tilbage til det kombinerede billetkontor og souvenirshop, som man skulle igennem både for at komme ind og ud af parken, gik vi lidt rundt og så på varerne, men uden at købe noget. Vi fik dog en sludder med damen, som passede biksen, og hun fortalte, at det var den første regn, de havde fået i mere end seks uger, men at hun var bange for, at det var for lidt til at gøre nogen nytte, da det ville fordampe før det nåede at trænge rigtigt ned i jorden og bare gøre overfladen endnu mere hård, end den allerede var. Og ganske rigtigt. Da vi kom ud af bygningen og gik over til parkeringspladsen og vores bil, kunne man slet ikke se, at det havde regnet. Faktisk havde vi allerede nogle dage tidligere fået at vide, at der var tørke i området. Det var den 4. juli i Colorado Springs, hvor det traditionelle fyrværkeri var aflyst, da de heller ikke havde set en dråbe regn i ugevis.

Så ja, turen var tør, og heldigvis har vi da oplevet flere solskins- eller i hvert fald tørvejrsdage end dage med regn, men på hovedparten af vores ture, har det regnet betydeligt mere end på denne.

Tornadoer i det fjerne

Tornadoer forbindes ofte med det område i Midtvesten, der kaldes Tornado Alley. Det er et område, der i store træk strækker sig fra nord mod syd, fra grænsen mellem North og South Dakota gennem Nebraska, Kansas, Oklahoma og ned i Texas. Hvem husker ikke Troldmanden fra Oz, og Dorothys berømte replik efter at tornadoen har ført hende til Oz: *"Toto! I have a feeling that we are not in Kansas anymore."* Uden for dette område findes tre veldefinerede områder med markant forskelligt vejr. Mod nordvest finder man et område med kold, tør luft. Mod sydvest et område med varm, tør luft og mod sydøst et område med varm og fugtig luft. Det er "samspillet" mellem disse tre områder, der under påvirkningen af jetstrømmen, er med til at skabe de vejrsystemer, som forårsager tornadoer. Af og til medregnes også Iowa og Louisiana i Tornado Alley, lige som andre stater kan indgå, afhængig af, hvilken kilde man læser. Men faktisk er Florida den stat, som over en 20-årig periode (1991 til 2010) har haft flest tornadoer med 12,2 pr. 25.000

km² pr. år. Lige efter kommer Kansas med 11,7. Texas er en stor stat, og ligger derfor helt nede som nummer 17, når man opgør tornadohyppigheden efter areal.

Jeg har heldigvis aldrig selv oplevet en tornado på nært hold, men jeg har set resultatet af dem. Blandt andet i Texas, hvor Tim og jeg passerede et hus, der var fuldstændigt raseret og nærmest var revet helt fra hinanden. Under et besøg i North Carolina i 2018, viste nogle af mine bekendte mig fotografier af deres gård, efter at den var blevet ramt af en tornado nogle uger tidligere. Heldigvis var hovedbygningen gået nogenlunde fri, men en lade og et par andre udbygninger var fuldstændigt ødelagte og et meget stort, gammelt poppeltræ, var revet op med rode. Senere på turen passerede jeg selv en anden lade, der også var "nedlagt" af tornadoen.

I 2017 var jeg endnu engang i North Carolina (det var jeg også i 2016, men det har ikke noget med denne historie at gøre). En aften sad jeg som så ofte før i køkkenet på The Irish Rose B&B i Lenoir og hyggesnakkede med Rose, der var indehaver af stedet, hvor jeg har boet mange gange. Mens vi sludrede, kom naboen, der i øvrigt var jordemoder (men det har heller ikke noget med historien at gøre), over; på de kanter er dørene sjældent låst, hvis der er nogen hjemme, så hun kom lige ind i køkkenet. Hun spurgte om vi havde hørt radio eller set tv, hvilket vi ikke havde. Hun kunne så fortælle, at der netop var blevet udsendt tornadovarsel for områderne omkring byerne Hickory, Morganton, Lenoir og Boone. Rose tog det ganske roligt, og fortalte, at der ofte blev udsendt tornadovarsler – og at tornadoerne som regel ikke blev til noget. Hun havde tidligere oplevet en tornado i nabolaget, men, som hun sagde, hun havde en glimrende stormkælder, hvis det skulle komme så vidt, hvilket hun ikke forventede. Vi blev i køkkenet, men tændte dog radioen på en lokal station, så vi kunne følge med. Jeg skal måske lige sige, at der ikke udsendes et egentligt tornadovarsel, med mindre en tornado faktisk er blevet observeret. Er vejret sådan, at der er risiko for tornadoer, udsendes i stedet et varsel om at være på vagt over for tornadoer. I dette tilfælde skete der imidlertid ikke mere. Vi hørte at tornadoen var på vej nord på mod Morganton, men den nåede tilsyneladende ikke frem til byen, for det næste vi hørte var, at den nu var gået i opløsning, og at varslet dermed var ophævet. Til gengæld fik vi en gedigen tordenstorm, men altså ingen tornadoer.

I april 2019 var jeg som så ofte før i North Carolina igen igen. På et tidspunkt skulle jeg flytte fra Rose i Lenoir til et andet B&B, Clichy Inn i Statesville hvor jeg også havde boet flere gange hos værtinden Lori. Den dag, jeg skulle forlægge, spiste jeg frokost hos nogle venner, som boede uden for Lenoir (faktisk inden for bygrænsen, men selv om byen kun har 18.000 indbyggere, er den spredt over et ret stort område, og fra Rose til vennerne, er der omkring 23 km), og efter frokosten ville jeg besøge en by nord for Statesville, Mount Airy, som jeg på det tidspunkt kun havde kørt forbi på motorvejen. Første stop var dog North Wilkesboro, som jeg heller ikke tidligere, havde gjort meget ud af, men den viste sig at være ganske interessant, selv om der ikke er helt så meget at se som i den lidt sydligere beliggende by, der bare hedder Wilkesboro. På trods af at de to byer i praksis er sammenvoksede og bare har en flod mellem sig, er der faktisk tale om to selvstændige byer med hvert sin borgmester, bystyre mm, men det er en helt anden historie. Efter besøget i de to Wilkesboro'er, satte jeg kursen videre mod øst ad NC 268 til jeg nåede Interstate Highway 77. Den tog jeg så mod nord i retning mod Mount Airy, der altså på trods af navnet ikke er et bjerg, men en by. Faktisk den største by i Surry County, og den skulle være kendt for sin historiske hovedgade. Så langt kom jeg imidlertid aldrig ved den lejlighed. På vejen plingede en sms ind på min telefon. Det viste sig at være et tornadovarsel for området, så man anbefalede alle trafikanter om at søge indendøre og lytte til radioen. Da jeg ikke havde tilmeldt mig nogen services, må de på en eller anden måde havde udsendt beskeden til alle mobiltelefoner i området – måske til alle telefoner, der var forbundet til bestemte master. På motorvejene i USA står med mellemrum skilte, der viser en radiofrekvens, man kan stille ind på i tilfælde af advarsler, ikke kun om tornadoer, men også om trafikuheld, oversvømmelser og så videre, så den kanal (altid en AM kanal) stillede jeg radioen ind på. Her kunne jeg så høre, at man havde observeret to tornadoer, men at de bevægede sig langsomt og havde kurs mod ubeboede områder. De befandt sig heldigvis et godt stykke fra min position, så jeg var ikke rigtigt nervøs.

Da jeg alligevel mente, at det nok var bedst at lystre advarslen, og jeg ikke lige havde et sted at gå indendørs, valgte jeg i stedet at vende om og sætte kursen direkte mod Statesville, hvor der ikke var noget tornadovarsel, men "kun" et stormvarsel. På vej tilbage mod syd til Statesville begyndte det da også at blæse, regne og tordne, og da jeg nåede frem til Clichy Inn, regnede det fortsat. Jeg fik mit værelse på 1. sal (2. kalder de det i USA), hvor jeg så gik op, mens jeg indtil videre lod bagagen blive i bilen, bortset fra min rygsæk med pc, tablet og en bog. På værelset tændte jeg fjernsynet på en lokal vejrkanal, så jeg kunne følge med i situationen samtidigt med at jeg læste i min bog og tjekkede verdenssituationen på tabletten. Jeg hørte, at den ene tornado var gået i opløsning meget hurtigt, men den anden havde ramt et godt stykke længere mod nordvest, heldigvis i et ret øde skov- og bjergområde, hvor der kun var sket materiel skade, og (måske) på grund af bjergene, var den også gået i opløsning.

I Statesville både blæste og regnede det fortsat kraftigt, så jeg valgte at blive på værelset indtil spisetid, omkring kl. 19. På det tidspunkt var vinden stilnet en hel del af, og det var holdt op med at regne, så jeg hentede min bagage i bilen, og da den var bragt op på værelset, valgte jeg så at gå ned til byen for at spise. Det gjorde jeg på en lokal Deli, hvor man kunne komme i T-shirt og shorts (og sandaler), hvilket var alt, hvad jeg havde på (heldigvis), da det var ganske varmt, selv om det havde regnet – og jeg gad ikke klæde om. Selv på den tid af dagen var temperaturen et stykke over 25 grader (og det var altså i april). To dage tidligere, havde jeg siddet ude sammen med nogle andre venner og lyttet til live musik til kl. 22.30 om aftenen – ligeledes iklædt shorts og T-shirt, mens jeg den mellemliggende dag havde været pakket ind i lange bukser og vinterjakke for at holde kulden fra livet. Sådan er vejret så skiftende i North Carolina, og det var det også den aften, for da jeg var færdig med at spise, styrtede det ned igen, og selv om jeg blev hængende og fik en cider mere (jeg holder meget af lokalt produceret såkaldt "hard cider", det vil sige cider med alkohol - ca. 5-6 %), holdt det absolut ikke op. Heldigvis var det stadig varmt, og der var kun ca. 600 meter hjem, men alligevel var jeg fuldstændigt gennemblødt. Men tornadoer blev jeg heldigvis forskånet for.

Og til sidst en advarsel. Vær ikke dumdristig. Lyt til de advarsler der gives i radio og tv, og ikke kun om tornadoer men om alt slags vejr. Det er ikke kun i North Carolina, at det kan skifte fra det ene øjeblik til det næste.

Højvande

I 2004 var Dorte og jeg for første gang i St. Louis, Missouri. Det besøg har jeg allerede kort berettet om i afsnittet, Minder om en rejse, som du nok ikke har læst endnu, for det kommer først i et senere kapitel, men jeg skrev det inden dette afsnit, så derfor har jeg altså allerede berettet om det, selv om du altså ikke kender beretningen. OK forvirringen er total, men du vil altså i et senere kapitel møde et afsnit, som omtaler vores første besøg i St. Louis, så den historie fra besøget vil jeg ikke gentage her her. Men jeg vil i stedet fortælle om et par andre oplevelser, som kæder dette besøg sammen med ét, som Tim og jeg aflagde 10 år senere.

Det, jeg allerede har fortalt om i det afsnit, du endnu ikke har læst, var vores besøg i Gateway Arch og Museum of Westward Expansion, men vi oplevede mere ved samme lejlighed, så du får lidt af historien her, så du bedre kan relatere dig til de skuffelser, som Tim og jeg oplevede ti år senere. Dorte og jeg havde besluttet os for, at der var tre ting, vi ville opleve: En hestevognstur i byen, et besøg i The Gateway Arch og en sejltur på Mississippi, og så skulle vi finde en gave til Tim. Han var dengang fan af NFL holdet St. Louis Rams (som senere er flyttet til Los Angeles og derfor nu hedder Los Angeles Rams). Vi besluttede os for at starte med The Arch, hvis der nu skulle være kø. Og det var der, om end ikke så lang som frygtet. Da vi nåede frem til billetkontoret, viste det sig, at man kunne købe en dobbeltbillet, som både gav adgang til buen og til en flodtur, så sådan én købte vi. Jeg springer besøget i buen over. Man kan læse om dette besøg i ovennævnte afsnit, men da vi kom ned fra buen og op fra museet i kælderen, gik vi så ned til en badebro (måske snarere en anløbsbro) ved floden, hvor der ganske rigtigt lå ikke én, men to floddampere og badede sig. De hed henholdsvis Tom Sawyer og Becky Thatcher efter to af forfatteren Mark Twains kendte personer, nemlig hovedpersonen i romanen Toms Eventyr og den pige, han er lun på. Mark Twain er selv født omkring 100 kilometer oppe ad floden i forhold til St. Louis, i den lille by Hannibal, hvor romanen også foregår (jeg skrev jo allerede i indledningen, at denne bog ville indeholde megen unødvendig paratviden), men han fik sin uddannelse som flodlods i St. Louis. Det var fra dette job, at Samuel Langhorn Clemens tog sit forfatternavn. Flodbådssejlerne råbte *"by the mark twain"*, når de loddede dybden til at være to favne (knap 4 m) under båden – hvilket var ensbetydende med, at det var sikkert at sejle det pågældende sted. Undervejs på turen (vores tur altså, ikke Mark Twains) var der en park ranger, der fortalte om de ting, vi sejlede forbi, men også kaptajnen gav af og til sit besyv med. Blandt andet så vi et elværk, bygget i 1902 for at levere strøm til verdensudstillingen i 1904 (du husker med garanti Judy Garland synge *"Meet me in St. Louis, Louis, Meet me at the fair"*? – hvert fald hvis du så amerikanske musicalfilm lige efter 2. Verdenskrig), og dette var den første verdensudstilling, som brugte elektrisk lys, og hvor der derfor kunne være aktiviteter om aftenen. Desuden så vi den største flodbåd, der nogensinde har sejlet på Mississippi. Den blev lagt op i 1978 og lå ubenyttet til

164

1995, hvor et konsortium købte skibet og indrettede det til kasino. Da skibet sejlede, kunne det rumme 4.500 passagerer, hvilket gjorde det til et af verdens allerstørste passagerskibe og det var i hvert fald det, med det største dansegulv. 2.300 mennesker kunne være på dansegulvet samtidigt! Alt i alt en glimragende tur (her benytter jeg mig at udtryk, som blev anvendt en del i min ungdom, men som måske er ukendt i dag, men det er selvfølgelig en sammentrækning af glimrende og fremragende).

Inden vi gik ned til The Arch om morgenen, havde vi besøgt den lille idrætshal, Edward Jones Dome, som dengang var hjemmebane for St. Louis Rams. Når jeg siger lille, er det fordi der kun er plads til 66.000 tilskuere under tag. Vi regnede med, at der her var en souvenirbutik, hvor vi kunne få de fornødne souvenirs til Tim. Det var der bare ikke, men en person (jeg husker ikke om det var en A) Kvinde, B) Mand eller C) hverken mand eller kvinde) kunne fortælles os, at en sådan shop kunne vi finde på Union Station, en station, der nu var ombygget til indkøbscenter, så efter sejlturen, var dette vores næste mål. Vi besluttede derfor at tage en slags metrotog (MetroLink kaldes det) som både kører under jorden, på jorden og over jorden (som højbane) ud til Union Station. Det var gratis indtil klokken 13 at køre med metroen mellem Lacledes Landing og Union Station, men desværre var klokken for mange, så vi måtte betale en hel dollar hver. Turen ud til Union Station tog vel omkring 7-8 minutter. Hele stationen var ombygget til indkøbscenter med butikker, restauranter, hotel mm. Hele den ene etage var et "food court", hvor vi fandt et sted, hvor de så ud til at have noget god salat, og her slog vi os så ned. Og det viste sig at salaten ikke bare så godt ud, den smagte også godt. Så var det shoppingtid, og vi fandt blandt andet en hattebutik. Her havde de hatte og kasketter af alle mulige slags, og vi fandt også en St. Louis Rams kasket, samt en mini Rams hjelm, som vi købte til Tim. Senere fandt vi faktisk også den omtalte Rams Souvenir shop, hvor vi ville købe en spillertrøje til Tim. Tinas gave var der allerede styr på. Desværre var der indtil flere forskellige modeller af spillertrøjer i forskellige farver, hver model med mange forskellige spillernavne, så selv om klokken var mange i Danmark, vel omkring midnat, måtte vi til sidst ty til at ringe hjem til Tim, og spørge ham, hvilken model, han foretrak, og hvilket navn, der skulle stå på. Han nævnte en 4-5 navne, og det lykkedes os faktisk at finde en trøje med et af disse spillernavne, så den købte vi så.

Fra Union Station besluttede vi at spadsere tilbage til hotellet. Da vi kom ud, så vi at det havde regnet temmelig meget, mens vi var derinde, men det var allerede holdt op. På vej tilbage til hotellet kom vi forbi en række af de gamle bygninger i byen, fx operahuset, det gamle og det nye rådhus, tre forskellige domhuse, hvoraf det ene ikke længere var i brug, et springvand og nogle meget flotte sandslotte, som man var ved at "opføre" i anledning af at 4. juli festlighederne, som hele byen var ved at gøre sig klar til, skulle løbe af stablen et par dage senere. Blandt andet så vi St. Louis gamle domkirke, Basilica of St. Louis de France som var den første domkirke, der blev bygget vest for Mississippi floden, men vi var ikke inde i kirken, som i øvrigt ikke længere er en domkirke. Lige ved siden af denne ligger byens gamle domhus, som ikke længere fungerer som domhus, men indgår som en del af Museum of Westward Expansion. På vej tilbage til hotellet blev det varmt og trykkende, og vi både så og hørte lyn og torden i det fjerne, men heldigvis blev det ikke til mere, så vi kom hjem uden at være blevet gennemblødt. Til gengæld brød en kraftig tordenstorm løs, så snart vi var inden for. Den holdt dog hurtigt op, så vi kunne gå ud for at finde et sted at spise aftensmad.

Det ville vi finde i den ældste del af byen, som ikke lå særligt langt fra hotellet. Her blev byen grundlagt i 1764 af den franske pelshandler Pierre Laclede, og området kaldes da også den dag i dag for Lacledes Landing. I dag er kvarteret blevet mondænt, og der ligger mange restauranter, natklubber m.v., men tidligere var det et noget mere skummelt havne- og industriområde. På vejen fik vi øje på en hestevogn, eller rettere flere, som holdt klar, så man kunne få en tur rundt i byen, og det var jo også en del af vores plan. Vi indledte forhandlinger med en kvindelig kusk, som viste sig at hedde Sue (hendes hest hed Napoleon, men der var nu ikke meget kejserligt over den). Vi valgte en tur på en time til $45, og det fortrød vi som sædvanligt ikke. Vi er ellers ikke specielt gode "turister", set med de lokales øjne, for det er sjældent vi lader os lokke af deres tilbud, men hestevognsture er nu noget helt specielt. Vi hørte en del om byens historie, og så nogle af de gamle bygninger, og som sædvanligt var det meget interessant. Da vi kom tilbage til udgangspunktet, hilste vi lige på Sues datter, som også var turistkusk, og som holdt med sin hestevogn lige foran Sues vogn, da hun parkede Napoleon, hvor vi var startet på turen. Her steg vi af og fortsatte til fods. Normalt udtaler vi danskere, og i øvrigt også de fleste amerikanere statens navn MiSUri, altså med tryk på anden stavelse, men da vi entrede vognen, bød Sue os velkommen til St. Louis, MIsori, altså med tryk på første stavelse, og resten udtalt, så det lød som "misery"

– elendighed. Hov – det har jeg vist allerede fortalt tidligere, men hvad? Gentagelse fremmer som bekendt forståelsen! På vej tilbage til hotellet fandt vi så en irsk restaurant, som så spændende ud og viste sig at være god, så mad fik vi også. Og så ikke mere om 2004, men lad mig i stedet springe frem til 2014, hvor den pågældende restaurant ikke længere eksisterede, så vi måtte finde andre steder at indtage vorees føde.

På turen det år havde Tim og jeg aflagt et besøg i Memphis, Tennessee, hvor vi blandt andet havde besøgt den lokale zoologiske have, hvilket du kan læse mere om i min forrige "ikke-rejsebog", og vi havde besøgt Lorraine Motel, hvor Dr. Martin Luther King Jr. blev skudt og dræbt en forårsdag i 1968. I dag fungerer motellet som National Civil Rights Museum. Efter en varm oplevelse i zoo og et forgæves forsøg på at finde en arkæologisk udgravning af en gammel indianerboplads – det nærmeste vi kom var en campingplads for autocampere, og det var ikke særligt tæt på – havde vi overvejet en flodtur, men da det var blevet ret sent på dagen (vi havde kørt rundt i naturen et godt stykke tid), besluttede vi os for at opgive og vende tilbage til vores hotel, som faktisk lå syd for byen på den anden side af grænsen, i Mississippi (staten altså – ikke floden). Så måtte flodturen komme i St. Louis i stedet. Det var turens næste stop.

Vores program for St. Louis var planlagt til at blive nærmest en kopi af det besøg Dorte jeg havde aflagt ti år tidligere. Besøg i The Arch, sejltur på floden, hestevognstur og besøg på Union Station. Igen ville vi begynde med The Arch og se om man stadig kunne få dobbeltbilletter. Da vi denne gang boede på et andet hotel (i øvrigt med det største værelse nogensinde, der ikke var en suite), var der knap en kilometer at gå, inklusive en mindre omvej, da nogle gader var spærrede på grund af vejarbejde. Vi forlod hotellet klokken 8.30, for at være der inden der kom alt for mange mennesker, og det var en god ide, skulle det vise sig. Da vi kom ned til buen (billetkontoret ligger under denne), stod der nogle få mennesker i kø ved sikkerhedskontrollen, som minder grangiveligt om den i lufthavne, bortset fra at man her slipper for at tage skoene af - bælter må man dog smide. Det irriterede Tim en del, da han ikke kunne få sit på igen, uden at tage sine shorts af. Der var kun 3-4 mennesker foran os, så det gik forholdsvis hurtigt, og mens Tim fandt et toilet, hvor han kunne ordne det fornødne med bæltet, gik jeg hen til billetkontoret og forespurgte om dobbeltbilletter. Det kunne jeg godt få, sagde den søde dame, men hun ville fraråde det, da flodbådssejladsen var indstillet på grund af højvande. Vandstanden i Mississippi var simpelthen så høj grundt langvarige regnskyl, at man ikke kunne komme ud til bådene, som jo lagde til ved kajkanten, mens selve kajen var oversvømmet mellem 20 og 30 meter fra kajen, og den vej, der går langs floden var lukket, og man regnede ikke med at vandet ville falde tilstrækkeligt de næste to uger – og vi skulle altså forlade byen næste dag. Vi nøjedes derfor i første omgang med besøget i buen, hvorfra udsigten faktisk var bedre end 10 år tidligere, da vejret var knapt så diset.

Det var da vi kom ned fra buen, at vi opdagede, at vi havde gjort klogt i at komme tidligt, for da vi kom uden for, var køen til sikkerhedskontrollen vokset til omkring 150 meter (og det var før covid-19, så folk stod ganske tæt)! Inden vi nåede så langt, havde Tim konsulteret informationsskranken for at høre, hvordan vi bedst kom ud til Union Station, og damen her havde fortalt, at foran "domhuset" - lige over for buen - var der et stoppested, og herfra kørte en bus ud til "stationen", så dette stoppested blev vores næste mål. Fra buen til domhuset var der (inklusiv endnu en omvej på grund af vejarbejde) ca. 800 m, hvilket ikke er særligt langt, men temperaturen var allerede på det tidspunkt steget betragteligt (til omkring 30 ° C), så på vejen købte vi en flaske vand (eller to), så vi kunne køle os lidt ned. Det omtalte domhus er byens ældste af slagsen, fra 1828. Der havde været domhuse tidligere, men de eksisterer ikke mere. I dag indgår domhuset som omtalt ovenfor i museet og bruges til udstillinger. Et par interessante retssager fra det 19. århundrede, som endte med principielle afgørelser i USA's Højesteret begyndte her; henholdsvis Scott versus Sandford fra 1857 og Minor versus Happersett fra 1875. Vil du vide, hvad de gik ud på, og hvorfor de var principielle nok til at komme helt op til USA's højeste domstol? Så er det bare at slå dem op!

Da vi fandt busstoppestedet, viste det sig imidlertid, at bussen ikke kørte ud til Union Station, som damen ellers havde sagt. Den kom godt nok ud i det pågældende område, men det nærmeste stoppested lå længere væk fra stationen end vi allerede befandt os, så vi besluttede os for at gå derud i stedet. Spadsereturen førte os forbi flere pladser med springvand, blandt andre et, hvor forældre med børn underholdt sig med hinanden. mens børnene løb gennem springvandet og lod sig afkøle på den måde. Også tre nyere domhuse, et imponerende rådhus, et operahus og flere kirker kom vi forbi, mens vi vandrede vest på mod stationen, som i sig selv er en imponerende bygning med et flot tårn. Tim ville gerne besøge Rams' souvenirbutik for at supplere sin souvenirbeholdning med en ny kasket, men det kunne han bare ikke, da butikken var lukket. I det hele taget skulle besøget vise sig at blive en skuffelse. Langt de fleste butikker og mange af spisestederne var lukkede og stod tomme. På 1. sal, hvor der i 2004 var masser af spisesteder, var der nu kun 3-4 stykker tilbage, og alle butikker på nær en var lukkede. I stueetagen stod det lidt bedre til, men ikke meget. Butikken, der solgte Rams udstyr var som nævnt lukket, mens en butik, der solgte Cardinals (baseball) udstyr, eksisterede endnu. Der var dog en åben sportsforretning, hvor det lykkedes Tim at få købt en kasket både til sig selv og til én af hans venner herhjemme, som også er Rams fan. Klokken var lidt over ét (om eftermiddagen altså), så vi var blevet lidt småsultne, men den eneste restaurant, der så bare nogenlunde ok ud, var en Subway (de andre så ud som om, de ikke var rengjort i længere tid), så frokosten endte med at blive en sandwich.

Modsat Dorte og jeg, som havde kørt med metroen ud til Union Station og gået tilbage, tog vi denne gang futteren tilbage. Siden 2004 var prisen tredoblet til 3 dollars, men jeg købte en brugt billet, der stadig havde en halv times gyldighed, af en mand, for $2, så jeg sparede lidt i forhold til Tim, som måtte betale fuld pris for sin. Vi stod af ved en station som hed Eight and Pine, som sjovt nok lå på hjørnet af 8th Street og Pine Street, og herfra gik vi de 500 meter tilbage til hotellet på 4th Street. Her slappede vi af et par timer, og så gik vi ud for at køre i hestevogn. Det havde vi også gjort i 2004, og det var meget underholdende og samtidigt også informativt. Dengang hed kusken, som omtalt for et par sider siden, Sue og hesten hed Napoleon, og det kostede $45 for en tur på en time. Undervejs havde Sue fortalt lystigt om byen og alt det vi så. Denne gang hed kusken Lacy (skulle måske have været Lazy – doven - for der var ikke meget gang i hende). Hesten hed Dollar, og det var et godt navn, for prisen var nu steget til $50 for 30 minutters kørsel, og selv om Lacy var både sød og rar, fortalte hun ikke noget, med mindre vi direkte spurgte. Vi kom dog til at tale om, hvor vi kom fra - surprise surprise! Da hun hørte, at vi var fra Danmark, ville Lacy gerne vide, om det var rigtigt, at det ikke var normalt at gå med skydevåben i Danmark, og det kunne vi så bekræfte. Det fik hende til at udbryde et "*Sådan skulle det også være her*" - og det var før optøjerne i forstaden Ferguson, som først fandt sted i august efter at en politibetjent havde skudt en ubevæbnet sort, ung mand. Lacy fortalte så, at Saint Louis er en af de byer i USA med mest voldskriminalitet, hvilket vi godt vidste, men det er typisk i yderdistrikterne, ikke i centrum, hvor vi befandt os.

Efter hestevognskøreturen fandt vi en italiensk sportsbar, Caleco's, hvor vi spiste en glimrende aftensmad sammen med en masse St. Louis Cardinal fans. Mens vi var i byen spillede Cardinals hjemme mod Pittsburgh Pirates. Man spiller fire kampe mod samme hold fire dage i træk på enten hjemme- eller udebane. "Spændende" måde af afvikle en turnering på, men stadion er alligevel fyldt til bristepunktet med ca. 45.000 tilskuere, hver eneste gang, der er hjemmekamp – også selv om det er fire dage i træk. I juli 2014 spillede hvert hold kun 21 kampe i alt, fordi der var pause midt i måneden, hvor man afviklede Major League Baseball All-Star Games, Home Run Derby mm. På en sæson, der varer seks måneder, spiller holdene op til 162 kampe, hvis de kvalificerer sig til slutspil, så danske fodbold- og håndboldspillere skal ikke klage over, at de spiller for mange kampe. Kampene betød, at hver dag i de fire dage, var byen klædt i rødt, Cardinals farve, og på restauranten var vi nok de eneste, som ikke var "klædt ud" i Cardinals tøj. Efter maden gik vi tilbage til hotellet for at slappe af og se baseballkampen i fjernsynet indtil sengetid, da vi havde en 800 km lang køretur foran os den næste dag.

Men regn og deraf følgende højvande er altså skyld i, at Tim fortsat har en flodtur på Mississippi til gode.

Modvind

USA's vestkyst er mere skæv, end de fleste går rundt og tror! Hvis de altså overhovedet har en mening om USA's vestkyst. Med "skæv" mener jeg bare, at kysten bestemt ikke går i direkte nord-sydlig retning. Hvis man befinder sig i Los Angeles, som jo som bekendt ligger ved Stillehavskysten og kører mod nord, ad den længdegrad, som byen ligger ved (ok, det er nok svært at køre, så måske skal man flyve i stedet), men altså flyver man mod nord og holder sig hele tiden på samme længdegrad, så vil man, når man når den canadiske grænse være mere end 500 km fra Stillehavskysten. Den "by" ved den canadiske grænse, der ligger nærmest den pågældende længdegrad, er Laurier i staten Washington, som er en grænsestation mellem USA og Canada. "Byen" havde ved den seneste folketælling 1 (én) indbygger, så han/hun har været hurtigt talt. Faktisk ligger byer som Reno og Carson City i Nevada vest for Los Angeles, selv om Nevada ligger inde i landet, øst for Californien og ikke ved havet. Seattle i Washington er den nordligste af alle USA's storbyer, og også den ligger langt vest for Los Angeles, men det er faktisk ikke USA's vestligste storby. Den ære har Portland i Oregon. Det vil sige, det er den faktisk heller ikke. Den vestligste af alle USA's storbyer er Honolulu på Hawaii, men når vi taler om de sammenhængende 48 stater er det altså Portland. Det vestligste punkt i nogen amerikansk stat er den ubeboede ø, Peaked Island i Aleuterne i Alaska, der ligger så langt mod vest, at den ligger mod øst – se mere i sidste kapitel, afsnittet om Alaska. Skal vi virkelig gå til stålet, så har USA også nogle oversøiske territorier, som ikke er stater, og medregnes disse, er det vestligste punkt, der tilhører USA, Point Udall på øen Guam. Men lad os nøjes med at se på "fastlands USA" og kun på de sammenhængende stater, og hvis heller ikke øer ud for Stillehavskysten regnes med, så er der to steder, der begge påberåber sig at være det vestligst punkt. Det ene er Cape Alava på Den Olympiske Halvø i Washington og det andet er Cape Blanco i Oregon. Som det ser ud i dag, er Cape Alava det vestligste punkt, men de lokale i Oregon hævder, at det skifter efterhånden som kystlinjen ændrer sig. Jeg har aldrig været ved Cape Alava, ikke mindst fordi, der ikke går vej derud. Den nærmeste vej slutter ved Ozette Lake, og derfra er der ca. 5 km gennem en skov uden stier, hvis man vil besøge stedet. En anden mulighed er at vandre ad Pacific Northwest Trail fra Rialto Beach ved byen La Push, men den tur er mere end 30 km lang. – hver vej. Ingen af delene har vi gidet, så nu er historiens fokus altså rettet mod Cape Blanco i Oregon, uanset om det så er det vestligste punkt eller ej. For her går der vej næsten hele vejen.

Jeg har besøgt Cape Blanco ved to lejligheder. Med Dorte i 2006 og med Tim i 2010. Cape Blanco er, som navnet antyder, et forbjerg (cape betyder forbjerg). Her finder man Cape Blanco Lighthouse, altså et fyrtårn, som har stået på stedet siden 1870. Oprindeligt var det bemandet, men siden 1980 har det været automatisk. Selve tårnet er kun 18 meter højt, men fordi det står på toppen af forbjerget, er lampens højde over havet 78 m, og lyset, der blinker hvidt hvert 20 sekund, kan ses 23 sømil (43 km) væk. Cape Blanco er kendt for, at der altid blæser hårde vinde forår og sommer, og særdeles kraftige storme om efteråret og især om vinteren. Og det kan jeg bekræfte; altså det med de kraftige vinde om sommeren. Ved mit første besøg i 2006 var både Dorte og jeg ved at blæse ned fra klippen, da vi kom ud af bilen på parkeringspladsen, så vi opgav at gå de godt 500 meter ud til tårnet. Blæsten betød også, at det var særdeles koldt, og vi havde ikke overtøj på.

Få miles længere inde i landet, var temperaturen omkring 30° C, mens den herude var nede på 10°, og på grund af vinden føltes det endnu koldere. Vi nøjedes derfor med at fotografere tårnet på afstand, og tog også nogle billeder af omgivelserne, som er barske, men ganske flotte. Ifølge mine kilder skulle stedet have Middelhavsklima med en gennemsnitstemperatur for hele året på 29° C, men det har jeg altså ikke oplevet endnu.

Ved mit andet besøg gik det endnu værre. På denne tur medbragte Tim og jeg pålæg og brød i vores køleboks, så vi havde besluttet, at vi ville holde en lille picnic ude ved fyret. Inde i land var temperaturen ved den lejlighed over 35, så vi regnede med, at den nok ville være til at holde ud ude ved fyret. Men det var den ikke! Da vi kom derud, steg jeg ud af bilen, kun for igen nærmest at blive blæst væk, og Tim, hvis dør var i vindsiden, kunne simpelthen ikke åbne denne, så han kunne slet ikke komme ud. Det var på den tur, at vi kørte i en Chevrolet Camaro, som ikke just gav plads til akrobatiske øvelser inde i bilen, så han kunne heller klatre over forsæderne og stige ud af min dør (jeg var chauffør på det tidspunkt). Så her opgav vi videre anstrengelser, og tog ikke engang et foto, men satte kursen mod mildere himmelstrøg. Frokosten blev godt nok indtaget ved Stillehavet, men nogle miles længere mod syd, hvor temperaturen var over 25, og det stort set var vindstille. Så jo, eller rettere nej, middelhavsklima ved Cape Blanco har jeg ikke oplevet.

På samme tur fik Tim og jeg dog besøgt et fyrtårn. Det var ved Point Arena nede i Californien, og her brød vi vores ellers stålsatte regel om ikke at betale for at få lov til at gå op ad trapper. Vi betalte og fik et foredrag om fyret i den tidligere fyrmesterbolig, som nu var indrettet som museum, så jeg kunne faktisk skrive en længere afhandling om dette fyr, men det skal jeg undlade. Efter foredraget kunne vi så kravle op af trapperne til toppen, hvor vi blev modtaget af en ung mand, der fortalte mere om fyret, og hvad vi kunne se, eller rettere ikke se, der oppe fra, da det faktisk var ret tæt tåge, men lidt fik vi da set. Det fik mig til at tænke på en passus i søvejsreglerne, fra den gang, jeg skulle tage kystskippereksamen. Det handlede om lydsignaler i usigtbart vejr, og reglen blev indledt med denne smøre: *"Under tåge, tykning, snefald, svære regnbyger, eller under alle andre forhold, der på lignende måde nedsætter sigtbarheden…"*. Desværre er teksten nu ændret, selv om betydningen er den samme, men læg mærke til, at formuleringen gjorde så stort indtryk på mig, at jeg kan huske den endnu her 45 år senere.

Gennemblødt

Jeg har tit været gennemblødt efter at have været ude i regn, men aldrig er jeg blevet så gennemblødt og så hurtigt, som ved den lejlighed, jeg skal fortælle om her. 2014 var Tim og jeg i Washington DC, og ved den lejlighed boede på vi et hotel i i forstaden Arlington. En af dagene, vi opholdt os der, tog vi på museumstur på The Mall, hvor vi blandt andet besøgte Smithsonian Museum of Natural History, hvor vi både så den geologiske afdeling med spændende ædelsten, så som fx Hopediamanten og nogle interessante smaragdsmykker, men også afdelingen for antropologi brugte vi en del tid i. I det hele taget brugte vi så lang tid her, at vi blev sultne og "var nødt til" at spise i museets ikke helt billige cafeteria. Efter frokost nåede vi også at besøge en af stedets to I-Max biografer, hvor vi først så en 3D film om monarksommerfuglens vandringer, og da denne var færdig, så vi endnu én om den uldhårede mammut.

Derefter kæmpede vi os gennem 35 graders fugtig varme til det næste museum. Vi mente nemlig, at vi kunne klare et hurtigt besøg mere. Det blev så Museum of American History. Det er et betydeligt mindre museum end det naturhistoriske, og der er ikke helt så meget at se. Der er dog en udstilling om de amerikanske præsidenter og deres hustruer, mest med billeder (heldigvis, for de fleste af dem har været døde i årevis), og den fik vi set. Museet er et kulturhistorisk museum, så der er også udstillet forskellige ting, fra populærkulturen, blandt andet Archie Bunkers stol. Bunker er en fiktiv person fra en 1970'er tv-serie. Det mest interessante af det, vi så, var dog nok - efter min mening - det ældste eksisterende Stars and Stripes flag, som første gang blev hejst over Fort McHenry i Baltimore under krigen mod England i 1812. Oprindeligt var der tale om et garnisonsflag, det største som nogensinde har været hejst over en amerikansk garnison. Flaget var bestilt hos en lokal syerske af garnisonskommandanten, Major Armistead. Da en mand ved navn Francis Key så flaget vaje over Fort McHenry, blev han inspireret til at skrive sangen "Defence of Fort M'Henry". Denne sang blev senere kendt som, "The Star Spangled Banner, og den har fra 1931 været USA's nationalmelodi. Flaget er specielt ved, at det har 15 striber og 15 stjerner, ikke de 13 striber, vi kender i dag. Det skyldes, at Kentucky og Vermont, der også var blevet stater i 1812, fik en stribe hver, mens det moderne flags tretten striber repræsenterer de oprindelige 13 kolonier, der løsrev sig fra England. Flaget er noget laset, for i mange år, inden det kom på museum i 1912, klippede folk stykker af det, som de beholdt som souvenir.

Da vi kom ud fra dette museum, var fugtigheden blevet til let regn, så vi skyndte os til den nærmeste metrostation inden det blev værre. Det var det så blevet, da vi kom op fra metroen igen ved stationen Rosslyn i Arlingtonbydelen, men heldigvis skulle vi kun lige krydse gaden, så var vi på hotellet. Her blev vi til det blev tid til aftensmad, og denne indtog vi på Ruby Tuesday, der lå lige over for hotellet, og det skulle vise sig at være et rigtigt godt valg og ikke kun på grund af maden. Mens vi spiste, begyndte det nemlig igen at regne, og ikke bare regn, men simpelthen en syndflod, og det regnede stadig, da vi havde spist færdigt og skulle tilbage til hotellet. Det regnede faktisk så meget, at vi blev stående i døråbningen, indtil stoplyset skiftede til grønt, og så løb vi over og ind i den overdækkede indkørsel til hotellet. Her opdagede Tim, at han havde glemt sin kasket på restauranten, så han måtte tilbage igen, mens jeg ventede under halvtaget. Til trods for at jeg kun havde krydset gaden (maks. 20 meter) én gang, var vi begge fuldstændigt gennemblødte, da vi kom op på værelset, så vi måtte skifte tøj fra yderst til inderst. Da vi desværre skulle forlade hotellet næste dag, prøvede vi at tørre vores tøj ved at lægge det i nærheden af airconditionanlægget natten over, men det var absolut ikke tørt næste morgen, så vi endte med at komme det i plasticposer i bagagerummet. Da vi nåede frem til næste hotel i Philadelphia, var tøjet af en eller anden grund ikke blevet tørt i mellemtiden, og der var ikke gæstevaskeri på det hotel, så vi kunne ikke få det tørret i en tumbler, så vi tyede til airconditionmetoden endnu engang, og to dage senere var det tørt nok til at vi kunne pakke det i kufferterne.

Sightseeing i naturen og andre steder

Doe River Covered Bridge i Elizabethton, Tennessee – en "kyssebro"

Dette kapitel handler om sightseeing. Det burde nok være overflødigt at fortælle dette – i hvert fald til de læsere, som har læst kapitlets overskrift. Men jeg gør det altså alligevel – også fordi det måske ikke fremgår tydeligt af indholdet af de afsnit, jeg har anbragt i dette kapitel, at det er sightseeing, der er tale om, men det er det altså – eller i hvert fald noget, jeg har set. Afsnittene er:

- *Murmeldyr mm.*
- *Kyssebroer*
- *Indianertur*
- *På elgjagt*
- *Et hus, jeg aldrig har besøgt*
- *Fotografering forbudt*

Murmeldyr mm.

Vidste du, at en af cherokeestammens mest berømte krigshøvdinge hed Murmeldyrpølse? Måske ikke det mest spændende navn for en kriger, men det hed han altså - på dansk; på cherokeeesproget hed han noget helt andet. Og, en anden krigerisk krigshøvding hed "Jeg trækker min kano", og det er ikke meget bedre. Nu skal denne artikel selvfølgelig ikke handle om cherokee'ernes kedelige navne; faktisk skal den slet ikke handle om cherokee'ernes navne, men på et tidspunkt kommer et murmeldyr ind i billedet; dog kun for hurtigt at forlade det igen, og så var det, at jeg kom tanke om "pølsehøvdingen". Faktisk skal vi meget længere nord på i USA end cherokeernes område – selv om de af og til førte krige, mod de stammer, der levede her. Helt præcist skal vi til New York, staten altså, ikke byen i dette tilfælde.

Efter en overnatning i Vermont var vi på vej til New York. Helt præcis var målet for den dags færd en by ved navn Newburgh i New York, hvor vi ville fejre USA's nationaldag (4. juli for de, der ikke skulle vide det). Newburgh ligger ved Hudson River, noget nord for New York City, og grunden til, at vi ville dertil, var todelt. For det første passede det nogenlunde med en dagsmarch, og for det andet havde George Washington sit hovedkvarter her i næsten to år under USA's Uafhængighedskrig. Dette hovedkvarter er nu museum, og det ville vi, nok mest jeg, gerne se. Fra hovedkvarteret, som i dag er statspark, er der en nydelig udsigt over Hudson River. Men først skulle vi jo dertil.

Vi havde overnattet i Vermonts statshovedstad, Montpelier, og det nemmeste ville have været at køre mod syd fra Montpelier, så det gjorde vi naturligvis ikke! I stedet kørte vi vest på til Burlington, den største by i Vermont målt i antal indbyggere. Ikke at der var noget der, vi ville se, men derfra kunne vi tage US Route 7 mod syd, og det ville bringe os inden for synsvidde af Lake Champlain, hvilket skulle være et kønt syn – bogstaveligt, ikke overført. De to byer, Montpelier og Burlington, har i øvrigt hver sin rekord, når det kommer til størrelse. Montpelier er således den mindste statshovedstad af alle USA's 50 stater med sine færre end 8.000 indbyggere, og Burlington er med sine godt 40.000 indbyggere, den mindste by i USA, som er den største by i sin stat. Det er da spændende, ikke sandt? Vi kunne have krydset Hudson River længere mod nord, men vi fortsatte stivnakkede og stålsatte på US 7 til byen Rutland, hvor vi i øvrigt spiste frokost. Derfra tog vi US Route 4 videre mod syd til en by ved navn Fort Ann. Vi var nu i New York, og vi fortsatte mod vest og senere mod nord. Jeg havde nemlig insisteret på, at når vi var i det område, ville jeg besøge byen Lake George – som ligger ved en sø af samme navn. Hvorfor? Det kommer jeg til om lidt. På vejen vest på fra Fort Ann kørte vi gennem et hjørne af USA's største statspark, Adirondack State Park. Med sine knap 25.000 km², er den lige så stor som hele Vermont, og hvis parken havde været en stat, ville seks stater havde været mindre, heriblandt New Jersey. Faktisk er denne statspark større end Yellowstone, Grand Canyon, Yosemite, Glacier og Great Smoky Mountains nationalparkerne til sammen. Parken har 10.000 søer og 45.000 km floder, så der er vand nok – og bjerge. Parken er stort set identisk med den bjergkæde, som hedder Adirondack Mountains, og inden for parkens område ligger 102 byer og landsbyer, så mennesker er her også. Og byen Lake George, som vi ville besøge, ligger lige uden for parken. Selve søen er i øvrigt over 50 km fra nord til syd, og byen, der ligger i søens sydlige ende, er et yndet udflugtsmål (og sommerhusområde) for velhavende newyorkere. I den nordlige ende af søen finder man byen Ticonderoga og Fort Ticonderoga, som spillede en ret stor rolle under det, der kaldes Den Franske-Indianske Krig, som var en krig mellem Storbritannien og Frankrig og deres indianske allierede. Og nu nærmer vi os sagens kerne.

Da jeg var dreng, elskede jeg indianerromaner (og film), og dengang var der for mange drenge ingen større forfatter end en mand ved navn James Fennimore Cooper – i dag er der næppe mange børn, der kender ham, om overhovedet nogen, men dengang var hans romaner om indianerne et must for alle raske drenge. Dette gjaldt ikke mindst de fem bøger han skrev om jægeren Læderstrømpe (som ikke var indianer), eller som han virkelig hed (i romanerne altså) Natty Bumppo. Blandt disse bøger var titler som Læderstrømpe, Falkeøje, Stifinder, Hjortedræber (nogle af disse titler dækkede over samme bog i forskellige oversættelser), og så den, der gav anledning til besøget, nemlig Den Sidste Mohikaner – mange gange filmatiseret, men det var bogen, som var det store hit i min barndom. Den var skrevet helt tilbage i 1826, men var altså stadig spændende. Om jeg ville synes, at den var lige så spændende i dag, skal jeg ikke kunne sige, da jeg ikke har læst den i mange år og den seneste film (med Daniel Day-Lewis) har for lidt med bogen at gøre til at være interessant – i hvert fald i mine øjne. I bogens begyndelse er man på Fort William Henry, og det var dette fort, som jeg ville besøge. Det vil sige, fortet eksisterer faktisk ikke mere, men der er opført en kopi, på det sted, hvor det lå. Og nu til en historietime.

Det oprindelige fort blev opført i 1755, men allerede to år senere, i 1757, blev det erobret af franske tropper, som, efter at have erobret fortet, rev dette ned og smed fortets kanoner i søen. En fransk styrke under kommando af general Louis-Joseph de Montcalm ankom den 3. august 1757 og etablerede lejre syd og vest for fortet. Den franske styrke bestod af i alt omkring 8.000 mand, heraf 3.000 mand regulære tropper, 3.000 fra diverse lokale militser og næsten 2.000 indianere fra forskellige stammer, primært huroner. Fortet, der var bemandet med ca. 2.500 mand (inkl. kvinder og børn), var under kommando af Oberst George Monro, hvis døtre er nogle af romanens hovedpersoner. Både i bogen og virkeligheden blev fortet belejret, og gradvis nærmede franskmændene sig fortets palisader. Monro havde sendt bud til General Daniel Webb, øverstkommanderende på Fort Edward længere mod syd, om at sende hjælp, men da det gik op for Monro, at Webb ikke ville sende nogen form for forstærkning, overgav han fortet til Montcalm, på betingelse af at hans tropper kunne trække sig tilbage med fuld ære og med deres faner, men uden våben og ammunition. En fransk styrke ville eskortere dem til Fort Edward. En anden betingelse var, at tropperne ikke igen måtte deltage i krigen, og at de britiske myndigheder skulle frigive et antal franske krigsfanger inden for tre måneder. Men sådan skulle det ikke gå. Nogle af Montcalms indianske allierede var ligeglade med aftaler mellem de hvide, så de overfaldt de nu våbenløse briter kort efter, at de havde forladt fortet, og desuden plyndrede de også dette. Nyere undersøgelser har vist at knap 200 af de 2.300 briter, som havde overgivet sig, blev dræbt under denne massakre, som Montcalm og nogle officerer forsøgte at forhindre, men mange af de franske tropper ville ikke kæmpe mod deres indianske allierede. Blandt de dræbte var også kvinder og børn, som havde boet med deres mænd på fortet. Og så slut på lektionen og tilbage til vores besøg.

Spoiler alert – vigtige dele af romanens handling afsløres i dette afsnit.
Vi parkerede bilen og købte for et beskedent beløb adgang til rekonstruktionen af fortet, hvor der også var live optræden bestående af eksercits og signalafgivelse med mere, udført af personer i engelske uniformer fra tiden. På fortet var også en stor udstilling omkring netop Den Sidste Mohikaner, som vi selvfølgelig også besøgte. Her kunne vi se malerier og klip fra nogle af filmene og læse om handlingen i disse, hvis vi ikke skulle kende den i forvejen. Hovedpersonerne i bogen er som

allerede nævnt Læderstrømpe (Natty Bumppo) og hans indianske ven, mohikanerhøvdingen Chingachgook, dennes søn, Uncas, som faderen hævder er den sidste mohikaner, fordi der ikke er flere fuldblodsmohikanerkvinder, som han kan gifte sig med. Herudover Monros to døtre Cora og Alice, samt en engelsk major, som forelsker sig i Alice. Cora og Uncas forelsker sig i hinanden, men Cora bliver dræbt af indianere og Uncas dræbes af overskurken, Magua, inden denne bliver dræbt af Læderstrømpe. Når Cooper har kaldt den sidste mohikaner for Uncas, er det lidt af en tilsnigelse. Der eksisterede faktisk en "ægte" Uncas, men han var ikke mohikaner, men tilhørte en anden stamme med det lydlignende navn moheganerne. Denne stamme boede i Connecticut, ikke i New York, hvor mohikanerne, som var beslægtet med delawarerne (lenni lenape), holdt til. Denne moheganer-Uncas levede i øvrigt ca. 100 år før bogen foregår, og bogens Uncas var altså fiktiv, selv om navnet ikke var. Efter besøget på rekonstruktionen af fortet så vi også lidt på de arkæologiske udgravninger. Her havde man blandt andet fundet rester af nogle af de soldater, der var blevet dræbt under massakren. Nogle få af disse er begravede på en lille kirkegård; på en fælles gravsten her står teksten *"John Doe, Unknown, 1736-1756."* Imponerende at man ved, hvornår ukendte personer er født, og endnu mere imponerende, at man har ramt et helt år forkert, når det kommer til året for deres død.

"Hvor bliver murmeldyrpølsen af?" kan jeg nu høre nogen råbe i det fjerne, men pølse får I ikke. Murmeldyret kommer nu. Efter besøget på fortet gik vi ned til søen, eller rettere til skråningen over denne. Her lå en restaurant med en stor åben terrasse, hvor vi slog os ned. Her bestilte vi frokost, og mens vi ventede på den, kunne vi nyde udsigten over søen og de mange vandskiløbere, paragliders, kitesurfers og såvel turbåde som private både på denne. For første og hidtil eneste gang af samtlige restaurantbesøg vi har foretaget i USA, måtte vi vente en hel time på vores mad. Det er uhørt i et land, hvor forretten normalt kommer inden man har drukket sin velkomstdrink, og hovedretten så snart man han taget den første mundfuld af forretten. Men det er jo ikke anderledes, end hvad vi er vant til herhjemme, så det rørte os ikke. *"Spør' os, om det rør os"*, som man siger. Men rørte det ikke os, skal jeg til gengæld love for, at det rørte en dame ved nabobordet. Hun var helt klart "anføreren" for det selskab på fem andre mennesker, som sad ved bordet, hvoraf en nok var hendes datter, og et ældre par kunne være hendes forældre, mens den sidste kvinde kunne være en søster. Hun var en ikke helt ung dame, og så ud som om hun kom fra et Syd- eller Mellemamerikansk land – det

gættede vi i hvert fald på, og hun talte da også engelsk med nogen accent, men hun talte også engelsk til de øvrige i selskabet, så hvem ved? Hun bestilte ikke andet end at brokke sig til sit eget selskab og til forbipasserende tjenere, over hvor lang tid det tog med serveringen, og når hun ikke brokkede sig, rettede hun på sin – lidt rigelige – makeup. Faktisk havde brokkeriet en effekt, for selv om selskabet var ankommet senere end os, fik de faktisk deres mad før – og så kunne hun i stedet brokke sig over kvaliteten af denne. Det var dog en slags underholdning, og Dorte og jeg udviklede en teori om, at hun var fraskilt og nu var taget til New York med forældre, søster og datter for at finde sig en ny, velhavende ægtemand. Vi mente, at hun lignede sådan én.

Til sidst fik vi både mad og fred, da selskabet fortrak. Mens vi spiste, kom et murmeldyr ud af et hul på skråningen ved siden af os, og så kunne vi beundre hvordan dyret arbejdede med at samle græs, som det bar ned i hullet – men pølse blev det ikke lavet til. Da vi havde spist færdigt, gik vi tilbage til bilen og fortsatte vores færd mod Newburgh. Denne gang tog vi interstaten, her I-87, som førte os forbi Catskill Mountains og Big Indian Wilderness, men vi aflagde ikke besøg nogen af stederne. Vel ankommet skulle vi så overvære 4. juli fyrværkeriet, men det nærmeste, vi kom, var nogle knald i det fjerne. I stedet indtog vi et sent aftensmåltid på en TGI Friday, og da vi havde spist, besøgte vi en Barnes & Noble boghandel, som lå lige ved siden af, og som stadig havde åben 22.30, selv om det var nationaldag. Derefter fandt vi et hotel, og så var den dag gået.

PS! Museet, hvor Washington havde haft hovedkvarter, besøgte vi næste morgen inden vi forlod byen, men der var endnu ikke åbent og vi havde ikke tid til at vente tre timer på at klokken skulle blive mange nok, så vi nøjedes med at gå omkring på udendørsarealerne og nyde udsigten over floden.

Kyssebroer

Har du læst bogen eller set filmen "The Bridges of Madison County," så ved du hvad en kyssebro er. I filmen spilles de to hovedroller af Meryl Streep og Clint Eastwood. Filmen foregår i Iowa, en stat hvis eksistens Tim og jeg hårdnakket benægter for at irritere endnu en af Tims venner, som påstår, at hun bor i staten.[30] Clint Eastwood spiller rollen som fotojournalisten Robert Kincaid, der kommer til

---

[30] Vi besøgte faktisk damen og hendes mand i 2022, så måske eksisterer staten alligevel.

Madison County for at fotografere overdækkede broer, og det er netop disse overdækkede broer, som kaldes kyssebroer. Hvem, der har døbt dem sådan og hvorfor, har jeg ingen anelse om, men nogen har altså. Jeg skal ikke komme nærmere ind på film eller bog, da ingen af delene rigtigt er min kop te, selv om mange synes de er fremragende, men heldigvis er smag og behag forskellig. Min egen idé om anledningen til kælenavnet er, at fordi broerne netop var overdækkede og derfor ikke særligt godt belyst, kunne et forelsket par på vej over broen "stjæle" et kys, uden at blive set af andre, men om det er korrekt, har jeg ingen anelse om. Denne artikel skal kun handle om de overdækkede broer, jeg selv har passeret og det er ikke mange, faktisk kun tre, og så én, jeg var lige ved at besøge, men ikke gjorde.

Den første gang, jeg antraf en sådan kyssebro, var tilbage i 2004. Jeg har vist nok tidligere omtalt, at vi ved den lejlighed havde besøgt Dortes bror og svigerinde i Virginia, og efter besøget der, skulle vi så ud på en rundtur. Den første etape skulle føre os syd på ad Interstate Highway 81 og derefter vest på ad I-64. Svogerfamilien havde fortalt, at hvis vi på et givent tidspunkt (eller rettere ved en given afkørsel) forlod motorvejen (I-81) og i stedet kørte over på den gamle US Route 11, som går parallelt med motorvejen på denne strækning, ville vi komme i nærheden af en sådan kyssebro. Det lød spændende, så det gjorde vi. Vi forlod motorvejen ved den lille bebyggelse Mount Jackson og tog Route 11 mod syd. Efter knap 6 km så vi så et skilt, der viste til broen, Meem's Bottom Covered Bridge.

NB! I denne sammenhæng er "bottom" en betegnelse for en lavning i terrænet, ikke for en "numse", som det ellers også kan betyde.

Vi kørte ned ad en kort sidevej til en meget lille parkeringsplads med plads til 3-4 biler, som var ganske tom indtil vi parkerede vores bil. Fra parkeringspladsen gik vi så de få meter ned til broen. Her kunne vi læse om broen på et skilt, at den var ca. 65 m lang, havde ét spor og var bygget efter det såkaldte Burr Arc-princip, hvilket absolut ikke sagde os noget – og det gør det stadig ikke. Vi fandt også ud af, at den nuværende bro var den fjerde på stedet, og at den var opført i 1894. Den første bro blev brændt i 1862 af soldater under kommando af general Thomas Stonewall Jackson i forbindelse med hans Shenandoahkampagne under Den Amerikanske Borgerkrig. Hvornår denne bro var opført, ved jeg faktisk ikke, for det stod ikke på skiltet, men den var ikke overdækket. Den første overdækkede bro blev opført omkring 1867, men blev skyllet væk under en oversvømmelse i

1870. Den blev dog hurtigt genopført, kun for at blive ødelagt af en ny oversvømmelse i 1877. Allerede i 1878 var en ny bro klar, og den stod til 1894, hvor den blev revet ned for at give plads til den nuværende – og mere sikre bro – der blandt andet står på betonpiller i floden, hvilket de første broer ikke havde gjort, hvilket måske var en medvirkende årsag til, de blev skyllet væk. I 1937 blev broens bærebjælker, som kørebanen hviler på, yderligere styrket med ståldragere. Broen, der fører over North Fork of the Shenandoah River, er den længste overdækkede bro i Virginia. Den nuværende bro blev opført af en mand ved navn Frank Wissler, så han kunne få en nemmere adgang til sin æbleplantage, som lå på den "forkerte side" af floden i forhold til hans hjem. I 1976 forsøgte hærværksmænd at brænde broen ned, men det lykkedes kun delvist, så broen blev repareret og står altså den dag i dag. Broen har i øvrigt sit navn efter dalen, hvor den ligger, Meems Bottom. Denne har på sin side sit navn efter Meems familien, som var en kendt familie i området, og træet til broen blev fældet på et område, som Wissler havde købt af den tidligere sydstatsgeneral Gilbert S. Meem. Da vi havde læst, hvad der stod på skiltet skulle vi selvfølgelig også prøve at gå over broen, så det gjorde vi, og vi fik også kysset – både den ene vej og den anden. Derefter skulle broen så fotograferes fra alle vinkler, og Dorte skulle også lige have fødderne i floden, som ved den lejlighed var ganske lavvandet.

Næste bro, jeg oplevede, kyssede jeg hverken på eller under, hvilket ikke mindst skyldtes selskabet, som ved den lejlighed bestod af min søn, og godt nok holder jeg meget af min søn, men ikke så meget! Der var på det tidspunkt gået 12 år siden første brooplevelse, og vi befandt os nu i 2016, og i øvrigt i North Carolina, hvor der kun er to originale overdækkede broer tilbage i hele staten, og det var den ene af disse, vi besøgte. Broen ligger i et skovområde øst for den lille by Claremont tæt på US Route 70. Broen, som er bygget i 1895 af en mand ved navn Andrew Ramsour, går over den lille flod (eller snarere bæk) Lyle Creek. På stedet, hvor broen ligger, havde der tidligere været et vadested, men nu ønskede man altså at forbedre passagen for trafikanter på det, der dengang var en vigtig færdselsåre. Ramsour, som ejede den nærliggende farm, Bunker Hill, på hvis jord broen skulle bygges, blev pålagt opgaven af myndighederne i det amt, hvor broen ligger, Catawba County. Broen, der er 18 meter lang, var oprindeligt åben, men i 1900 blev den overdækket. Dette tag, som var af træ, blev i 1921 udskiftet med et af blik. Broen er bygget efter at andet princip end den førstnævnte bro, nemlig det såkaldte Haupt Truss princip, opkaldt efter borgerkrigsgeneral og jernbane- og brobygningsingeniør, Herman Haupt, og broen er den eneste tilbageværende træbro i USA, der er bygget efter dette princip – som jeg i øvrigt heller ikke ved, hvad går ud på. Broen er i dag et såkaldt "National Historic Civil Engineering Landmark". Da US Route 70 åbnede i 1926 mistede broen efterhånden sin betydning, og da vejen, som førte over den, blev nedlagt, forsvandt betydningen helt, og broen gik nærmest i glemmebogen, og den gik også mere eller mindre i forfald. I 1985 blev området omkring Lyle Creek herunder broen ejet af en familie ved navn Bolick. Det år forærede de broen til Catawba Historical Association, som satte broen i stand i 1994, og som siden har vedligeholdt den. I dag kan man parkere på en parkeringsplads tæt på US 70 og gå ad en sti ind i skoven til broen. Man kan krydse broen til fods, men på den anden side er der i dag hverken vej eller sti, men bare skov, så man skal samme vej tilbage. Tim og jeg gjorde netop det, altså parkerede bilen, spadserede til broen og tog nogle billeder, inden vi krydsede den frem og tilbage, men altså uden at kysse. Da vi kom tilbage, tog vi flere billeder, og mens vi stod der, kom en nydelig, yngre dame spadserende med en datter på omkring 6-7 år i hånden. Datteren ville gå over broen, men moderen var usikker på, om den kunne holde. Jeg forsikrede hende om, at det kunne den sagtens, og for at bevise min påstand, gik jeg frem og tilbage en gang til. Det overbeviste damen, så hun og datteren krydsede også broen, mens vi så til, for at kunne gribe ind, hvis det skulle vise sig, at belastningen fra mig havde fået broen til at blive usikker – hvilket den ikke havde. Jeg kunne selvfølgelig have benyttet lejligheden til at kysse damen, men jeg tænkte, at det ikke var sikkert, at hun havde sat pris på det – heller ikke selv om jeg havde fortalt historien om kyssebroerne, så det lod jeg være med – og måske havde datteren valgt at fortælle det hjemme. Jeg kan lige høre hende sige *"Far, vi gik over den overdækkede bro i dag, og så var der en fremmed mand, der kyssede mor. Og han gjorde næsten ingen modstand."* (Undskyld til Jørgen Ryg for lån af sidstnævnte sætning, som stammer fra monologen "Min kone vil skilles", selv om det i monologen var pigen, der næsten ikke gjorde modstand: *"…og der blev jeg forført – og hun gjorde næsten ikke modstand."*)

Var der gået tolv år mellem de første to brobesøg, gik der kun to år, inden jeg ikke fik besøgt den næste bro. Ved den lejlighed havde jeg sat Tim af hos en veninde i Florida, og var nu på vej nord på for at besøge mine egne venner i North Carolina. På nettet havde jeg fundet ud af, at i modsætning til North Carolina, som har to overdækkede broer, er der kun en eneste autentisk overdækket bro tilbage i South Carolina, selv om der senere er blevet bygget nogle "kopier". Tilfældigvis lå den tilbageværende bro ikke langt fra min rute og kun ca. 20 km syd for mit planlagte mål for dagen i byen Tryon lige på den anden side af grænsen til North Carolina, så jeg besluttede mig for et besøg her. Campbell's Covered Bridge hedder denne bro, som ligger tæt på den meget lille by Gowensville i den nordvestlige del af staten. Denne bro ligger ikke langt fra Greenville County Road nummer 114, og også her er der bygget en parkeringsplads ved vejen, og så kan man gå resten af vejen til broen. Broen ejes af amtet, Greenville County, og har været åben for motoriseret trafik helt op til 1980'erne, og her er der faktisk en vej på den anden side af broen, selv om den i dag kun er åben for gående og cyklister. Denne bro blev bygget i 1909 og er senere blevet restaureret i 1964 og 1990, men da jeg aldrig fik besøgt broen, ikke mere om den her. Når jeg ikke fik besøgt den, selv om jeg havde tid nok, var det fordi vejret absolut ikke var med mig. Da jeg nåede det sted, hvor jeg skulle forlade motorvejen, havde det styrtregnet i mere end en time, og der var absolut intet, der tydede på, at det ville forandre sig inden for en overskuelig fremtid, så jeg valgte at blive på motorvejen. Til gengæld ændrede jeg dagens mål fra Tryon til Hendersonville, der ligger noget nordligere – nu havde jeg jo sparet noget tid.

Den sidste – eller i hvert fald – seneste bro jeg faktisk besøgte var året efter i 2019, og denne bro befandt sig i Tennessee, hvor der faktisk er fire overdækkede broer tilbage. Ved den lejlighed var jeg – helt alene – kørt til byen Elizabethton i det østlige Tennessee for at besøge Sycamore Shoals State Historic Area, et område, som jeg tidligere havde besøgt, men gerne ville se igen. Her, ved strømfaldene, Sycamore Shoals, lå i sin tid et nybyggerfort fra omkring 1770, og her blev i 1775 underskrevet en traktat mellem dele af cherokeestammen og nogle hvide handelsmænd fra North Carolina, hvor sidstnævnte købte et stort område af stammens land (denne handel er kendt som The Transylvania Land Purchase). Handelen førte året efter til indledningen på den såkaldte Chickamaugakrig, mellem de hvide og de dele af cherokeestammen, som var modstandere af salget, blandt andre overhøvding Attacullacullas søn, Dragging Canoe. Denne krig skulle komme til at vare helt frem til 1794, og koste mange menneskeliv på begge sider. Fortet var også samlingssted for nogle såkaldte patrioter under Den Amerikanske Uafhængighedskrig. Patrioterne var de, som kæmpede for koloniernes løsrivelse, og en del af disse samledes altså her, inden de begav sig over bjergene til det nordlige South Carolina, hvor de deltog i Slaget ved King Mountain, hvor kolonisterne besejrede en styrke af den regulære britiske hær. De, der på den måde krydsede bjergene, blev senere kendt som The Overmountain Men, og uden for indgangen til parken, står en statue af en sådan Overmountain Man. Nå, men tilbage til broen. Da jeg forlod parken for at fortsætte min færd mod øst gennem Appalacherne, så jeg et skilt, som viste til Historic Downtown Elizabethtown, som jeg ikke havde set ved mit første besøg i 2015, så der kørte jeg ned. Og ud over, hvad der ellers var at se i downtown, var der altså også en overdækket bro. Denne kaldes sjovt nok for Elizabethton Covered Bridge, men da den fører over Doe River, ses den også af og til omtalt som Doe River Covered Bridge. Denne bro er bygget helt tilbage i 1882 og forbinder to af byens gader, 3rd Street og Hattie Avenue. Den er bygget efter et princip, som kaldes Howe Truss, og jeg vil overlade til brobygningsprincipinteresserede selv at slå disse principper op på nettet. Spannet over floden er 42 meter og broens samlede længde er 47 meter. Broen her har ingen piller, men er som de fleste overdækkede broer i USA bygget i et langt span. Denne bro blev bygget af amtet – eller rettere på foranledning af amtet (Carter County), som dog havde svært ved at finde en entreprenør, der ville stå for projektet. Til sidst påtog den lokale læge sig opgaven og hyrede nogle folk med stor erfaring i netop brobygning, herunder en brobygnings- og jernbaneingeniør, som havde været ansvarlig for bygningen af en jernbane fra netop Elizabethton til nogle miner i North Carolina, den såkaldte East Tennessee and Western North Carolina Railroad, kendt blandt de lokale som Tweetsie Railroad på grund af lyden fra lokomotivernes fløjte, og det lykkedes at få bygget en solid bro, som lægen kaldte sin "5-dollar bro", fordi fem dollars var alt havde han havde tjent på projektet, da alle regninger var betalt. Men solid var broen, så under en oversvømmelse i 1901, hvor mange store træstammer og sågar et helt hus, blev skyllet ned ad floden, og ramlede ind flere broer, var dette den eneste bro, som "overlevede". Også denne bro er i dag lukket for trafik bortset fra fodgængere og cyklister, og jeg benyttede mig af muligheden, men da jeg som nævnt var alene, var der ingen jeg kunne kysse, og selv om vejret var dejligt, og der var mange mennesker ved floden, også nogle af kvindeligt hunkøn, ville jeg dog ikke gribe en af disse og slæbe hende ind på broen for at give hende et smækkys. Det kunne meget vel være blevet misforstået, ikke mindst i disse #metoo! tider og betragtet som utidigt. Så heller ingen kys her, men jeg må jo se, hvad det bliver til, når jeg næste gang kommer i nærheden af en kyssebro. Måske skulle jeg for en sikkerheds skyld invitere en kvinde med, så jeg har nogen at kysse – eller måske kan jeg finde en kysseinteresseret derovre?

Indianertur

I "Vejen til Petaluma" havde jeg et afsnit, som jeg kaldte "Indianere er ikke altid på krigsstien". I dette kapitel omtalte jeg, at Tim og jeg ved en bestemt lejlighed havde besøgt et par monumenter, som er mindesmærker over nogle nu oversvømmede indianerlandsbyer, men jeg ville ikke fortælle hele historien i den sammenhæng, da kapitlet egentlig handlede om noget helt andet. Det vil jeg så råde bod på her.

Historien udspiller sig på den første tur, Tim og jeg gjorde på tværs af USA. Vi var kommet over på østkysten og havde blandt andet besøgt Savannah i Georgia og Charleston i South Carolina, og vi havde på den dag, jeg her vil tale (måske snarere skrive) om, overnattet i den lille by Santee i South Carolina, hvor vi også havde boet, da hele familien var på tur i 2000. Se fx historien "Nøgenbadning forbudt" i næste kapitel. Men nu skulle vi altså nord på til Cherokee i North Carolina. Imidlertid havde vi ved nogle snedige manøvrer tidligere på turen fået en dag i overskud, så vi besluttede os for at køre øst om Great Smoky Mountains National Park og slå os ned i Gatlinburg i Tennessee, og så – dagen efter – ankomme til Cherokee fra nord, og ikke fra syd. Først skulle vi imidlertid besøge en pornobutik!!

Vi havde mange steder ved motor- og hovedveje, set skilte med "Adult Superstore", så da vi så endnu et af disse skilte, insisterede Tim på, at en sådan ville han nu besøge. Vi forlod derfor motorvejen, som vi ellers kørte på, efter nogle miles og fandt da også den pågældende butik. Klokken var ikke meget over 8 morgen, men tilsyneladende havde butikken, der var på størrelse med en mellemstor Bilka, døgnåbent. På trods af at der holdt flere biler uden for, viste det sig, at vi var de eneste kunder i butikken, og den meget træt udseende dame, som passede biksen og som sikkert havde siddet der hele natten, livede helt op, da vi kom ind, men hun faldt hurtigt ned igen, da det gik op for hende, at vi ikke ville handle, men bare kigge; ikke at der var meget at se på trods butikkens størrelse. Det virker som om de amerikanske pornobutikker, lige som de danske, er blevet udkonkurreret af internettet. Jeg læste i en dansk avis, lige inden vi tog af sted på den pågældende tur, at nu lukkede den sidste pornoforretning i Istedgade. Efter at Tim havde fået tilfredsstillet sin nysgerrighed, kunne så vi fortsætte vores tur mod nord.

Undervejs stoppede vi et par gange for at skifte chauffør, købe kaffe og andre "spændende" ting, men ellers var det bare en "køredag" uden planlagt sightseeing. Efter at have passeret grænsen til North Carolina forlod vi dog motorvejen for en kort stund, da vi passerede byen Hendersonville, fordi Tim gerne ville se det hotel, vi havde boet på i 2000, og som han senere havde boet på med Else og Carl Jørn i 2005. Også den Denny's, hvor han spiste sin første amerikanske morgenmad med pandekager, syltetøj og bacon, skulle genses og fotograferes. Da vi nåede Asheville, spurgte jeg, om han var interesseret i at se Biltmore Estate, USA's største private hjem med 250 værelser, men det var han ikke, så vi nøjedes med at skifte motorvej, så vi – med lidt besvær – kom fra I-26 over på I-40 mod vest. I-40 er en interessant motorvej, derved at vi, bortset fra i 2008, hvor vi kun var i New England, har kørt kortere eller længere distancer på den på hver eneste ferie i USA til og med den seneste i 2019, og det skal ikke undre mig, hvis vi møder den igen på vores næste tur – hvornår det så end bliver[31]. Den gang i 2012 kørte vi på den nogle miles mod vest, hvor vejen så svingede nord på og gik øst om Great Smoky Mountains National Park og ind i Tennessee. Et stykke inde i Tennessee forlod vi motorvejen igen for at tanke benzin og spise frokost i form af en sandwich (hver) fra en tankstation. Mens vi var her mødte vi en kendt countrystjerne! Altså kendt af amerikanerne. Vi kendte hende ikke; havde faktisk aldrig hørt om hende, men hendes "tourbus" holdt parkeret uden for, og på den var hun foreviget, så jeg genkendte hende nemt inde i butikken. Jeg har for længst glemt, hvad hun hed, men jeg slog hende op på nettet samme aften, og fandt ud af, at hun især skrev og sang sange om trucks og truckere (lastbiler og chauffører). Efter maden vendte vi tilbage til motorvejen, men kun for en kort bemærkning inden vi svingede vest på ad US 411 mod Sevierville. Dette var byen, hvor den meget større og i Danmark noget mere kendte countrystjerne, Dolly Parton, blev født i 1946. Hende vender jeg tilbage til i et andet kapitel, hvis du ikke allerede har sprunget noget over og har læst historien senere i bogen. Mens jeg skriver dette, har jeg nemlig endnu ikke skrevet afsnittet om Dolly, så jeg ved ikke endnu i hvilket kapitel, jeg vil placere det pågældende afsnit. Fra Sevierville kørte vi mod syd ad US 441 til Gatlinburg lige nord for nationalparken, hvor vi ville slå os ned for natten. Herfra er der kun ca. 50 km gennem parken til Cherokee.

---

[31] Og det gjorde jeg/vi så på alle mine/vores tre ture i 2022 plus de to i henholdsvis 2023 og 2024.

Vi fandt et hotel i Gatlinburg, og da vi havde fået bagagen slæbt op, var klokken stadig ikke så mange, så jeg prøvede at lokke Tim med på en udflugt, hvilket han beredvilligt gik med til. Måske havde han været knap så beredvillig, hvis han havde vidst, hvornår vi ville være tilbage – men det vidste jeg nu heller ikke. Men af sted vi drog. Godt 90 km vest for Gatlinburg ligger byen Vonore. Omkring Vonore og ikke mindst i området syd for byen langs floderne Little Tennessee River og Tellico River, lå tidligere nogle af Overhill Cherokee'ernes vigtigste byer, og selv om de nu er forsvundet, ville jeg gerne se stederne, hvor de lå, da de lå der. Cherokeeindianerne er også en af mine mange underlige interesser :-). Vi satte derfor kursen mod vest fra Gatlinburg gennem den nordlige udkant af Great Smoky Mountains nationalparken og videre ad den lille Tennessee Road 321 til byen Maryville syd for Knoxville, hvor vi igen ramte US 411, som vi så tog til Vonore. Blandt de cherokeebebyggelser, som lå i nærheden af Vonore, var Chota, Tanasi og Great Tellico. Sidstnævnte lå dog for langt væk til et besøg, men de to øvrige var inden for rækkevidde. Alle tre byer havde været "hovedstæder" for cherokeestammen i løbet af deres historie, Også Citico, som var stammens største by med mere end 1.000 indbyggere, lå syd for Vonore sammen med 18 andre landsbyer. Bortset fra Great Tellico, som bare er forsvundet siden storhedstiden omkring 1730, er de alle oversvømmet af Tellico Lake, som opstod, da man opdæmmede Tellico River og Little Tennessee River i 1979. Inden da havde man nået at lave udgravninger på de forskellige steder, og ved Chota og Tanasi er der rejst mindesmærker over byerne. Det var disse to monumenter, jeg gerne ville se.

Vi kørte derfor syd på fra Vonore og passerede kort efter et museum for Sequoia; cherokee'en som, uden selv at kunne læse eller skrive, skabte stammens alfabet omkring 1821, og som derefter lærte stammemedlemmerne at læse og skrive på deres eget sprog. Her stoppede vi ikke i første omgang, men kørte videre til vi mødte en meget lille vej, Citico Road, som førte i retning af monumentet over Tanasi – undervejs skiftede vi til den endnu mindre Bacon Ferry Road, som førte resten af vejen. Tanasi var stammens hovedstad fra 1721 til 1730, og har givet navn til staten Tennessee. "Hovedstaden" var typisk der, hvor stammens overhøvding boede, men ikke altid. Fx blev Chota betragtet som hovedstad, også mens Attaculaculla af Tanasi var overhøvding fra 1761 til 1775, men de to byer var også nærmest sammenvoksede. Jeg holder meget af navnet Attaculaculla med dobbeltstavelsen til sidst, men faktisk er det lige så kedeligt som andre navne fra stammen, idet det kan oversættes til "et stykke træ, der læner sig op af noget". Vi fandt meget nemt monumentet, som blev behørigt fotograferet, og så fortsatte vi ud ad vejen mod Chota. Da vejen ikke gik længere, var der en parkeringsplads, men intet monument. Der var dog en sti, og den gik jeg ned ad, mens Tim blev i bilen. Efter 500 meter vendte jeg om, og gik tilbage til bilen, og så kørte vi lidt rundt i området inden vi vendte tilbage til Tanasi. Her blev vi enige om, at Chota **måtte** ligge ved parkeringspladsen, da der kun skulle være 500 m i luftlinje mellem de to byer, og så kørte vi tilbage. Denne gang gik vi begge ud ad stien, og gav ikke så hurtigt op og ca. 800 meter nede, på noget, der viste sig at være en lille halvø, nåede vi så frem til monumentet. Chota var stammens hovedstad fra 1741 til 1788, og ved siden af monumentet ligger en af stammens store høvdinge, Oconostota, begravet. Det er ham, som jeg for at par afsnit siden kaldte Murmeldyrpølse, for det betyder hans cherokeenavn, hvis det oversættes til dansk. Han var overhøvding for cherokee'erne fra 1775 til 1781 og havde tidligere været krigshøvding i Chota, mens hans fætter og svigersøn, Attacullaculla, der var fredshøvding i Tanasi, var overhøvding fra 1761 til 1775. Både monument og gravsted blev fotograferet, og så vendte vi tilbage til bilen og kørte tilbage til Sequoiamuseet, som godt nok var lukket, men nede ved foden af en bakke nær floden er der lavet et gravsted for de 191 lig, man fandt ved udgravningerne af Tanasi og Chota, og det gik jeg ned for at se på, mens Tim blev i bilen.

Klokken var efterhånden blevet omkring 19.30, så efter besøget ved museet, blev vi enige om at køre tilbage til Gatlinburg. Vi tog den samme vej, som på udvejen, men i modsat retning. Da vi nåede frem til nationalparken igen, gjorde vi et enkelt stop for at fotografere Little River, som vejen går langs, og hvor vi havde gjort holdt i 2000. Vi kunne ikke finde præcis det sted, hvor vi var ved at miste svigerfar dengang, så vi stoppede bare et andet sted. Da vi nåede tilbage til Gatlinburg, var klokken blevet 21.30, og det var på tide at få aftensmad, så efter at have parkeret bilen ved hotellet, gik vi til den nærmeste restaurant, som fortsat havde åben, en TGI Friday. Heldigvis er Gatlinburg en turistby, for i mange mindre byer lukker restauranterne kl. 22 og køkkenet kl. 21, men her fik vi altså mad uden problemer. Og så var der gået endnu en eftermiddag og aften med sightseeing.

På elgjagt
Så er det blevet tid til endnu en biologitime – eller i hvert fald zoologi, og det skal her handle om elge. Elgen er den største af alle hjorte, og nordamerikanske elge

er større end de europæiske. En vestamerikansk elg (der findes også østamerikanske elge, men de er mindre), kan veje op mod 500 kg for tyrenes vedkommende, lidt mindre når det det gælder køerne. En europæisk elgtyr vejer typisk mellem 300 og 450 kg. De største af alle elge er Alaskaelgene, som kan blive over 2 meter høje (igen tyrene) og veje op til 700 kg. Den største, der er blevet registreret, var 233 cm høj og vejede 820 kg, men der er historier om elge, der har vejet op til 1.100 kg. Disse historier er dog ikke officielt bekræftede. De største gevirer kan blive næsten 2 meter fra spidst til spids, og der er god plads til at en person kan ligge udstrakt i geviret – hvilket dog ikke kan anbefales, da elgen nok vil blive vred. Interessant er det i øvrigt, at på amerikansk engelsk kaldes elgen for moose, mens den på engelsk (læs britisk engelsk, men jeg blev engang irettesat af en englænder, for at bruge det udtryk – englændere taler engelsk, andre, fx amerikanere, canadiere, australiere, newzealændere, sydafrikanere og så videre taler afarter, som gør at de kan sætte en betegnelse på – men altså ikke briter – så nu tør jeg ikke) kaldes elk. Kan du huske hvad jeg talte om inden parentesen, for jeg har næsten selv glemt det. En elk er i USA, det vi kalder en wapiti, som er en stor kronhjort, noget større end de danske modeller.

Uanset elgenes nationalitet er de ganske store, når de står lige ved siden af ens bil, hvilket jeg har oplevet nogle gange i Sverige, hvor vi var kørt ud for at se elge ved skumringstid i omegnen af Sälen i Dalarna. Det tog nogle forsøg, men lykkedes til sidst. I USA har jeg også set elge, men bortset fra i zoologiske haver og dyreparker, kun på ret stor afstand. Den eneste gang, hvor vi kom tæt på elge, var da en ko med to kalve krydsede vejen et stykke foran vores bil, men på det tidspunkt var det så mørkt, at vi kun så dem som silhuetter. Men nu må vi hellere komme på elgjagt – altså med kamera, ikke med jagtriffel, for så havde dette afsnit skullet være placeret i kapitlet om "Mord og andre vederstyggeligheder".

Vi er tilbage i 2008 og stedet er Maine i det nordøstligste hjørne af USA. Denne stat er hjemsted for den største elgbestand i de 48 sammenhængende stater, og der findes omkring 75.000 dyr, så her mente vi, at der ville være mulighed for at få øje på en. Desværre er der også store, tomme områder uden mennesker og veje, men med masser af skove, hvor de kan gemme sig, men det til trods…. Og ordet for elg, "moose", kommer fra denne stat og de oprindelige indbyggere i staten, som talte såkaldte algonkinske sprog. De kaldte elgen for "moosu", som betyder "en der river barken af træer", hvilket er en af elgens måder at skaffe sig føde på, ikke mindst om vinteren, og i Maine er der træer nok at tage af, og mange af dem bliver i øvrigt lavet til papir, men det er en anden snak. Men om vinteren, når jorden er dækket af høj sne, udgør bark en væsentlig del af elgenes føde.

Det var en af de lejligheder, hvor vores planer for turen var blevet "ødelagt til det bedre", eller i hvert fald ændret til det bedre af tilfældighedernes spil. Vi kørte ind i staten på Interstate Highway 95, som er en betalingsvej på det første stykke gennem staten. Dengang foregik betalingen med kontanter ved betalingsbåse, hvori der sad mennesker, som tog i mod kontanterne. Jeg går ud fra, at dette ligesom de fleste andre steder er blevet automatiseret siden dengang, men da jeg ikke har været der siden, kan jeg ikke bekræfte dette. I den bås, vi kørte op til, var mennesket en dame, og som de fleste amerikanere, var hun nysgerrig efter at få at vide, hvad vi var for nogen, og hvor vi skulle hen. Vi fortalte hende at vi var danskere, og at vi ikke havde nogen egentlig planer, men havde tænkt os at slå os ned i en by ved navn Elsworth, mest fordi det passede med længden på en typisk dagsrejse. Hun mente imidlertid, at Ellsworth var kedelig, og at vi stedet skulle køre ud til byen Bar Harbor, som ligger på øen Mount Desert Island (landfast via dæmning og bro), for her lå den eneste nationalpark i New England, Acadia National Park. Da vi jo altså ikke havde nogen særlig grund til at køre til Ellsworth (som vi dog passerede undervejs), tog vi ikke damen på lårene – det må man ikke i disse #metoo! tider – men på ordet, og det må man vist nok stadig. Så vi kørte til Bar Harbor og fandt et dyrt hotel. Det har jeg fortalt om i et afsnit i min forrige bog, der hedder "Det var pejsen, der gjorde det" (det er afsnittet, ikke bogen, der hedder sådan), og i et andet afsnit i samme bog, "Spadseretur til Canada", fortalte jeg om, hvordan vi næste dag kørte ad US Route 1 langs kysten til byen Calais ved grænsen til Canada, og spadserede over denne, spiste frokost i Canada, og havde problemer med at overbevise en amerikansk grænsevagt om, at vi ikke var ude på lusk, da vi kom spadserende tilbage.

Da vi kom tilbage til USA efter vores udflugt, skulle vi hente vores bil, som stod parkeret ved det lokale visitorcenter. Inden vi forlod byen, gik vi her ind og talte med en dame (det er tit, men ikke altid damer, som passer den slags steder). Hende fortalte vi, at vi egentlig ikke havde nogen planer, men at vi da gerne ville se (og fotografere) en elg. Hun foreslog så, at vi skulle besøge byen Millinocket omkring 100 miles nordvest for Calais, da dette var (sagde hun) Maines elgcentrum. Da vi ikke havde andre planer (se ovenfor om besøget i Bar Harbor), gjorde vi som damen sagde. Det betød, at efter at være kommet ind i bilen satte vi kursen mod nordvest. Det var før vi fik gps, så vi måtte ty til vores trofaste Road Atlas for at finde den rigtige vej, men det gik endda. Inden vi forlod byen helt, gjorde vi dog holdt et sted ved Saint Croix River, som danner grænsen mellem USA og Canada på de kanter. Men ellers fortsatte vi ad US 1, som selv om den betegnes som en hovedvej, bestemt ikke ligner en moderne hovedvej alle steder. US 1 er den længste hovedvej på østkysten, og den starter helt nede i Key West i det sydlige Florida næsten 4.000 km syd for slutpunktet i Maine. På det meste af strækningen i Maine er det en tospors vej, og dengang kunne store dele af den oven i købet trænge til en omgang ny asfalt. Vi blev på hovedvejen i omkring 60 km til en by med det kreative navn, Topsfield. Her måtte vi forlade US 1 og begive os ud på noget mindre veje, og den første var Maine Route 6, som vi blev på yderligere 45 km, hvor det gik nærmest stik vest til byen Lee. Hvis vi ikke havde været det før, så var vi i hvert fald nu kommet ind i Maines skove – vi var omgivet af træer på alle sider, måske lige bortset fra under os. Fra Lee gik det så nordvest på ad den endnu mindre County Road 157 (jo flere cifre, jo mindre vej – i hvert fald som hovedregel). Undervejs mod nordvest passerede vi to større veje, US 2, som også kun er to-spors på disse kanter, selv om den har fire spor mange andre steder, hvad vi skulle opdage næste dag. Derimod har I-95 fire spor – og som alle interstates er den motorvej også her. Begge disse veje har deres henholdsvis østlige (US 2) og nordlige (I-95) endepunkt noget nordøst for Millinocket ved grænsen til Canada. I-95 begynder i Miami, mens US 2 begynder på vestkysten af USA i byen Everett i staten Washington, men da den er afbrudt undervejs ved de store søer, er den "kun" 3.400 km lang.

Nå, men vi kunne nu for alvor mærke, at vi var i Maine på de mange, en anelse underlige stednavne, vi mødte, som fx Penobscot (flod) og Mattawamkeag (by og flod) mellem Lee og Millinocket. De fleste af disse navne stammer fra ord på de lokale indianeres sprog, men det er kun de færreste, jeg kender betydningen af. Lige før vi kom til Millinocket, passerede vi gennem East Millinocket, og kort efter kørte vi over en sø, Dolby Pond, og omkring denne sø stod der flere advarselsskilte om, at man kunne møde elge på kørebanen, så vi var klar over, at vi var på rette spor. Vi fandt et hotel og fik et værelse, hvor vi slappede af en times tid. På værelset lå flere brochurer for firmaer, som arrangerede elgture i området, men ingen af dem havde ture den dag, vi var i på besøg, så vi blev enige om at finde et sted at spise, og så senere selv køre ud for at lede efter elge omkring mørkets frembrud, hvor elgene typisk kommer ud fra skovene for at græsse i eller ved søerne – eller hvad de nu gør. Vi fandt imidlertid ikke noget spisested, der tiltalte os, da de fleste var lukkede, selv om vi både kørte rundt i Millinocket og også vendte tilbage til East Millinocket, så i den sidste ende besøgte vi en Subway, hvor vi købte et par sandwich og et par vand, som vi tog med hjem til hotellet. Det viste sig (da jeg undersøgte sagen, efter at vi kom hjem), at både Millinocket og East Millinocket havde været hjemsted for meget store papirmøller, men firmaet, som ejede dem, var netop gået fallit, møllerne var blevet lukket, og de ansatte fyret, lige inden vi kom til byen, så måske var det derfor at så mange spisesteder var lukkede? Lukkede var de i hvert fald og i det hele taget så begge byer noget mistrøstige ud.

Heller ikke med elgjagten havde vi succes. Vi kørte ud til søen, hvor vi havde set advarselsskiltene, men elgene havde åbenbart valgt at blive hjemme, eller også holdt de sig bare væk fra vejen og den del af søen, hvor vi befandt os, for vi så ikke en eneste; heller ikke da vi kørte lidt rundt i området. Til gengæld så vi flere militærmindesmærker i nabolaget, som var bygget op over samme læst. Nogle polerede mindesten med navnene på de lokale, der var faldet i diverse krige siden Den Spansk-Amerikanske Krig, og ved siden af en parkeret kampvogn. Hvorfor det lige skulle være dette våben, der var udstillet, er jeg ikke klar over, men måske har den del af Maine haft et kampvognsregiment – eller også har man kunnet få en masse af dem billigt på et overskudslager. Og så så vi en masse, der hed noget med Katahdin; Katahdin Street, Katahdin General Store, Katahdin Higher Education Center, Katahdin Forest Management, Katahdin Critters m.fl. Dette skyldes nok, at Maines højeste bjerg, Katahdin ligger lige nord for byen (ikke Mount Katahdin, som der står på de fleste kort, men kun Katahdin, som i sig selv betyder "Det mest storslåede bjerg" på abenaki, et sprog som de lokale abenakiindianere talte, og så vil det jo være dobbeltkonfekt at sætte Mount foran ifølge de lokale indbyggere). Katahdin er i øvrigt det nordlige endepunkt for vandrestien, Appalachian Trail, som slutter helt nede i Georgia.

Så vi fik set en hel del på dagen, men desværre ingen elge.

Et hus, jeg aldrig har besøgt
Når du, kære læser, læser overskriften vil du sikker tænke, at der da må være mange huse i USA, som jeg aldrig har besøgt, og det er også ganske rigtigt. Der

er ganske mange huse, jeg aldrig har besøgt, mange tusinde gange flere end huse, jeg HAR besøgt. Så når jeg alligevel bruger denne overskrift, er det selvfølgelig fordi, historien handler om et hus, som jeg gerne ville have besøgt, og som jeg altså har forsøgt at besøge, men uden held. Vi er i Virginia, nærmere bestemt i forstaden Arlington lige uden for Washington DC, og huset, som jeg altså ikke har besøgt, er Arlington House, som ligger centralt på den nationale kirkegård af samme navn. Men først lidt forhistorie, som giver dig endnu mere unødvendig paratviden, men af med det skal jeg.

Bygningen (at kalde det et hus er en underdrivelse, for det er faktisk et stort palæ, hovedbygningen på en tidligere plantage), blev opført på foranledning af en mand ved navn George Washington Parke Custis. Opførelsen strakte sig over en længere årrække, men bygningen stod færdig i 1818. Den blev opført på et 440 hektar stort landområde, som Custis' far, John Parke Custis, have købt i 1778 (på det tidspunkt var Arlington ikke en forstad til Washington, da byen endnu ikke eksisterede), og havde døbt Mount Washington efter George Washington, ligesom sønnen også var opkaldt efter denne herre. Bygningen ligger da også på en bakke med udsigt over Washington og The Mall, som, eftersom byen altså ikke eksisterede, da John Custis købte området, ikke var til at se dengang – men det er området altså i dag. John Custis var søn af Daniel Parke Custis og dennes hustru, Martha Dandridge. De nåede kun at være gift i syv år, så døde Daniel og to år senere, i 1759, giftede Martha sig igen; denne gang med en forholdsvis ukendt officer i den britiske hær, George Washington, og John Custis var derfor den senere general og præsidents stedsøn, og navnet "Washington" går da også igen i flere generationer af familien. Og nu havde Washingtons stedbarnebarn, hvis der er noget, som hedder sådan, altså ladet palæet opføre. George Washington Parke Custis var selv gift med Mary Lee Fitzhugh, og nu nærmer vi os sagens kerne. De to ægtefæller døde med få års mellemrum i midten af 1850'erne. De havde fem eller seks børn, hvoraf kun ét, datteren Mary Anna Custis, overlevede barndommen, og da forældrene døde, arvede hun såvel palæet som resten af plantagen. Hun, der altså var stedoldebarn af George Washington, mødte en søn af en af Washingtons generaler fra Den Amerikanske Revolution, Henry "Lighthorse Harry" Lee III og dennes hustru, Anne Hill Carter Lee[32]. Sønnen, som hun også

---

[32] Som kuriosum kan jeg nævne – også lidt for at prale af mine bekendtskaber – at nogle af mine amerikanske venner nedstammer fra Anne Hill Carter Lees fætter, og navnet Hill

194

giftede sig med, hed Robert Edward Lee, og han skulle senere blive øverstkommanderende for sydstatshæren under Den Amerikanske Borgerkrig.

"Ja, ja, jeg skal nok, jeg skal nok" (som Kjeld siger i Olsen Banden filmene, når Egon skynder på ham). Og jeg skal nok komme til sagen – altså om lidt. Efter den tids skik var det Lee, som kom til at stå som ejer af plantagen efter at han havde giftet sig med Mary Anna, og da krigen brød ud, blev hans ejendom konfiskeret af nordstaterne med den begrundelse, at han "ikke havde betalt ejendomsskat til en værdi af $92,07!" (ca. 1.500 nutidsdollars), hvilket nok også havde været for meget at forvente af chefen for fjendens hær. Og hvorfor skulle han egentlig betale skat til Unionen, eftersom hans ejendom jo lå i Virginia, som havde løsrevet sig? Men konfiskeret blev ejendommen altså (den lå for tæt på Unionens hovedstad til at Lee kunne gøre noget ved det), og for at være sikre på, at Lee aldrig kunne vende tilbage til Arlington, anlagde man en kirkegård på den jord, man havde konfiskeret. Dette skete ikke mindst på foranledning af nordstaternes "Quartermaster General" Montgomery Meigs, som ikke brød sig ret meget om Lee. Jeg kunne fortælle en lang historie om kirkegården, men nu skal jeg nok stoppe. Næsten! Nogle år efter borgerkrigen, i 1882, erklærede USA's Højesteret konfiskationen for ulovlig, men eftersom man jo ikke kunne grave de døde op og give Lee's efterkommere (Lee selv var død i 1870 og Mary Custis Lee i 1873) deres plantage tilbage, måtte de i stedet give en erstatning. Det foregik dog på den måde, at parrets søn, Custis Lee, faktisk fik plantagen tilbage "på papiret", men med det samme solgte den til regeringen for $150.000, svarende til ca. 3,5 millioner 2021-dollars. Kirkegården er i dag kendt som Arlington National Cemetery, og mere end 400.000 er begravet her. Det gør den til den næststørste nationale kirkegård i USA. Men nu er det også slut med historietimen for denne gang. I dag er Arlington House indrettet som et Robert E. Lee museum, og det var derfor, jeg ville besøge det.

Ved vores første besøg på kirkegården, spadserede vi op til Arlington House, kun for at opdage, at bygningen var lukket på grund af renovering, men ved den lejlighed var det, at vi kunne konstatere at Lee og hans familie havde haft en nydelig udsigt fra deres lille knaldhytte. To år senere var det, at vi gik en kort spadseretur i Washington DC på omkring 20 kilometer, hvilket du kan læse om i afsnittet "De

---

anvendes stadig som for- og mellemnavn i familien, mens Carter stadig er efternavn for dele af slægten.

første ømme fødder", når du kommer så langt, hvis du ikke har snydt og allerede har læst det. En del af spadsereturen omfattede Arlington Kirkegården, og vi så Kennedyernes grave, monumentet over de dræbte fra Challenger rumfærgens forlis, feltmarskal John Dills grav, Den Ukendte Soldats Grav og selvfølgelig mange andre grave, hvor kendte som ukendte (i hvert fald ukendte for os) lå begravet, men selv om det var en særdeles varm dag, trodsede vi middagsheden og begav os op af bakken til Arlington House, hvor Dorte endnu en gang ville nyde udsigten, mens jeg altså gerne ville besøge bygningen. Dorte er (eller var) imidlertid ikke så interesseret i Den Amerikanske Borgerkrigs historie som jeg er, så hun var ikke interesseret, og som jeg har nævnt andetsteds i bogen, i tilfælde af stemmelighed, er det kvindernes stemmer, der er afgørende, så jeg måtte forlade stedet med uforrettet sag (i øvrigt var de ikke helt færdige med renoveringen, som også havde været i gang to år tidligere, men bygningen var da åbnet.)

Så gik der en del år, før jeg kom til Washington igen – eller i hvert fald til Arlington. I 2004 nøjedes vi nemlig med at køre forbi kirkegården, men 10 år senere var jeg på tur med Tim, og vi skulle bo på et hotel i Arlington (som altså er en forstad til Washington). Da vi kom fra Williamsburg, ikke langt fra hovedstaden, kom vi imidlertid alt for tidligt til at kunne få vores værelse, så for at fordrive tiden kørte vi nord på for at se Great Falls of the Potomac, men da vi kom tilbage til Arlington, var det stadig for tidligt, så vi besluttede os for at aflægge et besøg på kirkegården, hvor Tim ikke havde været siden 2000. Da det var om muligt endnu varmere end ved tidligere besøg og samtidigt særdeles fugtigt, ville vi ikke gå rundt, men tog en af de gratis "hop on – hop off busser", som kører rundt på kirkegården, når der ikke lige er begravelse, hvilket der er i gennemsnit mellem 25 og 30 gange om dagen, dog ikke i weekender Det sidste sted, vi stod af, var netop ved Arlington House, for nu havde jeg jo en historieinteresseret og –uddannet ledsager med, så nu skulle huset besøges. Denne gang var det da også åbent, så vi kunne komme ind. Det kunne vi bare ikke alligevel, næh nej. Da vi havde aset os fra vejen op til huset på toppen af bakken, stod der et skilt på trappen, der fører op til indgangen. Dette skilt advarede besøgende mod at gå ind. Huset har ikke aircondition, og temperaturen inden for, var så høj (mellem 50 og 60 grader) på grund af den bagende sol uden- og ovenfor, at der var en endog særdeles stor risiko for, at man ville få hedeslag. En vagt stod uden for og stoppede folk og advarede dem om at lade være, selv om han ikke hindrede de, der insisterede. Han fortalte dog, at man allerede havde måttet hente et par stykker, som var blevet dårlige, ud af bygningen. Vi valgte derfor at gøre som anbefalet og blev udenfor. I stedet gik vi omkring og nød udsigten ind over Washington, indtil den næste bus kom. Så fortsatte vi busturen tilbage til kirkegårdens Visitor Center, hvorfra vi svedende tran gik tilbage til bilen og kørte til hotellet, hvor vores værelse nu var klart. Men det fordømte palæ har jeg altså endnu ikke fået besøgt!

Fotografering forbudt

Las Vegas er ikke det eneste sted, hvor jeg, eller rettere vi, blev forhindret i at tage billeder (se slutningen af afsnittet Spillegale spiser hurtigt). Det skete også New Mexico, og det var endda udendørs på offentlig vej. Denne oplevelse havde Tim og jeg i 2012, da vi skulle køre fra Santa Fe til Carlsbad. To år senere var vi igen på de kanter, da vi kørte fra Tucson i Arizona til Carlsbad i New Mexico, en tur på ca. 500 miles (godt 800 km), som vi fik op på lidt over 900 km ved at køre en mindre omvej. Vi ville nemlig ved den lejlighed se White Sands National Park, som lå noget nord for den direkte rute. White Sands er, som navnet antyder, kendt for sine hvide sandklitter, som faktisk ikke er almindeligt sand, men forstøvet gips. Her gik vi en tur i klitlandskabet, men ikke så langt fra vejen, da der ikke er afmærkede stier i klitterne, og det sker faktisk af og til og med jævne mellemrum (eller hvad det nu hedder – af og til er det svært at udtrykke sig præcist, i hvert for for mig), at nogen farer vild, af og til med fatale følger en gang i mellem eller hvad det nu hedder, hvilket var sket for et tysk ægtepar kort før vi besøgte stedet. Omvejen førte os også gennem Alamagordo og forbi Holman Airforce Base og White Sands Missile Range. Nationalparken ligger faktisk inden for missilområdet, og det samme gør Trinity Site, stedet hvor den første atombombe blev bragt til sprængning i 1945. Trinity Site ligger dog omkring 100 km nord for nationalparken, og der er kun adgang to dage om året, den første lørdag i april og den første i oktober – dog den anden lørdag i oktober i 2022. Hvorfor? Jeg aner det ikke. Der er også kun plads til et begrænset antal mennesker (2-3000), så eftersom Tim og jeg var i området i juli, kørte vi ikke dertil – og vi var egentlig heller ikke særligt interesserede i at blive bestrålet. I stedet forsatte vi gennem et reservat for mescaleroapacherne og de bjerge, Sacramento Mountains, som reservatet ligger i, mod "UFO byen" Roswell, som vi altså også havde besøgt to år tidligere.

Fra Roswell kørte vi mod syd mod Carlsbad, og undervejs kom vi gennem byen Artesia, og det var her det gik galt. Byen har sit navn fordi den tidligere var kendt for sine artesiske brønde (hvor vandet springer, uden at skulle pumpes op), men det underjordiske vandreservoir som byen lå over, blev udtømt allerede omkring 1920, da man brugte alt vandet til kunstvanding. Kældrene under en af byens skoler var tidligere indrettet som et såkaldt "fallout center", hvor befolkningen kunne søge tilflugt i tilfælde af radioaktivt nedfald fra en eventuel atomkrig; 2000 mennesker var der plads til. Bygningerne fungerer ikke længere som skole, men om der stadig er beskyttelsesrum, skal jeg ikke kunne sige.

Byen er også hjemsted for New Mexicos største olieraffinaderi, og det ligger faktisk på hovedgaden! Da vi opdagede det, to år tidligere i 2012, trak jeg (som var chauffør) ind til siden, så Tim kunne få taget nogle billeder. Mens vi holdt der, kørte en bil fra den lokale sherif op på siden af os (indersiden), da han var kørt ind på en parkeringsplads. Jeg regnede med, at han ville bede os om at flytte os, fordi vi spærrede det meste af den ene af de fire vejbaner, men det var ikke tilfældet. Han fortalte os, at det var forbudt at fotografere raffinaderiet, og at Tim derfor skulle slette de billeder, han havde taget, og det ville lovhåndhæveren gerne se på, at han gjorde, så Tim var nødt til at makke ret. Vi har derfor ingen billeder af dette raffinaderi fra 2012, men tog et par stykker i 2014 uden at blive antastet af emsige sheriffer. Jeg forstår så i øvrigt heller ikke helt forbuddet, da man kan finde adskillige billeder af raffinaderiet på internettet og Google Streetview har også gode billeder. Men vi måtte altså ikke fotografere.

Hvor der handles, der spildes

Tabasco Country Store på Avery Island. Pænt udvalg!

Dette kapitel handler om at handle (i betydningen købe eller sælge, ikke betydningen reagere) under én eller anden form. Dog kan der selvfølgelig godt forekomme noget udenomssnak eller nogle bi-historier, som ikke har noget med indkøb at gøre – men sådan er det bare. Det, der spildes, er oftest tid, fx den tid læseren spilder ved at læse kapitlet. Det sker dog også at der spildes andre ting, fx penge på varer, der bliver købt, men aldrig brugt. De fleste afsnit handler om indkøb i USA, men i et enkelt blev indkøbene foretaget i Danmark. Her kommer

- *Perle-mor*
- *Lazaroner på shoppetur*
- *Nøgenbadning forbudt*
- *Nød lærer halvnøgen mand at shoppe*

- *Når hot sauce er nødvendig*
- *Ingen adgang for bacon*

Perle-mor

Ja ja. Jeg ved godt at det ikke er sådan, man staver til perlemor, men efterhånden som afsnittet skrider frem, og i hvert fald mod slutningen, skulle det være klart, hvorfor, jeg har valgt at bruge bindestregen. Som flere andre historier i denne bog, foregår også denne i New Orleans, hvilket måske kan skyldes, som jeg har skrevet flere gange tidligere, at det er en af de meget få storbyer i USA, som jeg sætter pris på at besøge. Ellers er jeg som bekendt mest til landskaber, natur og historie – men det er der også en del af i området omkring New Orleans. Jeg har efterhånden besøgt byen en hel del gange, som det også fremgår af afsnittet "Rainy City" i kapitlet om Vejr og vind og flere andre afsnit rundt omkring. Der er dog én New Orleans-tradition, jeg endnu ikke har oplevet live (faktisk to). Den, jeg tænker på her er Mardi Gras (som trods det, at jeg ikke har oplevet det, alligevel har noget med denne historie at gøre). Den anden er en såkaldt jazz funeral (også kendt som en "begravelse med musik"), som jeg har fortalt om i afsnittet "Under mulde" i "Vejen til Petaluma". Sidstnævnte er svært at planlægge, da det jo kræver, at nogen, som har gjort sig fortjent til en sådan begravelse, er døde i passende tid inden mit besøg, og det er endnu ikke sket, så jeg må nøjes med at se videoer af den slags begravelsesoptog på YouTube. Mardi Gras kan nok planlægges lidt nemmere, men det kræver til gengæld, at jeg kan rejse, når det afholdes, og det sker nok først engang, når jeg er gået på pension. Lige nu, hvor jeg ikke selv kan bestemme, hvornår jeg vil holde ferie, er det umuligt.

Denne historie foregår altså ikke under Mardi Gras, som i øvrigt betyder "Fede Tirsdag", hvis du ikke skulle vide det. Vidste du det allerede, betyder det præcis det samme, og så beklager jeg forklaringen. Mardi Gras er den sidste dag før fasten, hvor man må spise rigtig mad. Perioden starter faktisk dagen efter Hellig Tre Konger, og varer altså en måneds tid, og dagen efter Fede Tirsdag, Askeonsdag, starter så fasteperioden, der varer frem til påske. Hvis man altså efterlever de religiøse traditioner, men det er der ikke mange, der gør mere. Hvordan og hvor længe det fejres, er forskelligt fra land til land, og fra by til by. Men her er det altså New Orleans det gælder. Her i byen er fejringerne koncentreret de sidste to uger op til "Fede Tirsdag". Typisk vil der være en parade hver dag, bortset fra de sidste fem dage, hvor flere, meget store, parader finder sted, og hvor der også afholdes baller med mere. I paraderne deltager paradevogne, såkaldt floats, der er lavet af, hvad man i New Orleans kalder "krewes". Mange af disse krewes deltager i de samme parader ad samme rute år efter år. "Besætningerne" på de pyntede paradevogne er klædt ud efter et eller andet tema (kvinder ofte mere eller mindre afklædte). Paraderne foregår flere steder i New Orleans, men de mest kendte er nok paraderne på Bourbon Street og St. Charles Avenue – og det er netop de to gader, der spiller en rolle i denne indkøbshistorie. Traditionelt vil besætningerne kaste "gaver" ud til publikum. Det kan fx være doubloons, mønter af træ eller metal, der er malet i mardi gras farver. En anden ting, som kastes er perlekæder. Oprindeligt bestod disse af glasperler, men senere blev det til billigere perler af plastik, og i de seneste år er "perlerne" blevet mere avancerede, typisk fremstillet af metal, og lavet specielt til det enkelte krew. Også tøjdyr, som er lavet til et krew, er populære. Men denne historie foregår i fortiden, i plastikperlernes tid. Langs St. Charles Avenue vokser der træer, hvilket ikke er så mærkeligt, da størsteparten af gaden ligger i den New Orleans bydel, som kaldes Garden District. Det betyder (træerne altså), at en del af perlekæderne ikke når ud til publikum, men ender i træernes grene, hvor de så får lov til at blive hængende. Det havde vi set på en sporvognstur gennem gaden, og selvfølgelig også da vi spadserede en del af vejen tilbage, så nu ville Dorte have sådan nogle perlekæder, og vi vidste, at man kunne købe dem i The French Quarter eller Vieux Carre, som området hedder på neworleansk.

Bourbon Street er **gaden** i New Orleans. Her er der liv 24 timer i døgnet, med musik, værtshuse, sexklubber, værtshuse, spisesteder, værtshuse, hoteller, værtshuse, voodoo butikker, værtshuse, dansesteder, værtshuse og så videre. I French Quarter er der i alt ca. 400 barer, så man behøver ikke at tørste, når man er på de kanter, og det gør man heller ikke – i hvert fald ikke i forbindelse med karnevallet. I Bourbon Street er der balkoner på stor set alle huse, og i forbindelse med Mardi Gras lejer beboerne disse balkoner ud til mennesker, der gerne vil opleve paraderne på nærmeste hold, og det er ikke småpenge udlejerne beregner sig. Jeg hart hørt om priser på flere tusinde dollars for at leje en sådan balkon en aften. En del tilskuere befinder sig selvfølgelig også i gadehøjde – altså på fortovet, og her i gaden har der udviklet sig den tradition omkring perlekædekasteri, at man kaster perlekæder ned fra balkonerne til publikum på gaden, og hvis man kaster en perlekæde til en kvinde, skal kvinden vise sine bryster. Det er især de unge og yngre, der kastes til, og mange af disse møder forberedte op ved at have efterladt bh'en derhjemme, noget der ellers er nærmest uhørt i USA i dag. Faktisk er det forbudt at kaste ting ned fra balkoner, og det er lige så forbudt at "blotte sig", men i Bourbon Street (og andre steder i French Quarter) under Mardi Gras bærer politiet over med de "skyldige", og der er da også næsten hvert år billeder i lokale aviser af uniformerede betjente sammen med delvis afklædte piger. I øvrigt kastes der også perler den anden vej, altså fra publikum på gaden til kvinder på balkonerne.

Vi fandt en gavebutik i Decatur Street, hvor de solgte de famøse perlekæder en del billigere end i tilsvarende butikker i Bourbon Street, så Dorte fik sin lyst styret, og fik købt 5-6 perlekæder i varierende og changerende farver. I samme butik købte jeg en cd med zydecomusik. Zydeco er en musikform, som i lighed med cajunmusikken, stammer fra dette område, men har flere elementer af kreolsk musik. De vigtigste instrumenter er typisk harmonika og vaskebræt, og musikken tager inspiration fra musik som valse, shuffle (også kaldet triple-step, hvor man tager tager tre dansetrin på to takter), two-step, blues og rock and roll. Der synges ofte på fransk, men også på engelsk. Dorte var ikke specielt begejstret for musikken, men jeg kunne lide den, så vi hørte cd'en en del i bilen på resten af turen – ha ha! Den vandt jeg, og senere gjorde jeg det endnu værre ved også at anskaffe en CD med såkaldt Mountain Music, en afart af country, som Dorte heller ikke var så glad for. I butikken, hvor jeg købte zydeco CD'en, købte jeg i øvrigt også en T-shirt med påskriften *"I have the body of a god"* – og nedenunder med mindre bogstaver *"Unfortunately it's Buddha"*. Ja ja, jeg ved godt at Buddha ikke er en gud, men det var nu engang det, der stod på T-shirten. Efter hjemkomst til Danmark blev Dortes perler hængt op i køkkenet sammen med viskestykker og håndklæder, og der hang de så i nogle år, inden vi smed dem ud. Brugt til noget blev de aldrig. Musikken derimod lytter jeg stadig jævnligt til. Men her kommer altså forklaringen på stavemåden i overskriften. Dorte er mor, og hun ville have perler. Og her var så det første spild – denne gang af penge for en vare, som aldrig kom i brug.

Lazaroner på shoppetur

I 2006 havde Dorte og jeg, ligesom Tim og jeg gjorde en del år senere (se afsnittet "Mord på åben gade" i et tidligere kapitel, bestilt i bustur i Los Angeles, da vi kun havde en enkelt dag i byen. Heller ikke ved denne lejlighed valgte vi en af de ture, hvor man kommer rundt til stjernernes hjem, for dem var vi ret ligeglade med, men bare en rundtur til seværdigheder i selve LA. Blandt disse steder var Hollywoord Bowl, stjernerne på Hollywood Boulevard, Grauman's Chinese Theater, La Brea Tarpits, Disney Concert Hall, Farmer's Market, den ældste del af byen omkring Olvera Boulevard og mange andre steder. Blandt disse andre var shoppinggaden over dem alle i Los Angeles, i hvert fald hvis man har penge nok, nemlig Rodeo Drive. Her finder man de store kendte mærkevarebutikker, så som Louis Vuitton, Gucci, Armani, Chanel, Tiffany, Cartier, Dior, Ralph Lauren, Yves Saint-Laurent, Versace, Tommy Hilfiger, Dolce & Garbana, Vidal Sassoon, Bang & Olufsen m.fl., samt luksusstormagasinerne Saks Fifth Avenue og Neimann-Marcus. Der ligger også mindre kendte, men lige så eksklusive forretninger som fx Boulmiche, der ligger på hjørnet af Rodeo Drive og Santa Monica Boulevard (butikken har faktisk adresse på sidstnævnte gade). Denne butik, der sælger dametøj, blev berømt, fordi det var her, at Julia Roberts blev afvist som kunde af en storsnudet ekspeditrice i filmen Pretty Woman. En anden mindre kendt butik på Rodeo Drive er House of Bijan, der sælger herretøj. Denne butik er efter sigende verdens dyreste tøjbutik og handler kun med kunder "efter aftale". Man kan altså ikke bare gå ind fra gaden. Slips ligger omkring 1.000 dollars, en poloshirt kan fås for $1.800 eller hvad med en vest til $18.000? Jo, du læste rigtigt, der er ikke et 0 for meget. Derudover kan man også købe jakkesæt fra $10.000 og op. Under covid-19 pandemien, kunne man også købe mundbind. De var i ægte silke og kostede en bagatel af $465 (godt 3.400 kroner i redigerende stund). Ifølge vores guide på busturen bruger en gennemsnitskunde ca. $100.000 pr. besøg – og det var altså i 2006. Men først skal du altså have lov til overhovedet at komme ind i butikken. Vi besøgte nu ingen af butikkerne ved lejlighed, men fik da set på dem udefra.

To år senere var vi i den anden ende af landet, nemlig i New York City, hvor vi havde flere dage til at se seværdigheder, og en enkelt halv dag havde vi sat af til shopping, mere Dorte end jeg, men jeg satte dog pris på vores besøg i en boghandel. Men ellers var det Fifth Avenue, der stod for skud. Her finder man stort set de samme butikker som på Rodeo Drive (bortset selvfølgelig fra de lokale butikker), altså Tiffany, Cartier, Dior, Bulgari, Elizabeth Arden, Prada m.fl. I 1900-tallet blev en anden del af denne gade kaldt Millionaire's Row, på grund af de mange herskabelige huse, som byens millionærer byggede her. Det er den del af gaden, som går langs Central Park med udsigt over parken. Nord for denne strækning finder man det, som i dag er kendt som Museum Mile, altså en strækning med adskillige museer, blandt andre Guggenheim Museet, Museum of the City of

New York, National Academy Museum, Metropolitan Museum of Art og flere andre. Dem havde vi kørt forbi på en bustur, så det var ikke her, vi ville gå, for godt nok ville vi shoppe, men ikke efter museumsgenstande.

Den del af gaden, vi nu befandt os på, var strækningen mellem 48th Street og 57th Street, hvor de fleste af de dyre butikker ligger. At de er dyre, har nok noget med mærkenavnene at gøre, men også med huslejen. Denne del af Fifth Avenue regnes for at have den dyreste kvadratmeterhusleje for detailbutikker i hele verden. Inden vi (nok mest Dorte) begyndte at se på butikker, ville jeg gerne besøge St. Patrick Katedralen, den katolske domkirke i New York, som også ligger på Fifth Avenue. Vi blev dog ikke længe i kirken, da der var en gudstjeneste i gang, så vi holdt os nede ved indgangen. Da vi havde set nok uden at forstyrre, gik vi over på den anden side af gaden til en restaurant, hvor vi spiste en gang salat, som skulle gøre det ud for frokost. Vi skulle jo have noget at stå imod med inden en udmarvende shoppetur. Og derefter var det så Dortes tur til at slå sig løs – med at kigge, så det gjorde hun.

Nu må jeg nok afsløre, at Dorte har – eller i hvert fald dengang havde – det med tasker, som jeg har det med kameraer, og nu havde hun sat sig i hovedet, at hun ville have en taske fra Fifth Avenue. Det skulle imidlertid ikke være en Louis Vuitton taske, for det var det mærke, som alle unge kvindelige konfirmandinder i Danmark købte for deres konfirmationspenge, så det var for "almindeligt". Denne trang hos unge piger til at købe Louis Vuitton, irriterede i øvrigt firmaet, for det tog jo noget af eksklusiviteten fra mærket, at alle mindreårige og "almindelige" piger rendte rundt med deres produkter, så for at lukke det hul, satte de simpelthen deres priser op. Om det hjalp, skal jeg ikke kunne sige, men man ser i hvert fald ikke så mange af dem som tidligere – men det kan selvfølgelig være, at det bare er moden, som har ændret sig.

Men skulle det ikke være Louis Vuitton, var der stadig mange modehuse at vælge mellem, og mange af dem solgte tasker, men til sidst faldt Dortes valg på Gucci. Så da vi kom til Guccis butik, gik vi inden for. Her var hele personalet iført sorte jakkesæt med hvid skjorte og bordeaux slips (hvis de var mænd) – de mindede mig en del om bedemandsansatte. Hvis de var kvinder var de i sorte spadseredragter, hvide bluser og et bordeaux tørklæde – og lignede også bedemænd, eller i disse

#meetoo! tider må man vel hellere sige "bedekvinder" og der var måske også bedepersoner af anden kønslig observans end mand eller kvinde. Alle køn var også iført sorte selskabssko. Uanset dette så de en anelse misbilligende på os, der var iført - for Dortes vedkommende – piratbukser, T-shirt og sandaler, og for mit vedkommende – ikke alt for rene shorts, svedig T-shirt (det var hedebølge uden for den airconditionafkølede butik) og bare tæer i sandaler – dog ikke hvide sokker! Det var tydeligt, at i hvert fald nogle af de ansatte tænkte "*Åh nej. Igen sådan et par lazaroner, der ikke har råd til at handle her, og som bare vil ose i en fin butik, og som vi alligevel skal spilde både tid og høflighed på*". Da det gik op for den dame, som trods alt havde valgt at betjene os, at Dorte faktisk mente det alvorligt, når hun sagde, at hun gerne ville se på en taske og antydede, at hun nok også ville købe én, ændrede hun imidlertid helt holdning (måske var hun på provision?), og hun hentede beredvilligt flere tasker frem fra lageret, som Dorte kunne bese. Det endte med, at Dorte valgte den, som hun havde set på først, og som allerede befandt sig i butikslokalet, da vi kom ind i forretningen. Og sådan er det altid med Dorte. Skal hun købe et par sko, ser hun et par, som hun synes om, og derefter bliver den stakkels ekspedient pålagt at hente yderligere 39 modeller frem, inden Dorte beslutter sig for det par, hun først så på. Det samme gælder ved indkøb af tøj osv. – Alt dette sagt af en mand, der taler af laaaang erfaring. Hjemmefra havde Dorte bestemt sig for, at hun ikke ville bruge mere end $1.000 på sin taske, selv om jeg er ret sikker på, at havde den kostet mere, var den blevet købt alligevel. Det gjorde den imidlertid ikke, kun $950, og på grund af den særdeles favorable dollarkurs på netop den tur, var det faktisk kun lige godt 5.000 kr., men det er selvfølgelig også nok for en taske, som kunne have været købt tilsvarende for 99,95 i Bilka. Men vi lod det indgå som en del af ferieudgiften! Da vi nu var der alligevel, og vi havde haft bryllupsdag dagen før, købte jeg en pung til Dorte, som jeg håbede kunne holde lidt bedre på pengene i fremtiden – og den kostede da også kun halvt så meget som tasken.

Senere udviklede Dorte en smag for Gucci. Om hun har den endnu, skal jeg ikke kunne sige, men året efter blev det til endnu en taske hos Gucci på Strøget i København, og året efter igen, da jeg var i Las Vegas uden hende, men med Tim, blev jeg sendt i byen efter en selskabstaske, og det er da også blevet til andre ting senere. Sådan kan det gå til, at en enkelt tur op og ned ad en gade kan skabe afhængighed.

Nøgenbadning forbudt

Vi er tilbage til vores første tur med hele familien, og det var på den tur, at dagsmarcherne var forholdsvis korte, da den yngre del af familien gerne ville have tid til at slænge sig ved hotellernes pøle. Således også på det første hotel, hvor vi havde mulighed for at slænge os. Har jeg fortalt historien før? Så beklager jeg, men så får du flere bogstaver for de samme penge. Vi var ankommet til Knoxville – endestationen i for flyrejsen til USA – dagen før ved midnatstid, og efter at have ventet på bagage og udlejningsbil, var klokken henad 1 om natten USA tid, før vi var på hotellet, og da vi havde været oppe kl. 4 dansk tid, altså mere end 24 timer tidligere, var der ingen, som skulle i poolen (som i øvrigt også havde lukket kl. 22), så i stedet gik vi i seng. Næste dag skulle det derimod være. En del af familien kørte forholdsvis direkte til målet i Cherokee, North Carolina, da de havde mistet en kuffert og skulle shoppe underbukser og lignende undervejs, mens resten af rejseselskabet tog en afstikker til Gatlinburg i Tennessee, hvor vi spiste pandekager til frokost på et IHOP; dog ikke pandekager med syltetøj, men for mit vedkommende med skinke og ananas. Hvad de andre havde på deres, husker jeg ikke længere. Forkortelsen IHOP (som er det daglige navn på kæden) står for de uindviede for International House of Pancakes – og det står i øvrigt for præcis det samme for de indviede. Efter frokosten satte endnu en del af rejseselskabet kursen mod North Carolina, mens den del, jeg tilhørte – og tilhører – blev i byen for at se lidt på denne. Vi ønskede dog hverken at besøge det lokale Ripley's Believe It Or Not museum eller byens berømte museum for salt- og peberbøsser! Jo, sådan et museum eksisterer faktisk, og udstiller mere end 20.000 bøsser fra hele verden. Til gengæld valgte vi at ruinere os selv (syntes vi dengang) med en svævebanetur op til toppen af Crockett Mountain til en pris af 270 kr. i alt for fire mennesker. Siden har vi betalt mere end det i dollars pro persona for andre turistudskejelser, så vi er knap så nærige i dag, som vi var dengang. Fra toppen af bjerget, der ligger ca. 500 m over havets overflade og 150 m over byen, nød vi udsigten, inden vi igen kørte ned og fortsatte til vores mål i Cherokee, hvor vi så antraf resten af selskabet. Og så skulle vi i poolen. Det vil sige, repræsentanterne for den ældste generation valgte at blive på bredden og nyde os andre.

Hotellet, vi havde indlogeret os på, hed og hedder Great Smokies Inn, og det bestod af fire bygninger, anlagt rundt om en slags atriumgård, og det var i denne at poolen var placeret. Ungerne og jeg var hurtige til at komme i badetøjet, mens

Dorte havde nogle andre ting, hun skulle gøre først, så vi gik ned til poolen, hvor vi fandt resten af familien, og så svømmede vi ellers rundt. Efter en rum tid kom Dorte så gående. Fuldt påklædt! Hendes badetøj var ikke med i kufferten, men lå hjemme i Danmark, hvor det ikke gjorde megen nytte, og da nøgenbadning var forbudt, måtte hun holde sig på den tørre jord. Vi blev dog enige om, at vi nok kunne få købt noget til hende den næste dag, men det kunne vi bare ikke! Der var tilsyneladende ingen butikker i byen som solgte badetøj, selv om jeg har set de lokale bade i floden, men de køber måske deres badetøj udenbys eller pr. postordre (der var ingen webshops dengang). Og så er Cherokee en af de få byer, jeg har besøgt, som ikke har den mindste antydning af et supermarked af nogen slags. Her skal man til nabobyen, Bryson City, for at finde et Family Dollar, men for at finde større supermarkeder, der kunne finde på at sælge badetøj, så som Walmart, skal man længere væk. Heller ikke i den næste by, hvor vi ankom om eftermiddagen og tog afsted næste morgen, fandt vi noget, men vi ledte nu heller ikke så grundigt, da der var andre ting, vi hellere ville bruge tiden på.

Næste stop var i South Carolina i en bebyggelse ved navn Santee. Her skulle vi blive i flere dage, så her mente vi, at der måtte være en chance. Men nej. Jeg skal måske fortælle at Santee dengang som nu mest bestod af hoteller, moteller og restauranter ved et motorvejskryds, og den eneste butik vi kunne finde, var et mindre supermarked, og her solgte de ikke tøj. Men næste dag skulle vi til Charleston, og så skulle der købes badetøj! Charleston er en pænt stor by med over 120.000 indbyggere, så her er jeg sikker på, at der må være badetøjsforretninger. De lå imidlertid ikke i det område, hvor vi gik omkring, så heller ikke der lykkedes det at blive forsynet. På vej tilbage mod Santee, kørte vi ud gennem Charlestons nordlige forstæder i stedet for at tage motorvejen ud af byen, fordi vi ikke lige syntes, at vi ville tage den mest direkte vej tilbage til Santee og vores hotel. På vejen gennem udkanten af byen så vi en butik, som så ud til at kunne sælge noget i retning af badetøj, men det var i et af byens mindre pæne kvarterer, faktisk så lidt pænt, at vi valgte at låse dørene, når vi holdt ved stoplys, så vi var derfor lidt nervøse for at parkere og forlade bilen, så det gjorde vi ikke, og Dorte måtte endnu engang vende tilbage til hotellet og en pool, med uforrettet sag og nøjes med at se på, mens vi andre svømmede omkring.

Næste dag skulle det endelig lykkes. Vi var nu tilbage i North Carolina, i den endnu større by, Raleigh, som også er statens hovedstad. Med godt 400.000 indbyggere i selve byen og med 1,3 millioner i hovedstadsområdet, var der butikker nok. Hvem, der havde spottet, at der også var et outletcenter, kan jeg ikke huske, men i hvert fald besluttede de kvindelige rejsedeltagere at besøge dette Mekka for billigshoppere, mens herrerne hoppede i poolen. Her lykkedes det endeligt for Dorte at få noget tøj til at gå i vandet med (og så vidt jeg husker også et par andre ting fra de mange tøjbutikker), så da hun vendte tilbage til hotellet, gik hun straks op for at skifte og kom så ned til poolen, hvor vi andre allerede var. Desværre var det så som så med svømmeriet, da der var så mange unge mennesker i poolen, at vi kunne gå på vandet – eller rettere på deres hoveder. Men efterhånden forsvandt de – sikkert for at indtage føde – se også historien "11 mennesker og ét æble", som foregik på samme hotel næste dag – og så kunne vi endeligt få mere end bare dyppet tæerne. Så historien fik en lykkelig udgang, selv om Dorte havde måttet holde sig oven vande det meste af den første uge.

Nød lærer halvnøgen mand at shoppe

Her det, at man skal passe på både sær skrivning og særskrivning og kende forskellen på en en halvnøgen mand og en halv nøgen mand, ellers bliver det hurtigt makabert, men jeg tror at det gik!

Der er ikke tit Tim og jeg køber tøj i USA, og når det endelig sker, er det normalt i Walmart, hvor tøjet er billigt og faktisk ganske godt. For mit vedkommende vil det typisk være skjorter eller T-Shirts – af og til sokker, mens Tim oftere køber shorts og/eller underbukser. At tøjet er holdbart, viser følgende to historier: Da jeg for knap to års tid siden (december 2022) sad og bladrede i mine dagbøger fra tidligere ture, faldt jeg over et foto fra 2010, som Tim må have taget, da det var mig, der var "modellen". Da jeg så nærmere på mig selv, altså på billedet; jeg havde ikke noget spejl ved hånden, mente jeg at kunne genkende den T-shirt, jeg havde på. Og ganske rigtigt; det var den samme, som jeg havde taget på samme morgen. Da jeg læste videre i dagbogen, kunne jeg se, at jeg først købte en skjorte og en T-shirt et par dage senere, så den T-shirt, jeg var iført, blev altså købt senest i 2008, da vi ikke var afsted i 2009 og måske endda før, og den holder endnu, selv om den har været brugt flittigt i de forløbne år. Den er selvfølgelig noget forvasket, men so far uden huller. Det år, altså i 2010, købte jeg faktisk en skjorte i Walmart, og også den holder endnu – og i modsætning til T-shirten, kan man faktisk ikke se, st den hart været brugt, selv om jeg nok har haft den på en gang om måneden siden i gennemsnit. Og priserne er til at holde ud: Faktisk kan jeg typisk få fem eller seks skjorter i Walmart for samme beløb eller mindre end, hvad jeg skal give for en enkelt skjorte herhjemme. Så altså ingen mærkevarebutikker til os, heller ikke i outlets. Vi tager simpelhen ikke til USA for at shoppe tøj – og kun sjældent andre ting.[33]

Men af og til kan vi blive tvunget af omstændighederne, til at købe tøj andre steder end Walmart. Ved en bestemt lejlighed, det var i øvrigt også i 2010, hvor jeg købte skjorten, blev Tim "tvunget" af omstændighederne til at købe et par shorts, selv om det ikke var planlagt. Dette indtraf under et besøg i Yellowstone National Park. Jeg husker ikke præcis, hvad der skete, men det var noget i denne stil: Normalt må man kun stoppe sin bil i nationalparken på de dertil indrettede parkeringspladser samt såkaldte pull-outs (en slags vigepladser), men ofte stopper trafikken alle mulige andre steder, når en eller anden har set, eller tror at have set et eller andet dyr. Da man heller ikke kan overhale, tvinger det jo også alle andre til at stoppe, og ved en sådan lejlighed stod der adskillige mennesker uden for deres biler og gloede efter et eller andet. Så da vi alligevel også holdt stille, stod vi også ud af bilen for at se, hvad det var, der havde vakt al denne opmærksomhed. Det viste sig at være – af alle dyr – en såkaldt wapiti (en stor kronhjort); det mest almindelige hjortedyr i parken, som man ser overalt, men måske havde den forreste bil aldrig set noget lignende før. Vi synes imidlertid ikke, at det var specielt interessant, så vi gik tilbage til bilen, og da vi satte os ind i denne, revnede Tims shorts i bagdelen – meget. Så meget at han absolut ikke kunne fortsætte dagen i dem! Vi kunne så vælge at køre de 40 miles tilbage over bjergene til vores hotel og hente et par andre, eller vi kunne fortsætte og håbe, at han kunne finde nogen i en af butikkerne i Canyon Village, som på det tidspunkt, var den nærmeste af parkens landsbyer. Vi valgte denne løsning og fortsatte mod "landsbyen". Den første butik, vi kom ind i, var en general store, og her havde de masser af tøj af forskellig slags, men desværre ikke shorts – bortset fra badeshorts, og det var ikke netop det, Tim var på udkig efter. Heldigvis for ham lå der også en jagt- og sportsforretning, som ikke bare havde shorts. De havde dem også i hans størrelse, og

---

[33] I juli 2022 besøgte vi dog en Ross Dress for Less i Texas, da jeg kun havde et par shorts med, og mente, at det nok var for lidt. Jeg fandt dog ikke nogen, jeg kunne lide, så heller ingen shopping ved den lejlighed.

efter en tur i prøverummet, kunne han konstatere, at de passede præcis, og de var oven i købet til nedsat pris. Han betalte ved kassen og gik så tilbage til prøverummet og skiftede, og så var vi klar til at fortsætte.

I øvrigt må jeg lige have med, at da vi senere skulle tilbage til hotellet efter dagens udskejelser, tog vi en lidt anden vej. Yellowstone Grand Loop, som den gennemgående vej i nationalparken hedder, har form som et ottetal, og da vi kørte mod syd fra vores hotel i Montana, havde vi fulgt den østlige gren af ottetallets øvre del, og da vi skulle hjem tog vi så den vestlige gren. Også denne førte naturligvis gennem bjergene (faktisk ligger selv de laveste dele af nationalparken i over 2.000 meters højde over havet og vejen når op i 2.700 m gennem Dunraven Pass), og igen gik trafikken i stå foran os. Da Tims shorts nu var nye og friske, dristede vi os igen ud af bilen (det havde vi nu været en del gange i løbet af dagen). Denne gang stod der en parkranger, som forsøgte at få folk til at køre videre (forholdsvis forgæves), så vi spurgte ham om, hvad det var, folk kiggede efter. Han kunne så fortælle, at den bil, der havde stoppet først – eller i hvert fald de, der sad i bilen – var sikre på, at de havde set et tykhornsfår (bighorn sheep) oppe på bjergsiden, men han kunne ikke selv se det, end ikke ved brug af kikkert, og mente, at det nok bare var en skygge, de havde set, så nu ville han gerne have folk til at fortsætte, så de ikke blokerede vejen. Da vi heller ikke kunne se noget får, gik vi tilbage til bilen og ventede roligt til trafikproppen, ved rangerens hjælp, havde opløst sig, og vi kunne fortsætte.

Tim er imidlertid ikke den eneste, som har følt sig nødsaget til at købe tøj. Det samme har jeg, selv om min episode ikke var slet så dramatisk, men måske gjorde mere ondt. Dette foregik på min forårstur til det vestlige North Carolina i april 2019. Ved denne lejlighed havde jeg besluttet mig for en tur på Blue Ridge Parkway – som jeg altid gør, når jeg er på de kanter. Nede i lavlandet, hvor jeg var indkvarteret, var vejret den morgen ganske pænt. Solen skinnede, og da jeg kørte fra mit Bed and Breakfast ved 8.30 tiden, lå temperaturen omkring 20 ° C. Det gik imidlertid over, da jeg kom op i bjergene, hvor temperaturen faldt mere og mere jo højere, jeg kom op. Da jeg nåede en tankstation kort før det sted, hvor jeg havde besluttet mig for at køre på parkvejen, købte jeg en stor kop kaffe i et papkrus med låg (to-go krus) – og som sædvanligt på tankstationer, var kaffen både god og varm. Ofte er den kaffe, man får på tankstationer i USA, efter min mening en del bedre end den, man får på restauranter, hvor kaffen ofte er af en karakter, som passer godt til et udtryk, jeg for mange år siden lærte af min far, når kaffen var for tynd: *"Her hjælper hverken tro eller håb; her hjælper kun bønner"*. Da jeg kom op på parkvejen, faldt temperaturen på bilens termometer til omkring -5 C, og der lå lidt nysne i græsset i vejsiden. Nu var det så, at jeg ville have en tår af min nys indkøbte kaffe, og da jeg satte kruset for munden (jeg ved godt, at man ikke skal køre og drikke samtidigt, men det gjorde jeg altså, og det havde ikke ændret noget, om jeg havde holdt stille), faldt låget af kruset, og den varme kaffe løb ud og ned over mig og ikke mindst den lysegule skjorte, jeg havde valgt at iføre mig den dag. Som nævnt var kaffen varm, så det føltes ikke specielt behageligt, og skjorten så mildest talt underlig ud med en stor brun og våd plet. Da jeg havde mange andre ting på programmet den dag, mente jeg, at der måtte gøres noget. Der er ikke mange indkøbsmuligheder på Blue Ridge Parkway, så jeg så ikke anden udvej end at køre tilbage til mit B&B, hvilket ville spilde et par timer, og det samme tilbage, hvis jeg skulle fortsætte min tur på parkvejen.

Inden jeg nåede den næste frakørsel, kom jeg imidlertid forbi et af vejens visitor centre, Cone Park Visitor Center, og her kørte jeg ind. På min Blue Ridge Parkway app kunne jeg se, at der her var toiletter, og så mente jeg, at jeg måske kunne få skyllet noget af kaffen af skjorten. Men inden jeg nåede så langt, opdagede jeg, at der også var en lille "gift shop", en souvenirbutik, og her mente jeg, at de måske havde en T-shirt, så jeg gik tilbage til bilen og bevæbnede mig med den jakke, jeg havde liggende på bagsædet, så den kunne kamuflere pletten. Den skulle altså kamuflere pletten på skjorten, når jeg fik den på – jakken, ikke skjorten – og lå ikke på bagsædet for at kamuflere en plet der. Af og til får jeg rodet mig ud i nogle rodede sætninger, så ingen forstår, hvad jeg mener, men jeg tog altså jakken på, så man ikke kunne se pletten på skjorten, og så gik jeg ind i butikken. Her havde de da ganske rigtigt også flere T-shirt, og mens jeg så på dem, samtalede jeg med damen bag skranken, som fortalte, at da hun var mødt på arbejde nogle timer tidligere, havde det sneet, men at vinden var så kraftigt at frostsneen blev blæst væk fra de asfalterede områder og nu lå i græsrabatterne langs disse. Termometeret lige uden for butikken havde vist 18 ° fahrenheit, hvilket er næsten -8 celsius, så jeg besluttede mig for en langærmet T-shirt. Jeg fik også købt et eller andet plysdyr til mit barnebarn, og så gik jeg tilbage til bilen, hvor jeg (gemt bag dennes bagklap) smed jakke og skjorte og iførte mig T-shirten, inden jeg smed den plettede skjorte i bagagerummet og steg indenfor. Jeg ved ikke hvad vindens chillfaktor var, men det var godt nok koldt at stå med nøgen overkrop, så inde i bilen satte jeg faktisk varme på i stedet for aircondition en kort stund, indtil jeg igen kunne føle, at jeg havde en overkrop.

Da jeg kom ned i lavlandet nogle timer senere, fortrød jeg lidt den langærmede, for da jeg holdt en pause på en rasteplads, kunne jeg se at temperaturen nu var 88 ° F, hvilket svarer til godt 31 ° C. Senere på dagen besøgte jeg en af mine gode venner i området, som jeg fortalte om mit lille uheld. Hun tilbød at vaske min skjorte, og selv om jeg afslog, insisterede hun, og så kunne jeg få den tilbage, når vi skulle mødes igen senere på ugen, og sådan gik det til, at også jeg blev tvunget omstændighederne – her min egen klodsethed og en dårligt lukket kaffekop – til at købe nyt tøj.

Når hot sauce er nødvendig

Hvad skal man få tiden til at gå med mellem to forskellige planlagte aktiviteter? Man kan selvfølgelig køre tilbage til sit hotel og tilbringe de næste syv-otte timer med at ligge på ryggen på sengen og stirre op i loftet, mens man måske af og til døser hen. Man kan læse en bog eller se tv, eller man kan bruge sin tablet til at surfe på internettet, sende mails og så videre. Man kunne selvfølgelig også bevæge sig uden for værelset, eller helt lade være med at tage hjem til det, og bare blive ude i naturen eller opsøge en eller flere seværdigheder. Mulighederne er faktisk legio, så det er bare om at vælge. Og vi (Tim og jeg) valgte at tage på indkøb! Det er ellers ikke en trang, der plager os voldsomt, og det var da heller ikke et helt almindeligt indkøb, vi begav os ud på.

Året var 2016, og vi havde slået os ned et par dage i den lille by Slidell i Louisiana; ok, måske er byen mellemstor med sine godt 27.000 indbyggere. Dagen før den historie, jeg nu skal fortælle, havde vi været ude og prøvesmage alligator – hvilket du kan læse mere om i "Vejen til Petaluma" (en tidligere bog, som jeg kun har omtalt ganske få gange i denne ☺). Den dag, hvor indkøbsturen fandt sted, havde vi været på en formiddagstur i Honey Island Swamp for at se på alligatorer, hejrer, snegle og sumpcypresser, amerikanske lotusblomster, sumpliljer, og hvad sådan en sump ellers er fuld af – bortset fra vand. Vi så selvfølgelig også vandet, men det kan man jo se så mange steder. Turen var overstået omkring klokken 11 om formiddagen, og nu skulle vi så bare vente på, at vi skulle ud på en tilsvarende tur om aftenen, hvor vi håbede at få lov til at se Louisianas svar på Bigfoot eller Den afskyelige Snemand, som skulle bo i netop denne sump. Men vi skulle altså finde på noget at foretage os i mellemtiden, da aftenturen først skulle afgå kl. 19.30.

Tim og jeg har mange ting til fælles, lige som der er ting, som vi absolut ikke deler interesse i, men én af de ting, som vi begge godt kan lide, jeg måske en anelse bedre end Tim, er Tabasco Sauce. Det kan man købe i alle velassorterede supermarkeder i USA, og ikke de små forkølede flasker på 57 ml, vi kan få i Danmark, men typisk 150 ml, altså knap tre gange så store, og ved enkelte lejligheder op til 33 centiliter, altså som en dansk normal pilsnersk øl. Der er som regel også tre eller fire typer, at vælge mellem, så altså ikke kun den "standard" Tabasco, vi må nøjes med i Danmark. Tim havde faktisk lovet en kollega, at han ville hjembringe en bestemt variant til kollegaen, nemlig deres Hot Buffalo Tabasco Sauce, som han tidligere havde haft med hjem til selvsamme kollega, indkøbt i et Walmart. Vi havde nu ikke til sinds at besøge et supermarked, men ville opsøge kilden. Al Tabasco i verden laves på Avery Island i det sydlige Louisiana, og ud over fabrikken har man også en country store med et kæmpeudvalg af alt fra T-shirts og kasketter ned Tabascomotiver til diverse spiselige produkter så som Tabascochokolade, Tabascois og meget andet. Slidell liger i det nordøstlige hjørne af søen Lake Pontchartrain i den østlige del af staten, ikke langt fra grænsen til Mississippi, og Avery Island ligger sydvest for Baton Rouge, Louisianas hovedstad, altså ca. midt i staten i øst-vestlig retning, men ret langt mod syd, så der er en god bid vej. Tim tastede de to steder ind i Google Maps på sin telefon, og den fortalte os, at der var ca. 150 km hver vej, og det er jo ingen distance for en amerikansk eftermiddagstur, så vi besluttede os for at tage af sted.

Uden for Slidell mødes tre interstate highways; I-10, I-12 og I-59, og da I-10 ville være den korteste vej, tog vi denne mod vest til New Orleans og videre gennem byen. Endnu engang passerede vi den 18 km lange Bonnet Carré Spillway Bridge, en af USA's længste broer (faktisk den 5. længste), som vi også havde passeret dagen før – se afsnittet "Fire lange og så den meget korte" i førdennebogen. Vi fortsatte ufortrødent mod vest selv om vi undrede os en del over det ankomsttidspunkt, som vores gps havde beregnet. Det tydede på alvorlig kø et eller andet sted på motorvejen, for det lå mere end tre timer ud i fremtiden, ikke knap 1½, som vi havde forventet. Undervejs mod vest passerede vi også Louisianas hovedstad, Baton Rouge, og derefter endnu en af de lange broer, nemlig Atchafalaya Basin Bridge, der med sine 29 km er nummer fire på listen over de 10 længste. Kø havde vi endnu ikke mødt, så vi kom efterhånden til den konklusion, at Tim måtte have tastet forkert på en eller anden måde, da han ville finde ud af, hvor langt, der var, for da han prøvede på sin telefon igen, kunne han se, at den nu beregnede afstanden til 310 km, ikke 150. Vi overvejede om vi skulle opgive planen, men blev enige om, at når vi var kommet så langt, ville vi også køre det sidste stykke. Så måtte vi bare sætte farten op på vej tilbage, så vi kunne nå sumpturen.

Efterhånden nåede vi frem til Lafayette, hvor vi skulle dreje syd på ad US 90 til New Iberia og derfra ud til Avery Island, som ikke er en egentlig ø, men en salthorst i marsken. Siden vores besøg på "øen" i 2012 og 2014 havde de afskaffet broafgiften. Dengang betalte vi $1, for at køre over den ca. 20 m lange bro til øen, men ved denne lejlighed var det gratis. Der sad dog stadig en mand i betalingsboden, men hvad han lavede nu, ved jeg ikke – han opkrævede i hvert fald ikke betaling (faktisk ved jeg det godt, for vi fandt senere - i 2018 - ud af, at han sørgede for at bommen var lukket for turister uden for fabrikkens åbningstid). Øen rummer altså Tabasco fabrikken og en naturpark, Jungle Gardens, med især mange fugle, men vi besøgte ingen af stederne ved den lejlighed. I stedet fokuserede vi på fabrikkens country store, hvor Tim fik den Tabasco, der var bestilt af kollegaen - og lidt til sig selv, og jeg som sædvanligt på det sted brugte for mange penge, nemlig næsten 600 kr. på diverse saucer, syltede chiliagurker og chilimarmelade. Mine favoritsaucer er en Family Reserve, som kun sælges på øen (det er den originale Tabasco, men lagret længere på fade, så den er mørkere og har en kraftigere, men ikke stærkere smag), Cayenne Garlic Tabasco og Habanero Tabasco, og de indgik alle i mit indkøb foruden et par andre slags, som ikke kan fås herhjemme eller i supermarkeder i USA som fx Hindbærtabasco, som er rigtig god til at komme i salatdressing. Inden vi forlod butikken, havde vi også prøvesmagt en ny sauce baseret på Carolina Reaper, verdens stærkeste chili, men den købte vi ikke, da vi var nødt til at skylle den ned med en del Tabascois – eller rettere jeg var. Tim spiser ikke is, så han måtte nøjes med vand. Ved vores næste besøg to år senere var saucen udgået igen, men til gengæld havde de fået en ny sauce, baseret på Moruga Scorpion chilier, som bestemt heller ikke hører til de svageste. Faktisk har vi nu besøgt Avery Island i 2012, 2014, 2016, 2018 og 2019, så det er er sted, hvor vi nyder at komme – selv om det altid bliver dyrt. Jeg skal i øvrigt lige huske ikke at glemme at nævne at i butikken på Avery Island, sælger de også Tabasco Sauce i hele og halve gallons, men disse flasker har vi aldrig købt, da vi er bange for, at de vil fylde for meget i kufferten.

Da vi havde handlet, tog vi den mest direkte vej tilbage. Det vil sige op til I-10 og mod øst. Et stykke før Baton Rouge gik trafikken næsten i stå; ikke fordi der var sket noget, vi var bare rendt ind i eftermiddagsmyldretiden. Lige efter Baton Rouge starter I-12, og den tog vi i håbet om, at der skulle være mindre trafik der, men det var der absolut ikke. Efterhånden tyndede det dog ud i trafikken, og vi kunne sætte farten op. Da vi nærmede os Slidell kunne vi se på uret, at der ikke ville være tid til, hverken at spise aftensmad eller bare komme tilbage til hotellet med vore indkøb før aftenturen i sumpen, så da vi nåede byen, fortsatte vi direkte ud til sumptursafgangsstedet, hvor vi var omkring kl. 19.15, og vi skulle sejle 19.30, men vi nåede altså tilbage til tiden og nåede også at få byttet vores billetter til armbånd, som viste at vi skulle sejle med Captain Rob. Der var flere både, der afgik samtidigt, og hver kaptajn har deres egen tur de sejler, så hvad man ser, afhænger af hvilken kaptajn, man kommer med.

Da turen startede, var det forholdsvist lyst, så Captain Rob sejlede os den modsatte retning af, hvad vi egentlig skulle, for at vise os nogle store alligatorer på 8-10 fod (2-2,5 m), men de holdt åbenbart fyraften, for vi så dem ikke. Så vendte vi om, og sejlede tilbage til udgangspunktet og fortsatte videre i samme retning, mens vi kunne nyde solnedgangen over sumpen. På hele turen underholdt kaptajnen, og fortalte blandt andet om alligatorjagt, og hvordan guiderne og bådførerne prøvede at beskytte de lokale dyr fra at blive skudt af jægere. Når en alligator har spist et stort måltid, svømmer den ned til bunden af sumpen, hvor den gemmer sig i mudderet og fordøjer. Her kan den blive i op til 8 timer uden at behøve at komme op til overfladen for at trække vejret. Når den kommer op og har trukket vejret, svømmer den igen ned til bunden. Så når jagtsæsonen på alligatorer går ind, prøver kaptajnerne at skyde svin (som er de eneste dyr i sumpen, der må jages hele året, da de betragtes som skadedyr), som de så kaster ud til alligatorerne i håb om, at de så vil holde sig på bunden, når der er jægere i området. På vej ind i en smal og lavvandet bayou (det kalder de på de kanter et vandområde, der ikke har strøm, men kun bevæges af vind og tidevand) så vi en lille blå hejre (Little Blue Heron), som er langt mere blå end en Great Blue Heron, som til gengæld er meget større, end den lille er mindre (eller noget)! I øvrigt bruger man to betegnelser om hejrer i USA. De hvide kaldes egrets, mens de med andre farver er herons.

215

Mens vi sejlede, lød der pludselig et plask lige ved siden af båden, og Rob fortalte, at det det var en slange, der var faldet ned fra en gren, hvilket gjorde nogle nervøse. Hvorfor ved jeg ikke, for den var jo netop ikke faldet ned i båden! Og i øvrigt er der langt flere ugiftige slanger i området end giftige. Vi fik også set en såkaldt fiskeedderkop, en stor men "tyndbenet" edderkop, der har sit navn fordi den lever af meget små fisk (på omkring en centimeters længde), som den lokker op til overfladen ved at "baske" i vandet med sine forben, mens den selv sidder på en træstamme lige over vandet. Når fiskene så kommer op til overfladen, bliver de fanget og dræbt af edderkoppen, som så æder dem bagefter. Da vi kom ind til et sted, hvor kaptajnen havde lovet, at vi kunne se vilde svin (ikke vildsvin, for der er faktisk tale om tamsvin, der i sin tid er undsluppet og har forvildet sig ud i sumpen, hvor de så er blevet "vildificerede", så de nu både ligner og opfører sig som vildsvin), spurgte han, om vi ville høre, hvordan man kunne tilkalde svinene med stemmen? Det ville alle selvfølgelig gerne, og så rejste han sig op i båden og råbte med høj røst *"Come here piggie, piggie, piggie; come here piggie, piggie, piggie"*. Det havde nu ikke den store effekt, så han gik over til at smide marshmallows ind mod bredden, og efter et stykke tid kom en ret stor so faktisk ned til bredden og også ud i vandet. Den blev kaldt Mama og havde smågrise, fortalte Rob, men dem så vi ikke. Vi kunne dog høre dem grynte inde mellem buskene. Rob fortalte også, at de grise, der boede i dette område, ikke var nogle af dem, de gik på jagt efter, når de skulle fodre alligatorer, da de jo gerne ville have noget at vise frem til turisterne.

Sumpen praler, som omtalt oven for, af at være hjemsted for et uhyre, en afskyelig sumpmand, en bigfoot, eller hvad det nu er, kendt under betegnelsen The Honey Island Swamp Monster. Monstret skulle gå på to ben, være ca. 2 m høj med gråt hår og gule eller røde øjne. Den er efter sigende blev optaget på en stump film i 1963, og der er fundet rester af vildsvin med halsen revet over, og der skulle også være fundet fodspor. Det uhyre havde jeg glædet mig til at se, men selv på aftenturen hverken hørte eller så vi noget til det. Øv! Det kunne den ikke være bekendt.

På vej tilbage til udgangspunktet passerede vi nogle store såkaldte tupelotræer, som har været med til at give sumpen dens navn. Disse tupelotræer er ofte hjemsted for bier, som bygger boer i de hule stammer. Disse træer stod over hele sumpen, men var især koncentreret på en lille ø. Bierne laver honning af den nektar, de indsamler fra tupelotræernes blomster, og denne honning, skulle være verdens bedste (i følge Rob), og den har så givet navn til sumpen, Honey Island Swamp. Og det var så historien om, hvordan vi kørte en eftermiddagstur på godt 600 km, bare for at købe stærk sauce, og så sluttede dette afsnit med lidt biologiundervisning – man kan jo aldrig lære for meget.

Og inden jeg slutter dette afsnit helt, en anden historie om en situation, hvor hot sauce var nødvendigt. Denne historie ligger langt tilbage, da den foregår i 1981, mens jeg var i Søværnet. Jeg (og det skib, jeg var ombord i), var på besøg i Amsterdam (det var i øvrigt omkring fastelavn, og karnevallet, men det er en helt anden historie). Nogle af os fra officersmessen var inviteret til aftensmad ombord på en hollandsk fregat, som lå ikke langt fra vores skib. Det var onsdag, og da vi var bænket forklarede de lokale officerer, at om onsdagen spiste de altid indonesisk, hvilket var glimrende, bortset fra forretten, som var en tyk, klistret ærtesuppe, som var svær at få ned. Hollænderne forklarede så, at den eneste måde, den kunne indtages på, var at hælde så meget hot sauce i suppen, at dette var det eneste, man kunne smage, og det viste sig at virke. Så også her var hot sauce nødvendig om end på en anden måde.

Ingen adgang for bacon

Som de fremgår både af de øvrige afsnit i dette kapitel, men også andre steder i bogen, har vi tit indkøbt ting i USA, som vi har hjembragt til Danmark. De mest varige af disse ting har nok været kameraet (se afsnittet "En ægyptisk 'hustler' i Louisiana"), over bøger til tøj, hvor noget af det bestemt har været særdeles holdbart. Gaver til familien er det også blevet til på hver eneste tur, og også mindre varige ting, som fx vin og de saucer, jeg omtalte i forrige afsnit, er blevet slæbt hjem i kufferten, og sågar noget så uholdbart og usundt som chips, er blevet transporteret over Atlanten – mest dog af typer, som ikke er tilgængelige i Danmark, så som krydrede pretzelbidder, og bagte rugbrødsstykker krydret med hvidløg. Nu skal dette afsnit imidlertid ikke handle om ting, som vi har købt med hjem, men derimod om ting, vi har transporteret den modsatte vej – i almindelighed som gaver til mennesker, vi skulle besøge.

Første gang, jeg kan huske, at vi medbragte den slags, var tilbage i 2004, da Dorte og jeg skulle besøge svogerfamilien i Vienna uden for Washington. I min første bog nævnte jeg, at der er en del danske madvarer, man ikke kan få i USA, og svogerfamilien havde spurgt, om ikke vi kunne tage nogle få ting med. Nu er det ikke alle fødevarer, der må importeres til USA, så vi havde måttet vælge nogen, der var tilladt. Først og fremmest kan amerikanere tilsyneladende ikke bage rugbrød, eller gør det i hvert fald ikke (men nok så meget andet brød, som dog ofte er meget sødt). Det nærmeste, de kommer, er noget sødt, pumpernikkelagtigt stads. Så vi havde et par rugbrød med i kufferten. Også dåseleverpostej stod på programmet. Det er ikke helt så godt som frisk leverpostej, men det må man desværre ikke indføre, så spild ikke penge på det. Dansk kaviar (af stenbiderrogn) var den sidste kulinariske delikatesse, som vi medbragte en del dåser af. Remoulade er en anden ting, som man ikke ser i USA, så vi havde også nogle tuber af den slags med. Nåh ja, og så noget slik. Der stod salt- og salmiaklakrids på agendaen. Det har vi endnu aldrig set nogen steder i USA. Til gengæld kan man købe vingummi, som nævnt i afsnittet "Invaderet af orm", men det er ikke, som vi kan lide det, så ved denne lejlighed medbragte vi 6 poser Haribo Eldorado. Faktisk gav maden problemer med at holde vægten under de 32 kg, som vi hver især måtte have med i flyet, men det gik lige. Det hele var efter bestilling, men da det er svært at transportere en blomst over Atlanten i en kuffert, blev de medbragte indkøb foræret som vores tak for, at vi kunne bo hos dem.

Der er som sagt visse ting, man ikke må importere. Ved en langt senere lejlighed, hvor Tim var af sted alene og skulle besøge venner i Arizona, havde de åbenbart haft en snak om (på nettet eller ved et tidligere besøg), at amerikanere ikke vidste, hvad en dansk æggekage var, og så skulle Tim lave denne delikatesse til sine værter. I amerikanske supermarkeder kan man tilsyneladende kun købe bacon i de kendte tynde skiver, og det duer altså ikke til æggekage. Det er muligt, at man kan bestille et helt stykke bacon hos en slagter, hvis man kan finde en sådan, men vi har aldrig set det i noget supermarked, og de mennesker, som Tim skulle besøge, kendte heller ikke til fænomenet. Tim havde derfor medbragt at stykke bacon af passende størrelse i sin kuffert. Desværre var han et ærligt menneske, og på det dokument, man udfylder før indrejse, om hvorvidt man har noget at deklarere, skrev han baconstykket på, men det skulle han ikke have gjort. Bacon er nemlig kød, og kød er på den forbudte liste – også selv om det er røget og vakuumpakket. Så baconen blev konfiskeret i tolden, og så fik værterne ikke æggekage ved den lejlighed. Altså spild af penge! Havde han ikke skrevet det på, og det var blevet opdaget, var det alligevel blevet konfiskeret, og så havde han fået en klækkelig bøde oveni.

På disse klareringssedler skal man også anføre værdien af ting, som man indfører, og som skal blive i USA, og det gælder jo fx gaver, og der er her et loft over, hvor mange penge, man må efterlade værdier for. Ved et af mine besøg, hvor jeg også skulle bo privat tre steder, ville jeg have noget typisk dansk med, og jeg havde derfor bestilt tre skåle af rustfrit stål fra Georg Jensen, som jeg afhentede i – sjovt nok – Georg Jensen butikken i Kastrup Lufthavn, og som jeg derfor havde i håndbagagen. Til sammen overskred prisen på de tre skåle det beløb, jeg måtte efterlade ting for, men jeg er ikke helt så ærlig som min søn, og når man først har købt skålen, og taget den ud af butikken, er den jo slet ikke det samme værd, som den kostede et par timer tidligere, så jeg valgte at nedskrive værdien af skålene til et samlet beløb, der var under grænsen, og jeg hørte da heller intet for det i tolden. Hvor skulle de også vide fra, hvad jeg havde betalt i København?

Hvad har vi ellers medbragt? Fx stærk salmiaklakrids for at "genere" nogle børn, som vi skulle besøge – eller rettere vi skulle besøge deres forældre. Desværre viste det sig, at ungerne i modsætning til mange andre amerikanere faktisk syntes om det – og så var den joke ødelagt. Til børnenes mor medbragte vi ved samme lejlighed flødeboller. Det ville hun gerne prøve selv at lave, og hun havde fundet en opskrift, men hun ville gerne se, hvordan de så ud. Det gik nu ikke så godt for på trods af grundig emballering og isolering i kufferten, var de blevet til flødebollemos, da vi nåede frem. Men de, hun faktisk lavede, var glimrende, selv om "indmaden" var lidt sejere end i vores hjemlige modeller.

Apropos remoulade, som jeg nævnte ovenfor, er en af Tims amerikanske venner blevet så begejstret for remoulade under et besøg i Danmark, at Tim nu er nødt til at medføre det i større mængder, hver gang han er på besøg, men da covid-19 pandemien nu har betydet, at det sidste besøg ligger to år tilbage, er jeg bange for, at hun lider frygteligt af remouladeabstinenser.[34]

Bortset fra de tre skåle, jeg omtalte overfor, har jeg også haft andre gaver med, og hver gang prøver jeg at finde noget, der er typisk dansk. Det er fx blevet til en kombineret salt og peberkværn i træ til en bekendt, som samler på den slags, Læsøsalt til flere; jo, jeg ved at man laver salt i USA, men altså ikke Læsøsalt. Til

---

[34] Siden jeg skrev dette, har hun selv besøgt Danmark (og Sverige), så jeg går ud fra, at hun har forsynet sig, så hun kan holde abstinenserne fra døren et stykke tid.

gengæld har jeg selv hjembragt salt fra Great Salt Lake som gave til venner herhjemme. En Georg Jensen juledekoration gjorde stor lykke hos en af mine særdeles julede venner, og det samme gjorde året efter en juledug, som min mor havde broderet. Til gengæld fik jeg både stof, tråd og mønster til yderligere broderier med hjem til mor, da damen, som var så juleglad, ikke selv længere kunne se at brodere. Der har været flere andre ting, men jeg husker ikke dem alle.

Honning kan man selvfølgelig sagtens købe i USA, men det meste er flydende, og krystalliseret honning, som vi kender den, har jeg aldrig set i et supermarked derovre. Heller ikke hos deciderede honningsælgere på et farmer's market, og jeg har efterhånden truffet nogle stykker af disse honningspecialister. Så da jeg skulle besøge endnu en ven, som er biavler (i det små, det er ikke hendes hovederhverv), mente jeg, at et par glas ægte dansk honning ville være sagen. Og det viste det sig at være. Jeg fik til gengæld et par glas af hendes med hjem, og kort efter skrev hun, at hun nu ville prøve at lave krystalliseret honning selv, og hun sendte senere et par billeder. Om hun fortsat laver den slags honning ved jeg ikke, da vi ikke har kommunikeret om det siden, men hvis hun gør, kan jeg måske rose mig af, at jeg har introduceret krystalliseret honning i North Carolina.

Forsinket undervejs

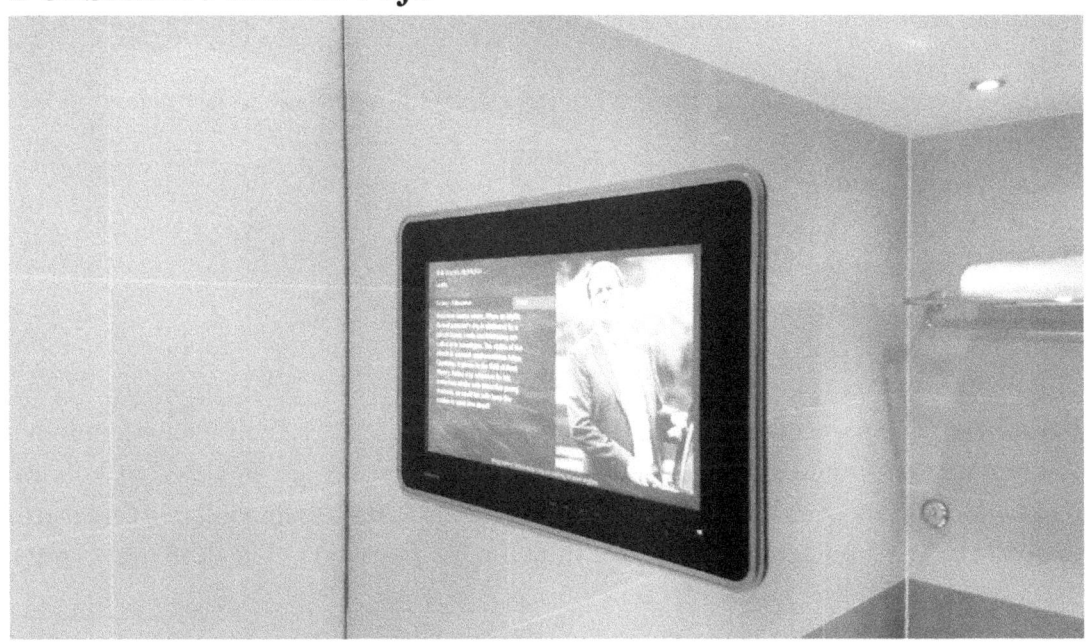

TV over badekarret. Man skulle jo nødig gå glip af vigtige nyheder, mens man slænger sig i badekarret og nyder den indbygget spa-effekt.

Dette kapitel er nok bogens mest kedelige (nogen vil nok synes at hele bogen er kedelig), men efter min mening, sættes rekorden i dette kapitel, som udelukkende handler om forsinkelser, vi har oplevet på vores ture. Men hvis jeg selv synes, at kapitlet er så kedeligt, hvorfor så overhovedet skrive det – eller hvorfor ikke slette det, hvis jeg først opdagede det, da jeg var færdig? Det skal jeg såmænd sige! Fordi det er min bog, og jeg havde lyst til at fortælle om forsinkelserne; om ikke for andet så for at få luft for min egen irritation, men så kan du jo vælge at lade dig forsinke af det – eller simpelthen springe det over. I givet fald skal du springe frem til side 240.
.
Til gengæld kan jeg afsløre, at der i dette kapitel forekommer den eneste "hele" beretning fra 2022, nemlig fra min forårstur, hvor det gik galt både ud og hjem.

Vores rejser til og fra USA er som regel gået ganske gelinde bortset fra et par tilfælde, hvor bagagen ikke kom med hjem med samme fly som os, og en enkelt gang, hvor en kuffert blev forsinket på vej derover, men det har jeg allerede fortalt om i afsnittet "Mord på åben gade". Men her kommer forsinkelseshistorierne i (knap så) rask tempo og i kronologisk orden.

Under alle omstændigheder kan du i dette kapitel læse følgebde historier:

- *Bæltet, som forvandt*
- *5-stjernet luksus*
- *Skaf en reservedel*
- *Langt at flyve og en kø*

Bæltet, som forsvandt

Første gang vi oplevede en væsentlig forsinkelse var i 2014, hvor ovenstående historie med den forsinkede bagage udspillede sig. Her gik det fint med at komme til London faktisk over forventning; flyveturen var kedelig som de fleste flyveture, men hurtig. Vi landede allerede 20 minutter før planlagt, men derfra begyndte det at gå galt.

Det var dårligt vejr i London. Faktisk så dårligt, at fly nok kunne lande, men ingen kunne lette. Det betød, at alle de fly, der skulle afgå, stadig holdt og ventede inde ved deres gates, og der var simpelthen ingen ledig gate til os. Vi måtte derfor vente både de 20 minutter vi var foran skemaet foruden yderligere tredive minutter, så da vi endelig kom ud af flyet, havde vi kun 30 minutter til at vi skulle gå ombord i det næste. Men det kunne jo ikke lette, tænker du nok. Men det kunne det, for mens vi ventede ude på taxibanen, var regnen holdt op, og tidspunktet for boarding, var ikke ændret. Heldigvis var det i samme terminal, men mens vi havde landet ved en A-gate, skulle vi starte fra en B-gate (i en anden bygning), så vi skulle krydse under en del af lufthavnen med et lille futtog. Da vi på grund af vores billetter til Business Class, havde glæde af fast track gennem sikkerhedskontrollen, mente vi at det nok ville gå hurtigt. Det gjorde det bare ikke, for selv ved Fast Track var der kø, og da det blev vores tur, blev vi endnu mere forsinkede. Vi læssede al vores løsøre inklusive sko og bælter op i hver sin af de til formålet indrettede bakker, som kører gennem scanneren, og da den med Tims habengut kom ud i den anden ende, var hans bælte væk! Vi troede, at det var faldet ud på vej gennem scanneren, men scannerpasseren tjekkede den, og der var det ikke og heller ikke på gulvet ved siden af maskinen. Det var heller ikke faldet ud før scanneren eller røget over i den næste bakke, for det var min, og der var det altså ikke.

Da vi jo allerede var forsinkede, besluttede vi os for ikke at forfølge sagen nærmere, men løb mod gaten; Tim med sin rygsæk (håndbagage) over skulderen og begge hænder i bukserne for at holde dem oppe. Vi nåede dog frem lige i sidste øjeblik, inden de lukkede gaten.

Først da alle passagerer var bænket i flyet, og døren lukket, meddelte kaptajnen, at da vi havde misset vores afgangsslot (det tidsrum, hvor flyet har tilladelse til at lette), måtte vi vente til der kom et ledigt slot. Men for at gøre plads til nye ankommende fly, taxiede vi væk fra gaten og ud på en eller anden startbane, hvor vi altså ventede på, at der skulle blive et afgangsslot ledigt. Dette indtraf efter godt en time, og forsinkelsen blev ikke mindre undervejs til Los Angeles, så vi landede med fem kvarters forsinkelse. Og så startede hele den historie, jeg allerede har fortalt i afsnittet "Mord på åben gade" med ventetid i immigration, ventetid ved "lost bagage" og til sidst ventetid i biludlejningen, så vi først nåede vores hotel ved midnatstid. Og mysteriet om det forsvundne bælte, blev aldrig opklaret. Måske blev det beamet op af små grønne mænd fra Roswell eller fra rumskibe? *"Mysteriet om det forsvundne Bælte"*! Det lyder som titlen på en kriminalroman eller en TinTin historie, så måske skulle man skrive en sådan på et tidspunkt. I så fald skal jeg nok lade mine læsere det vide!

På grund af bæltet, der blev væk, kunne denne historie også havde været placeret i kapitlet om ting, der blev væk ("Hvor mon den er?"), men det blev den altså ikke.

5-stjernet luksus
Dette er kapitlets længste afsnit, men også det mest interessante – for mig.

Allerede året efter forsinkelsen mellem London og Los Angeles, hvor jeg skulle alene på efterårsferie i North Carolina, gik det galt igen. Denne gang var der ikke tale om et egentligt road trip, da jeg ikke skulle køre meget fra sted til sted, når først jeg nåede frem. Jeg havde bestilt værelse på to forskellige Bed and Breakfast tæt på hinanden. Det første lå i eller rettere lige uden for den meget lille bebyggelse Ferguson, ikke langt fra de steder, hvor Tom Dooley holdt til (hvilket var én af årsagerne til, at jeg havde valgt det). Her skulle jeg kun bo i to nætter. Det andet lå 43 km ad landevejen længere mod sydvest i byen Lenoir (udtales nærmest så "noir" rimer på "door", altså noget i retning af Lenår – amerikanere har det ikke godt med at udtale oprindeligt franske stednavne, fx Calais (som de udtaler noget i retning af Kallos), og her skulle jeg have fem overnatninger på et sted, som skulle vise sig at blive mit yndlings B&B på de kanter, og hvor jeg vendte tilbage årligt (af og til flere gange årligt) indtil coronapandemien lukkede stedet for altid. Værtinden havde planlagt at pensionere sig selv med udgangen af 2020, men da alle slige steder skulle lukke ned i marts, valgte hun at fremskynde pensioneringen. Jeg har dog en stående invitation til at bo hos hende privat, så længe hun bor i byen[35]. Endnu et sidespring. Jeg skulle, som så ofte før, flyve til Dulles International Airport ved Washington DC, og så køre mod syd derfra, og jeg havde planlagt at tage en overnatning undervejs, men ville lade stedet afhænge af, hvor langt jeg orkede at køre.

I 2014, havde Tim og jeg opdaget lyksalighederne ved at flyve på Business Class med British Airways (se ovenfor), og jeg havde derfor bestilt billet til samme klasse, selvom Business Class er en hel del dyrere end monkeyclass (økonomi), men det er også umådeligt meget mere behageligt. I 2014 lykkedes det for første gang for mig at få sovet på en tur over Atlanten, fordi sæderne kunne lægges ned til vandret, og det håbede jeg at kunne gentage, så jeg ville være udhvilet, eller i hvert fald nogenlunde udhvilet, når jeg nåede frem, og skulle til at køre. Jeg håbede, at jeg kunne nå til omkring Lexington i Virginia, cirka 280 km fra lufthavnen, da der var en enkelt ting, jeg gerne ville bruge tid på at se på vej videre sydover næste dag.

Da jeg skulle være i Kastrup allerede kl. 5.00, var Tim ikke så glad for at skulle stå op for at køre mig, så i stedet havde jeg bestilt en taxi til 4.30. Alt blev gjort klart og pakket aftenen før, så jeg bare skulle gøre mig selv klar næste morgen. Vækkeuret ringede 3.30 og da taxien kom, var jeg parat. Det tog kun ca. 15 minutter at komme til lufthavnen, og der var ikke mange ved British Airways' indtjekningsskranke. Jeg havde allerede hjemmefra udskrevet mine to boardingpass til henholdsvis London og videre til Washington, så jeg skulle bare aflevere bagagen. Som business class passager kan man benytte sig af diverse lounger, så efter at være kommet gennem sikkerhedskontrollen, anbragte jeg mig i Eventyrloungen i Kastrup, hvor jeg fik morgenmad, mens jeg ventede på at skulle gå ombord

---

[35] Desværre bor hun der ikke længere, da hun i foråret 2022 er flyttet til Florida, hvor hun bor sammen med en søster, så nu må jeg finde alternativ indkvartering, når jeg er i byen.

224

i flyet. Da tiden var inde, fandt jeg gaten, hvilket ikke er svært, da den ligger lige ved siden af loungen, og det varede ikke længe, så var vi ombord i flyet. Forskellen på business class og economy class fra København til London er ikke stor. Der er seks sæder i hver række på begge klasser; forskellen er, at på business sidder der ingen på midtersæderne i hver side. Forplejningen er også en smule bedre, men ellers er de to klasser som på mange andre europæiske ruter bare adskilt med et forhæng.

Turen til London gik problemfrit, og vi landede endda lidt før planlagt, nemlig kl. 9 i stedet for 9.20. Flyet til Washington Dulles skulle afgå 11.15, så også i London benyttede jeg mig af en British Airways' lounge. Her sad jeg og læste og drak kaffe til klokken var hen ad 10.30, hvorefter jeg begav mig mod gaten. Da jeg var med British Airways og skulle videre med samme selskab, skete det hele i Terminal 5. Den har til gengæld tre grupper af Gates, A, B og C som jeg fortalte om ovenfor, og de ligger et godt stykke vej fra hinanden. Flyet fra Danmark kom til en A-gate, og flyet videre skulle afgå fra en C-gate, så jeg skulle igen køre med det lille, underjordiske transittog, og det gjorde jeg så. Vel ankommet til området med gates, som hed noget med C, fandt jeg uden problemer Gate C57, hvor flyet skulle afgå fra, og uden for holdt da også en imponerende Airbus 380-800, som jeg vidste, at jeg skulle med. To etager i hele flyets længde! Hvor vi året før havde siddet på "første sal", skulle jeg denne gang være i "stueetagen". Da jeg kom ud til gaten, fandt jeg et sted at sidde, hvorfra jeg kunne se informationsskiltet ved udgangen til flyet, hvor der stod *Afgang til Washington Dulles kl. 11.10* (jubiii! Fem minutter før planlagt), og at boarding ville finde sted efter rækkenumre. Dette gælder dog kun Economy, da First Class og Business Class altid går ombord først. Da jeg havde siddet og ventet i ca. 20 minutter, kunne jeg se en del aktivitet ved skranken helt oppe ved gaten, og jeg regnede derfor med, at jeg snart skulle gå ombord. Sådan skulle det imidlertid ikke gå, for fem minutter senere ændredes skiltningen på informationstavlen, hvoraf det nu fremgik, at afgangen var forsinket til kl. 12.00. Og derfra gik det så for alvor den forkerte vej!

Da klokken var 11.00, blev afgangstiden rettet til 12.30. Klokken 11.30 ændrede beskeden sig igen; afgangstiden forsvandt, og i stedet stod der "*Gate Closed*". Så kom der besked i højttalerne om, at der var tekniske problemer med flyet, og at man ikke vidste, hvor lang tid det ville tage at løse problemet, men vi ville få yderligere besked kl. 12.30. Det gjorde vi da også, men beskeden var desværre, at man stadig ikke vidste, hvor længe det ville vare. På det tidspunkt sad 470 mennesker ved gaten, som skulle have været med flyet, og de fleste var ret irriterede for at sige det mildt, og irritationen blev ikke mindre, efterhånden som tiden gik. Vi fik besked om, at vi godt kunne tage toget til B-gates, hvor der var lidt flere butikker og restauranter end ved C-gates, og hvor der også var en BA lounge, til de passagerer, der havde adgang til denne, men at vi skulle komme tilbage hurtigt, da man ikke ved B-gates fik annonceringer om flyet. Det betød, at i praksis, var der ingen, der forlod gaten. Resten af eftermiddagen gik så med at vente, og efterhånden kom man til at tale med sine medventende. På et tidspunkt spurgte jeg en dame, der sad ved siden af mig, om hun ville holde øje med mine ting, mens jeg gik et kort ærinde, og senere gjorde jeg det samme for hende - og så var vi i gang med at snakke. Hun var vel omkring 60, hed Susan og var ansat af den amerikanske regering. Senere sluttede også to andre kvinder på omkring de 40 sig til samtalen. Først Brenda og senere Pam og så havde vi da nogen at hygge os med.

De nedslående meddelelser fortsatte i en lind strøm med henvisninger til "*Ny besked om 20 minutter*", "*Vi regner med at være klar om en time*", "*Vi er alligevel ikke klar*" og så videre indtil klokken 17, hvor det blev meddelt, at man nu havde lokaliseret fejlen og sendt bud efter en reservedel på fjernlageret. Klokken 18 blev det så meddelt, at boarding ville begynde kl. 18.30, og at afgang ville være klokken 19 - og pludselig var alle glade - eller i hvert fald mindre irriterede. Det kom endda op at stå på informationstavlen. Brenda havde tidligere ringet til sin mand, som skulle hente hende i lufthavnen og fortalt om forsinkelsen, så nu kunne hun ringe og sige, at nu lykkedes det endeligt at komme af sted, så han kunne holde øje med internettet for at se, hvornår hun landede. Pam, som var amerikaner, men boede i London, gjorde det samme med sin mor, som hun skulle besøge. Susan og jeg ringede ikke til nogen, da der ikke var nogen, der ventede os. Ti minutter senere var det dog slut med optimismen, for 18.10 blev det meddelt, at flyet nu var helt aflyst, og at vi skulle indkvarteres på hotel! Susan forsøgte – hendes rejse var betalt af regeringen – at få lavet sin flybillet om til en anden rute. Hun var ligeglad med, om hun skulle over Chicago, Los Angeles eller Beijing, bare hun kom til Washington DC i den sidste ende, men det kunne, desværre for hende, ikke lade sig gøre. Hvad Brenda sagde, da det gik op for hende, at hun nu igen skulle ringe til sin mand og fortælle, at hun slet ikke kom den dag, vil jeg ikke gengive her. Det er jo en (forholdsvis) pæn bog.

Vi måtte så forlade gaten og futte med futtoget tilbage til A Gateområdet. Her skulle vi gennem paskontrollen, hente vores bagage på et bagagebånd og så gennem tolden. Derefter skulle vi så til BA tjek-ind, nu for at få udleveret vouchers til hotel, transport, samt aftens- og morgenmad. Heldigvis var der åbent 6 skranker kun til os fra dette fly, så det gik trods alt forholdsvis hurtigt at få alle 470 passagerer ordnet. Mine tre "veninder" skulle, sammen med flere andre passagerer, bo på Renaissance Hotel og andre hoteller et stykke vej fra lufthavnen, hvor de skulle køres til, mens jeg og nogle få stykker til fik værelse på Sofitel lige ved siden af Terminal 5, hvor vi opholdt os. Dette hotel var forbundet med lufthavnen via en tunnel, så jeg fik ingen transportvoucher, men kunne spadsere til hotellet. Vi fik også at vide, at flyet ville afgå kl. 10 næste formiddag. De tre damer ville så - sammen med alle andre, der også skulle bo på Renaissance - blive afhentet på hotellet mellem kl. 5.00 og kl. 6.00, mens jeg kunne vente med at gå fra mit hotel til kl. 7. Da vi havde sagt behørigt farvel, hankede jeg op i mit habengut og fulgte de anvisninger, jeg havde fået sammen med voucheren, og 10 minutter senere var jeg på hotellet. På vej derover mødte jeg en yngre, afro-amerikansk dame, som også havde været med flyet, så vi kunne brokke os lidt til hinanden. Hun skulle have været hjem til sine børn, men nu måtte hun nøjes med et besøg i hotellets spa og en omgang massage.

Da jeg kom til hotellet, var klokken blevet omkring 19.30 lokal tid - altså 20.30 dansk tid, og det eneste jeg havde spist siden morgenmaden, var en sandwich, som vi også havde fået en voucher til, mens vi ventede ved gaten. Det eneste spisested, der var ved C-gates var en Starbucks, som er kendt for deres kaffe, men som ikke just er berømt for det store udvalg af spiselige ting bortset fra småkager og her altså også sandwich. Jeg var dog blevet sulten igen, så lige så snart jeg var blevet indkvarteret på mit udmærkede værelse (Sofitel havde fem stjerner, så kvaliteten fejlede ikke noget), gik jeg ned i restauranten. Her var der imidlertid 20 minutters ventetid på at få et bord, så jeg gik ind i baren lige overfor, hvor jeg fik en gin & tonic (skrevet på værelset). Da den var nydt, var de 20 minutter gået, og jeg gik derfor tilbage til restauranten, hvor jeg ganske rigtigt nu fik et bord. Det viste sig, at voucheren fra BA dækkede over en menu, hvor man kunne vælge mellem to forskellige forretter og tre hovedretter. I stedet for forret kunne man også vælge at få dessert i stedet. Jeg valgte nu forretten med noget fisk af en art, og en hovedret med kylling. Dertil dækkede voucheren en sodavand, men jeg trængte til et glas rødvin, selv om jeg selv skulle betale det. Jeg købte bare et enkelt glas af husets (også skrevet på værelset), og såvel vin som mad var udmærket, selv om jeg ikke er så meget til det franske restaurationskøkken. Det viste sig næste morgen, at der var både fordele og ulemper ved at bo på femstjernet hotel. Ulempen var prisen på det, man selv skulle betale. En G&T samt mit enlige glas af husets rødvin stod tilsammen i 37 £ eller ca. 400 kr. med kursen på engelske pund på det tidspunkt. Jeg fandt i øvrigt ud af, at hotelværelset kostede omkring 3.100 kr. pr. nat. Det var lidt, men ikke meget billigere på Rennaissance, så alene indkvarteringen har kostet BA over 1 million danske kroner (plus forplejning og desuden transport for de, der ikke kunne gå til deres hotel). Jeg kan derfor godt forstå, at selskabet gerne ville forsøge at få os af sted, selvom British Airways sikkert ikke betaler fuld pris for hotelværelserne. Værelset var i øvrigt glimrende, og det er første gang, jeg har boet på et værelse med TV apparat på badeværelset; man skulle jo nødigt gå glip af noget, mens man slanger sig i badekarret med indbygget spa. Jeg benyttede mig nu hverken af badekar eller TV, men jeg fik da en god nats søvn inden næste dags flyvetur.

Efter at have spist en udmærket morgenmad på hotellet næste morgen og have betalt de 37 £, jeg skyldte for drikkevarer, gik jeg de få minutter, det tog at gå til lufthavnen. Ved check-in var der åbnet to særlige skranker for os stakler, der havde ventet hele natten, så vi ikke skulle stå i kø ved de "almindelige" check-in skranker sammen med "pøbelen", der bare skulle af sted, og da jeg var den eneste på det tidspunkt, gik det ret hurtigt. Jeg fik et nyt boardingpas, selv om det var til samme plads, som jeg havde haft dagen før. Derefter skulle jeg så gennem sikkerhedskontrollen, og også her var der lavet en særlig bane til os "efterladte" et andet sted i lufthavnen end der, hvor man normalt bliver sikkerhedskontrolleret til hverdag Jeg har en fornemmelse af, at det nok er der lufthavns-og flypersonale bliver kontrolleret. Her var der lidt kø, men ikke meget. Foran mig stod to herrer, som også skulle have været med flyet dagen før (men på den billige langside – eller i hvert fald på økonomiklasse). De var en anelse småsure over, at de flasker, de havde købt i den toldfri dagen før, nu blev konfiskeret og ikke måtte komme med ind. De var ikke rigtigt lydhøre over for personalets forklaring om, at de dagen før var blevet tilbudt at deponere eventuelle flasker hos British Airways, så flaskerne ikke skulle ud af det sikkerhedskontrollerede område. De påstod, at det havde de ikke hørt, men sikkerhedsfolkene var iskolde og fiskeagtige, og de fik simpelthen ikke lov til at tage dem med ind igen. Jeg havde også selv kun hørt lidt af, hvad der blev sagt i højttalerne, men lyden ved gaten dagen før var heller ikke god. Og da jeg senere mødte min amerikanske veninde fra dagen før, Susan, igen, havde hun åbenbart heller ikke hørt det, for hun havde fået konfiskeret to flasker cognac, hvilket hun også var en del irriteret over – men de kunne jo have lagt dem i den indskrevne bagage og så havde der ikke været nogen problemer. Selv havde jeg ikke spiritus med, så jeg fik ikke konfiskeret noget, øv bøv!

Jeg valgte at springe loungen over og tage toget direkte ud til C-gaten, hvor vi denne gang skulle flyve fra C62. Her var der allerede samlet mange, og der var ikke nær så mange siddepladser, som ved C57, hvor vi var dagen før. Jeg fik dog en plads, men mange, der kom efter mig, måtte nøjes med at stå op. Klokken 9.20 begyndte boarding, hvilket gjorde alle glade, fordi vi nu var ret sikre på at komme af sted. Kl. 10.05 kørte flyet fra gaten og ud til startbanen. Imidlertid havde der været tæt tåge tidligere på dagen, så der var mange fly, der holdt i kø for at få lov til at lette. Klokken 11 blev det endelig vores tur, og kort efter var vi i luften. Selve flyveturen er der ikke meget at sige om. Den var jævnt kedelig som sædvanligt. Jeg havde gangplads, så der var ingen udsigt at nyde, men det gjorde nu heller ikke så meget, for det var overskyet hele vejen. Da vi havde fået noget forplejning, lagde de fleste sig til at sove - selv med en god nattesøvn var mange stadig trætte efter strabadserne i ventesalen dagen før. Det lykkedes også for mig at få 4-5 timers søvn, så jeg var nogenlunde udhvilet, da vi landede i Dulles international Airport kl. 13.50, omkring en time forsinket, men den havde vi jo allerede sat til i London.

Da vi først kom af flyet, gik alting pludselig meget hurtigt, ikke mindst sammenlignet med, hvad jeg tidligere har oplevet i USA. Der var stort set ingen kø i immigration, og selv om grænsevagten så noget mistroisk ud, da jeg forklarede, at jeg skulle til North Carolina på ferie (for hvilken turist finder dog på at rejse til North Carolinas på ferie?), kom jeg igennem uden problemer. Ved bagageudleveringen stod jeg et stykke tid og ventede sammen med et par stykker til, indtil en venlig sjæl fortalte, at Business Class bagage var "priority", så den var kommet først og allerede taget af båndet. Så hankede jeg op i mine to kufferter, og gik mod toldskrankerne. Her var der tre meget lange køer, og så en skranke, hvor der tilsyneladende ikke stod nogen. Den gik jeg så hen til, kun for at blive spurgt om jeg havde en eller anden bestemt form for priority status, hvilket jeg ikke kunne bryste mig af, og jeg belavede mig derfor på at gå tilbage og stille mig bagest i en af de andre køer. Damen ved skranken mente imidlertid, at når jeg nu var der, og der ikke var nogen af "den rigtige slags", ville hun da godt tage mod den tolderklæring, man altid udfylder i flyet. Så også her var jeg heldig.

Da jeg kom uden for terminalen til det sted, hvor busserne til biludlejningsselskaberne holder, var der netop kommet en bus fra Avis, det selskab, hvor jeg havde lejet min bil. Efter at jeg var steget ombord, afventede han ikke andre passagerer, så jeg tronede helt alene i bussen. Det betød så også, at da jeg nåede frem til Aviskontoret, var jeg den eneste der, så også her gik forretningen hurtigt. Bilen, som for kun anden gang ud af på det tidspunkt ni mulige ikke var en Chevrolet Impala, var i stedet en Ford Fusion, en luksussedan med 4WD (firhjulstræk), selv om jeg aldrig benyttede mig af det. Det viste sig at være en overordentlig dejlig bil, men med lige så mange knapper, kontakter og lamper, som i en rumkabine, så jeg nåede ikke at finde ud af, hvad de alle sammen skulle bruges til, men dog dem, jeg havde brug for. Det var lidt vanskeligt at finde ud af lyset, men efter at have kørt et par aftener, mestrede jeg også det. Det sværeste at vænne sig til var i virkeligheden at parkere bilen om aftenen. Jeg har før oplevet, at kørelyset først slukker et stykke tid efter at man har stoppet motoren, men her var det så ekstremt, at jeg flere gange troede, at jeg havde glemt at slukke noget. Op til 15-20 minutter, kunne der gå, før lyset slukkede, efter at bilen var blevet parkeret, motoren stoppet og dørene låst. Blandt de ting, jeg ikke fandt ud af, var, hvordan man slog 4WD til og fra, så det var nok meget godt, at jeg ikke skulle ud i uvejsomt terræn, men holdt mig til veje; de asfalterede såvel som dem af grus.

Når man som EU borger bliver forsinket mere end tre timer med et flyselskab, der flyver fra EU (Storbritannien var jo stadig EU dengang), har man krav på en godtgørelse fra flyselskabet, hvis forsinkelsen skyldes noget, som selskabet kunne have forudset og burde have taget højde for. Dengang var godtgørelsen 600 € (godt 4.000 kr.) for en tur til USA (distancen, man flyver, bestemmer størrelsen på kompensationen), men i dag er den vist lidt højere, så det søgte jeg om at få, da jeg senere kom tilbage til Danmark. På grund af forsinkelsen havde jeg mistet en ikke-refunderbar overnatning på mit B&B i Ferguson og en dags ikke-refunderbar billeje. Det viste sig dog at være vanskeligere end som så, for selskabet ville ikke betale, men påberåbte sig "force majeure", da da udsættelsen af afgangen skyldtes, at en cateringbil var kørt ind i flyets ene vinge, hvilket de hævdede dels ikke var deres fejl, dels at det havde de ikke kunnet forudse hændelsen. Jeg hyrede derfor et af de firmaer som tager sig af den slags, mod at få en procentdel af rstatningen. De prøvede så i et stykke tid på at få selskabet til lommerne, men uden held. Til sidst tilbød de at lægge sag an mod BA ved en britisk domstol. Det ville dog kræve, at jeg skulle møde op i London til retssagen, og da det ville blive dyrere end hvad jeg kunne opnå i erstatning, opgav jeg sagen. Jeg har dog tilgivet BA og har rejst med dem flere gange siden, da det generelt er et godt selskab, og jeg vil også rejse med dem i fremtiden – ikke mindst fordi jeg efterhånden har opsamlet rigtigt mange point, som kan være med til at betale kommende rejser.

I øvrigt nåede jeg faktisk frem til Lexington, Virginia som planlagt, inden jeg slog mig ned for natten, bortset fra at det var et døgn senere, end det skulle have været. Næste dag tog jeg så på skattejagt, se afsnittet "Hvor f….. er skatten?" i et tidligere kapitel.

Skaf en reservedel

Der er noget med de ture, hvor vi flyver til Los Angeles og har den by som udgangspunkt for vores road trips. Vi har gjort det to gange, første gang i 2014 og seneste gang i 2018, og begge gange blev vi forsinkede. Første gang har jeg fortalt om i den første historie i dette kapitel, og her kommer så historien om den anden gang.

Årets road trip i 2018 skulle efter adskillige ændringer af rejseplanerne, hvor vi endte med at skifte fra en nordlig rute fra Seattle til New York City, til en mere sydlig, begynde i Los Angeles og slutte i Miami. Så vi bestilte derfor billetter – igen med British Airways – til Los Angeles. Vi skulle dog slet ikke overnatte i LA, men skulle, så snart vi var kommet gennem immigration og told og havde fået vores bil, køre 210 km fra lufthavnen til vores første overnatningssted, et hotel i den lille by Yucca Valley nord for Joshua Tree National Park, hvor vi havde planlagt et besøg. Vi regnede med at være fremme ved hotellet omkring kl. 17, og så kunne vi se lidt af parken om aftenen (der skulle være så mørkt i området, at det skulle være et af de steder i USA, hvor man kan se flest stjerner, og det ville vi, eller i hvert fald jeg, gerne opleve). Vi kunne så se mere af parken i dagslys næste dag på vores videre færd mod det første længere stop i Gilbert, Arizona, hvor Tim havde venner, som skulle besøges. Men helt sådan skulle det altså ikke gå.

Da alle potentielle familiemedlemmer, som kunne bruges som "taxi-chauffører", var enten optaget, ikke gad stå tidligt op eller kørte i biler, der var for små til at rumme både os og vores omfangsrige bagage, havde vi bestilt en taxa til at hente os på min adresse kl. 4.45. (Vi skulle være i lufthavnen 5.15). Taxaen kom da også præcis på klokkeslæt, og da vi havde læsset al vores habengut ind i bilen drog vi af sted. Turen var rædselsvækkende. Gang på gang svævede vi i den yderste livsfare - men gudskelov nåede vi velbeholdent frem til lufthavnen (og den var så lånt fra Jørgen Ryg). På trods af tidspunktet var der rigtigt mange mennesker i Terminal 2, hvor vi skulle tjekke ind hos British Airways, selv om det var en ganske gemen onsdag morgen. De fleste så ud til at være på vej på charterferie. Det var i hvert fald ved de tjek-ind skranker, at de fleste samlede sig. Selv ved British Airways, hvor der ellers plejer at være forholdsvis stille og roligt, ikke mindst når man tjekker ind ved Business Class skranken, eller som vi, bare skulle aflevere vores bagage fordi vi havde tjekket ind hjemmefra, var der mange flere mennesker end vanligt. Vores fly skulle afgå 7.20, men det viste sig, at der også skulle afgå et British Airways fly kl. 6.00, og en masse passagerer til dette fly havde af en eller anden grund ikke tjekket ind endnu, selv om der kun var en halv time til afgang. Disse passagerer fik selvfølgelig lov til at tjekke ind først, og så måtte vi andre pænt vente, men da vi endelig i kom til, gik det alligevel stærkt. Med adgang til fast-track gennem sikkerhedskontrollen gik det også hurtigt. Tim skulle købe noget toldfrit med til en af de venner, han skulle besøge undervejs, og da det var overstået, kunne vi spadsere ud til den lounge, der ligger ved c-fingeren, hvor flyet skulle afgå fra.

Her fik vi spist morgenmad, og da klokken nærmede sig 6.30, gik vi til gaten, og klokken 7.00 var alle ombord i maskinen, der skulle bringe os til London, hvorfra vi så skulle fortsætte til LA. Da klokken nærmede sig afgangstid, altså 7.20 kom kaptajnen ud af sit cockpit og fortalte, at da han havde gået sin sikkerhedsrunde omkring flyet, havde han konstateret, at der dryppede væske fra dette, og han havde derfor tilkaldt en tekniker til at undersøge sagen. 45 minutter senere kom han tilbage og fortalte (han ville gerne gøre det personligt og ikke bare over højttaleranlægget), at der var gået en pakning i et af de hydrauliske systemer, og at man nu ville forsøge at skaffe en sådan pakning, men han vidste ikke, om den kunne fås i København, eller om den skulle sendes fra London! Han håbede og troede på det første, fordi så mange andre luftfartsselskaber flyver med Airbus ud af København – og vores fly var netop en Airbus. På det tidspunkt begyndte ikke bare vi, men også flere andre at blive en anelse nervøse, da der var grænser for, hvor meget forsinkelse vi kunne tåle, fordi vi jo skulle videre fra London, selv om vi havde planlagt at have god tid der (3½ time). Lidt senere kom han så igen og fortalte, at de havde fundet den rigtige pakning og fået lov til at "låne" den af et af de andre luftfartsselskaber, så nu skulle den bare monteres, og så skulle der udfyldes diverse papirer. Havde den skullet flyves ind fra London, var vi formodentlig først kommet af sted næste dag (lyder det bekendt). Men da vi endelig kom af sted, var flyet mere end 3 timer forsinket, og der var kun halvanden time til vores fly til LA skulle forlade London, så det kunne vi godt se, var en umulig opgave for den stakkel pilot.

Da vi var ca. halvvejs til London, fortalte kaptajnen, denne gang via højttalerne, at man havde kontaktet London, og de var gået i gang med at ombooke alle de passagerer, som ikke kunne nå deres forbindelsesfly. Det viste sig, at 90 af de 135 passagerer skulle videre med andre forbindelser, men en del af dem havde så langt tid i London, at det ikke ville give problemer. Den luksus havde vi imidlertid ikke, da vores fugl allerede var fløjet fra London, så da vi var landet og havde forladt flyet, blev vi bedt om at kontakte transit tjek-ind, hvilket vi gjorde. Her kunne en meget venlig dame fortælle os, at vi var blevet ombooket til et fly til Los Angeles med afgang kl. 16.10, altså ca. seks timer efter den oprindelig afgang. Flyet var en Airbus A380-800 (som i 2015), som har to etager i hele flyets længde, og desværre havde de kun haft pladser, så Tim og jeg skulle sidde på hver sin etage, hvilket egentlig ikke generede os, da vi alligevel regnede med at forsøge at sove en stor del af vejen. Vi bevægede os derfor til "den sædvanlige lounge" i Heathrows Terminal 5, hvor vi så tilbragte de næste timer med at læse og gå på nettet. Da tiden nærmede sig, tog vi det lille tog, der kører fra A-gates, hvor loungen ligger, til C-gates, hvorfra flyet skulle afgå. Da vi skulle gå ombord, fik vi at vide, at man havde lykkedes med at få ændret vores pladser, så vi nu skulle sidde på samme etage, men dog ikke ved siden af hinanden. Det havde vi ikke noget mod, da det vigtigste jo var at komme over på den anden side af "den store flod, Okeanos", som Platon kalder Atlanterhavet i sin udgave af Atlantis myten.

Flyveturen til USA er der ikke meget at sige om. Den var lige så kedelig som den slags plejer at være, men det lykkedes da for os begge at få sovet nogle timer undervejs. Det er en af fordelene ved flat-bed sæderne på business class på British Airlines oversøiske ruter, i hvert fald for mig, som ellers har ret svært ved at falde i søvn i fly (det har jeg vist lige fortalt en gang, men gentagelse fremmer forståelsen, og desuden bliver bogen længere, så du, som læser, får mere for pengene, hvis du altså har købt bogen og ikke bare lånt den af en eller anden – din fedtsyl!) Da vi landede i Los Angeles skulle vi selvfølgelig gennem immigration, og da det var første gang jeg skulle ind i USA på mit pas, som jeg fik fornyet i efteråret 2017, kunne jeg ikke tjekke ind ved hjælp af automaterne, som Tim kunne, men måtte stille op i køen med alle de andre. Det gik nu forholdsvis hurtigt at komme gennem, når man tænker på, hvor mange store fly der var landet på det tidspunkt. I stedet for at ankomme 13.05 lokal tid som oprindeligt planlagt, var klokken nu 19.30.

Da vi havde klaret indrejsekontrollen og kom til bagagebåndet, var vores bagage allerede taget af båndet og stod klar, og i modsætning til sidst vi landede i Los Angeles i 2014, var alle vores kufferter med. Vi kom ret hurtigt gennem tolden og fandt bussen, som skulle køre os ud til Avis udlejningen. Her var der kun en kort kø, så vi fik vores bil uden nævneværdige problemer, bortset fra at den ikke holdt på den plads, hvor vi havde fået at vide, at den ville holde, men et par pladser derfra. Da vi også havde fået at vide, at den havde Nevada nummerplader, og nummerpladen i øvrigt passede med lejekontrakten, var det alligevel ikke så svært. Vi pakkede alt vores gods i bagagerummet på bilen, som viste sig at være en Mazda 6, og i modsætning til flere andre full-size biler, vi har haft lejet, var det faktisk ganske rummeligt. Først havde jeg dog taget min gps op af håndbagagen. Vi indstillede gps'en til hotellets adresse, og så drog vi ellers af sted på de godt 130 miles, som turen til Yucca Valley var. Klokken var ca. 22.30 da vi kørte fra lufthavnen, og så var det ellers kørsel på skiftende motorveje indtil vi nåede Interstate Highway 10, som skulle være den "gennemgående" vej på det meste af resten af turen, selv om vi selvfølgeligt forlod den flere gange undervejs.

Fra London havde Tim ringet til hotellet og fortalt, at vi ville ankomme senere end planlagt på grund af flyforsinkelsen, og det viste sig altså også at blive tilfældet, eftersom vi først var der kl. 00.45. Vi fik vores værelse og så var det bare til køjs, da vi skulle tidligt op næste morgen. Udsigten til nattehimlen blev altså udsat til en anden god gang, og vi nøjedes med at se noget af parken, da vi tog vejen gennem denne til en sydøstlig udgang næste dag.

Langt af flyve og en kø

For at gøre dette kedelige afsnit endnu længere end det allerede er, har jeg besluttet at inkludere turen fra påsken 2022, selv om der ellers kun er fodnoter med fra dette år. Jeps! Forsinket igen på min første USA tur efter næsten tre års pause på grund af covid-19 pandemien, der hærgede og fortsat hærger store dele af verden. Og så skete det både ud og hjem, for at det ikke skal være løgn!

Til en afveksling skulle jeg flyve tidligt – omkring kl. 7, så jeg skulle være i lufthavnen kl. 5. Det var før problemerne med de meget lange køer i security brød ud i lys lue i maj 2022, så man i dag skal være i lufthavnen tre timer før afgang, hvis man skal til USA eller andre oversøiske steder. Jeg var i lufthavnen omkring 4.30, og i løbet af ingen tid var jeg gennem tjek ind, security og på vej mod loungen (Business Class, you know!!!).

Da jeg ankom til loungen, fik jeg oplyst, at min afgang var udsat fra 7.10 til 9.10, og det huede mig ikke, men der var jo ikke noget at gøre ved det. Det viste sig senere, at flyet var ankommet sent til København aftenen før, og besætningen må ikke flyve videre før de har haft 10½ times pause. Når det ikke huede mig, var det fordi mit fly videre fra London til New York skulle afgå kl. 8.45 Londontid, hvilket ville være 9.45 dansk tid, og jeg var ret sikker på, at vi ikke kunne flyve fra København til London på 35 minutter - når der også skulle være tid til at komme gennem security og nå til den næste gate.

Da klokken blev 8.30, boardede vi, og den var kun godt 9.30, da flyet lettede. Kaptajnen beklagede, men han skulle overholde sin hviletid, så der var ikke noget, han kunne gøre. Senere på turen over Nordsøen fik vi at vide, at såfremt et eventuelt forbindelsesfly var afgået, når vi nåede London, skulle vi henvende os ved transit-checkin. Derudover gik flyveturen lige så begivenhedsløst som den slags plejer. Vi landede, som British Airways vist altid gør, i Terminal 5, i A-Gates, hvor dels bagagen ankommer for de, der ikke skal videre, og dels transit-checkin og sikkerhedskontrol befinder sig. I transit-checkin var de meget hjælpsomme, og manden, der betjente mig, kunne hurtigt se, at de ikke kunne få mig til New York før mit fly til Charlotte ville være afgået, selv om der oprindeligt havde været fire timers ventetid i JFK. Den stakkels mand gennemsøgte sine systemer og konkluderede, at det hurtigste for mig ville være, hvis han satte mig på et BA fly (i stedet for American Airlines) til Dallas-Fort Worth og så videre derfra til Charlotte-

Douglas Airport med AA. Så ville jeg kunne være i Charlotte omkring kl. 19.30 lokal North Carolina tid, kun knap fire og en halv time senere end oprindeligt planlagt.

Da jeg havde fået mine boardingpas til begge fly, vandrede jeg gennem sikkerhedskontrollen (hvor man underligt nok ikke længere skal tage pc og tablet ud af håndbagagen, men kan lade den blive), og fortsatte til BA Lounge som ligger ved A Gates (der er også en ved B Gates), men på det tidspunkt, vidste jeg ikke, hvilken gate, jeg skulle flyve fra og loungen ved A er langt større end den ved B. Jeg tilbragte omkring 4-5 timer i loungen, som jeg skulle lære endnu bedre at kende på hjemturen (hvis jeg ikke havde havde kendt den i forvejen fra vores tidligere rejser). Da gatenummeret kom op på tavlen kunne jeg se, at jeg skulle flyve fra en C Gate, så i god tid før boarding begyndte, forlod jeg loungen og tog det lille "undergrundstog" fra A til C gates. Ved den konkrete gate fandt jeg en plads, hvor jeg så kunne afvente boarding. Turen over Atlanten og det halve USA gik gnidningsløst og mit "ligge-vandret sæde" på Business Class betød, at jeg faktisk endnu engang fik sovet omkring 4-5 timer på turen til Texas. Det eneste irriterende var, at der på det tidspunkt stadig var krav om mundbind i fly og amerikanske lufthavne; ikke i Kastrup, ikke i flyet til London og ikke i Heathrow. Men det amerikanske påbud blev afskaffet dagen inden jeg skulle hjem. Der er stadig steder, hvor man skal bruge mundbind, men altså ikke i fly – med mindre man flyver med Lufthansa. Hurra![36]

Når man mellemlander i USA på vej fra Europa, skal man gennem immigration i den lufthavn, man først lander i, hvilket altså i mit tilfælde endte med at blive Dallas-Fort Worth. Her skal man også have udleveret sin bagage og bringe den gennem tolden, og så skal man tjekke den ind igen til indenrigsflyvningen. Da vi landede var der en 1 time og 45 minutter til mit fly videre til Charlotte skulle afgå, og det virkede som god tid. Det var det bare ikke, for der stod 4-500 mennesker i kø ved immigration, og der var kun tre skranker åbne, og selv om de senere åbnede endnu en skranke hjalp det ikke meget. Selv om jeg prøvede at påpege over for personalet, at jeg snart skulle videre, talte jeg for døve øren. Jeg var på vej ud af flyet, faldet i snak med en dansk familie, en mor og to teenagebørn, som havde været med samme fly som jeg selv, og de havde præcis fem minutter mere

---

[36] I oktober 2022 har også Lufthansa afsluttet deres krav om mundbind.

end jeg, før deres fly til Fort Lauderdale i Florida skulle afgå, så de var lige så p.... irriterede som jeg var. Heller ikke de havde succes med at påpege den knebne tid. Da vi endelig kom igennem, havde jeg femten minutter og de havde tyve, så vi styrtede mod bagageudleveringen, hvor deres bagage allerede stod klar, så de greb den og styrtede mod toldklareringen og deres næste gate, mens vi skreg farvel og held og lykke til hinanden. Om de faktisk nåede frem til gaten inden flyet fløj, har jeg desværre ingen anelse om.

Min ene kuffert var allerede kommet og kørte rundt på bagagebåndet, men den anden var noget længe om det, selv om vi altså havde været halvanden time om at komme gennem immigration, så da den endelig kom, greb jeg begge og satte kursen mod toldklareringen, hvor der heldigvis ikke var et øje (hverken "kunder" eller personale), så det tog ingen tid. End ikke den sædvanlige tolddeklaration skulle afleveres - og det var nok godt det samme, for vi havde ikke fået en udleveret i flyet, som man ellers plejer[37]. Fra tolden hastigt 50 m videre til bagagegenindleveringen, hvor en nydelig ældre uniformeret herre, kunne fortælle mig, at han desværre ikke kunne tage mod min bagage, da "fuglen var fløjet".

Så måtte jeg finde en American Airlines skranke og forklare mit problem. Her kunne de fortælle mig, at der kun var et enkelt fly til Charlotte senere på aftenen, men at det var helt udsolgt og at det næste gik kl. 5 næste morgen - men her var der ikke business class, som jeg havde betalt for. Det ville der først være på et fly kl. 8.30 (altså lørdag morgen). De tilbød dog at skrive mig på standby listen til først afgående fly (kl. 21.30), og det accepterede jeg. Jeg havde ikke meget lyst til at tilbringe natten i en umagelig stol i en afgangshal. Jeg blev bedt om at henvende mig i skranken ved gaten, så snart den åbnede, så jeg spadserede af sted - ret langt syntes jeg, men jeg var også træt. Da jeg nåede gaten, fandt jeg en stol og slog mig ned der. Da gaten blev bemandet eller snarere bekvindet, henvendte jeg mig til damen, som passede den, og forklarede mit problem, og hun fandt mig, efter lidt besvær, i systemet og fortalte mig, at selv om flyet var fyldt, var hun overbevist om, at jeg nok skulle komme med, men at det nok blev på turistklasse. På det tidspunkt var jeg ret så ligeglad, og jeg ville endda have accepteret at sidde på toilettet hele vejen om nødvendigt, men så galt gik det ikke. Jeg kom faktisk

---

[37] I dag skal man selv udskrive den pågældende blanket fra internettet og medbringe den, hvis man har noget a deklarere.

med flyet, som altså skulle afgå kl. 21.30 og ankomme to timer senere + en time på grund af en tidszoneforskel, så kl. 00.30, og det kom til at holde. Også denne tur var ret begivenhedsløs på nær en enkelt detalje.

Jeg sad et sted, hvor der kun var to sæder, og så et fjederophængt klapsæde ved siden af, hvor stewardessen kunne sidde under start og landing. På den anden side af mig sad en ung kinesisk dame, som så film på sin tablet (på kinesisk), mens hun skrev på sin pc – også med kinesisk tastatur og kinesiske skrifttegn på skærmen – det er multitasking. På et tidspunkt kom et (mandligt) skvadderhoved, som ville sidde på klapsædet, hvorfor ved jeg ikke, og det var da som sådan også uskyldigt nok, men da han ville rejse sig, tog han ikke fra på sædet, så det fjederpåvirkede sæde klappede op med et drøn og ramte ham, hvilket bevirkede, at han skubbede så meget til mig, at den kop kaffe, jeg var ved at tage en tår af, endte på mine bukser, på gulvet og på nabopigens pc - foruden den del, som landede på og i hendes håndtaske af mærket Chanel, som sikkert har kostet på den grimme side af 20.000 kroner. Hun så bebrejdende på mig, og jeg så bebrejdende på manden ved siden af, og så kunne hun godt se, at det ikke var min skyld. Så i stedet for at bebrejde mig noget, gik hun i gang med en større regngøringsproces. Skvadderhovedet var ikke just populær, hverken hos mig, og nu heller ikke hos damen, ikke mindst fordi han hverken sagde undskyld eller "rend mig i rø...", men bare gik ned til sin egen plads. Vi ankom til Charlotte til tiden, og her gik det forholdsvis hurtigt at få bagagen, men det var også et ret lille fly. Så skulle jeg bare have min bil.

Jeg skulle oprindeligt have fortsat til mit logi i Lenoir, men jeg gad ikke køre halvanden time i mørke og på små veje, hvoraf i hvert fald den sidste strækning var på grus og uden gadebelysning. I stedet fandt jeg et hotel nær lufthavnen, og der blev jeg til næste morgen. Og nu til hjemturen.

Dagen før eller rettere natten før jeg skulle hjem, omkring klokken 03.00, blev jeg forstyrret i min ellers så rolige nattesøvn af det rejsebureau, hvor jeg havde bestilt flybilletterne, så de kunne meddele mig, at mit fly fra London til København ved middagstid, var blevet aflyst. Grunden til, at de ringede på det ukristelige tidspunkt, var, at de skulle booke et nye fly til mig. Faktisk vidste jeg allerede at flyet var aflyst, da jeg dagen før havde fået en direkte e-mail fra British Airways om det samme problem. Damen i telefonen gav mig nu to valgmuligheder. Enten kunne jeg vente til det næste ledige fly med BA fra London til København. Det ville afgå 20.15 lokal tid i London og være i København ca. 23.15 i stedet for klokken 15.00 som planlagt. Alternativt kunne jeg være i København 'allerede' kl. 21.15, men det ville kræve en lidt alternativ rute. Fra London skulle jeg flyve til Bruxelles, derfra videre til Oslo og så endelig fra Oslo til København. Det ville betyde to mellemlandinger, hvilket ville fordoble risikoen for yderligere forsinkelser, så jeg valgte den direkte rute, selv om det betød, at jeg måtte tilbringe 11 timer i Heathrow, men som nævnt ovenfor havde jeg Business Class billet, så jeg kunne tilbringe tiden i loungen, hvilket jeg så gjorde. Den sene ankomst betød til gengæld, at Tim havde fået fri fra arbejde, så han kunne hente mig – hvilket han gjorde.

Og så ikke mere om forsinkede fly i denne omgang.

Lakridskonfekt

Kaktus er prikne, selv om de har smukke blomster – en "prickly pear" i Tombstone, Arizona

I den forrige bog havde jeg et kapitel, jeg kaldte Blandede bolsjer", hvor jeg placerede de afsnit, jeg ikke kunne indpasse i andre kapitler. I denne bog er kapitlerne ikke så stringent opdelte, så jeg kunne nok have fået indpasset de følgende afsnit i andre kapitler, men nu har jeg altså valgt at bringe dem her. Da jeg altså allerede havde brugt overskriften Blandede bolsjer, valgte jeg at kalde dette afsnit Lakridskonfekt, som jo også er noget blandet guf. Jeg overvejede først Matadormix, men opgav tanken, da det måske kunne give anledning til copyright problemer, og der gider jeg ikke – heller ikke med tilpasninger som Toreadormix eller Picadormix. Men i dette kapitel finder du altså afsnittene

- *Prikken*
- *Kø*
- *Da vi mødte Dolly*

- *Travlt? – Ikke her!*
- *De første ømme fødder*
- *Minder om en rejse*
- *The Middle of Nowhere*
- *Hold nu op med det pjat*

Prikken

Prikken kan forstås på flere måder. Det kan være 'en prik' i bestemt form, eller det kan være, at nogen er prikken, hvilket Den Danske Ordbog forklarer med en række synonymer: sårbar, ømfindtlig, ømtålelig, ømskindet, nærtagende, uligevægtig, hudløs, sart, sensibel, mimoseagtig, skrøbelig, overfølsom, tyndhudet, hypersensitiv, nervøs, impulsiv, overspændt, let at forvirre, letfængelig, som alle sikkert er rigtige – ordbogen tager vel ikke fejl, men som ikke dækker over den betydning af ordet, som jeg bruger det. Bedre er det, når ordbogen nævner nærtagende, pirrelig, sart, sensitiv, pjevset og uligevægtig. Men faktisk er det ingen af de betydninger, der kommer ind i billedet her. Her skal ordet tages ganske bogstaveligt som "noget, der prikker". Denne historie udspiller sig i Arizona for mere end 10 år siden.

Kaktus har torne, der ved enhver. Nogle kaktus har store torne, andre mindre og nogle har meget små, men særdeles skarpe torne. Én af de værste er den såkaldte chollakaktus, især den variant, der kaldes "teddy bear cholla", fordi den ser blød og lækker ud, men tro mig, det er ingenlunde tillfældet. Den er særdeles ubehagelig, da tornene, som ellers ligner dun, er meget skarpe. Men der er andre. Én af disse, er den såkaldte "prickly pear", som bedst kan oversættes til "prikkende pære". Den første del af navnet skyldes naturligvis tornene eller nålene, og den anden del at frugterne faktisk ligner pærer og i øvrigt er spiselige. Denne kaktus har nogle meget smukke hvide, gule eller røde blomster, og da vi så en blomstrende kaktus af denne art (den gule variant), skulle den selvfølgelig foreviges; ikke mindst fordi den blomstrede ca. en måned senere end normalt, hvilket i øvrigt også gjaldt de store saguarokaktus, der har hvide blomster.

Jeg fik da også taget nogle glimrende billeder af kaktussen og dens blomster, men så begik jeg en fejl, da jeg besluttede mig for at ville tage et nærbillede af blomsten, så jeg indstillede kameraet til næroptagelse, og så lænede jeg mig ind over kaktussen for at komme tæt nok på. Det viste sig hurtigt at være en håbløs disposition, for godt nok kom jeg tæt på blomsten, men jeg kom desværre også tæt på tornene, og man stikker sig ikke bare og trækker sig væk. De s..... torne forlader deres ophav og sætter sig fast i det, der har ramt dem, hvilket i dette tilfælde var min T-shirt og under denne, mit maveskind. Da vi kom tilbage til bilen, tog jeg T-shirten af, og så brugte jeg en halv times tid på at pille torne ud af maveskindet. I T-shirten var der simpelthen for mange torne til, at det kunne betale sig at forsøge at fjerne dem, så den blev dumpet i en affaldsspand, og så måtte jeg finde en anden frem fra kufferten. Ikke just den sjoveste oplevelse, jeg har haft i USA, men nærbilledet af blomsten (det blev kun til ét) blev heldigvis godt.

Da vi mødte Dolly

I 2014 kørte Tim jeg noget af en omvej for at komme til Sevierville, Tennessee, Dolly Partons fødeby. Eller rettere "næsten fødeby", for i virkeligheden blev hun ikke født i byen, men i en lille hytte med kun et enkelt rum i bjergene et godt stykke sydøst for byen, men Sevierville betragtes altså som hendes fødeby, og byen har da også en vej opkaldt efter hende, Dolly Parton Parkway, en strækning på US Route 411 – i USA kan man godt få en vej/gade opkaldt efter sig, før man er gået bort, i modsætning til i Danmark. Dolly var det fjerde af i alt 12 børn, som hendes mor nåede at få, inden hun var fyldt 35 – moderen altså, ikke Dolly. Når vi ville til Sevierville, havde det imidlertid intet med Dolly Parton at gøre. Det handlede om mad. Vi kom den dag fra St. Louis, Missouri og ville til Knoxville, men da vi opdagede, at der lå en Ryans Bakery & Grill buffetrestaurant i Sevierville, måtte vi besøge den. Hvis man kan lide buffet, var det en af de bedste restauranter, men desværre overlevede kæden ikke covid-19 pandemien, og det konkrete sted i Sevierville er da også nu blevet til en Golden Corral – som også er en kæde af buffetrestauranter, som er udmærkede, men ikke på højde med Ryan's. Vi fandt et hotel i Cattlettsburg omkring fem km nord for byen, og her fik vi et værelse. Eller rettere sagt en suite med to værelser. Jeg fik værelse på hotellets bagside med udsigt fra min altan til en træklædt skråning og en lille bæk. Tim fik værelse til gaden med udsigt til en hovedvej og en pornobutik med det interessante navn Sexy Stuff på den anden side af vejen. Der er altså noget med Tim og pornobutikker!

Vi startede med at slappe af en god times tid efter vores ret lange tur på ca. 560 miles eller 900 km (inkl. sightseeing undervejs). Derefter tog vi så af sted for at finde den bemeldte restaurant, som viste sig at ligge lige nord for byen. Her spiste vi et overdådigt måltid – selv om jeg som sædvanligt på den slags steder, endte med nærmest at spise mig mæt i salat, og aldrig nå frem til ret meget andet. Efter maden kørte vi ind til centrum af Sevierville, en by med knap 15.000 indbyggere, for at se nærmere på "downtown". Og her sad hun så, Dolly Parton på pladsen foran domhuset med sin guitar, helt alene, så vi måtte selvfølgelig hilse på damen. Godt nok var hun ikke meget for at svare på vores velmente hilsener, men det kan måske skyldes, at hun var lavet af bronze og sad på en sten, som en anden version af Den lille Havfrue – bare uden fiskehale? Det var vores første møde med damen selv, men ikke vores første kontakt. Den havde vi haft allerede to år tidligere.

Ved den lejlighed kom vi til Servierville øst fra, og var på vej mod Gatlinburg, hvor vi ville overnatte. Vi gjorde ikke ophold i Sevierville, men fortsatte mod syd. Det viste sig hurtigt, at Sevierville og den næste by, Pigeon Fork, stort set var vokset sammen, og derfra var der kun ca. 10 ubebyggede kilometer inden vi nåede Gatlinburg. Det, som bandt byerne sammen, var turistfælder i form af forlystelsesparker af forskellig art, som godt nok ikke lige tiltrak os. Ud over de organiserede forlystelsesparker, stod der karruseller eller rutsjebaner uden for stort set alle hoteller. Jeg har ikke tal på, hvor mange steder børn og barnlige sjæle kunne underholde sig, og det fortsatte, da vi nåede Gatlinburg. Især Pigeon Forge og Gatlinburg lever af turister, men også i nogen udstrækning Sevierville, som i øvrigt er opkaldt efter Tennessees første guvernør, John Sevier. Inden vi kom så langt, gjorde vi imidlertid en afstikker til en af forlystelsesparkerne, selv om vi ikke ville besøge den, men tage billeder af den udefra. Denne forlystelsespark var Dolly Partons egen Dollywood, hvor hun af og til optræder for publikum. Min datter og derfor Tims søster er glad for Dolly, så vi ville tage billeder af indgangen, men så langt kom vi aldrig.

Dollywood ligger i den sydlige ende af byen, og vi fandt hurtigt skilte, der pegede i den rigtige retning. Desværre var det nærmeste, man kunne komme indgangen, parkeringspladsen, og herfra blev man fragtet i busser det sidste stykke, og indgangen var simpelthen ikke synlig fra parkeringspladsen. Vi måtte derfor nøjes med at tage et billede af et skilt, og så ellers køre med uforrettet sag efter at have været lige ved at blive idømt $8 for at køre ind på parkeringspladsen. Vi kunne nemlig ikke vende, da vi var kommet så langt, fordi vejen var ensrettet, men vi fik allernådigst lov til at køre ind, vende omkring og så ud ad udgangen med det samme.

Kø

I 2019 var jeg på vej fra Lexington i Kentucky til Cherokee i North Carolina. Da jeg nåede Knoxville i Tennessee, 275 km fra udgangspunktet, opdagede jeg, at Tim ikke var med i bilen; ham havde jeg efterladt i Lexington. Jeg havde godt nok undret mig over, hvorfor han var så stille, men da jeg hørte musik havde jeg ikke tænkt mere over det. Nej, dog ikke! Mens det er korrekt, at jeg havde efterladt Tim i Lexington, var det ikke en forglemmelse; det var helt bevidst, da jeg simpelthen ikke kunne holde hans selskab ud længere! Eller også var det fordi, han skulle besøge en af sine venner i byen, hvorefter han ville besøge andre venner i North og South Carolina samt Florida, og så skulle vi mødes igen senere på turen og have de sidste dage sammen. Fra Sevierville skulle jeg som i både 2012 og 2014 syd på gennem Pigeon Forge og Gatlinburg til Cherokee, og allerede da jeg kørte ind på US Route 441 i Sevierville, gik trafikken stort set i stå.

Fra Sevierville til Gatlinburg er der kun 14 miles (godt 22 km), og der var kø hele vejen, så turen tog faktisk næsten to timer. Det er ikke nogen høj gennemsnitshastighed, men det skulle blive værre senere. Jeg fandt aldrig ud af, præcis hvor folk var på vej hen, men efter Gatlinburg, var de fleste væk, så de må jo være kørt fra til hoteller og/eller forlystelser der i byen, og nogle er nok forsvundet allerede i Pigeon Forge. Når jeg tænker over det, er det egentlig et underligt navn til en by. "Pigeon" betyder "due" og "forge" betyder "smedje", så altså "Duesmedjen", men der er faktisk en fornuftig forklaring. Navnet refererer til en smedje, som omkring 1820 lå ved bredden af floden Little Pigeon River. Floden har på sin side sit navn fra en flok af de nu uddøde vandreduer, der holdt til i området omkring den. Gatlinburg er på sin side opkaldt efter en mand, som ejede og drev den første general store i byen og senere også dens posthus – men det er jo ikke nær så sjovt som en by opkaldte efter smedende duer.

På vej mod syd ad motorvejen fra Lexington havde det regnet en hel del, men da jeg nåede Knoxville, var det tørvejr, og det holdt hele vejen til Gatlinburg. Da jeg forlod byen, var klokken kun omkring 13, så det var stadig tidligt på eftermiddagen, og mit værelse på hotellet i Cherokee ville først være klar til indflytning kl.

16, så da jeg nåede til det nordlige visitor center for Great Smoky Mountains National Park, besluttede jeg mig for at tage en afstikker mod vest ind i parken til et område, der kaldes Cades Cove, som efter min mening er et af de mest spændende områder i Tennessee-delen af parken. På vej ud mod Cades Cove går vejen et langt stykke langs med floden Little River, hvor svigerfar var ved at komme galt af sted 19 år tidligere. Den historie har du nok allerede læst i afsnittet "Med svigerfar på tur" i kapitlet "Mennesker, vi har mødt eller medbragt", men ellers kan du bladre en del sider tilbage og læse den nu. Det gik ikke stærkt, da der var 35 miles (ca. 55 km/t) hastighedsbegrænsning hele vejen, og jeg gjorde et par ophold undervejs for at se på floden, og for at fotografere wapitihjorte, der græssende i vejsiden, og nogle vilde kalkuner, som også græssede, eller hvad kalkuner nu gør, på en mark ved vejen et andet sted, men jeg nåede da der ud til sidst. Vejen ender ved en parkeringsplads, hvorfra man kan fortsætte videre ad et 11 mile (18 km) langt, ensrettet loop gennem området. Loopet fører forbi selve Cades Cove, og ender tilbage ved parkeringspladsen. Det loop besluttede jeg mig så for at tage, men det viste sig at være en dårlig beslutning.

Så snart jeg var kommet ud på loopet, gik al trafik ganske i stå, og jeg og alle de, der var foran mig (og senere også bag mig), kom til at køre i kortege hele vejen rundt på loopet, hvor vejen var enkeltsporet og altså ensrettet. Først da vi var hele vejen rundt og tilbage på parkeringspladsen, hvor mange af de forankørende valgte at holde pause, kunne jeg se, at det var en eller anden "skvaddermås" i en firhjulstrækker, der åbenbart ville "nyde naturen" med 5 miles i timen, som kørte forrest. Oven i købet havde han flere gange stoppet helt op, selv om skilte mindeligt bad om, at man lod være med netop det. Undervejs rundt passerede vi flere parkeringspladser ved diverse attraktioner, hvor man kunne stige ud og nyde natur og attraktion, men hverken jeg eller nogen anden i kortegen turde åbenbart forlade denne af frygt for ikke at kunne komme ind i køen igen. Jeg fik dog taget nogle billeder ud af vinduerne, når vi gik helt i stå. Blandt andet af nogle af områdets bygninger og af landskabet, som faktisk er ganske nydeligt - hvis man kan lide den slags landskaber[38]. De 11 miles tog tre timer (og det var uden stop nogen steder) – en gennemsnitshastighed på 6 (seks) kilometer i timen – ikke imponerende, og så havde jeg endda ikke været ude af bilen en eneste gang, så da jeg var

---

[38] I 2022 lykkedes det for Tim og jeg at køre loopet uden kø, og vi havde endda tid til at besøge de fleste af bygningerne i området.

færdig med loopet, var klokken blev 17.15 - og så var der stadig 40 Slangsomme kilometer tilbage til hovedvejen og lidt mere over bjergene til Cherokee. Jeg kunne i øvrigt konstatere, at de 11 miles havde kostet mig en mængde benzin, der svarede til det, jeg normalt brugte på 40 miles på grund af alle de mange gange, motoren kørte i tomgang undervejs rundt i loopet.

På vej tilbage mod hovedvejen begyndte det igen at regne, og da jeg nåede tilbage til visitor centret, regnede det særdeles kraftigt. Jeg gjorde dog et tiltrængt ophold her, og selv om jeg kun gik omkring 75 m fra bil til toilet, var jeg fuldstændigt gennemblødt, da jeg var tilbage. Heldigvis var det varmt, så jeg tørrede hurtigt igen. Inden jeg fortsatte gennem nationalparken, var jeg nødt til at vende tilbage til Gatlinburg for at tanke, da omvejen til Cades Cove og ikke mindst turen rundt i loopet, havde brugt så meget benzin, at jeg ikke var sikker på, at jeg kunne nå resten af vejen til dagens mål, og selv om jeg endnu ikke har prøvet det, var det min vurdering, at det ville være en dum ide at køre tør midt i bjergene i regnvejr. Efter optankning fortsatte jeg min færd gennem nationalparken, men hvor det ellers er en særdeles køn tur, var hele udsigten denne gang gemt bag regnen. Det blev dog til nogle billeder af regn og lavthængende skyer. Omkring kl. 19.15 nåede jeg frem til hotellet, og i betragtning af, at jeg havde forladt Lexington omkring 7.15 havde det været en lang dag bag rattet.

Travlt? Ikke her!

Dette er et afsnit, som handler om at køre i sporvogn. Som flere andre afsnit i bogen foregår den i New Orleans, som foruden San Francisco er den eneste by i USA, hvor jeg har kørt i sporvogn. Det har jeg til gengæld gjort et par gange begge steder. Dette afsnit hænger faktisk sammen med afsnittet Perle-mor, selv om det altså er anbragt i et helt andet kapitel.

St. Charles Avenuesporvogsnlinjen (egentlig bare St. Charles Streetcar, som en sporvogn kaldes på de kanter, streetcar altså, og ikke noget med St. Charles – tænk på Tennessee Williams skuespillet *"A Streetcar Named Desire,* er én af de tre sporvognslinjer i New Orleans, som stadig kører. Den kørte første gang i 1835 og har været i fortsat drift lige siden, og det siges at være verdens ældste sporvognslinje i kontinuerlig drift. Vognene er dog udskiftet siden, skal jeg huske at sige. De nuværende, moderne vogne er bygget omkring 1920 og byder trods "moderniteten" ikke på megen komfort. De har træsæder, og den eneste aircondition består i, at hvert andet vindue kan åbnes og ofte står åbne.

Da den startede i sin tid, var det som hestesporvogn, men i 1893 blev hestene udskiftet med elektricitet, som ikke lægger afføring på gaden. Oprindeligt kørte sporvognen ud på landet, til landsbyen Lafayette (som i dag er blevet til bydelen Garden District), hvor de første amerikanske tilflyttere netop slog sig ned omkring 1835. Når amerikanerne måtte bo ude på landet, skyldtes det, at de franske indbyggere i New Orleans, som boede i det, der stadig kaldes French Quarter, ikke ville have disse indtrængere boende. Faktisk var de to grupper så fjendtlige over for hinanden, at man til sidst enedes om at gøre den nuværende Canal Street til en slags ingenmandsland mellem den franske del øst for gaden og den amerikanske vest for. På trods af gadens navn, har der faktisk aldrig været en kanal her, men for mange år siden talte man om at grave en, og det var åbenbart tilstrækkeligt. Gaden er faktisk også bred nok til formålet i modsætning til de fleste andre gader i centrum af New Orleans, men den må altså undvære vand, og nøjes med at tilbyde pladsen til sporvogne og andre trafikanter.

Senere voksede byen, og sporvognsruten blev forlænget længere ud på landet, til et område, hvor floden slog endnu et af sine mange sving, et område, der den dag i dag kaldes Riverbend, men i dag ligger hele ruten inden for den bymæssige bebyggelse. Selv om mange turister også kører med banen, er den en del af byens almindelige transportsystem, og prisen er derefter. $1,25 kostede det ved den lejlighed (2004) at køre hver vej fra endestation til endestation. Vi tog sporvognen fra Canal Street til South Carrolton Street, hvor sporvognslinjen forlader St. Charles Avenue og kører nordøst på – væk fra floden. Det stoppested, hvor vi stod af, ligger i bydelen Riverbend, og efter at være stået af sporvognen gik vi ned og så lidt på floden, men på denne strækning kan man ikke komme helt tæt på denne på grund af nogle fabrikker, som ligger i vejen. Vi fik dog taget et par billeder af et dige, og bagefter spadserede vi tilbage ad St. Charles Avenue forbi Audubon Park med blandt andet New Orleans's zoologiske have og en golfbane. Vi gik også forbi de to universiteter, Tulane og Loyola, som ligger side om side ved St. Charles Avenue. Begge disse universiteteter er private; Tulane er ikke tilnyttet nogen religiøs bevægelse, mens Loyola er jesuitisk. På dette tidspunkt fik Dorte ondt i fødderne, fordi de nye sko, hun havde på, gnavede. Vi fandt derfor en drugstore, og fik købt noget vableplaster og noget koldt vand (til at drikke, ikke til Dortes fusser). Og så tog vi sporvognen resten af vejen tilbage til udgangspunktet.

Og nu må jeg hellere komme til den sporvognshistorie, som jeg egentlig ville fortælle – og den handler om at skynde sig langsomt. Faktisk er der tale om to oplevelser, vi havde ved samme lejlighed, én på vej ud og én på vej hjem.

På vejen ud mod Riverbend måtte vi et sted holde for rødt lys. Det er der ikke noget mærkeligt i, selv sporvogne skal overholde færdselsreglerne. Det mærkelige var, at vognstyreren forlod sporvognen, krydsede gaden og gik ind i en butik på et hjørne. Jeg ved ikke, om de øvrige passagerer var vant til den opførsel; der var i hvert fald ingen, som sagde noget, men Dorte og jeg undrede os en del. Lyset skiftede til grønt, til rødt igen, til grønt endnu engang og så til rødt, og det gentog sig nogle gange, inden manden kom tilbage, udstyret med en sandwich og en cola. Han var simpelthen blevet sulten, og så skulle han jo have sin frokost. Så kunne sporvogn være sporvogn og passagerer være passagerer.

På hjemturen måtte vi stoppe på grund af et trafikuheld. En anden sporvogn, der kørte i modsat retning, havde tilsyneladende strejfet kofangeren på en bil. Denne (bilen altså) holdt nu på tværs af sporene, mens føreren parlamenterede højlydt med vognstyreren på den sporvogn, der havde ramt ham. Bilen fejlede tilsyneladende ikke noget, og i hvert fald ikke noget, der kunne ses, og han kunne sagtens have kørt den ind til siden, men man har ikke så travlt i New Orleans (måske er det årsagen til at byen kaldes Big Easy), så han blev bare holdende, så ingen kunne komme hverken frem eller tilbage. Vognstyreren fra vores sporvogn og flere af passagererne steg ud for at få sig en smøg (rygning i sporvognen var ikke tilladt), mens de overværede skænderiet. Da de to herrer endelig var blevet enige om et eller andet (processen speedede en del op, da der ankom en politibil – som i øvrigt hurtigt kørte videre uden at de to betjente steg ud) fik bilens ejermand eller i hvert fald chauffør endeligt kørt bilen ind til siden, så sporvognene kunne passere. På det tidspunkt holdt der tre sporvogne i kø hver retning.

Men som sagt, man har ikke så travlt i New Orleans - eller Neverleans, som min gamle søfarende farfar kaldte den. Han havde besøgt byen mange gange med forskellige fragtskibe og olietankere, og han havde formodentlig også oplevet byens dovne, men behagelige langsommelighed, både i forbindelse med lastning og losning, men nok også under landlov. Manglen på travlhed giver sig i øvrigt også udslag på restauranter, hvor det kan tage sin tid at få sin mad (næsten som i Danmark). Dette skyldes dels, at de ikke skynder sig, men også at på de gode restauranter, bliver maden lavet fra grunden, når en kunde bestiller en ret – og det kan tage tid. Men jeg vil ikke lægge dem det til last, da maden til gengæld er god.

De første ømme fødder
I min første bog fortalte jeg en historie fra San Francisco, der handlede om, at fødderne kan kontrollere ens humør og mentale tilstand. Se det vidste du nok ikke at de kunne? Men altså min søns fødder gjorde, og de gjorde ham så morderisk stemt, at havde han haft et våben, der var mere effektivt end en baseball cap, havde jeg formodentlig ikke overlevet besøget i byen. Det hele kom sig af, at jeg havde inviteret ham ud på en kort spadseretur i byens gader – der, indrømmet, kan være noget bakkede. En lille vabel under den ene fod gjorde ham arrig, og han mente, at det var min skyld. Jeg kunne jo ikke vide, at en spadseretur på omkring 12 km med bare fusser i spritnye sandaler ville gøre manden så ophidset, men læs selv historien *Morderiske tilbøjeligheder* i kapitlet om storbyer i den pågældende bog.

Jeg burde imidlertid have været klogere i 2010, for allerede 10 år tidligere havde vi oplevet noget tilsvarende. Det var i Washington DC, og såvel Dorte som begge børn var med ved den lejlighed. Vi havde taget metroen fra vores hotel og ind til Capitol, som Dorte gerne ville besøge, men hun blev nedstemt af resten af familien, da køen var alt for lang. Da vi kom frem, nåede rækken af mennesker til et skilt, hvor der stod noget i retning af: "*Herfra er ventetiden 2½ time*", og det gad vi altså ikke. Så vi spadserede de ca. 1½ km der var til FBI's hovedkvarter, som Tina gerne ville se. Her ventede vi kun en time på at komme ind, og selv om Tim og jeg syntes, at det var for lang tid at vente, selv om vi kunne sidde ned i ventetiden, blev vi nedstemt, da både Tina og Dorte stemte for, og i tilfælde af stemmelighed vinder kvinderne! Her var jeg i øvrigt ved at blive smidt ud af bygningen. Undervejs på rundvisningen fortalte guiden, at en af FBI's opgaver var at beskytte landet mod alle de ondsindede spioner fra andre lande, som prøvede at opsnappe USA's militære og industrielle hemmeligheder. Det var her, jeg kom til at grine højlydt, mens jeg lavmælt, men ikke uhørligt, og på engelsk, spurgte Dorte om, hvad USA mon brugte CIA, NSA og alle de andre forkortede tjenester til. Det gav mig et dræberblik fra guiden, så jeg blev enig med mig selv om, at jeg hellere måtte forholde mig tavs under resten af turen. Ikke mindst fordi næste stop på turen var demonstration af skydning med skarp ammunition fra diverse håndvåben.

Vi fortsatte fra FBI til The Old Post Office Pavilion, som dengang var fyldt med restauranter og lignende. I dag er det vist et Trump hotel. Her fik vi noget at drikke, inden vi fortsatte til Det Hvide Hus, som vi gik rundt om (og så på fra både nord- og sydsiden (nej ikke den på Brøndby Stadion). Vi regnede med at få en invitation til eftermiddagskaffe fra Præsident Clinton, men det fik vi ikke. Han havde nok for travlt med at tale sig ud af den affære, han havde haft med Monica Lewinsky – som ikke havde noget med sex at gøre, sagde han. Fru Clinton havde også travlt med at forklare, at de rygter der gik dengang, om at hun skulle være lesbisk, ikke havde noget på sig.

Således forsmået fortsatte vi til The Mall ved Washington Monument, og derfra gik vi langs Reflecting Pool til Lincoln Memorial, dog med en afstikker til Vietnam Memorial. På det tidspunkt havde vi gået 4 miles eller godt 6 km, og jeg skal indrømme, at det var ganske varmt, over 30 grader. Dorte og jeg ville gerne have set både Franklin D. Roosevelt Memorial og Thomas Jefferson Memorial, men ungerne gik i strejke, da vi nåede Lincoln, og det eneste sted de ville gå hen, var til den nærmeste metrostation, så de kunne komme hjem til hotellet og hvile deres ømme fødder. Ømme fødder? Må jeg bede om mine himmelblå! Men vi gav os, og via et stop ved Korea War Veterans Memorial, hvor Tina blev ganske imponeret over at Danmark var nævnt (det var dagen før hun gik amok over at amerikanerne omtalte Jylland som Jutland, hvilket du også kan læse om i Første Jans Rejsebog), gik vi til metrostationen Smithsonians og futtede hjem, så de kunne få fusserne op på sengen. I alt havde vi gået knap ni kilometer, så værre var det ikke, men trods det har jeg et fotografi af to særdeles gnavent udseende unge mennesker på trappen op til Lincoln Memorial.

Men jeg har faktisk også selv haft ømme fødder i Washington DC (og det samme gjaldt Dorte). Det var et par år senere, og ved den lejlighed boede vi på et hotel ved Dupont Circle nordvest for Det Hvide Hus. Da Dorte ikke havde fået Capitol at se (andet end udefra) ved det første besøg, ville hun tage revanche nu – uanset hvor lang køen var, og da kvinderne vinder ved stemmelighed... Vi tog derfor også ved denne lejlighed metroen ind til Capitol Hill, og da vi gik op mod pladsen foran (eller rettere bag ved Capitol), var der ikke et øje, der hvor køen havde været sidst, så vi gik helt hen til hegnet, glade for at vi stod forrest, når de nu om lidt åbnede for besøg. Det gjorde de bare ikke, øv bøv! Det viste sig at ikke bare The Capitol, men alle offentlige bygninger var lukkede for adgang for gæster efter terroraktionerne (9/11) året før, så da det gik op for os, efter at vi havde ventet nogle timer (eller måske lidt kortere), fortsatte vi videre. Det var ved den lejlighed, at begge de to kameraer, jeg havde med på turen, havde besluttet sig for at løbe tør for strøm på samme tid, så vi gik på batterijagt. Det ene kamera skulle bruge et specielt batteri, som kun kunne købes i specialforretninger, så det opgav jeg. Det afladede batteri lå og opladede hjemme på hotellet. Det andet kamera brugte imidlertid 4 styk AA batterier, og dem mente jeg nok, at vi kunne finde.

Vi gik derfor fra Capitol op til Lafayette Square, lige nord for Det Hvide Hus, og her fandt vi ganske rigtigt en butik, som solgte batterier (og meget andet) og så var jeg "skydende" igen. Et sidespring: Det var her på Lafayette Square, at en politiker ved navn Daniel Sickles i 1859 skød og dræbte sin kones elsker, Statsadvokaten for Washington, Philip Barton Key. Sickles blev anholdt og anklaget for mord, men blev som den første i USA frikendt på grund af "sindsyge i gerningsøjeblikket"! Sickles blev senere general, USAs ambassadør i Spanien og den spanske dronnings elsker, men det er en historie for en anden bog. Også ved denne lejlighed forsøgte vi os med et besøg på Old Post Office Pavillion, men ligesom de offentlige bygninger var også denne lukket for besøgende. Vi fortsatte derfor igen til Det Hvide Hus som vi også ved den lejlighed beså fra både nord og sydsiden. Vi fortsatte på tværs af The Ellipse til The Lock Keepers House (kender du ikke alle disse steder i Washington DC, kan du finde dem på et kort eller på Google Earth). Herfra endnu engang til Lincoln Memorial, hvor vi måtte overgive os. Indtil da havde vi gået med bare fødder i sandalerne, men nu blev det for meget. Heldigvis havde vi medbragt sokker i den rygsæk, som jeg bar rundt på, og da jeg fik den af, svedte jeg så meget under den, at der dannede sig en hel sø omkring mine fødder, som ikke lod Reflection Pool meget tilbage at ønske i størrelse og dybde. Men med sokker i sandalerne (ja, jeg ved at det er uhørt, men ...) fortsatte vi vores færd efter at have købt et par kolde flasker koldt kildevand fra en kølig vandkølemand med en kølecykel – altså en cykel med en køleboks på. Her får jeg lyst til at citere en gammel sang (jeg elsker altså at låne fra andre; det gør mit arbejde meget nemmere). Men altså en sang fra 1967. Kunstneren er gruppen Steppeulvene, albummet er deres første (og eneste), Hip, og nummeret hedder "Lykkens pamfil", og jeg citerer et enkelt vers:

Hvorfor dog ikke gå over åen efter vand
Hvis der på den anden side står en vandværksmand
Med sin hypermoderne Velo Vap
På hvilken der er en lille tap
Med isafkølet desinficeret
Andemadsfrit jernholdigt vand – ismand
Jeg kan kende ham på hans gang
Og på hans klokke der siger ding dang
Ding Dang, Ding Dang, Ding Dang

Vi gik ikke over nogen å for at få vand fra en vandværksmand, hverken med eller uden andemad og jern, men efter at have købt vandet af kølecykelvandsælgeren, krydsede vi Potomac River via Arlington Memorial Bridge og gik over til Arlington Kirkegården, hvor vi gik rundt i en times tid. Vi gik tilbage til metrostationen uden for kirkegården og tog metroen tilbage over (eller rettere under) floden til bydelen Foggy Bottom, lige overfor Arlington. Her stod vi af og begav os igen ud til fods. Herfra gik vi ad Pennsylvania Avenue NW til Washington Circle og videre ud til M-Street NW. Den fortsatte vi så ad mod vest over Rock Creek og gennem bækkens park og ind i Georgetown, hvor der er en række hyggelige og fashionable butikker samt en del restauranter, som vi kunne kigge på, mens vi gik. Da vi nåede Wisconsin Avenue, gik vi nord på ad denne forbi N-, O- og P-Street til Q-street. Så besluttede vi at vende næsen med hotellet, og vi satte derfor kursen øst på ad Q-Street, hvor der ligger nogle flotte, store og helt sikkert ikke billige huse. Vi kom endnu engang gennem Rock Creek Park, som er en stor park, der strækker sig fra Potomac River til bydelen Silver Spring, en strækning på næsten 10 km i luftlinje, og noget længere ad stierne – faktisk er Rock Creek Park næsten tre gange så stor som Central Park i New York City (mere unødvendig paratviden her). Vi kom ud på Massachussets Avenue lige ved Sheridan Circle, og herfra fortsatte vi ad R-street til Connecticut Avenue, hvor vores hotel lå lidt nord for Dupont Circle, og gik tilbage til dette. Det var en lang historie og mange gade og pladsnavne i Washington DC, bare for at fortælle, at vi gik langt den dag. Alt i alt havde vi gået godt 20 km og temperaturen havde på intet tidspunkt været under

28, og midt på dagen nåede den op på 38 i skyggen. Så vi havde faktisk fået ømme fødder, men alligevel begav vi os, efter at have hvilet et par timer på værelset, ud på endnu en spadseretur for at få aftensmad. Denne gang dog ikke mere end omkring en kilometer hver vej. Men altså, ungerne skulle nødig klage!

Minder om en rejse

En gang, for mange år siden, tilkaldte troldmanden, Gandalf den Grå, en hobbit ved navn Meriadoc Brændebuk, og sagde til ham *"Merry, min dreng! Du skal ud på en lang rejse for at ødelægge en ring..."* Hovsa, her kom jeg vist på gale veje, og fik blandet "personer" fra Ringenes Herre ind i min USA bog, og så langt fra virkeligheden er den dog trods alt ikke – selv om nogen læsere måske måtte mene det modsatte. Og selv i romanen, var det ikke Meriadoc, men Frodo, som skulle ud på en rejse – Meriadoc var "bare" med, selv om han faktisk spillede en større rolle end som så. Så om igen og tilbage til virkeligheden!

I 1803 tilkaldte USA's siddende præsident, Thomas Jefferson sin sekretær, Kaptajn Meriwether Lewis, og sagde til ham *"Merry, min dreng! Du skal ud på en lang rejse for at finde en vandvej til Stillehavet."* Merry slog hælene sammen og sagde: *"Selvfølgelig Mr. President, jeg tager straks af sted. Må jeg ringe til en ven?"* Det gav præsidenten ham lov til, og så kontaktede han sin tidligere chef i hæren, en vis løjtnant William Clark, der var bror til adskillige officerer i selvsamme hær: to generaler, to kaptajner og endnu en løjtnant, og desuden havde han ikke mindre end fem søstre, men kun én af disse søskende havde noget med historien at gøre, og det var ikke meget. De to tidligere kolleger, som nu var kolleger igen, dog med omvendt rangfølge, organiserede nu en ekspedition. Det hele begyndte i august 1803, men først i 1804, var de klar til at tage af sted på det, der senere er blevet kendt som Lewis og Clark Ekspeditionen; en ekspedition som varede til september 1806. De fandt aldrig en vandvej på tværs af USA til Stillehavet (selv om den faktisk eksisterer, hvis man altså er tilstrækkeligt lille), men ekspeditionen blev en succes, de to herrer blev berømte og endte med at blive guvernører over hvert sit territorium i USA. Lewis over Louisiana Territoriet og Clark over Missouri Territoriet – ingen af de to territorier har meget med de nuværende stater af samme navn at gøre – staten Louisiana lå end ikke inden for Louisianaterritoriets grænser. Lewis kom trist af dage allerede i 1809 i en alder af 35; måske blev han myrdet, måske begik han selvmord – det er aldrig blevet afgjort. Clark levede derimod til han blev 68 og døde af alderdom. 68 var en respektabel alder dengang.

Hvor vil jeg nu hen med denne lektion i en lille del af USA's historie? Jo, i 2004 fejrede man 200 året for ekspeditionen. Hvorfor man fejrede afrejsen og ikke hjemkomsten skal jeg ikke kunne sige, men det gjorde man altså – og det skal jeg da til gengæld love for at man gjorde. Overalt, hvor vi kom frem, selv på steder, som intet havde med ekspeditionen at gøre, men hvor William Clarks kusines mands frisørs oldefar havde kørt gennem med sit oksespand en eftermiddag i 1721, blev der holdt fejringer. Og det er vores oplevelser med dette, jeg vil fortælle om. Jeg kunne selvfølgelig være sprunget direkte til historien, men jeg kan godt lide at give lidt baggrund – selv om den egentlig er irrelevant for det, jeg gerne vil fortælle.

Første gang vi stødte på Lewis og Clark – eller rettere på opmærksomhedshenledende plakater – var faktisk allerede, da vi landede i Dulles International Airport. Her fortalte plakater, at man på et af Smithsonian museerne, National Museum of American History, på The Mall, kunne se en udstilling om Lewis og Clark. Den besøgte vi nu ikke, da vi slet ikke kom ind til Washington på den tur. Jeg skal lige sige, at turen dette år (vores tur altså) ikke kom længere vest på end til Mississippifloden, så præcis hvor meget Lewis og Clark ballade, der var på den anden side af floden, skal jeg ikke kunne sige. Næste gang, vi mødte parret, var på plakater eller rettere billboards langs I-64 mellem Lexington og Louisville i Kentucky. Louisville ligger på den sydlige bred af Ohiofloden, og har ikke meget tilknytning til ekspeditionen, men på den anden side af floden, i Indiana, ligger byen Clarksville, og her havde Lewis og Clark boet mens de organiserede deres ekspedition. Clarksville er ikke opkaldt efter William Clark, men efter hans bror, George Rogers Clark, den ene af de to brødre som var generaler. Som oberst kommanderede han, både under frihedskrigen og i kampe mod indianerne, en militær udpost på det sted, hvor nu Clarksville ligger, og senere fik han tilstået et landområde på 400 hektar for sin indsats, der gjorde ham kendt som "Hannibal of the West" og "Conqueror of the Old Northwest". På dette landområde byggede han en farm, og det var her to ekspeditører eller hvad det nu kaldes, opholdt sig, mens de planlagde ekspeditionen. Når al (eller i hvert fald det meste af) Lewis og Clark festivitasen foregik i Louisville og ikke i Clarksville, var det måske fordi netop General Clark bliver betragtet som grundlægger af Louisville, eller måske mere sandsynligt kan det skyldes, at Louisville med sine flere end 700.000 indbyggere er en del større end Clarksville, hvor der kun bor ca. 20.000, og Louisville har mange flere udstillingsfaciliteter. Heller ikke her besøgte vi i øvrigt udstillingerne.

Det gjorde vi til gengæld i den næste by, vi slog os ned i, nemlig St. Louis, Missouri. Det var herfra, at ekspeditionen ind i de ukendte områder vest for Mississippifloden tog sine begyndelse. Ekspeditionens deltagere (som var kendt som Corps of Discovery) tilbragte vinteren mellem 1803 og 1804 i en lejr lidt nord for byen på østbredden af Mississippi lige over for Missouris udmunding, da det var denne flod, de ville følge mod nordvest. Dette sted besøgte vi ikke i 2004, men Tim og jeg tog revanche 10 år senere, hvor vi faktisk besøgte den statspark, hvor lejren havde ligget (området var ikke statspark, mens lejren lå her, den er oprettet siden, nok fordi lejren lå her), men der var nu ikke meget at se, bortset fra en sten med en mindeplade, hvor lejren oprindeligt lå. Men tilbage til 2004 og St. Louis. I St. Louis finder man Gateway Arch, som skal symbolisere, at St. Louis var og er porten til vesten – altså det vestlige USA, ikke til Vesten i almindelighed, og slet ikke den vest man har på. The Arch er 190 m høj, det højeste officielle monument i USA, og man kan komme op i den, hvilket jeg har været et par gange. Man skal bare passe på hovedet, for man kører op i buen i en slags "sporvogn" bestående af små sammenkædede kapsler, hver med plads til fem passagerer. Problemet er, at indgangen til en sådan kapsel er meget lav og lavet af stål, så passer man ikke på, slår man sit lille hoved, og hovedet er som bekendt det dummeste, man kan slå! Overlever man entreen, og er vejret klart, er udsigten fra toppen til gengæld forrygende, både mod øst og mod vest. Buen ligger i en park, som var kendt som Jefferson National Expansion Memorial indtil 2018. Nu hedder den bare Gateweay Arch National Park, men vores besøg var altså før navneforandringen. Under buen ligger Museum of Westward Expansion, og det var her Lewis og Clark udstillingen blev afholdt, og her besøgte vi faktisk udstillingen, hvor der blandt andet blev vist sider (sikkert kopier) af Meriwether Lewis officielle ekspeditionsdagbog og af William Clarks interessante, private dagbøger fra rejsen. Ikke mindst interessant var det at se Clarks måde at stave ord på. I dagbøgerne forekommer der ikke mindre end 16 forskellige (og alle forkerte) måder at stave til "sioux" på, og selv helt almindelige ord er stavet forskelligt og forkert. *"Jeg kan ikke respektere en mand, som kun kan stave et ord på én måde,"* er Clark kendt for at have udtalt – lige en mand efter mit hoved, hvad eventuelle alternative stavemåder i denne bog, kan bekræfte. Der er her i bogen dog ikke tale om satvefjel, men om bevidst forplumring!!! Udstillingen var i øvrigt meget spændende, og det var nogle af de andre besøgende også, nemlig en flok amish'er i deres traditionelle påklædning. Der er faktisk en ret stor gruppe amish'er, som bor i Missouri, men hvordan de var kommet til St. Louis, skal jeg ikke kunne sige. Der holdt i hvert fald ingen hestevogne parkeret inden for synlig afstand af de steder, hvor vi gik tur efter at have forladt museet.

Vi så lidt flere plakater, mens vi kørte mod New Orleans, men ikke mange, da de to herrer ikke havde meget med de sydlige stater at gøre. Næste gang, vi aktivt opsøgte information om ekspeditionen, var på turens sidste dag, inden vi skulle flyve hjem. Her besøgte vi Harpers Ferry i West Virginia. På ekspeditionens tid var dette USA's industricentrum (på grund af adgangen til vandkraft og nærheden til hovedstaden). Her lå blandt andet hærens våbenfabrik, og den besøgte Lewis og Clark i 1803 for at bestille våben til deres ekspedition efter ordre fra Krigsminister Henry Dearborn. Ud over våbnene bestilte de også en sammenklappelig båd, som skulle med på ekspeditionen, og som de kunne bære med sig (ikke de to alene), når de ikke længere kunne sejle på de store floder. Den bestod af et sammenklappeligt metalskelet, som skulle overtrækkes med stykker af sammensyet sejldug. Syningerne skulle gøres vandtætte med harpiks. Derefter tog de af sted igen, men i 1804 vendte Lewis tilbage for at hente de bestilte genstande, som i øvrigt også omfattede bl.a. piber, tomahawker og knive af stål foruden andre ting, som de mente, at de kunne forære til de indianere, de måtte møde på deres vej, måske som bytte for mad og andre forsyninger. Imens var Clark ved at organisere resten af ekspeditionen ved bredden af Mississippi. Forsyningerne blev lidt forsinkede og Lewis med følge stødte først til resten af ekspeditionen seks dage senere end planlagt. Mere paratviden her. Våben og gaver fungerede upåklageligt, men båden kneb det med. Det, man ikke havde forudset, var, at der faktisk ikke findes mange harpiksholdige træer i området mellem Mississippifloden og Rocky Mountains, så man havde simpelthen ikke noget at tætne båden med, og den blev derfor opgivet. Alt dette fik vi at vide under et foredrag fra en parkranger på det sted, hvor nu ruinerne af våbenfabrikken ligger.

Inden jeg forlader emnet helt, kommer lige en forklaring på det med vandvejen mellem Atlanterhavet og Stillehavet, som altså eksisterer, men som ikke kan bruges til transport. Mississippifloden munder ud i Den Mexicanske Golf, som i bund og grund er en del af Atlanterhavet. Missouri munder ud i Mississippi, og Missouri udspringer i Montana på østsiden af Rocky Mountains, hvilket er årsagen til, at den løber mod øst og ikke mod vest, da vand har svært ved at løbe op ad bakke uden hjælp. Missourifloden har flere bifloder, og en af disse er Yellowstone River og en af Yellowstones bifloder er *Atlantic Creek*. Den store flod vest for Rocky Mountains er Columbia River, som flyder ud i Stillehavet på grænsen mellem staterne Washington og Oregon. En af Columbias bifloder er Snake River, og en af denne flods bifloder er *Pacific Creek*. Disse to små vandløb (Atlantic og Pacific) udspringer i det samme, endnu mindre vandløb, der kaldes *Two Oceans Creek* i et område i Wyoming, som kaldes Parting of the Waters. Nedbør, der ender i Two Oceans Creek, kan enten løbe mod vest gennem Pacific Creek og ende i Stillehavet eller mod øst gennem Atlantic Creek og ende i Atlanterhavet, og dermed er der faktisk en vandvej mellem Atlanterhavet via Den Mexicanske Golf og Stillehavet. Problemet er, at vandmængden i Two Oceans Creek er meget lille, og det samme er dybden (ca. 10 cm) og bredden på vandløbet, så selv små fartøjer (bortset måske fra avispapirsbåde) er umulige, men mindre fisk kan faktisk svømme fra den ene side af bjergene til den anden og hvis de kan leve i både salt- og ferksvand altså fra Atlanterhavet til Stillehavet eller omvendt.

The Middle of Nowhere

Vidste du, at The Middle of Nowhere ligger i Nebraska? I hvert fald Middle of Nowhere Grill i den lille landsby, Venango. Vi har ikke besøgt den, men kørt forbi, og det samme gjaldt en anden restaurantagtig ting ikke langt derfra, som reklamerede med "You are Nowhere". Det kan oversættes til "Du er ingensteds", men er man lidt kreativ og deler det lidt anderledes, kan det også læses som "Du er nu her!", hvilket må siges at være den skinbarlige sandhed, og måske en god markedsføring. Bortset fra det, så findes der faktisk en by, som hedder Nowhere, men den ligger i Oklahoma, og den har vi aldrig besøgt. Det står måske nu klart for den undrende forsamling, hvor jeg vil hen med dette afsnit? Ellers kommer forklaringen her. Det handler simpelthen om steder (primært byer og bymæssige bebyggelser) med morsomme eller bare underlige navne.

Den type steder er der rigtigt mange af i USA, men jeg vil her kun nævne steder (og nok ikke dem alle), som vi har besøgt, kørt gennem eller lige forbi, eller set skilte til på de veje, som vi rent faktisk har kørt på. Kort sagt – vi skal altså have været i nærheden. Hvorfor? Jo, for ellers er det snyd. Synes jeg i hvert fald. Og da det er min bog og mig, som skriver den, er det også mig, der bestemmer, som jeg tidligere har påpeget ved flere lejligheder. Nogle af navnene kan jeg give en forklaring på, mens andre forklaringer står hen i det uvisse eller er hensunket i glemslens tåger. Men lad mig starte med byen Hvorfor – eller Why, som den hedder på originalsproget. Denne lille bebyggelse har vi aldrig besøgt, men vi så et skilt til den, da vi kørte på Interstate Highway 8 mellem Yuma og Tucson. Why skulle egentlig bare have heddet Y, som udtales lige sådan på engelsk, da den ligger ved en Y-formet vejudfletning, men myndighederne ville ikke acceptere bynavne på kun et bogstav, og så blev det altså til Why.

Når man har en Why, hvorfor så ikke have en Whynot? Og det har man da også. Den ligger i min yndlingsstat, North Carolina lige syd for Asheboro, og jeg kørte gennem den, da jeg ved et besøg i staten ville besøge North Carolina Zoo, som også ligger syd for Asheboro. Desværre kørte jeg for langt, og så endte jeg altså i Whynot. North Carolina Zoo, som er den største zoologiske have i verden, hvor dyrene lever i naturlige omgivelser, og hvor man alligevel går rundt i parken til fods, fik jeg ikke set, fordi jeg ikke gad køre tilbage – det var sent på eftermiddagen, så den har jeg stadig til gode. Oprindeligt hed Whynot faktisk Why Not i to ord, men det blev senere trukket sammen til et. Historien fortæller, at da byen var blevet grundlagt i det 18. århundrede, skulle den have et navn. Nybyggerne mødtes og der kom mange forslag frem, efter formuleringen *"Why not call it this..."* og *Why not call it that...".* Da diskussionen havde stået på ret længe, rejste en mand sig og sagde: *Why not call it Why Not and let's all go home?"*, og sådan blev det. Hvis du, når du er færdig med hele dette afsnit, synes, at jeg har (for) mange byer med fra North Carolina, så skal du vide, hvis du ikke allerede har opdaget det, at det er den stat i USA, jeg har besøgt fleste gange, og på en enkelt undtagelse nær, altid statens vestlige områder.

Omkring 180 km nordøst for Whynot, men stadig i North Carolina, finder man Love Valley, som kalder sig selv for North Carolinas cowboycentrum, og hvor der er mange heste, men hvorfor den by, hedder som den gør, ved jeg ikke. Omkring 65 km sydvest for Love Valley finder man den lille by Maiden. Dette ord betyder, pebermø (old maiden) eller jomfru – tænk bare på den gamle Peter Sarstedt sang, fra 1969, "Take of Your Clothes", hvor det i sidste vers hedder

"Well how does it feel
Now that you are no longer a maiden
What do you mean? You want more?
And you want it right now? - oh my god!"

Her er hun altså ikke længere jomfru, og Sarstedt er træt. Men byens navn har desværre ikke noget med jomfruer at gøre. Ordet stammer fra catawbaindianernes sprog og refererer til en særlig art græs, som gror i området, forvansket til det engelske maidencane grass.

OK, kærlighedsdalen kan jeg ikke forklare, mens jomfrugræsset altså har en forklaring. Men hvad så med et navn, der lyder endnu værre: Loveladies? Loveladies ligger i New Jersey og vi har kun kørt forbi. Men hvorfor opkalde en by efter noget, der mest af alt lyder som betalingsdamer? Det er imidlertid heller ikke tilfældet. Byen er opkaldt efter ejeren af en nærliggende ø, Thomas Lovelady, men hvorfor bynavnet endte i flertal skal jeg ikke kunne sige. Vi bliver ved det frække og tager til Lancaster County i Pennsylvania, som har en stor amishbefolkning. Her finder man byen Intercourse (samleje). Ingen ved præcis, hvorfor byen fik dette navn, så det vides ikke med sikkerhed, om nogen af de mange teorier om navnets oprindelse er korrekte, men en af disse teorier går ud på, at der ved en nærliggende væddeløbsbane (race course) stod et skilt med teksten "Enter course", og det blev så forvrænget til Intercourse, men der er altså andre forklaringer, som heller ikke handler om "det frække". Men det havde måske været bedre om de gjorde, for ikke langt nord for Intercourse finder man byen Blue Ball, en lidelse, som kan ramme mænd, hvis de ikke får intercourse! Selv om de fleste nu får blue balls med småt og i flertal. En anden bebyggelse i samme nabolag er Bird-in-Hand, altså "en fugl i hånden". Bebyggelsen har formodentlig sit navn efter et hotel, som blev åbnet i området i 1852, men legenden fortæller, at det stammer fra to landmålere, som diskuterede, om de skulle blive, hvor de var (før hotellet lå der en kro på stedet) eller forsætte til "storbyen" Lancaster og overnatte der. Den ene skulle så have ytret *"A bird in the hand is worth two in the bush"*. Alle disse byer har Tim og jeg besøgt.

Mange byer med sære navne, har fået disse, fordi de gerne ville have et posthus. Det amerikanske postvæsen tillader ikke, at der etableres et posthus i en by, hvis der allerede er et posthus i en anden by med samme navn i samme stat, og så kan det en gang i mellem gå lidt for stærkt med at hitte på et nyt navn. Et eksempel på dette er en by i Indiana, som oprindeligt hed Santa Fe. Bystyret ansøgte som om lov til at etablere et postkontor, men fik besked om, at en by med det navn allerede fandtes i staten, så det var udelukket. En af byens vise fædre fik så den geniale idé, at man kunne kalde byen Santa Claus (Julemanden), hvilket postvæsenet accepterede, og så fik byen sit posthus. Sidenhen har postvæsenet dog bitterligt fortrudt, for nu bliver de postale ansatte i byen i den grad overbebyrdede, ikke mindst ved juletid, af alle de børn (og måske også nogle voksne), som skriver til julemanden. Så allerede få år efter at tilladelsen var givet, besluttede US Postal Service, at man aldrig igen ville godkende et sådan navn. Der findes dog endnu to byer med samme navn, nemlig en i Georgia og en i Arizona, men måske har disse ikke posthuse. Tim og jeg besøgte Santa Claus i Indiana i 2019, men det har jeg allerede fortalt om i min forrige bog, så den historie skal ikke gentages her. Jeg kan dog afsløre, at afsnittet hedder "Tyren, munkene og julemanden", og det findes i kapitlet "Blandede bolsjer".

En anden bebyggelse, som har fået sit navn på samme måde, og som Tim og jeg også har besøgt, i øvrigt også på 2019 turen, er Telephone i det nordøstlige Texas. Ejeren af den lokale "general store" (blandede landhandel), ville gerne oprette et postkontor i forbindelse med sin butik, og han foreslog adskillige navne, men postvæsenet afviste dem alle på grund af navnelighed med andre byer i Texas. Da hans butik imidlertid var indehaver af den eneste telefon i miles omkreds (men der må jo have været en ledning derud, skulle man tro, for ellers har man jo ikke meget glæde af en telefon, eller havde i hvert fald ikke før det forrige århundredeskifte), foreslog han til sidst navnet Telephone. Dette accepterede postvæsenet, og i 1886 kunne han åbne sit postkontor. Ikke langt fra Telephone ligger den "litterære" bebyggelse Ivanhoe, som ikke har et postkontor, men hvor til gengæld et par af vores venner bor. Hvorfor denne by hedder, som den gør, har jeg dog ikke været i stand til at finde ud af. Også i den sydøstlige del af Texas findes en by med navnet Ivanhoe, og heller ikke denne kender jeg forklaringen på.

I Georgia, syd for Atlanta findes Experiment, som vi kun har været i nærheden af, ikke besøgt. Denne by har sit navn fra et landbrugseksperiment som University of Georgia udførte i området – og det er faktisk lidt kedeligt. På turen i 2019 passerede vi også i nogen afstand fra byen Frankenstein i Missouri, der åbenbart har sit navn fra en mand ved navn Franken, hvilket er lidt mere kedeligt, end hvis den faktisk havde været opkaldt efter Dr. Victor Frankenstein, som jo "byggede" sit monster. Vidste du i øvrigt, at Mary Shelley kun var 18 år, da hun skrev Frankenstein, og at hun kun var 20, da den blev udgivet? På samme tur havde vi tidligere passeret Okay i Oklahoma; en by med 700 indbyggere, som åbenbart har det godt. Faktisk har byen sit navn fra firmaet O. K. Trucks, som byggede tankvogne, og som etablerede en fabrik i byen, der tidligere hed Rex. Jeg må jo heller ikke glemme Mexican Hat i Utah, som jeg har besøgt nogle gange. Selv om navnet lyder underligt, er det faktisk ret fornuftigt, da byen er opkaldt efter en klippe, som ligner en sombrero, der er vendt på hovedet.

Jeg skal lige tilbage til North Carolina, og en by, som ligger inden for mit yndlingsområde, nemlig Western North Carolina – så yndlings, at jeg har skrevet en bog om det på både dansk ("Smuk natur, Venlige mennesker") og på engelsk ("Land of Friendliness and Beauty") – så her er flere bøger, du bør købe for at støtte mit fortsatte forfatterskab. Lige uden for Mount Airy i Surry County og som en forstad til denne ligger byen Toast. I 1927 fik en lokal skoleinspektør, der var ude for at handle købmandsvarer i stedets butik, idéen til navnet, og postvæsenet slog til, og siden har stedet altså været opkaldt efter et stykke ristet brød.

Kører man gennem Florida på I-10, hvilket vi har gjort flere gange, passerer man lige før Tallahassee (når man kører fra vest mod øst) byen Two Egg. Hvorfor denne by har sit navn, er der også flere forklaringer på, men en af af dem er, at man under depressionen, kunne bytte æg for købmandsvarer i den lokale butik. Jeg har allerede haft et par byer fra Texas, men skal også lige nævne byen Uncertain, som ligger ved Caddo Lake, ikke langt fra grænsen til Louisiana, nord for Shreveport i denne stat. Da man ville registrere byen hos de statslige myndigheder, vidste man endnu ikke, hvad man ville kalde den, så i rubrikken "navn" på ansøgningsblanketten skrev man "Uncertain", altså "uvist" og det blev så byens navn. Og det bringer mig til den modsatte side af Louisiana, hvor Dorte og jeg tilbage i 2004 passerede en by ved navn Waterproof på vores vej mod syd fra Pine Bluff i Arkansas til New Orleans. Byen ligger ved Mississippiflodens bred og lige

261

ved US Route 65, som vi kørte på. Dengang tror jeg ikke, at vi var opmærksomme på navnet, som jeg først selv har opdaget senere. Denne by har sit navn fordi den er sikret mod Mississippiflodens jævnlige oversvømmelser af dæmninger.

Syd for New Orleans og på den sydlige bred af Mississippifloden ligger småbyerne som perler på en snor, Avondale, Marrero, Harvey, Gretna, Terrytown og så Westwego. Sidstnævnte siges at have sit navn, fordi byen lå ved et vigtigt overfartssted over floden, ikke mindst for de, der ville rejse vest på, og når de lokale så spurgte, hvor de var på vej hen, svarede de "West we go!" En anden historie fortæller, at navnet skyldes, at et jernbaneselskab ville lægge den østlige endestation for en bane her, og de ville så fortsætte vest på, under mottoet "West we go!" Hvilken af historierne, der er den rigtige skal jeg ikke kunne sige, hvis nogen af dem overhovedet. Vi har aldrig boet i Westwego, men i nabobyen Marrero, så vi har passeret byen mange gange. I øvrigt er der et par byer i området syd for New Orleans, som også har interessante om end ikke særligt mærkelige navne, nemlig Lafitte og Jean Lafitte. Begge disse nabobyer er opkaldt efter sørøveren, slavehandleren og smugleren Jean Lafitte, og det er da lidt mærkeligt at opkalde ikke bare en by, men to nabobyer efter en forbryder.

I New Mexico finder man en by ved navn Truth or Consequences (Sandhed eller konsekvens – jeg husker stadig når vi legede denne leg, da jeg var barn eller måske snarere ung – i hvert fald gammel nok til at jeg interesserede mig for piger og deres anatomi). Byen har navn fra et amerikansk radioprogram, som også hed Truth or Consequences, og som udfordrede byer i USA til at lade sig omdøbe til udsendelsens navn, og det skete i 1950 for byen Hot Springs i New Mexico. Som belønning blev radioprogrammets 10-års jubilæumsudsendelse sendt fra byen. Omkring 25 km syd for byen Florence i South Carolina, som ikke mindst Tim har besøgt flere gange og jeg selv en enkelt (Tim havde dengang venner i byen) finder man byen Coward (Kujon). Rygterne siger, at indbyggerne i byen er så bange, at de ikke tør fortælle, hvorfor byen har sit navn, og jeg har da heller ikke været i stand til at finde en forklaring.

Det særeste af alle bynavne, mest på grund af sin stavning, findes dog i Californien, nær ved Interstate Highway 15, mellem vejens udfletning fra Interstate Highway 40 og byen Baker. Det er byen Zzyzx! Som udtales noget i retning af Saisex eller Sisex – afhængigt af hvem man spørger. Denne by fik sit navn i 1944, da en kendt kvaksalverlæge, Dr. Curtis H. Springer åbnede et helsecenter ved nogle mineralske kilder i ørkenen, hvor folk kunne komme og få det bedre. Hans motto var "*last word of health*", så han omdøbte bebyggelsen, som tidligere hed Soda Springs til Zzyzx, for så var han sikker på at komme til at stå sidst i telefonbogen – last word. Efter at han havde drevet centeret i 30 år, opdagede myndighederne at Springer ikke ejede området, og smed ham ud, og han kom i fængsel for at bedrage folk med dyre helsekure, som ingen effekt havde. I dag er det eneste, der findes på stedet et center for ørkenstudier, som tilhører California State University.

Men lad mig afslutte dette afsnit med at vende tilbage til North Carolina. Lige syd for byen Gastonia, amtssæde i Gaston County i den vestlige del af staten, finder man bussemandsbyen eller bøhmandsbyen Boogertown (booger kan både betyde bussemand samt - i overført betydning - bøhmand). Navnet blev givet af såkaldte "moonshiners", altså folk, der fremstillede ulovlig spiritus i skovene, og det skulle faktisk få folk til at tro, at her holdt "bøhmanden" til, og på den måde afholde folk fra at gå ind i skoven og "falde over" de ulovlige destillationsapparater. Lige nord for Gaston County ligger Lincoln Couty med amtssædet Lincolnton, og inden for bygrænsen af denne by, finder man en tidligere selvstændig bebyggelse, Polkadot (polkaprik), men hvordan denne by har fået sit navn, har jeg simpelthen ikke være i stand til at finde ud af. I Henderson County, også i Western North Carolina, finder man byen Bat Cave, hvor Batman holder til! Nej, faktisk er byen opkaldt efter en hule, som rummer en stor bestand af flagermus. I forne tider var hulen en stor turistattraktion, men i dag er der adgang forbudt for turister, da man gerne vil beskytte de mange flagermus, som bor i hulen; ikke mindst den truede art, som kaldes Indiana Bat, selv om de altså bor i en hule i North Carolina. I øvrigt er der kun kort vej fra Bat Cave til byen og søen, der bærer navnet Lake Lure (Lokkesøen), fordi søens naturskønhed lokker folk til området. Og meget tæt på mit yndlingsområde i Ferguson, NC finder man byen Boomer. Boomer betyder "løsarbejder", selv om det nu tillige er blevet betegnelsen for en hel generation; den jeg selv tilhører. Boom kan også betyde drøn eller brag, men faktisk er byen opkaldt efter sin første postmester, Ed "Boomer" Matheson, som måske havde sit kælenavn, fordi han talte med en dyb og rungende stemme. Boomers mest kendte personlighed, i hvert fald lokalt, er digteren James Larkin Pearson, som var North Carolinas såkaldte Poet Laureate (slå det selv op) mellem 1953 og 1981.

Der er mange andre byer med særc, sjofle, underholdende og morsomme navne, men dem har vi ikke besøgt – endnu, så jeg vil slutte med navnet på en vej. En vej i det sydvestlige Florida, nærmere betegnet i byen Naples, hvor en vej bærer det interessante navn Rattlesnake Hammock Road. Tim og jeg besøgte vejen i 2016 og talte om, hvordan den kunne have fået et så sært navn. "Rattlesnake" betyder "klapperslange", en "hammock" er en hængekøje og "road" er selvfølgelig "vej", så direkte oversat betyder det "Klapperslangehængekøjevej"! Jeg har aldrig fundet en forklaring på navnet, men i et diskussionsforum på nettet, foreslog en prosaisk sjæl, at vejen var opkaldt efter en mand, som hed Hammock til efternavn, og som så, måske på grund af et ondskabsfuldt temperament, havde været kendt under øgenavnet "Rattlesnake". Det er faktisk en sandsynlig forklaring, men jeg havde nu håbet på noget mere spændende.

Hold nu op med det pjat

Dette afsnit skal ikke tages alt for alvorligt – det er der faktisk heller ikke andre afsnit i bogen, som skal, men alligevel. De fleste, som har rejst i USA, har sikkert opdaget, at der er en række ting, som de gode amerikanere gør forkert. Altså ikke på den rigtige måde, som vi gør i Danmark. Dette afsnit er en opfordring til alle amerikanere om at holde op med at opføre og indrette sig forkert, og i de tilfælde, hvor der er tale om lovmæssig opførsel, bør de stemme på politikere, som vil ændre på forholdene, så de bliver som de danske. De amerikanere, som læser denne bog (hvilket formodentlig kun er de, som kan læse dansk), må straks gå hjem og udbrede budskaberne. Nogen vil sikkert hævde, at den amerikanske måde at gøre tingene på er lige så god, som den danske, og nogle amerikanere vil måske gå så vidt som til at påstå, at den er bedre. Men de tager fejl. Hvis den var bedre, ville vi jo gøre det her i Danmark! Jeg indrømmer dog, at der er et par ting, som vi måske kunne bruge. Dem vender jeg tilbage til sidst i afsnittet. Nå, men slut med al denne introduktion, i gang med uhyrlighederne.

Lad mig begynde med noget, som mange irriteres over – faktisk også en del lokale, nemlig det forhold, at man lader kunderne, ikke arbejdsgiverne, betale medarbejdernes løn. Det gør vi selvfølgelig også i Danmark på sæt og vis, da firmaerne sælger varer til priser, der er så høje, at avancen kan betale medarbejdernes løn, og så måske et lille bitte overskud til indehaverne af virksomhederne. Men det er altså en forholdsvis indirekte betaling. I USA går man anderledes direkte til værks – selvfølgelig ikke i alle tilfælde, men det jeg vil ind på her, er de allestedsnærværende drikkepenge. De betales først og fremmest på restauranter, som jeg har omtalt i afsnittet om "Når kvinderne slås om os", men det er bestemt ikke kun der. Turguider, som fx Ms. Katie, som viste os rundt i New Orleans' Garden District, afsluttede rundvisningen med at sige *"I love you all, but I love you even more if you leave a tip"*, og også buschauffører (på turistbusser), rengøringspersonale på hoteller og mange andre forventer drikkepenge. Og tro mig, de bliver mopsede, hvis man springer over, selv om en bådfører engang udtrykte forståelse for, at drikkepenge måske ikke var indregnet i feriebudgettet, men han sagde det med et tonefald, der antydede, at i givet fald skulle man nok ikke komme tilbage til hans båd en anden gang. Denne mani med at forvente drikkepenge betyder, at man aldrig kan regne med de priser, der står på menukort osv. Surt show. Men selv om drikkepenge blev afskaffet, ville man alligevel ikke kunne regne med priserne, og det bringer mig til det næste, amerikanerne bør lave om.

En opgivet pris på en vare er altid en nettopris. Dertil skal så (ud over eventuelle drikkepenge, som man trods alt endnu ikke betaler i fx supermarkeder), lægges diverse skatter og afgifter. Så når man lige har fundet en vare i Walmart til $19,95 og ved, at man netop har en 20-dollarseddel i pungen, kommer man hen til kassen, og så siger kassedamen: "Det bliver lige 22,67" – og så må man opgive sit køb – eller betale med kreditkort, og så kom man alligevel ikke af med den fordømte seddel, som man nu har slæbt rundt på i 17 dage, fordi den er for stor til at give som drikkepenge, og altså for lille til at købe noget for, som man gerne vil have. Og hvad er det så, at man skal betale? Først og fremmest er der en såkaldt statssalgsskat, som tillægges. Denne varierer i størrelse fra stat til stat, men ligger typisk omkring 5-7 procent. Dertil kommer så lokale "amtslige" salgsskatter, som skal lægges oveni. Disse varierer fra amt til amt, og ligger typisk mellem 1 og 2 procent. I nogle stater, men ikke alle, tillægges der yderligere "byskatter" oven i amtsskatterne, og dertil kan komme særlige skatter på bestemte varer. Nogle stater har dog hverken stats- eller lokale salgsskatter, fx reklamerer Delaware på de velkomstskilte, der står, når man kører ind i staten på en motorvej, med at man nu er på vej til en stat, som er "Home of Tax-Free Shopping", men det er undtagelserne. Der er også enkelte stater, hvor man kan få skatterne refunderet, hvis man fører købte varer ud af USA direkte fra den pågældende stat (altså flyver ud af USA fra staten), men det er få. Og uanset om man får pengene tilbage, kan man jo stadig ikke regne med de prisskilte, der står på varer eller hylder. Og når man bor på hoteller, moteller, B&B osv. bliver det endnu værre. Her tillægges nemlig i de fleste stater yderligere en hotelskat, den såkaldte "occupancy tax", som også varierer fra stat til stat og fra amt til amt, men som typisk udgør omkring 6-7%, så den samlede skat, der tillægges for ophold, vil være omkring 13-14%, inklusive det hele. Og så er der steder, ikke mindst i Las Vegas, hvor der også tillægges en såkaldt "ressort fee", som hotellet selv beholder, og som kan løbe op i op mod 100 dollars pr. dag. Det må de se at få lavet om – ikke kun ressort fee'en men alle de ikke prissatte omkostninger.

Og så er de hamrende uhøflige!!! Tre udråbstegn, mindre kan ikke gøre det. Nogen vil sikkert hævde, at jeg er galt på den her, og at amerikanerne tværtimod er særdeles høflige. Men de, der hævder det, tager alvorligt fejl. Lad mig give et eksempel. En almindelig hilsen i USA er *"Hello. How are you?"* eller på dansk *"Hej. Hvordan går det?"* – af og til udtalt med en eller anden form for dialekt eller lokal formulering, som fx *"Hey Y'all. How's it going?"* Sådanne hilsener møder man alle steder, fx i kassekøen i Walmart i myldretiden, hvor det er kassedamen, der hilser på den måde. Jeg har reverenter talt endnu aldrig mødt en kassemand i USA, bortset fra en lirekassemand og en sådan har jeg kun mødt i Danmark og det er længe siden, og i øvrigt noget helt andet. Er der mon nogen af mine læsere, som stadig kan huske lirekassemænd og andre gårdmusikanter? Ellers er jeg nok den eneste.

Og det er så her i den forbindelse, altså med indkøb i myldretiden, at uhøfligheden viser sit grimme ansigt. Allerede omkring en halv time (for de mest høflige måske 45 minutter) inde i min redegørelse for min generelle helbredstilstand, begynder de at se noget gnavne ud, og kan ligefrem finde på at afbryde beretningen med henvisning til, at der står mange andre bag mig i køen. Hvis jeg så fortsætter min historie, kan de finde på at tilkalde sikkerhedsvagter, for at få mig fjernet, selv om de i stedet burde beskytte mig mod de ophidsede mennesker bag mig. Og jeg er endda kun kommet til midt på lårene i min beskrivelse af sundhedstilstanden, hvor jeg starter med mine nedgroede negle og ligtorne og arbejder mig op derfra, og jeg er slet ikke nået op til mine vitale, indre og ydre organer endnu, når jeg bliver ført bort med magt. Og det med organerne minder mig om en huskeremse, jeg lærte af min gamle lærer i kommunikation, da jeg gik på Søværnets Sergent- og Reserveofficersskole i tidernes morgen. Den handlede om zebraens ydre organer, men den er ikke stueren, så den kommer ikke her. Vil nogen have den, er man velkommen til at kontakte mig pr. e-mail. Bare skriv i emnet: Signalprioritetsrækkefølge, så ved jeg, hvad det handler om. Men uhøfligheden ligger altså i, at de stiller et spørgsmål, og så afbryder de, inden man er færdig med at svare.

Toiletter! Altså offentlige toiletter. Dem må de have lavet om på. Den type tysk orienterede toiletter, som tidligere fandtes i en del private hjem og på de fleste hoteller og moteller, har de allerede ændret på (de ses stadig enkelte steder i Tyskland, som dog også er i gang med en udskiftning). Jeg går ud fra, at det skyldes det klagebrev, jeg skrev til USA's turistministerium i 2004 med kopi til Walt Disney (han var godt nok død dengang, men alligevel), præsidenten (Clinton dengang), paven (Johannes Paul II), Julemanden og Bill Gates (senere kendte rigmænd som Mark Zuckerberg, Elon Musk og Jeff Bezos eksisterede ikke dengang – eller de var i hvert fald ikke rige og kendte, ellers havde jeg også sendt min klage til dem). For en sikkerheds skyld sendte jeg det også til Dronning Margrethe og Mads Mikkelsen. Og hvad var det så, jeg klagede over? Jo, det var indretningen af toiletkummer. På et dansk toilet kan kummen beskrives som en konisk fordybning, med vand i bunden, og når man skyller ud kommer vandet ud i toppen af kummen. Men sådan var det ikke i USA. Jeg overlader beskrivelsen til en indfødt, som i 2010 købte et ældre hus, hvor to af de tre toiletter, var af den gamle slags, og altså endnu ikke udskiftet. Fordanskningen er min egen, så eventuelle sprogfejl beklages.

"Det fungerer helt anderledes end et almindeligt toilet. I stedet for at have en mængde vand i bunden af toiletkummen ved afløbet, er denne i det væsentlige tør (undtagen et meget tyndt lag af vand), og bunden af toilettet er flad - som en hylde. Når du skyller ud i toilettet, vælter en strøm af vand fra bagsiden af kummen mod fronten og fejer alt af vejen som en tsunami og ned i et afløb foran i kummen. På plussiden virker det. ... du vil ikke tilstoppe et hyldetoilet, uanset hvor mange kilo hård cheddar du spiste før sengetid i går aftes. Men bæhyldens ene fatale fejl er, at alt, hvad der ikke skylles ud, men forbliver på hylden, nu ligger synligt og i fri luft. Nogle udlændinge har beskrevet dette som "læg og vis frem metoden". Alt er fuldstændigt synligt og tilgængeligt, og odeuren i stand til at blande sig med luften i rummet som en forårsbuket af roser ... Nu har jeg tilfældigvis haft den vane at tage et par ekstra minutter på gryden i ny og næ for at gennemgå de daglige nyheder (når du har et hus fyldt med fem børn, tager du al den alenetid, du kan få). Men

med et bæhyldetoilet kan du godt afskaffe avis og anden lekture, for tro mig - du vil ikke ønske at bruge et sekund mere tid derinde, end du absolut skal."

Måske findes denne type toiletter endnu i nogle private hjem, men det er meget længe siden, jeg har mødt dem på hoteller og moteller, så mit brev må have virket. Men det var så heller ikke dem, jeg ville klage over her, men derimod "offentlige" toiletter, som man finder på restauranter, i supermarkeder, på tankstationer og så videre. I Danmark vil et sådant offentligt toilet typisk have et eller flere aflukker, hvor man kan gå alene – eller hvis man er teenagepige, to eller tre sammen. Disse aflukker har typisk vægge fra gulv til loft, og en dør i samme højde som døre normalt har. Men sådan er det ikke i USA. Her har man sparet på snedkerregningen (måske tømrerregningen), for her er det et gab på et par cm mellem dør og karm, og desuden består en bås af nogle sære halvvægge, der går fra lidt under hovedhøjde (når man står op), eller lidt højere afhængig af personens højde, og så til lidt under knæhøjde, og dørene ind til disse båse, har samme højde. Det giver selvfølgelig den fordel, at man ved at bukke sig en anelse ned og se ind under døren, kan konstatere om en bås er optaget – hvis man ikke kan se om låsen er grøn eller rød. I hvert fald har man frit udsyn til okkupantens (dejligt ord her) sko og bukserne nede om haserne. En anden fordel er, at skulle man have placeret sig i en bås, hvor det viser sig at toiletpapiret er sluppet op, kan man bede naboen om at stikke noget ind under halvvæggen – og måske på den måde endda få indledt et helt nyt bekendt- og venskab. Jeg kan høre det for mig, når man 20 år senere bliver spurgt om, hvordan man egentlig mødtes, og man må svare "På et offentligt toilet!". Det skal sikker nok får nogen til at tænke deres. Men derudover ser jeg ikke mange fordele, og jeg foretrækker at sidde i fred uden at en eller anden pludseligt stikker hovedet over kanten, for at se, hvad jeg foretager mig. Så brug dog de få dollars ekstra og få vægge og døre fra gulv til loft.

Lad mig blive lidt ved de sanitære installationer og tale om brusere. Amerikanere har noget med badekar. De elsker dem, og der er badekar overalt på moteller og hoteller. Jeg har kun et par gange boet på hoteller, hvor der "bare" var en brusekabine. Det er også meget sjældent, at der er både badekar og brusekabine, så som regel er brusemuligheden en bruser i badekarret – eller rettere over dette. Det sker, men det er sjældent, at der er tale om en telefonbruser på en stang, hvor højden kan reguleres, men som oftest er der tale om en fast monteret, ikke-regulerbar bruser, og af én eller grund, er disse ofte monteret i en højde, så kun mindre børn og hobitter kan stå under dem. Personer, som mig, der har gennemsnitshøjde, er nødt til at anbringe sig i en særdeles krumbøjet position, hvis hele kroppen skal blive våd – og folk af større højde, som fx Tim, kan nærmest kun blive våde fra livet og ned. Jeg har aldrig kunne finde en forklaring på denne lave placering, men sæt nu de brusere op i en højde, så et gennemsnitsmenneske kan stå inde under dem uden at skulle udsætte sig selv for en invaliderende rygskade.

Nu vi er ved væsker, så lad mig også benytte lejligheden til at brokke mig over amerikanernes måleenheder. Dette afsnit er dog ikke kun brok og forbedringsforslag, men også forbrugeroplysning, så læs det grundigt! Amerikanere kan ikke finde ud af det metriske system, så de bruger stadig de gamle imperialistiske måleenheder fra England (senere Storbritannien), selv om briterne selv for længst har forladt dem. En undtagelse er penge. Her kan de altså godt finde ud af, at opdele en dollar i 100 cent, men for andre enheder går det helt galt. Der har faktisk været gjort forsøg på at skifte til det samme system, som næsten resten af verden bruger, men hidtil uden held. Faktisk er der – ud over USA – kun to lande, nemlig Myanmar og Liberia, der bruger det imperiale system. Men skal du til USA, kan du lige så godt først som sidst vænne dig til at skulle omregne mellem sære mål. For eksempel på vejene, hvor afstande er opgivet i miles, brøkdele af miles og fod. Jeg har ikke tænkt mig at forklare omregningsfaktorerne; dem kan du selv slå op eller hent en omregningsapp til din smartphone. Ud over de nævnte længdemål bruges også tommer og yards, selv om sidstnævnte kun ses sjældent. Der er faktisk flere, men dem ser man heldigvis aldrig. Jeg har i hvert fald aldrig set længder opgivet i thou (en tolvtusindedel tomme), chain, furlong eller league. Og dog. For furlongs (201,168 meter) bruges faktisk til at angive længden på galopløb.

Når man ganger to længdemål med hinanden får man et areal, og sådanne opgives normalt i square miles (kvadratmil) eller acres, men enheder som kvadrattommer og -fod kan af og til ses for små arealer. I Danmark vil vi typisk fortælle hvor stort et hus er, ved at anføre kvadratmeterantallet. Det gør man ikke i USA. Her fortæller man, hvor mange soveværelser og badeværelser huset indeholder – og så kan der evt. være en tilføjelse om antallet af kvadratfod. Her er et citat fra en "bolig sælges" annonce for et hus på en gade med det poetiske navn Whispering Streams i byen Fleetwood i North Carolina: *"3 bed, 2.5 bath, 2,206 sqft, 7,405 sqft lot"*. Altså tre soveværelser, 2½ badeværelse, 2,206 kvadratfod (205 m²) og en grund på 7.405 kvadratfod (688 m²). Hele denne herlighed var i øvrigt udbudt til kun $399.000 (ca. 2,4 millioner i januar 2021). Jeg kan tilføje at selv om Fleetwood kun er en meget lille bebyggelse med omkring 10 huse, langt ude på landet i den sydlige del af North Carolinas nordvestligste amt, Ashe County, har stedet faktisk et postkontor. Var det ikke noget? Jeg skal nok lige gøre opmærksom på, at jeg ikke få provision fra ejendomsmægleren! Det med de halve badeværelser undrede mig en del, da jeg først så betegnelsen for nogle år siden. Jeg spekulerede dengang på, hvilken halvdel der var tale om, og hvordan opdelingen fandt sted. Var det mon delt vandret, så man kun havde den øverste eller underste del? Var det delt lodret, så man havde højre eller venstre del, eller hvad gik det ud på? Siden blev jeg klogere, og nu har jeg lært, at man i USA opererer med tre typer badeværelser, full, half og quarter. Et helt badeværelse har minimum bad, toilet og håndvask, og der kan godt være mere, fx både badekar og brusekabine, flere håndvaske og sågar bidet. Det gør det ikke til et dobbeltbadeværelse. Et halvt badeværelse har kun to af de nævnte tre obligatoriske installationer, typisk toilet og håndvask, eller bad og toilet, mens jeg aldrig har set bad og håndvask uden toilet; et kvart badeværelse indeholder så kun en enkelt installation, normalt toilettet. Men nu kom jeg (igen) ud på et sidespor, og gik fra arealmål til badeværelser på få sætninger, så lad mig komme tilbage til måleenhederne og se på vægt.

Vægt opgives typisk i ounces (små mængder), pounds (større mængder) og tons (endnu større mængder), men der findes flere enheder fx grain, drachm, stones, quarters, hundredweights og slugs (14,5 ton sådan cirka). Et ton er desværre ikke som vores ton, der vejer 1.000 kg. Faktisk har amerikanerne to forskellige tons. Et long ton vejer 1.016 kg, mens et short ton kun vejer ca. 907 kg, så derfor bruger amerikanerne faktisk ofte såkaldte metric ton (metric betyder metriske – de oversættelser, de oversættelser), som altså svarer til vores. Et grain er den mindste måleenhed, og det er ikke meget, man får for pengene hvis man køber at grain salt, da et grain kun svarer til 64,79891 milligram. Men som sagt er det typisk kun de første tre enheder, man vil møde – bortset fra stones, som af og til anvendes som vægtenheder for mennesker, mest mænd, men ellers opgives menneskevægt i pounds. En stone svarer helt præcist til 6,35029318 kg, så en person, der vejer 10 stones, vejer altså godt 63 kg. Som The Kinks sang i deres sang (I wish I could fly like) Superman fra 1979: *"I looked in the mirror; what did I see? A nine stone weakling with knobbly knee*s." Så fyren her vejede altså kun 57 kg, og så havde han knudrede knæ!

Så mangler jeg væsker og andre volumenmål. Disse opgives typisk i pint, quarts eller gallons. Også her er der selvfølgelig mange andre enheder, hvor den mindste er en fluid ounce, som man faktisk ser af og til for væsker, der sælges i meget små mængder. En fluid ounce svarer til ca. 29,5 ml. Selvfølgelig er der også flere enheder for volumen, men dem kan du selv slå op, hvis du er interesseret.

Også datoer og klokkeslæt har amerikanerne det svært ved. Hvor vi vil skrive en dato som dag, måned, år skriver amerikanerne den som måned, dag, år – altså fx 3-7-24, når de vil skrive 7. marts 2024 i modsætning til vores 7-3-24. Begrundelsen er ofte, at det er den måde, de siger en dato på, altså ikke som i England (der jo også taler engelsk. Her ville man sige 7th of March 2024, mens amerikanerne siger March 7th 2024.

Heller ikke klokkeslæt har de det godt med. Tilsyneladende kan amerikanere kun tælle til 12, og så må de starte forfra. Så de hæfter betegnelser på, for at forklare om det er klokken tre om natten (3 AM) eller om eftermiddagen (3 PM). AM og PM står for henholdsvis ante meridiem (før middag) og post meridiem (efter middag). De ved åbenbart ikke, hvad kl. 15.30 er. Militæret kan dog godt, selv om de siger det lidt anderledes. Klokken 16, vil blive sagt som 1600 hours (sixteenhundred hours).

En sidste ting, jeg kan klage over i forbindelse med måleenheder er selvfølgelig amerikanernes utidige og utilbørlige anvendelse af fahrenheitskalaen til et måle temperaturer med i stedet for celsiusskalaen, som alle normalt tænkende væsener ellers bruger. Også her er USA i (mindre) godt selskab. Ud over USA er der tale om en række mindre stater i Vestindien og Stillehavet: Antigua and Barbuda, Belize, British Virgin Islands, Federated States of Micronesia, Marshall Islands, Montserrat, Saint Kitts and Nevis, Bahamas, Turks and Caicos Islands, Palau, og Cayman Islands. Desuden i Afrika Liberia og i Europa Turkish Republic of Northern Cyprus. Hvorfor de elsker en skala, hvor vand koger ved 212 grader og fryser ved 32 plusgrader, går over min forstand. Omregningen er dog nem nok! Tag temperaturen i fahrenheit, træk 32 fra, divider med 9 og gang med 5. Sådan! Omvendt, når du skal regne den anden vej. Det eneste sted, hvor de to skalaer mødes er ved -40 grader, og så holder jeg mig alligevel inden døre.

Så kære amerikanere! Tag jer nu sammen og få ændret de håbløse måleheder, og gerne før mit næste besøg. Det burde stå øverst på den kommende præsidents (januar 2025) to-do liste.

Men jeg er slet ikke færdig med at undre og brokke mig! Så her er mere brok. Denne gang handler det om amerikanernes voldsomme trang til at anlægge erstatningssager, hvor de forlanger og forventer erstatning for hændelser, som er overgået dem, fordi de ikke blev advaret om, at dette eller hint kan være farligt eller skadeligt; ofte for handlinger som fornuftigt tænkende mennesker aldrig ville udføre. Mange af de historier, der cirkulerer, som fx historien om kvinden, der ikke kunne tørre sin kat i mikroovnen, og ville have erstattet såvel mikrobølgeovn som kat, er såkaldte urban legends, altså historier som aldrig har fundet sted, som ingen domstol nogensinde har behandlet, og som derfor må siges at være falske (hvad hjertet er fuldt af løber fingrene over med – her skrev jeg først "flaske", inden jeg fik det rettet). Men hele problemstillingen har ført til en umådeholden brug af advarsler om dette og hint samt ansvarsfraskrivelser. Her er et par eksempler fra det virkelige liv. Hos en biavler så jeg dette skilt: *"Det er på eget ansvar, hvis du nærmer dig et bistade, da bierne kan stikke, og ejeren kan ikke gøres ansvarlig, hvis du bliver stukket, mens du opholder dig på hans grund!"* På et skilt ved et led, der førte ind til en mark med køer: *"Gå ikke ind til køerne. Køer kan være farlige og det er på eget ansvar, hvis du går ind på marken".* Dette er helt korrekt. Køer kan være farlige. Faktisk bliver flere mennesker årligt dræbt af køer i USA, end der bliver dræbt af hajer i hele verden. Et skilt i en statspark i et bjergområde meddelte: *"Dette område rummer risici forbundet med vand, klipper og skrænter. Alvorlige skader eller død er mulige. Færdsel på eget ansvar."* På en udsigtsplatform på toppen af et højt tårn: *"Det er forbudt og kan være forbundet med livsfare at klatre over rækværket."* Også på fødevarer ser man mange advarsler: *"Brug af dette produkt kan medføre fare for dit helbred. Produktet indeholder sakkarin, som ved laboratorieforsøg har vist sig at kunne forårsage cancer i forsøgsdyr."* Eller fra et menukort på en restaurant:

"Restaurant NN kan ikke garantere, at nogle retter på menukortet ikke indeholder ingredienser, der kan forårsage en allergisk reaktion eller overskride andre begrænsninger i din diæt. Derudover kan nogle retter på menuen indeholde alkohol. Allergenoplysninger er tilgængelige efter anmodning.

BEMÆRKNING: VARER MÆRKET MED EN * KAN INDEHOLDE RÅ ELLER UNDERTILBEREDTE INDHOLDSSTOFFER. FORBRUG AF RÅT ELLER UN-DERTILBEREDT KØD, FJERKRÆ, FISK, SKALDYR ELLER ÆG KAN FOR-ØGE RISIKOEN FOR FØDEVAREBÅRNE SYGDOMME, SÆRLIGT HVIS DU LIDER AF VISSE MEDICINSKE TILSTANDE."

Og jo, det stod med store bogstaver. Bare forståelsen af den første sætning er en udfordring, som det altid er med såkaldte "dobbeltnegationer"- altså to benægtelser i samme sætning, som fx denne *"Bør man undlade ikke at anbefale kvinder at lade være med at forsvare sig fysisk i forbindelse med overfaldsforsøg?"*. Alt det med advarslerne naturligvis for at sikre, at restauranten ikke bliver sagsøgt, hvis en gæst med nøddeallergi bestiller og indtager en nøddekage – som jeg så i en vittighedstegning engang, hvor et egern holdt et skilt op foran en tilsyneladende meget sulten ræv: *"Warning! May contain nuts."* Så altså kære USA. Afskaf systemet med de såkaldte pønale erstatninger, som kan løbe op i millionstørrelser, glem advarslerne og stol i stedet på den almindelige sunde fornuft - som desværre ikke er så almindelig endda. Et eksempel på et sådant besynderligt søgsmål, som dog blev trukket tilbage, efter at dommeren havde fortalt sagsøger, at hun ikke havde nogen som helst chance for at vinde, og ville komme til at betale sagsomkostningerne: *"Kvinden anlagde sag mod et hospital og en producent af et medicinsk instrument, som var tilbagekaldt af firmaet, med krav om $90 millioner i erstatning. Årsagen var, at nogen havde fortalt hende, at hun muligvis kunne være blevet udsat for bakterier under en lægelig undersøgelse, hvor et eksemplar af det pågældende instrument var blev et brugt. Hun hævdede, at hun som resultat af undersøgelsen led 'unødvendig smerte og frygt ved ikke at vide, om hun var blevet udsat for bakterierne'".* Syg var hun ikke blevet.

Så er der kun tre ting tilbage, som bør laves om, og de handler alle om mad. De er heldigvis til at undgå for fornuftigt tænkende mennesker, men alligevel. Går man på restaurant i USA, skal man se grundigt efter på menukortet, for at finde retter, hvor der ikke er ost i eller på retten. Amerikanere kommer simpelthen ost i og på alting. Jeg kan lide ost på pizza og et par andre ting, men ost på flæskesteg går ikke, så når jeg har fundet noget, der ser spændende ud, skal jeg altid tjekke for ostetilstedeværelse, og hvis det er tilfældet, finde noget andet eller huske at bede om at få retten fremstillet og serveret uden ost. Tim, der som jeg har nævnt et andet sted, er laktoseintolerant, men til gengæld er voldsomt laksetolerant, skal altid bede om det. Det er endda ikke nok at bede om en salat, for den kommer de typisk også ost i. Her bør I, kære amerikanske venner, vende det om, så I laver retterne uden ost, og så kan de, der ønsker det, selv bede om at få det på/i.

I den forrige bog omtalte jeg en vederstyggelighed, som stammer fra North Carolina, men nu er udbredt andre steder i USA. Retten kaldes liver mush, en slags mellemting mellem leverpostej og sylte (indeholder lever og grisehoved bl.a. ører og tryne), og som serveres i skiver stegt på panden. Denne gang er den en anden specialitet fra sydstaterne, som jeg vil harcelere over, nemlig Boiled Peanuts (kogte jordnødder). Dette er jordnødder, som har nået den fulde størrelse, men som endnu ikke er helt modne, som koges typisk med salt og evt. en eller anden krydderiblanding. Jordnødderne koges med skallen på, og ved kogningen bliver denne blød og nem at bide i stykker, så nøden kan komme ud, men nødderne er efter min mening også bløde såvel som melede. Amerikanerne (i hvert fald mange af de amerikanere, der bor i sydstaterne) betragter dem som en stor delikatesse. Men please, USAnere, vil I ikke nok nøjes med at riste jeres peanuts som dannede mennesker!

Hotdog! Hotdog er efter sigende en amerikansk opfindelse, selv om pølserne er tyske og brødet kunne komme hvor som helst fra. Men alligevel kan de gode amerikanere ikke finde ud af at lave rigtige hotdog. I hvert fald ikke som vi laver dem i Danmark. Og her taler jeg om hotdogs fra en såkaldt hotdogbod (hotdog stand) i de større byer sammenlignet med en hotdog fra en af de få pølsevogne, der er tilbage her i landet. Min erfaring med disse amerikanske varme hunde er ikke gode. Brødene er små og ofte kolde, pølserne er ofte små og kogte eller dampede og som oftest uden skind, og ligner noget fra en dåse. Og så serveres de typisk med en tynd streg af gul sennep og ikke andet. Jeg ved godt at man få bedre hotdogs andre steder, fx med chili eller sauerkraut, men en god dansk, ristet hotdog har jeg aldrig set. Og **det** er en rigtig hotdog. Serveret i et varmt/lunt brød med en stor ristet pølse eller sågar en frankfurter, og så skal der både stærk og sød sennep samt ketchup på, og hvis det går højt med en form for chilipasta, fx Sambal Oelek eller lignende. Og så skal den dekoreres med rå og ristede løg samt agurkesalat. Enkelte fanatikere kræver remoulade, men det hører efter min mening til fisk, ikke til pølser. Så kom igen USA – lær at lave rigtige hotdogs.

Og til sidst i dette afsnit de tre ting, som jeg mener, at Danmark kan importere fra USA. Den ene handler også om forplejning, mens de to som nævnt i indledningen til dette afsnit handler om færdsel eller trafik. Det spiselige (eller rettere drikkelige), jeg gerne vil have indført i Danmark, er at restauranter indfører det amerikanske system med "free refill"- altså gratis genopfyldning – på sodavand, ice tea, danskvand, kaffe osv.; altså ikke-alkoholiske drikke. Det er nok ikke ernæringsmæssigt korrekt, når det gælder sodavand, men billigere for kunderne.

Og så til trafikken. I USA vil man, når hastighedsbegrænsningen på en vej ændres i nedadgående retning, ofte (men desværre ikke altid) se skilte med dette på forhånd. Det opsættes simpelthen et skilt med en "mindre udgave" af den kommende hastighedsgrænse og så en pil. Disse skilte står typisk 1-200 meter før hastigheden nedsættes, så billisterne kan nå at sænke farten, inden de når hen til det sted, hvor hastigheden faktisk nedsættes.

Og til sidst de såkaldte "4-Way Full Stops" eller "All Way Full Stops". Her er der fuld stop fra alle veje ved et vejkryds. Reglerne er ret simple. Først og fremmest skal alle biler, der kommer frem til vejkrydset stoppe helt op. Derefter gælder følgende regler:

- Hvis et køretøj ankommer til krydset, og ingen andre køretøjer er til stede, kan køretøjet umiddelbart fortsætte over krydset efter at have holdt helt stille.
- Hvis der ved krydset allerede holder et eller flere køretøjer, når man ankommer, skal man lade disse passere krydset, inden man selv fortsætter.
- Hvis et køretøj ankommer bag en af de biler, der har ret til at køre, fortsætter føreren, der først holdt stille ved krydset.
- Hvis et køretøj ankommer på samme tid som et andet køretøj, har køretøjet til højre ret til at køre først.
- Hvis to køretøjer ankommer overfor hinanden på samme tid, og der ingen køretøjer er til højre, kan de fortsætte på samme tid, hvis de begge skal ligeud.
- Hvis ét køretøj drejer, og ét kører lige ud, har bilen, der kører lige ud forret til vejen.
- Hvis to køretøjer ankommer overfor hinanden på samme tid, og den ene drejer til højre, og den ene drejer til venstre, har køretøjet, der drejer til højre forkørselsret, da de begge skal ind på samme vej, og køretøjet, der skal dreje til højre, har den korteste vej.

Lyder det besværligt. Det er det faktisk ikke, og det afvikler faktisk ofte trafikken betydeligt hurtigere end et stoplys.

Rettelse: Efter nærmere overvejelse, ønsker jeg faktisk ikke dette indført i Danmark alligevel. Jeg er blevet nervøs for, om ikke den danske trafikkultur eller mangel på samme, hvor der gælder en "mig først" regel, vil betyde, at folk bare kører og ikke venter på deres tur, men i USA går der ganske gelinde, så måske skulle vi i Danmark indføre kurser i trafiketik eller god opførsel i trafikken, som skulle bestås, inden man blev lukket ud på vejene i en skolevogn, og så skulle genbestås fx hvert femte år.

Hjemtur

Kopi af den hytte hvor Davy Crockett blev født. Nu i Davy Crockett Birthplace State Park i Tennesee

Egentlig havde jeg håbet at få oplevelser fra yderligere fem ture med i bogen, men alle disse er blevet aflyst på grund af covid-19 pandemien, tre i 2020 og to i 2021, og det bliver spændende at se, hvornår det igen bliver muligt at rejse til USA igen uden for mange restriktioner[39]. Men måske kan nye ture give input til endnu en bog. Eller også er dette afslutningen på et helt bogværk – og måske også på mine USA rejser – det ved ingen lige nu[40]. I hvert fald bliver det afslutningen på denne

---

[39] Det gjorde det så i efteråret '21 og Tim fejrede jul 21 i Texas (hos pigerne) og nytår 21/22 i Oklahoma hos Victoria med familie.

[40] Faktisk har jeg i redigerende stund (november 2024) været en tur i det vestlige North Carolina i påsken 2022, et længere road trip i sommeren '22 og et kort besøg i North Carolina i efteråret '22 og igen i sommeren '23 samt oktober '24, men oplevelser fra disse ture kommer ikke med – heller ikke selv om de er spændende, interessante eller morsomme - bortset bortset fra de, der alligevel gør.

bog. Hvis du har holdt ud så længe, så tak for det, og tak for at du købte bogen i første omgang. Men altså nu til slutningen.

Min ordbog har adskillige synonymer for afslutning: "slut, bilæggelse, tæppefald, børsslut, pointe, slutsten, finish, punktum, selvmord, finale, udgang, afrunding, slutning, afgørelse, epilog, hilsen, afvikling, cliffhanger". Interessant nok er "hjemtur ikke et af disse synonymer, men ordbogsforfatterne ved jo heller ikke, at dette er en slags afslutning på en slags rejse. Desværre mangler ordbøgerne en egentlig definition af ordet, selv om der gives, mange forskellige eksempler på afslutninger. Blandt andre nævnes, at en afslutning kan være et skud på mål i et boldspil som fx fodbold eller håndbold, men det er nok ikke så relevant i denne sammenhæng.

Normalt vil afslutningen på en bog være sidste kapitel, men jeg er ikke helt normal, og dette er ikke en helt normal bog. Derfor har jeg valgt at bringe afslutningen som næstsidste kapitel, og så kan de, der ikke gider at få en masse unødvendig paratviden om de 50 stater i USA, bare stoppe her. Er man meget utilfreds kan man jo rive eller klippe alle de sidste sider ud.

Men hvordan skal jeg nu afslutte bogen på passende vis? Det er faktisk et rigtigt godt spørgsmål. I sidste kapitel i den forrige bog fortalte jeg om en skurk, der blev dommer (godt nok selvbestaltet) og hans lige så skurkagtige borgmesterbror. Så måske skulle jeg også finde en historie at slutte denne bog, med? Hvis den forrige bog sluttede med skurkestreger, kunne denne jo passende slutte med det modsatte, altså noget, der på en eller anden måde handler om helte – eller i hvert fald noget, der ligner. Jeg overvejede at fortælle historien, om Tsali, der er en helt for cherokeestammen i North Carolina, men det er faktisk en ret trist historie, så den får I ikke. Davy Crockett var også en helt, i hvert fald i min barndom, og jeg har besøgt både stedet, hvor han blev født og stedet, hvor han døde, og jeg har faktisk hans erindringer stående på min boghylde, men desværre er de fleste af de historier, der fortælles om ham, løgn eller i bedste fald alvorlige overdrivelser, og det inkluderer også de historier, han selv fortæller, og da jeg prøver at holde mig nogenlunde til sandheden, går den heller ikke. Så i stedet vil jeg slutte med at fortælle om en dansker, som gjorde noget, der lignede Roy Beans historie, og så alligevel ikke. Nemlig historien on en mand, der startede sin karriere på den forkerte side af loven, men i den grad endte på den rigtige og helt officielt i modsætning til

Bean, der jo var selvbestaltet dommer. Jeg fortæller ikke hele historien i detaljer, men en forkortet udgave. Hvis du læse mere kan du finde historien på min hjemmeside www.kronsell.net under punktet Historie(r). Afsnittet hedder "En dansk helt fra Oklahoma".

Manden, historien handler om, blev kendt i USA som Chris Madsen. I virkeligheden var han døbt Christen Rørmose Madsen, men Rørmose forsvandt, da han kom til USA og det var også her, at han på typisk amerikansk maner forkortede sit fornavn. Han blev født på Fyn i 1851 og klarede sig godt i skolen, og efter denne kom han på landbrugsskole, hvor det også gik godt. Han havde imidlertid ikke lyst til landbrug, så han rejste til København, men da han ikke kunne finde et job, (der var ikke brug for mange landbrugsuddannede i hovedstaden) levede han af at betle – og det var ulovligt i 1860'erne. Han blev anholdt og idømt fem dage på vand og brød (jo, den er god nok). Efter de fem dage blev han løsladt, men han havde stadig ikke noget at leve af, så han slog sig på svindel. Blandt andet lånte han penge af folk, men "glemte" at betale lånene tilbage. Han skaffede sig et såkaldt "tiggerbrev", som var et officielt dokument, man kunne få under givne omstændigheder. I brevet forklarede han, at han havde mistet alt under et skibsforlis. Heller ikke det holdt dog i længden. Tanken med et sådan tiggerbrev var, at mennesker, som donerede penge, skulle skrive deres navn på dokumentet, og dermed opfordre andre til også at donere. Imidlertid gik det lidt trægt med underskrifterne, så Chris begyndte at fabrikere dem selv, hvilket blev opdaget, og så røg han i fængsel igen.

Efter at være blevet løsladt endnu en gang, tog han til Aarhus, hvor han købte et Dannebrogskors hos en marskandiser, og det hjalp med til at overbevise folk om, at de roligt kunne låne ham penge. Det gik dog kun et stykke tid; så blev han igen afsløret i sine numre og arresteret, og denne gang blev han idømt otte måneder i Forbedringshus, som han skulle tilbringe i forbedringshuset i Vridsløselille – det senere statsfængsel, hvor også Egon Olsen tilbragte en del tid. Efter de otte måneder havde han fundet på en ny fidus, som gik ud på at opsøge lærde mennesker under falsk navn. Disse mennesker narrede han penge fra ved at fortælle historier om sine utrolige oplevelser og de fantastiske opdagelser, han havde gjort. Han overtalte disse mennesker til at investere penge i at udforske opdagelserne, men uden at gøre andet end at modtage og bruge pengene på sig selv. Da der ikke var flere, der gik på hans historier, forlagde han sine aktiviteter til Sverige og Norge.

I 1874 blev han arresteret i Norge og idømt 2 års tugt- og forbedringshus. Da de to år var gået, sendte Norge Madsen tilbage til Danmark med tak for lån. Da Danmark heller ikke ville beholde ham, gjorde man, hvad man ofte gjorde med vaneforbrydere, der ikke havde brugt vold. Man købte Madsen en enkeltbillet til USA med besked på ikke at komme tilbage.

Fire dage efter at være ankommet til USA i januar 1876 meldte han sig til den amerikanske hær, hvor han blev indrulleret i 7. Kavaleriregiment, efter at han havde fortalt en historie om, at han havde deltaget i Den 2. Slesvigske Krig, og havde gjort tjeneste i den franske fremmedlegion. Det lød nok bedre, end at han havde tilbragt sin ungdom inde og ude af fængsler. Heldigvis for Hr. Madsen blev han overført til 5. Kavaleriregiment lige inden en vis Oberstløjtnant (tidligere Brigadegeneral) George Armstrong Custer glimrede ved at få udslettet det meste af 7. Kavaleri i Slaget ved Little Big Horn. Madsen blev i 5. Regiment i 15 år, hvor han blandt andet avancerede til Regimental Quartermaster Sergent, den næsthøjeste grad for ikke-officerer i den amerikanske hær. De femten år blev tilbragt med kampe mod indianerne, og Madsen var med til at besejre siouxerne i Slaget ved Slim Buttes, og han kæmpede mod apacher i Arizona, uter i Colorado og han var med, da en mand ved navn Willam Cody (senere kendt som Buffalo Bill) tog sin første skalp. I 1883 blev han udpeget som personlig guide for Præsident Chester A. Arthur under dennes besøg i Yellowstone nationalparken.

Han forlod hæren i 1891 efter femten års tjeneste, hvor han undervejs havde giftet sig og fået to børn. Det næste job fik han, da han blev ansat som Deputy US Marshall i Oklahomaterritoriet under US Marshall William Grimes. Her kom han til at arbejde tæt sammen med to andre Deputy US Marshalls, William "Bill" Tilghman og Henry Andrew "Heck" Thomas. De tre, Madsen, Tilghman og Thomas, blev kendt som "The Three Guardsmen of Oklahoma", og sammen og hver for sig anholdt eller dræbte de over 300 lovløse, der hærgede i området. Gennem samarbejdet med Tilghman, som tidligere havde været bymarshal i Dodge City, lærte Madsen andre af tidens kendte revolvermænd og lovhåndhævere at kende, som fx Luke Short, Bat Masterson og Wyatt Earp.

I 1898 forlod han US Marshalls for en periode, for at komme sig over sin hustrus død. I denne periode sluttede han sig til Theodor Roosevelts "Rough Riders" under den Spansk-Amerikanske Krig, og under krigen udviklede han et varmt venskab med den senere præsident; et venskab som holdt sig til Roosevelts død i 1919. Efter krigen vendte han tilbage til US Marshals, hvor han blev udnævnt som næstkommanderende i Oklahomaterritoriet under US Marshall John Abernathy, og da denne stoppede i 1911, overtog Madsen posten som US Marshall for det, der nu var staten Oklahoma. Han forlod posten i 1913 for at blive politichef i Oklahoma City, hvor han afløste sin tidligere kollega Bill Tilghman, og efter at have trukket sig tilbage fra denne stilling arbejdede han fra 1918 til 1922 som "særlig undersøger" for Oklahomas guvernør. Ikke nogen helt dårlig karriere for en mand, der havde været vaneforbryder i det meste af sin ungdom og havde tilbragt flere år i fængsel. Madsen slog sig ned i byen Guthrie, som havde været statshovedstad i Oklahoma mellem 1907 og 1910. Her døde han på et plejehjem i 1944, næsten 93 år gammel. I Oklahoma City er der opsat en mindesten over Madsen, og en gade er opkaldt efter ham.

Med denne lille søde historie, der altså startede skidt, men endte godt, vil jeg slutte denne bog. Jeg håber at du fik spjættet af undervejs. Hvis ikke, er der så endnu et kapitel med ligegyldig og unødvendig paratviden om USA's stater og statshovedstæder efter dette kapitel. Noget af det lyder nok som løgn og latin, men tro mig. Det hele er sandt.

Unødvendig, men sand paratviden om USA's stater

Yuma, Arizona er USA's, måske verdens varmeste by

I min forrige bog havde jeg et afsnit om de enkelte staters sære lovgivning, og i denne bog har jeg valgt at bringe nogle få, måske underlige eller overraskende, men i hvert fald sande facts om de enkelte stater og deres hovedstæder. Viden, som du formodentlig kun får brug for, hvis du stiller op i en bizar paratvidensquiz om trivia om USA stater, men her er de altså! Da det er korte "sandheder", kan afsnittene om de enkelte stater virke lidt usammenhængende og som telegramstil, men da jeg ikke ville skrive lange sammenhængende historier, kan det ikke være anderledes! Igen, altså lige som i lovgivningskapitlet i den forrige bog, tager vi staterne i alfabetisk rækkefølge.

Alabama er den eneste stat, som har en officiel "statsdrik", som er alkoholisk, nemlig Conecuh Ridge Whiskey. Alabama var den første stat i USA, som anerkendte juledag som en officiel helligdag; det skete i 1836. En mand ved navn Hiram Williams, bedre kendt som countrysangeren Hank Williams Sr., var både født og er begravet i Alabama. Byen Montgomery var den første hovedstad i Amerikas Konfødererede Stater (CSA) efter løsrivelsen fra USA i 1861, men udbrydernes hovedstad flyttede senere til Richmond i Virginia.

Statshovedstaden Birmingham var den første by i USA, der fejrede helligdagen "Veteran's Day". Byen er i øvrigt det eneste sted i verden, hvor alle de tre ting, som skal bruges for at fremstille stål: kul, kalk og jernmalm, kan findes inden for en radius af 15 km. Byen er også hjemsted for verdens næststørste statue lavet af støbejern, kun Frihedsgudinden er større. Statuen forestiller den romerske gud Vulkan, som var gud for smede.

Alaska er den nordligste af USA's stater og der er ret langt fra øst til vest i staten. Faktisk ville Alaska (med øgruppen Aleuterne) nå fra Stillehavet til Atlanterhavet, hvis man placerede den i det sydlige USA, og staten er både USA's nordligste, vestligste og østligste stat (en af øerne i øgruppen ligger så langt mod vest, at den faktisk ligger mod øst, eller i hvert fald på den østlige halvkugle). Staten udgør hele 20 % af USA's samlede areal. Onde tunger vil vide, at Alaskas statsfugl er myggen. Staten har en større andel af mænd i befolkningen (52 %) end nogen anden stat. I staten kan man tælle mere end 3 millioner søer. 17 af USA's 20 højeste bjerge ligger i Alaska, og staten har en bjørn for hver 21 mennesker.

Alaskas statshovedstad, Juneau, er den største af alle USA's statshovedstæder – altså målt i areal. De kun 31.000 indbyggere har et areal, der er større end Sjælland (godt 8.400 km^2) at boltre sig på. Det gør den til USA's næststørste by. Den største er Sitka, der også ligger i Alaska, med et areal på over 12.000 km^2; heraf er dog 5.000 km^2 vandområde. I øvrigt er der ingen veje, der forbinder Juneau med resten af Nordamerika, hverken USA eller Canada. Vil man dertil må man flyve eller sejle.

Arizona er USA's solrigeste stat, og byen Yuma, der ligger i statens sydvestligste hjørne er verdens solrigeste sted – og sandsynligvis også den varmeste by i verden – i hvert fald i USA. Staten har 22 nationalparker og national monuments foruden

35 statsparker, og på trods af at staten for en stor dels vedkommende er ørken (faktisk er Arizona den eneste stat, som rummer dele af alle de fire ørkener, som ligger i USA) og bjerge, har staten alligevel mere end 100 vinerier og der dyrkes 22 forskellige druesorter. Og så var det i Arizona at McDonald's åbnede den første drive-thru bane. I øvrigt er staten en af de to i USA (den anden er Hawaii), der ikke bruger sommertid.

Statens hovedstad er Phoenix, og byen har hold i alle de fire store sportsgrenes bedste rækker: Phoenix Suns (NBA – Basketball), Arizona Diamondbacks (MLB – Baseball), Arizona Cardinals (NFL – Football) og Arizona Coyotes (NHL – Ishockey). Og apropos football, har byen været vært for Superbowl tre gange (1996, 2008 og 2015). Og så er byen hjemsted for en bestand af såkaldte rosy-faced lovebirds (en dværgpapegøje), som egentlig kommer fra Sydafrika, men som nu har levet og formeret sig i Phoenix siden 1987, og man regner med, at der er ca. 1.000 af disse fugle i byen.

Arkansas har USA's eneste diamantmine, der er i drift. Minen ligger i en statspark, Crater Diamond State Park og her kan (og må) publikum selv søge efter diamanter. Der lukkes hver dag kun 1.500 mennesker ind i det område, hvor man kan søge, så man skal købe billet på forhånd, hvis man vil være sikker, men det er også muligt at tage chancen for at få en billet, når man kommer til stedet. Den største diamant, der er fundet i området, vejede 40 karat, men de fleste er langt mindre.

Arkansas' statshovedstad er Little Rock, der ligger ved Arkansas River. I en park i byen, finder man et lille monument, der mindes en højst speciel begivenhed, nemlig den første dissektion af et menneske, der blev foretaget i staten. Det havde i mange år været forbudt at dissekere mennesker i Arkansas, men i 1874 brød to læger forbuddet, og nu står der altså et monument, der hvor begivenheden fandt sted. Det kan tilføjes, at da byens zoologiske have åbnede i 1926, havde den kun to dyr, en dresseret bjørn fra et cirkus og en ulv.

Californien er den eneste stat, der har et dansk navn. Staten er hjemsted for både det højeste og det laveste punkt i de 48 sammenhængende stater. Det laveste punkt, Badwater Basin i Death Valley National park er med sine 86 m under havets overflade, det laveste punkt i hele Nordamerika. Kun 136 km nordvest for

Badwater finder man Mount Whitney, der med sine 4.421 m over havets overflade har højderekorden i USA (bortset fra Alaska). Kabelsporvognene i San Francisco er den ene af USA to bevægelige National Historic Landmarks; den anden er St. Charles Avenue Streetcar i New Orleans . Èn af hver fire californiere er født uden for USA.

Statshovedstaden er Sacramento. Denne by har været statshovedstad ad to omgange. Fire andre byer har også være hovedstad i Californien. Byen har 40 farmer's markets, flere end nogen anden by i USA. Byen kaldes "City of Trees", og har efter sigende flere træer pr. indbygger end nogen anden by i hele verden. Som Seattle (se min forrige bog) ligger en stor del af den oprindelige by under jorden, og man kan komme på guidede ture i undergrunden.

Jeg har andre steder i bogen talt om byers kælenavn og også mindst en anden stats kælenavn er blevet omtalt. **Colorados** kælenavn er efter min mening, et af de mest logiske af alle staternes kælenavne. Staten kaldes Centennial State, Hundredårsstaten, hvilket skyldes at Colorado blev optaget som stat i USA i 1876, 100 år efter løsrivelsen fra Storbritannien. Colorado blev i øvrigt USA's stat nummer 38. Colorado er en af de fire stater, hvis "hjørner" mødes ved Four Corners Monument. De øvrige er Utah, Arizona og New Mexico. Four Corners, som jeg omtalte i min tidligere bog (få den nu købt, så du kan følge med her), ligger i statens sydvestligste hjørne.

Statshovedstaden, Denver, ligger i Rocky Mountains mellem 1.575 og 1.775 m over havet, og den kaldes også "mile-high city". Den tynde luft betyder, at hvis man slår til en golfbold med samme kraft som på en golfbane ved havets overflade, vil bolden flyve mellem 10 og 15 % længere. Det er da interessant – i hvert fald for golfspillere. Fra byen (ikke mellem højhusene) kan man se 200 navngivne bjergtoppe, hvoraf 32 er højere end 3.900 m. Og et kuriosum, der også relaterer sig til et kapitel i "Vejen til Petaluma", nemlig kapitlet om sær lovgivning. I Denver er det forbudt at udlåne sin støvsuger til naboen. Sådan!

Connecticut er en af USA's små stater. Faktisk er kun to stater mindre, når det gælder areal. Staten var en af de oprindelige 13 britiske kolonier, og blev optaget i USA som stat nummer 5. De første europæere, som kom til området, var hollændere, og da de ankom mødte de indianerstammer med interessante navn som

Pequot, Nipmuc and Mohegan. De talte alle forskellige sprog, som tilhørte den algonkinske sprogfamilie, og de kaldte området for lidt varierende versioner af ordet 'quinetucket' som kan oversættes til "ved siden af den lange tidevandsflod."

Statens hovedstad er Hartfort; en af de hovedstæder mange glemmer i paratvidensquizzer. Faktisk er der ikke specielt mange kendte byer i staten. Men forfatteren Mark Twain boede i Hartfort i en periode og mente, at det var den smukkeste by, han havde boet i. I Hartfort finder man USA's ældste offentlige kunstmuseum. Da museet, Wadsworth Atheneum, blev åbnet tilbage i 1842, rummede samlingen 79 malerier. I dag rummer den mere end 50.000 kunstgenstande. Stephenie Meyer, forfatter til Twilight serien, er født i byen, men det vil jeg ikke lægge den til last, selv om hverken bøger eller film lige er min kop te. Byen er også kendt som den by, hvor en amerikansk præsident for første gang kørte i et automobil, som det hed. Præsidenten var Theodor Roosevelt og begivenheden fandt sted den 22. august 1902.

Delaware er en af de to stater, som er mindre end Connecticut. Så mangler vi kun én og den kommer senere – naturligt nok, da jeg jo gennemgår alle 50 stater.[41] Delaware er en af de få stater i USA, hvor det højeste punkt er lavere end Himmelbjergets 147 m. Punktet, Ebright Azimuth, rager kun op i 136 meters højde. Delaware var den første stat, som ratificerede USA's forfatning efter løsrivelsen og dens kælenavn er da også First State. Staten har sit navn fra den havbugt, den ligger ved, Delaware Bay. Denne har på sin side sit navn fra Thomas West, Lord De la Warr. Bugten har også givet navn til Delaware River og en af de irokesiske stammer, der indgår i Five Nations eller Irokeserkonføderationen. Denne stamme kalder dog sig selv for Lenni Lenape. Delaware har et "statsinsekt", som blev valgt af en 2. klasse, som foreslog det i 1974, hvorefter det blev vedtaget af delstatens parlament. Hvilket insekt, spørger du måske? Jo såmænd mariehønen.

Statens hovedstad er Dover, som heller ikke hører til de mest kendte statshovedstæder. Byen blev grundlagt helt tilbage i 1683 af William Penn, som også grundlagde staten Pennsylvania. Op til den Amerikanske Borgerkrig var befolkningen i byen meget splittet. Selv om der var meget få slaver i området, ønskede et flertal

---

[41] Delaware er nu den eneste af de 48 sammenhængende stater, jeg ikke har besøgt, men det skal nok komme.

af befolkningen at bevare slaveriet, mens andre gjorde byen til et stop på den såkaldte Underground Railroad, som hjalp slaver med at flygte nord på fra slaveriet i Sydstaterne.

Florida er den stat i USA, som har flest golfbaner; flere end 1.300. Måske fordi staten er så flad, endnu fladere end Danmark. Det højeste punkt i staten er kun 105 meter over havets overflade, hvilket er det laveste punkt, der er det højeste punkt i nogen stat. Staten har en ret stor befolkningstilvækst, og her skulle København klage over, at befolkningstallet stiger med 1.000 mennesker om måneden. Det samme antal flytter til Florida hver eneste dag året rundt – foruden alle de, som bliver født der. Florida er en af de stater i USA, hvor man med sikkerhed ikke kan finde dinosaurusfossiler. I hele den periode, hvor der levede dinosaurer, var Florida dækket af hav. Everglades sumpen (som egentlig mere er en marsk) i det sydlige Florida er det eneste sted i verden, hvor der lever både krokodiller og alligatorer. I Florida kan man få kørekort uden at skulle bevise, at man kan parallelparkere. Og så producerer staten flest appelsiner af alle USA's stater.

Statshovedstaden er Tallahassee, og den ligger i den nordvestlige del af staten, det såkaldte panhandle, ligesom Florida selv kan kaldes hele USA's panhandle. Byens navn kommer fra et ord på creekindianernes sprog, som betyder "De Gamle Marker". For borgerkrigsinteresserede kan jeg røbe, at Tallahassee er den eneste statshovedstad øst for Mississippi, som ikke blev indtaget af nordstatstropper. Selv om byen ligger i et subtropisk område, kunne indbyggerne fejre hvid jul i 1989. Byen er hjemsted for verdens største magnetlaboratorium, som kan generere et magnetfelt, der er en million gange stærkere end jordens magnetfelt.

Georgia er den største stat øst for Mississippifloden. Alligevel er den kun nummer 24 i USA, når det kommer til størrelse. Staten har også, med sine 159 amter, flere amter end nogen anden stat øst for Mississippi. I 1776 gik staten med i Unionen som den fjerde stat, og da den udtrådte igen i 1861, gik Georgia ind Konføderationen som stat nummer fem. Okefenokee sumpen i den sydlige del af staten er den største sump i USA, endda større end sumpene i Louisiana og Florida. Og Georgia var den første af USA's stater, som sænkede valgretsalderen fra 21 til 18. Det skete i 1945, flere år før det samme skete i Danmark. Staten er kendt som "ferskenstaten", så gæt selv, hvad de dyrker der.

Da hovedstaden, Atlanta blev grundlagt blev den først kaldt Terminus; et navn som i 1842 blev ændret til Marthaville. På det tidspunkt havde byen seks huse og 30 indbyggere. Den kom først til at hedde Atlanta i 1847, og da var den ikke vokset meget. I dag er det statens største by, med ca. 600.000 indbyggere og 6 millioner i metroområdet. Et af byens kælenavne, brugt af indbyggerne, er Hotlanta, da der ofte er meget varmt og fugtigt i byen. Man skal ikke bare taste Peachtree i sin gps i Atlanta, da der er 55 gader med det ord i navnet i byen og dens forstæder. Atlanta er hjemsted for flere store virksomheders hovedsæder, fx Delta Airlines, United Parcel Service (UPS), Cable News Network (CNN), Coca Cola og så et i Danmark forholdsvis ukendt firma, Cox Enterprises (vil du vide, hvad Cox beskæftiger sig med, kan du selv slå det op, kan du. Jeg kan dog røbe, at firmaet har 55.000 ansatte og havde en omsætning på godt $20 milliarder i 2020. Og så et kuriosum, som kunne have været bragt i kapitlet om sær lovgivning i min forrige bog. Det blev det så ikke, men er alligevel værd at vide. I Atlanta er det forbudt at tøjre en giraf til en lygtepæl, så husk det, hvis du skulle have et sådant kæledyr og har det med på ferie. Og til sidst må jeg til benefice for min søn og andre base- og football elskere lige nævne, at den hurtigste professionelle baseballkamp nogensinde fandt sted i Atlanta da Mobile Sea Gulls i 1910 slog Atlanta Crackers 2-1 på kun 32 minutter i finalen om Southern League. Det største nederlag i amerikansk college fodbolds historie indtraf ligeledes i Atlanta. Det skete i 1916, da Georgia Tech blæste det lille Cumberland College ud af banen med 222-0.

Hawaii er den eneste stat i USA, som har to officielle sprog, engelsk, og hawaiisk. Derudover tales der også pidgin på øerne. Sidstnævnte er ikke et officielt sprog, men man vil kunne se det optræde på skilte i og uden for butikker og lignende. Hawaiisk har i øvrigt et alfabet med kun 12 bogstaver; fem vokaler og syv konsonanter. Den kendte velkomst Aloha, bruges faktisk både som goddag og farvel, så her kan man ikke tage fejl. På Hawaii tager man, som i fx Japan, skoene af, inden man går inden for – og det gælder både ude og hjemme. Hawaii har en statsblomst, den gule hibiscus (kendt som hawaiiblomst i Danmark), men derudover har hver ø sin egen blomst og sin egen farve. Man har også en statsfisk med det velklingende navn, Humuhumunukunukuāpua'a, eller på engelsk "reef triggerfish". Det hawaiiske ord betyder direkte oversat *"Aftrækkerfisk med en tryne som en gris"*. Charmerende! Hawaii var tidligere et kongerige, med hovedstad i byen Lahaina på Vestmaui indtil 1845.

Den nuværende hovedstad, Honolulu ligger på øen Oahu, og det er verdens største by målt efter bygræsens længde! Det skyldes at Hawaiis statsforfatning siger, at enhver ø, der ikke er navngivet som en del af et af de fire amter, der er på øgruppen, tilhører Honolulu. Dette gør hele øen Oahu, hvor Honolulu ligger, plus alle de andre små, ubeboede øer, kendt som de nordvestlige Hawaii-øer, til en del af Honolulu. Honolulu er derfor omkring 2.414 km fra den ene ende af "byen" til den anden. Dette svarer til afstanden fra Los Angeles i Californien til Denver i Colorado. Det er i øvrigt både den vestligste og sydligste storby i USA. Det findes et kongeligt plads i byen (det eneste i hele USA), og det fik elektrisk lys fire år før det samme skete i Det Hvide Hus.

Der er givet mange forklaringer på **Idahos** navn, men faktisk betyder det nok ingenting. Oprindeligt blev det påstået, at navnet var et udtryk på shoshonesproget, der skulle betyde "Bjergenes Juvel", men manden, der foreslog navnet, indrømmede senere, at det ikke var sandt (og der findes faktisk ikke et ord på shoshone, som hedder idaho). Senere fortalte samme mand, at han var blevet inspireret til navnet, da han havde mødt en lille pige ved navn Ida. Statens tilnavn er Gem State, "ædelstensstaten", og der findes da også mange ædelsten i staten foruden guld og sølv. Faktisk fandtes der så meget sølv, at den lille by Wallace, der ligger midt i sølvminedistriktet, lidt ubeskedent kalder sig selv "Verdens Sølvhovedstad". I Idaho har man en statsrovfugl, vandrefalken og statsblomsten er syren. Idaho er hjemsted for Idaho National Laboratory, hvor man i 1950'erne som det første sted i verden brugte atomkraft til fredelige formål i større skala og leverede strøm til en hel by.

Hovedstaden er Boise (som udtales som boy-see), hvis navn muligvis kommer fra fransk Le Bois (træerne), men der gives også andre forklaringer. Byen ligger 830 meter over havets overflade, ikke langt fra grænsen til Oregon. Det berømte "Oregon Trail" passerede byen, eller rettere det sted, hvor byen kom til at ligge. I dag er byen hjemsted for World Center for Birds of Prey (Verdens Rovfuglecenter).

Illinois var den første stat, som ratificerede det 13. Forfatningstillæg, som afskaffede slaveriet, men Abraham Lincoln, der var præsidenten bag afskaffelsen, var jo også valgt i denne stat. Illinois skaber mere kernekraft end nogen anden stat, hvis det er noget at prale af, og staten er hjemsted for den eneste flod i verden, der løber baglæns. Verdens hidtil højeste mand, Robert Pershing Wadlow

(271 cm) blev født i Alton, Illinois. I samme by, fortæller én blandt mange legender, skulle sørøveren Jean Lafitte ligge begravet, men det er nok kun en legende.

Illinois' statshovedstad er Springfield (ikke den fra Simpsons). Det var her Abraham Lincoln boede, da han blev valgt som præsident, men ellers er der ikke meget interessant at sige om byen. Jeg bør dog lige nævne, at en mand ved navn Justin Stewart her i byen satte verdensrekord i trappeklatring, idet han på 12 timer gik mere end 11 km op og ned ad trapperne i byens Hilton hotel.

Indiana har et lidt underligt statsslogan, *"Restart your engines"*, hvilket stammer fra det faktum, at staten er hjemsted for det berømte Indianapolis 500 racerløb. Den berømte bankrøver fra 1920erne, John Dillinger var født i staten, men det er nok ikke noget, man praler så meget med. Han døde i øvrigt i Chicago i Illinois, da han blev skudt af myndighederne efter et biografbesøg. Staten er hjemsted for byen Santa Claus, som jeg havde en historie om i Vejen til Petaluma (og også nævnte tidligere i denne bog), og posthuset i byen modtager omkring 500.000 breve til julemanden hvert år i december. Seks af USA's vicepræsidenter, kommer fra Indiana, og Abraham Lincoln voksede op i staten før han flyttede til Illinois.

Hovedstaden er lidt uopfindtsomt døbt Indianapolis. Denne by er den største by i USA, der ikke ligger ved en sejlbar flod. White River, som byen ligger ved, er simpelthen for lavvandet, til at man kan sejle på den. Til gengæld har byen USA's 3. største kirkegård, hvor blandt andre ovennævnte John Dillinger er begravet. Byen har statens ældste bar, The Slippery Noodle, som i sin tid var en station på den såkaldte Underground Railroad, som hjalp flygtede slaver med at undslippe. Til sidst vil jeg lige nævne, at det var her i byen, at Elvis Presley gav sin sidste koncert tre måneder før sin død i 1977.

Iowa er en fiktiv stat. Den eksisterer ikke i virkeligheden. Det påstår i hvert fald Tim og jeg, til stor irritation for en af Tims amerikanske venner, som påstår af bo i staten. Hun tager imidlertid fejl, og derfor er der ingen grund til at fortælle mere om staten. Trods statens ikke-eksistens påstår man, at der er fundet mange mammutknogler i staten, og at skiveskåret brød blev opfundet i her. Og i 2228 bliver Captain James T. Kirk, chef for USS Enterprise (tv serien Star Trek) født i Riverside i Iowa. Endnu et tegn på at staten er ren fiktion. Også skuespilleren John

Wayne påstås at være født i staten, selv om ingen fødselsattest for et barn med det navn, kan findes i arkiverne (måske fordi han blev døbt Marion Morrison).

På trods af at staten ikke eksisterer, hævder nogle, at den har en slags hovedstad, nemlig byen Des Moines[42]. Det påstås at malingen på kuplen på regeringsbygningen (hvorfor skal en stat, der ikke eksisterer have en regeringsbygning?) indeholder 100 ounces guld. Helt tilbage i 1933 var en mand ved navn Ronald Reagan, der senere skulle blive skuespiller og endnu senere USA's præsident, sportskommentator på et radioshow i byen. I byen salter man om vinteren veje med hvidløgssalt, som er fremstillet på en fabrik i byen, men er blevet for gammelt til at blive solgt.

Fra en stat, der ikke eksisterer til en der gør. Jeg har i et tidligere kapitel omtalt Rainy City. Chicago kaldes Windy City, men den by i USA med mest blæst er faktisk Dodge City i **Kansas**. Dodge City var en station på kvægdrifterne mellem Texas og Abilene i Kansas og her foregik der mange, ikke så pæne ting, så flere af USA's kendte revolvermænd fra 1800-tallet har tilknytning til staten – enten som lovhåndhævere eller det modsatte. Jeg nævner bare Wyatt Earp og Bat Masterson, men også Luke Short og mange andre kom forbi Kansas. Kansas har et statsinsekt, honningbien, og et statsreptil, æskeskildpadden. I 1928 blev staten ramt af en tornado, der var så kraftig, at den godt nok ikke løftede Dorothys hus op og flyttede det til landet Oz, men var kraftig nok til at flå fjerene af høns og kyllinger. Og nok så vigtigt blev helikopteren opfundet i Kansas, og i byen Witchita startede USA's første flyvemaskinefabrik.

Hovedstaden hedder Topeka og her kan man bestige kuplen på statens regeringsbygning. Fra bygningens femte etage er der "kun" 296 trin til toppen, hvorfra man har 360 graders udsigt. Men ellers er der ikke meget at fortælle om denne by. Jeg kan dog fortælle at byens navn stammer fra Kaw indianernes sprog. Det består af tre ord, To, Pe, og Okae, der tilsammen kan oversættes til "*Et godt sted at grave kartofler*". Det er da et navn, der vil noget.

---

[42] Vi besøgte Tims ven i sommren 2022, og ved den lejlighed forsøgte hun at bevise statens eksistens ved at tage os med til netop"hovedstaden", hvor vi besøgte regeringsbygningen – men overbeviste blev vi ikke.

Kentucky er hjemsted for – ta dah – Kentucky Derbyet, som er det ældste hestevæddeløb i USA. Det har været afholdt i byen Louisville den første søndag i maj hvert år siden 1875. Byen Lexington i samme stat kalder sig selv for "verdens hestehovedstad", og Kentucky er hjemsted for mange hestestutterier og andre ting, der har med heste at gøre. Louisville var også den by, hvor verdens første cheeseburger blev serveret på Kaolin's Restaurant i 1934. Verdens største hulesystem, Mammoth Caves ligger i den sydlige del af staten, nær byen Bowling Green, hvor Chevrolet også fremstiller i sine Corvetter – i byen, ikke i hulerne. Tre af statens amter "opfører sig" ikke helt som deres navne antyder. I Christian County må der serveres og sælges alkohol. Det må der til gengæld ikke i Bourbon County; her er alkohol forbudt. Og Barren County har den mest frugtbare jord i staten ("barren" betyder "ufrugtbar" eller "gold").

Hovedstaden hedder Frankfort, og den ligger i den nordlige del af staten, og er den femtemindste statshovedstad i USA med kun omkring 25.000 indbyggere. En mand ved navn George Graham Vest fra byen, fandt på udtrykket *"Hunden er menneskets bedste ven"*, da han som advokat skulle komme med sine afsluttende bemærkninger i en sag om en hund, der var blevet slået ihjel. I regeringsbygningen kan man finde en udstilling af mange af de kjoler, som præsidentfruer har haft på ved deres mands indsættelse. Derudover er det ikke meget sjovt at fortælle om byen.

Louisiana er den eneste af USA's stater, hvis navn begynder med bogstavet 'L'. Det er også den eneste stat, der er opdelt i sogne (parishes) og ikke i amter (counties). Den største og mest kendte by er New Orleans, men denne by, der i gennemsnit ligger godt 2 meter under havets overflade, er ikke hovedstad i staten. Fire af USA's fem længste broer ligger i Louisiana (det kan du læse mere om i min første "ikke-rejsebog"), og blandt disse er verdens længste bro over vand (uden mellemlandinger undervejs). Staten er kendt som jazzmusikkens fødested, og i French Quarter i New Orleans blev der i 1796 for første gang i USA opført en opera. Byen Breaux Bridge ved søen Lake Martin i den vestlige del af staten, hvorfra Tim og jeg et par gange har været på sumptur, er kendt som "verdens krebsehovedstad".

Statshovedstaden er Baton Rouge ("den røde stav"), som er kendt for at have USA's højeste statsregeringsbygning (137 m). Tiger Stadium i byen har plads til

102.000 tilskuere, og det gør stadion til den femtestørste "by" i staten, når der er udsolgt. En underjordisk tunnel fører fra guvernørens tjenestebolig til Tiger Stadium. Og byen har flere advokater pr. indbyggere end noget andet sted i USA.

Maine ligger i det nordøstligste hjørne af USA og grænser op til Canada. Til gengæld er det den eneste af USA's 48 sammenhængende stater, som kun grænser op til én anden stat, nemlig New Hampshire. Og så er der selvfølgelig Alaska og Hawaii, som slet ikke grænser på til andre amerikanske stater. Selv om der kun er omkring 350 km i luftlinie mellem grænsen til New Hampshire og grænsen til Canada, er Maines kystlinje mere end 8.000 km lang på grund af alle de mange øer, bugter og vige. Selv uden at medregne øerne er statens kystlinie godt 5.600 km eller længere end Californiens. Staten har en statsfisk, den såkaldte "landlocked salmon", altså en laks, der kun lever i søer og aldrig kommer ud i havet. Staten står for 90 % af hele USA's årlige hummerproduktion og ligeledes for 90 % af alle de tandstikkere, der anvendes i USA. Når man kører nord på langs kysten, kører man til området "down east".

Hovedstaden er Augusta, og den har været statens hovedstad siden 1827. Der er ikke meget at sige om byen, der er den tredjemindste statshovedstad i USA efter Montpelier i Vermont og Pierre i North Dakota. Byen har sit navn fra Augusta Dearborn, datter af Henry Dearborn, der var USA's krigsminister mellem 1801 og 1809.

Maryland er opkaldt efter Dronning Henrietta Maria af England. Staten har et statsskaldyr (jo, det er rigtigt nok), den såkaldte Chesapeake Blue Crab, som smager særdeles udmærket. Den første ballonopstigning i USA, eller rettere den første ballonopstigning med succes, foregik i Maryland i 1784. Statens mest kendte football hold, Baltimore Ravens, er opkaldt efter Edgar Alen Poes digt The Raven. Poe boede i Baltimore, hvor man kan besøge hans hus. Staten har en "kedelig" by, nemlig byen Boring ("boring" = "kedelig"). Byen er faktisk ikke så kedelig igen, men er opkaldt efter den første postmester, David Boring. Da Samuel Morse sendte det første telegram nogensinde, blev det sendt fra hans kontor i Washington til Baltimore.

Hovedstaden er Annapolis, der blandt andet huser USA's flådeakademi (søofficersskole). Statens regeringsbygning er berømt for at have USA's største kuppel af træ, som er samlet uden brug af søm. I godt et halvt år, fra november 1783 til august 1784, fungerede Annapolis som USA's hovedstad. Byens kælenavn er Naptown, hvorfor ved jeg ikke, men måske tager alle her en middagslur (nap).

Massachusetts var den første stat i USA til at få en zip code (postnummer). Denne ære tilfaldt byen Agawam, som fik nummer 01001. Af uransaglige årsager har staten en "statsmuffin"; en majsmuffin. Tilbage i 1659 blev det forbudt at fejre jul i staten. Det skyldtes, at puritanerne, som befolkede staten, mente højtiden var umoralsk. Julen blev dog genindført få år senere. Staten har også USA's længste stednavn, Lake Chargoggagoggmanchauggagoggchaubunagungamaugg (i dag bedre kendt som Lake Webster). Faktisk findes der en stat, hvis fulde navn tidligere var længere, men den vender jeg tilbage til senere. Navnet stammer fra Loup indianerne og skulle betyde *"Søen, som er delt op af øer"*.

Hovedstaden er Boston, der er en af de mest historiske byer i USA. Her bryggede kolonisterne på at gøre oprør mod Storbritannien, og her boede mange af revolutionens helte, fx Paul Revere, John Hancock og Samuel Adams. Også Benjamin Franklin stammede fra Boston, selv om han i dag er mere er kendt for sin tilknytning til i Philadelphia. I byen finder man Boston Commons, USA's ældste offentlige park, der går helt tilbage til 1634, og i 1897 blev USA's første metrolinje anlagt i byen, som vælter sig i historiske bygninger og steder. I byen finder man også USA's første offentlige badestrand, og i byen lå også landets første chokoladefabrik. I 1990 fandt det største kunsttyveri i verden sted i Boston, da kunst for over 500 millioner dollars, inklusive et bekræftet Rembrandt maleri, blev stjålet fra et museum i byen. Hvert år, den 16. december, "genopføres" det berømte "Boston Tea Party".

Michigan har 4.500 km kystlinje til ferskvand. Det er mere end nogen anden stat i USA. I byen Holland finder man den eneste hollandske vindmølle i USA, der stadig er i funktion som mølle, og som producerer mel til lokalområdet. USA's første regelmæssige passagerlufttrafik blev etableret i denne stat – ruten gik fra Detroit til Grand Rapids. Byen Indian River er hjemsted for verdens største krucifiks, knapt 10 meter højt. I Saugatuck finder man USA's eneste hånddrevne, kædetrukne færge. Florida kaldes "halvøstaten", men Michigan er den eneste stat i USA, der består af to halvøer. Indbyggerne i Detroit var de første i USA, som fik telefonnumre i 1879, da der var kommet så mange telefoner, at omstillingsdamerne ikke længere kunne skelne på navnene alene.

Statshovedstaden er Lansing, mens Detroit er den største by. Da Lansing blev gjort til statens hovedstad, havde den kun 20 indbyggere – i dag er der knap 120.000. Grunden til at Lansing blev valgt som hovedstad var, at Detroit lå for tæt på Canada, som dengang var under britisk styre. I byen fremstiller General Motors deres Chevrolet Camaroer og to af deres Cadillac modeller. I 80 år har The Peanuts Shop solgt Planter's Peanuts i byen.

Minnesota er en stat med mange rekorder. Hvis man fx lagde alle statens floder og andre vandløb i forlængelse af hinanden, kunne de nå to gange rundt om jorden ved ækvator. Og der udsættes hvert år mere end 250 millioner fisk i disse vandløb samt i søer. Vandløb er ikke det eneste, der er meget af i staten. Minnesota producerer årligt flere kalkuner, end der er indbyggere i Californien. Statens bryggerier sælger hvert år øl for så stort et beløb, at det kunne betale for, at samtlige indbyggere fik to års abonnement på Netflix. The Mall of America i Bloomington er det største indkøbscenter i USA med samlet set 7 km butiksfacader, og 32 jumbojetter (Boeing 747) kan parkere i centeret – hvis man altså fjerner butikkerne.

Statens hovedstad er St. Paul, som ligger ved Mississippifloden. Lige på den anden side af floden ligger Minneapolis, der er statens største by. Da byen blev grundlagt hed den Pig's Eye efter en enøjet pelshandler, som slog sig ned på stedet og åbnede en kro med samme navn. Charles M. Schultz, der "opfandt" tegneserien Radiserne, voksede op i byen, og hans far havde faktisk en barbersalon her; et job, som der ofte refereres til i striberne. Her i byen blev Scotch Tape opfundet.

Mississippis statsdrik er mælk, og den vigtigste afgrøde, som dyrkes i staten er majs. Teddybjørnen, der er opkaldt efter præsident Theodor Roosevelt, blev inspireret af, at præsidenten havde nægtet at skyde en fanget bjørn under en jagttur i Mississippi i 1902. Selve bamsen blev dog opfundet af ejeren af en slikbutik i Brooklyn, New York, som havde set en karikaturtegning af præsident og bjørn, og navnet var oprindeligt "Teddy's Bear". Staten har flere kirker pr. indbygger end nogen anden stat i USA, og indbyggerne er også de, der er flittigst til at bruge kirkerne. Lidt mere trist: Det 13. Tillæg til USA's forfatning fra 1865, der afskaffede slaveriet, blev først ratificeret i Mississippi i 2013! I byen Clarksdale finder man det ældste Holiday Inn Hotel.

Statens hovedstad er Jackson. Byen ligger ved Pearl River (som er der flere af i USA), og her blev den første lungetransplantation udført i 1963. Byen er opkaldt efter Præsident Andrew Jackson, som vandt Slaget om New Orleans, men ellers er der ikke meget interessant at sige om byen, med mindre man interesserer sig for virksomheds- og andre statistikker, og det gør jeg ikke. Jeg kan dog tilføje, at det gamle "indianerspor", Natchez Trace passerer forbi byen. Sporet, der går omkring 8.000 år tilbage i tiden, fører fra Nashville i Tennessee til Natchez i Mississippi.

Størstedelen af byen Kansas City ligger i **Missouri**, ikke i Kansas, og også St. Louis, kendt som "porten til vesten" ligger i staten, men i den modsatte ende af denne. Missouri er opkaldt efter en af siouxindianernes stammer, som netop var kendt som Missouri. Navnet betyder "Stedet med de store kanoer". Mark Twain er født i staten, og flere af hans romaner foregår her, blandt andre de berømte historier om Tom Sawyer og Huckleberry Finn. Missouri er kendt som "hulestaten" på grund af de mere end 6.000 kendte huler, der findes i staten. Ved verdensudstillingen i St. Louis i 1904, blev flere velkendte ting introduceret for første gang, fx isvaflen, candyfloss, iste og Dr. Pepper. Byen New Madrid er kendt for sine jordskælv. Fire af USA's kraftigste jordskælv fandt sted her i 1811 og 1812, og det kraftigste nåede 8.0 på Richterskalaen. Det var også her i staten at det første succesfulde faldskærmsudspring blev gennemført i 1912. Manden, der havde udført springet, sagde bagefter *"Jeg gør det aldrig igen"*. Han sprang dog igen allerede ugen efter.

Statshovedstaden i Missouri er en af de syv statshovedstæder i USA, der har et navn, der består af to ord, Jefferson City. Det er en af de få byer, der blev designet og anlagt specifikt med det formål at være statshovedstad. Statsfængslet fra 1836 er i dag en af byens største turistattraktioner. Det skal dog siges, at fængslet blev lukket som sådan i 2004, men inden da sad blandt andre James Earl Ray, manden der blev dømt for at have skudt Martin Luther King Jr., indespærret her.

Montana kaldes "The Big Sky State", og navnet betyder "bjergrig" på spansk. USA's længste flod, Missouri River (3.767 km), udspringer i staten og en af dens bifloder er Yellowstone River, som er den længste flod i USA, der ikke er opdæmmet noget sted. I 1887 faldt der under en snestorm et snefnug, som målte 38 cm i diameter! I 1916 blev Jeanette Rankin fra Missoula valgt som den første kvinde til USA's kongres. Staten har flere forskellige pattedyr end nogen anden amerikansk stat. Staten har også rekorden for den største temperaturforskel inden for et døgn. På under et døgn, mellem den 14 og 15. januar 1972, steg temperaturen fra -48 grader C til +10 grader, en stigning på 58 grader. Ordet "creek" (bæk) udtales i Montana som "crick". Byen Great Falls er hjemsted for Roe River, som med sine 60 m, var verdens korteste flod indtil kategorien forsvandt fra Guinness' Rekordbog. Floden udspringer i Giant Springs, der er en af USA's største koldvandskilder. Kilden producerer i gennemsnit 7 kubikmeter 12 grader varmt vand hvert sekund. En del af dette vand tappes på flasker og sælges lokalt.

Statshovedstaden, Helena, har under 30.000 indbyggere og er kun statens sjettestørste by. Byen har en enkelt varm kilde, hvor vandet kan blive op til 39 grader varmt. Byen blev grundlagt ved et "uheld", da fire mænd fandt guld i området i 1864, og fortalte om det – og så strømmede guldgravere til. Det betød at mod slutningen af 1800-tallet havde Helena flere millionærer pr. indbygger end noget andet sted i verden. På et tidspunkt var byen hjemsted for verdens største indendørs swimmingpool, men den blev ødelagt af et jordskælv i 1935 og i 1946 blev bygningen revet ned.

Nebraska er hjemsted for den største indendørs regnskov i USA (kunstig vil jeg formode). Rester af det såkaldte Oregon Trail kan ses i området Scotts Bluff National Monument. I byen Alliance, kan man se Carhenge, en kopi af Stonehenge, men bygget af biler. I Nebraska spiser man fastfood hos kæden Runzas. Kæden har 82 restauranter, som stort set alle ligger i Nebraska. Det berømte Buffalo Bill's Wild West Show blev grundlagt i North Platte i staten, og i byen kan man stadig se William Codys hjem. Og Nebraska er den eneste stat i USA, der ikke har et to-kammersystem i regeringen, men nøjes med et enkelt kammer som i Danmark, og ved valg står der ingen partitilhørsforhold på stemmesedlen. En lov, der blev vedtaget sidst i det 19. århundrede, forbød bagere at sælge donuthuller i byen Lehigh. Loven blev afskaffet i 1990'erne, og donuthuller bliver i dag betragtet som en delikatesse i byen. Selv om staten er omgivet af land på alle sider, har den formelt en flåde, og titlen Admiral gives som hædersbevisning til mennesker, der har gjort noget særligt så som Dronning Elizabeth II, astronauten John Glenn og skuespilleren Bill Murray.

Omaha er den største by i staten, men hovedstaden er Lincoln, opkaldt efter Abraham Lincoln. Regeringsbygningen er den næsthøjeste i USA, kun overgået af Louisianas regeringsbygning. Lincoln Airport er en af de lufthavne, der er udvalgt til at fungere som eventuel nødlandingsplads for rumfærgerne, men er endnu ikke blevet brugt til formålet. Når den blev valgt skyldtes ikke mindst dens næsten 4 km lange landingsbane. Byen hed oprindeligt Lancaster, men blev omdøbt til Lincoln, da den blev statshovedstad i 1867.

Nevada er den eneste af USA's stater hvor prostitution er lovlig. Dog kun i bordeller med licens, og kun i amter, hvor det er vedtaget ved afstemning, at det skal være tilladt. Dette gælder især amter i meget landlige områder af staten. Det er forbudt i større og tæt bebyggede amter som Clark County, hvor Las Vegas ligger, Washoe County, hvor Reno ligger og i Carson City, statshovedstaden, der ikke er en del af et amt. I dag er der syv amter, som tillader prostitution, og de har tilsammen 21 bordeller med omkring 200 kvinder ansat (i alt altså, ikke 200 i hvert bordel). Trods disse legale bordeller, foregår størstedelen af statens prostitution i Las Vegas og Reno. Fx omfatter "de gule sider" (fagbogen) i Las Vegas-området 104 sider, der annoncerer for escortbureauer.

Hovedstaden Carson City er der ikke meget at sige om, bortset fra at her begynder eller slutter (afhængig af, hvad vej man skal), US Route 50 sin strækning gennem Nevada. Denne strækning er kendt som "den ensomste vej i USA". Vejen går stort set kun gennem ørken uden mange spor af civilisation fra Carson City hele vejen gennem Nevada til grænsen til Utah, men resten af hovedvejen er knap så ensom. Den begynder i Sacramento i Californien og slutter ved Atlanterhavet i Ocean City i Maryland.

Der er ikke så meget interessant at fortælle om **New Hampshire**. Jeg kan dog nævne at kælenavnet er Granite State, og at det er i denne stat at de første primærvalg i forbindelse med USA's præsidentvalg afholdes. Den kvindelige astronaut, der blev dræbt, da rumfærgen Challenger eksploderede, var skolelærer i Concord, hvor der nu er bygget et planetarium til hendes ære. Statens motto er

"Live free or die", som blev udtalt af en af generalerne fra USA's frihedskrig, John Stark. Staten har en officiel statssport, nemlig skiløb.

Statshovedstaden er Concord, og heller ikke denne er der meget at sige om. Byen blev tidligere omtalt som "City in a Coma", fordi det var her vækkeuret blev opfundet i 1787 af en mand ved navn Levi Hutchins. Havde hans forældre kunnet holde sig fra hinanden, kunne vi alle have sovet længere om morgenen. Hestevognen af typen Concord, som blev brugt af de velhavende i det 19. århundrede, var opkaldt efter byen, hvor den først blev bygget i 1818. Seks heste skulle der til for at trække vognene, der var smukt dekorerede. Da concorden var mest populær, kostede den typisk omkring 1.500 dollars, og det var på et tidspunkt, hvor en arbejder tjente en dollar om dagen. Og så må jeg lige havde med, at byen var hjemsted for verdens største kødbolle! Den vejede over 100 kg.

New Jersey har den højeste befolkningstæthed af alle USA's stater. I byen Newark, kendt for sin lufthavn, bliver der stjålet flere biler end i nogen anden by i USA, og under revolutionen blev der udkæmpet flere slag i staten end i nogen anden stat. Verdens første baseball kamp blev spillet i byen Hoboken. Staten er hjemsted for Princeton universitetet, hvor cheerleading blev opfundet i 1869. Et interessant museum er Skemuseet i Lambert Castle, som har over 5.400 skeer udstillet. Og det var i byen Menlo Park, at Thomas Edison havde sit laboratorium. Gaderne i den amerikanske udgave af Monopoly er alle gader i Atlantic City. Byerne ligger tæt i staten og 90 % af befolkningen bor inden for bymæssig bebyggelse. Og så har New Jersey en ting til fælles med Oregon i den modsatte ende af landet, men det afslører jeg først, når jeg kommer til sidstnævnte stat.

Trenton er New Jerseys hovedstad. Det var her i byen at Den amerikanske Uafhængighedserklæring blev læst op offentligt for første gang. Byens befolkning elsker svinekød, og byen er hjemsted for en årlig "svinekødssandwichfestival". Byen blev grundlagt af kvækere allerede i 1679, og var USA's officielle hovedstad fra november til december 1784.

Fortryllelsens Land (Land of Enchantment) er **New Mexicos** kælenavn. På trods af at store dele af staten er ørken, har der været dyrket vin siden 1629, og der findes i dag 50 vinerier spredt ud over staten, som har flere mennesker med en Ph.D pr. indbygger end nogen anden stat. Firmaet Microsoft, der i dag har hjemme i Seattle, blev grundlagt i en garage i Albuquerque. I byen Las Vegas (altså den i denne stat, ikke den i Nevada), arbejdede revolvermanden Doc Holiday, kendt for samarbejdet med Wyatt Earp, som tandlæge i en kort periode, ligesom han gjorde i flere andre byer. New Mexico var også staten, hvor den første atombombe blev sprængt i juli 1945. Kun 25 % af statens veje er asfalterede! Og til sidst en af de mærkelige love, som jeg ikke bragte i min første bog. I New Mexico er det forbudt at danse iført sombrero. Las Cruces kalder sig selv "verdens chilihovedstad" og her kan man følge et "chili trail" rundt til steder, hvor man kan spise forskellige retter med chili.

Statshovedstaden Santa Fe har to amerikanske rekorder. Det er USA's ældste statshovedstad (grundlagt 1607) og den højest beliggende (2.194 moh). I byen ligger også USA's ældste kirkebygning, og byen har 310 solskinsdage om året. Det regnede nu, da vi kom til byen første gang, men det holdt hurtigt op. I byen kan man følge The Margarita Trail og smage 45 forskellige margaritaer på 45 forskellige barer og restauranter – hvis man altså stadig kan stå op efter nummer 44.

New York City er USA's største by, men den er ikke statshovedstad i **New York**. Niagara Falls ligger delvist i New York, men også i Ontario i Canada. Staten er hjemsted for USA's største statspark, Adirondack State Park, der er større end alle USA's nationalparker, bortset fra nogle få i Alaska. Grænsen mellem New York og Canada, var skueplads for nogle af de alvorligste kampe mellem USA og Storbritannien under Frihedskrigen. Toiletpapiret med perforering blev opfundet her i staten i 1857 (kineserne havde dog siden 500-tallet kendt noget, der fungerede som toiletpapir, dog uden perforering). USA's første hospital åbnede på det, der i dag er Liberty Island, hvor Frihedsgudinden står. Hospitalet blev brugt til at huse de immigranter, der var for syge til at måtte rejse ind i USA. På det tidspunkt var øen kendt som Bedloe's Island og tidligere havde den været kendt som Great Oyster Island. Nummereringen af frakørsler på Interstate Highways i New York er noget for sig selv, men det vil føre for vidt at fortælle om det her.

Æren af at være New Yorks hovedstad tilfalder byen Albany, som var det første sted i staten, at europæere slog sig ned. Byen har været statens hovedstad siden 1797. Her i byen boede i en periode forfatteren Herman Melville, kendt for den ualmindeligt langtrukne roman, Moby Dick – som jeg også kalder "Instruktionsbog i Hvalfangst". Theodore Roosevelt fik sin daglige motion ved at løbe op og ned af regeringsbygningens trappe, mens han i et par år, før han blev præsident, var New Yorks guvernør.

Som jeg har omtalt i et tidligere afsnit, har **North Carolina** 48 forskellige statssymboler fra statstræ (fyr) og statsblomst (kornel) over statssommerfugl (østlig tigersvalehale) til et statsfossil (en megalodontand). Jeg vil ikke gennemgå alle 48, men nogle er mere kuriøse end andre, fx et statpungdyr (en virginia opossum), en statsdrik (mælk) og en statsdans (clogging). Endelig må jeg ikke glemme at man også har en statskødædende plante (venus fluefanger). Udover alle disse symboler kan jeg fortælle, at mere en halvdelen af de søde kartofler, der spises i USA, dyrkes i North Carolina (sjovt nok er søde kartofler statsgrønsag), som også har USA's ældste offentlige universitet, grundlagt i 1789, nemlig University of North Carolina Chapel Hill.

Statens hovedstad er Raleigh, og da vi besøgte byen tilbage i 2000 var Dorte og jeg enige om, at det var den kedeligste by, vi på det tidspunkt havde besøgt i USA, men noget kan der da siges om den. Byen har den 5. største domkirke i USA, Holy Name of Jesus Cathedral, som blev færdigbygget så sent som i 2015. Regeringsbygningen blev oprindeligt opført som gravmonument for hustruen til statens guvernør mellem 1830 og 1832, Montfort Stokes, men bygningen havde ikke de rette proportioner, og så blev den altså udvidet og gjort til regeringsbygning. Byen er hjemsted for mere end 40 gratis historiske attraktioner og museer. Og så skal jeg da lige have med, at Raleigh Beer Garden har verdensrekorden i flest forskellige fadøl. 365 fadøl har man kunnet vælge mellem, siden baren åbnede i 2015.

North Dakota er kendt for at have den laveste arbejdsløshedsprocent i hele USA. I byen Rutland blev verdens største hamburger fremstillet og spist. Den vejede 3.591 pounds eller 1.629 kg. Der deltog 8.000 mennesker i spisningen. Staten er den mindst besøgte i hele USA, men dyrker flest solsikker. Staten er den eneste i USA med en statsejet bank, Bank of North Dakota. Staten er omtalt i Guinness Rekordbog som det sted i verden, hvor der er lavet flest samtidige "sneengle", hele 8,962. Rekorden blev sat på området omkring regeringsbygningen i 2007. I byen Jamestown, for enden af gaden Louis L'Amour Lane, opkaldt efter den kendte forfatter af westernromaner, finder man verdens største bisonskulptur.

Her i staten er racerløb med tunede græsslåmaskiner (dem man kan sidde på) en populær sport. Det meste af den pasta, der spises i USA, fremstilles af durumhvede fra North Dakota.

Bismarck er statens hovedstad. Byen hed oprindeligt Edwinton, men blev omdøbt i 1873 og i 1879 blev den statens hovedstad, da North Dakota blev optaget som stat i USA. Den lokale avis, Bismarck Tribune, er blevet udgivet siden 1873 og udgives fortsat. Byen er en af de få statshovedstæder, der ikke har et officielt kælenavn, og også uofficielle skorter det på.

Syv af USA's præsidenter stammer fra **Ohio**, der derfor har kælenavnet "Mother of Presidents". Det er James A. Garfield, Ulysses S. Grant, Warren G. Harding, Benjamin Harrison, Rutherford B. Hayes, William McKinley og William Howard Taft. Endnu en præsident, William Henry Harrison, blev født i Virginia, men slog sig senere ned i Ohio. Lake Erie er kendt for sit søuhyre, et omkring 10 m langt monster, der går under navnet Bessie. Statens flag er det eneste statsflag, som ikke er rektangulært. I steder ligner det en vimpel. Neil Armstrong, den første, som gik på månen, var fra Ohio og det samme har 24 andre astronauter været. Den officielle statsdrik er tomatjuice, som staten er USA's største leverandør af. Brødrene Wright, de første som fløj i en maskine, stammede fra Ohio, men flyvningen foregik dog i North Carolina.

Statshovedstaden er Columbus, og det eneste jeg har set til den, og i øvrigt også til Cincinatti, var da jeg kørte gennem de to byer i øsende regnvejr. Columbus er også statens største by, og der er faktisk kun to statshovedstæder, som har flere indbyggere, Austin i Texas og Phoenix i Arizona. I 1964 startede Geraldine Fredritz Mock fra Columbus, da hun som den første kvinde fløj solo rundt om jorden. Turen tog næsten en måned, men hun satte hastighedsrekord for fly under 1.750 kg.

Jeg begynder med endnu en sær lov eller rettere en byvedtægt. I byen Bristow i **Oklahoma** må der kun serveres vand på restauranter, hvis der samtidigt serveres en jordnød i skal! Oklahoma har flere tornadoer i gennemsnit pr. år end nogen anden amerikansk stat, og filmen Twister, med blandt andre Helen Hunt, foregår her i staten. Byen Okmulgee fejrer hvert år en en pecannøddefestival, og har flere rekorder vedrørende disse nødder, fx den største pecanpie, den største pecanbrownie m.fl. I 1977 blev Bigfoot spottet i nærheden af byen Vici, men et eftersøgningshold fandt desværre ingen spor af "snemanden". Byen Talequah er hjemsted og administrativt centrum for to af de føderalt anerkendte grupper af cherokeeindianere. Den ene og største er Cherokee Nation og den anden er United Keetoohwah Band of Cherokee Indians. Den tredje og sidste gruppe har hjemme i North Carolina, hvor den går under navnet Eastern Band of Cherokee Indians. Desuden er Oklahoma, der tidligere var kendt som Indianerterritoriet, hjemsted for mange andre af de stammer, der blev tvangsflyttet fra deres oprindelige områder fra omkring 1830 og frem.

Og så til statshovedstaden, Oklahoma City, som altså er endnu en af de hovedstæder, hvis navn består af to ord. Det er også en af de kun to hovedstæder, der deler navn med staten. Den anden er Indianapolis i Indiana. I byen finder man naturligvis regeringsbygningen, der som den eneste i USA er omgivet af aktivt producerende oliekilder. Her blev indkøbsvognen opfundet i i 1937. Tanken var, at så kunne folk købe mere på hver indkøbstur, hvis de ikke skulle bære varerne selv. Byens (og statens) navn kommer fra to ord på chocktawsproget, "okla" og "humma", der betyder "røde mennesker".

Oregons flag er det eneste statsflag, med forskelligt motiv på hver side; statsseglet på den ene og en gylden bæver på den anden. Indbyggerne i Oregon ejer mere end 25 % af USA's bestand af lamaer! Det er da interessant. Hvad de bruger disse lamaer til er ikke klart. Staten har også en by kaldet Idiotville, som faktisk er en spøgelsesby, og det er den stat i USA, der har flest spøgelsesbyer. I staten har det siden 1971 være forbudt at bruge flasker, der ikke kan returneres. Og så svaret på det jeg lovede i afsnittet om New Jersey. Det de to stater har til fælles er, at det er de to eneste stater i USA, hvor selvbetjeningstankstationer ikke er tilladte.[43] Til gengæld blev "lægeassisteret selvmord" tilladt i 1994, og staten har en af de højeste selvmordsrater i hele USA.

Portland, statshovedstaden, er, som nævnt i en tidligere artikel, den vestligste storby i USA, men derudover er byen kendt for øl. Faktisk kunne man kalde byen for "verdens ølhovedstad" eller i hvert fald "verdens bryggerihovedstad", da det er

---

[43] Faktisk blev selvbetjeningstanke gjort lovlige i Oregon i foråret 2023.

den by i verden, der har flest bryggerier. Flere end 60 bryggerier ligger inden for bygrænsen. Og så har byen flere stripklubber pr. indbygger end nogen anden by i USA. Portland er også hjemsted for verdens mindste park, Mill End Park, der dækker et areal på mindre end 0,3 (nul komma tre) m².

Pennsylvania er en af kun fire stater, der er såkaldte commonwealths. De andre er Virginia, Kentucky og Massachusetts.[44] Dette forhold har dog ingen nævneværdig praktisk betydning i staterne i dag, da de stater, som kalder sig "commonwealth" ikke har andre rettigheder end de stater, der ikke gør. Byen Hershey kaldes USA's chokoladehovedstad. Den største by er Philadelphia og her blev det første flygel, som blev bygget i USA, færdigt i 1775, og byens zoologiske have var den første offentlige af sin slags i USA. Byen Punxsutawney er hjemsted for det verdensberømte vejrprofetiske murmeldyr, Punxsutawney Phil, kendt fra filmen Groundhog Day (på dansk "En ny dag truer"). I byen Altoona finder man USA's ældste benzinstation. Floden Monongahela River i statens vestlige del er speciel derved, at den flyder mod nord, hvilket ikke mange floder i USA gør. Her i staten bor flere medlemmer af amish-samfundet end noget andet sted i verden.

Hovedstaden er Harrisburg. Theodor Roosevelt kaldte regeringsbygningen *"den smukkeste bygning, han nogensinde havde set"* – og man kan komme på en gratis guidet tur rundt i bygningen. Meget i byen hedder noget med Hershey efter Milton S. Hershey, som grundlagde firmaet The Hershey Company, der er kendt for sine Hershey Bar og andre chokoladeprodukter.

Rhode Island er USA's mindste stat, og den er kun halvt så stor som Sjælland. Fra nord til syd er der kun 75 km og fra øst til vest er der endnu kortere, nemlig 60 km. Staten var den sidste af de oprindeligt 13 britiske kolonier, som blev stat. Verdens første fængselsstraf for at køre for hurtigt i bil blev idømt her i staten i 1904. Staten var også hjemsted for den tennisturnering der var forgængeren for US Open, National Lawn Tennis Championship, og det var i St. Mary's, USA's

---

[44] "Commonwealth" er en traditionel engelsk betegnelse for et politisk fællesskab grundlagt af hensyn til det fælles bedste. De fire stater ligger alle i det østlige USA, og før oprettelsen af USA i 1776 var de britiske kolonier (selvom Kentucky ikke eksisterede som en selvstændigt område, mens det nuværende USA var under britisk styre, men var en del af kolonien Virginia). Lovgivningen i disse fire stater er under stærk indflydelse den engelske såkaldte "common law" (slå det selv op) hvilket også præger nogle af staternes institutioner.

ældste romersk-katolske kirke at John F. Kennedy og Jacqueline Bouvier blev gift i 1953. I 1774 blev der for første gang afholdt en cirkusforestilling i USA. Denne foregik i byen Newport. Staten er også hjemsted for USA's ældste karrusel, Flying Horse Carousel. Den findes i byen Watch Hill. Pawtuxet Village menes at være New Englands ældste landsby.

Statshovedstaden er Providence. Metroområdet har flere indbyggere end hele staten, hvilket skyldes, at det meste af området ligger på den anden side af statsgrænsen, i Massachusetts. Byen hed oprindeligt Providence Plantations og faktisk var Rhode Islands officielle navn indtil 2020 "The State of Rhode Island and Providence Plantations", hvilket var det længste navn på nogen stat. Tælles mellemrummene mellem ordene med, var statens navn faktisk to tegn længere end søen i Massachusetts (bladr tilbage, hvis du ikke kan huske dens navn). Tælles mellemrum ikke med, vinder søen med 4! I dag er navnet altså desværre kun Rhode Island. Som Rom var byen oprindeligt bygget på syv høje, men den ene blev jævnet med jorden omkring 1880, så nu er der kun seks tilbage. Gyserforfatteren H. P. Lovecraft var fra Providence og er på begravet på Swan Point Cemetery i udkanten af byen. På hans meget beskedne gravsten står "*I am Providence*". På samme kirkegård ligger flere af statens tidligere guvernører begravet (dog kun de, der er døde). En af disse var Ambrose Burnside, hvis kindskæg har givet navn til den betegnelse, der den dag i dag bruges om slige prydelser, nemlig "sideburns".

South Carolina var den første stat, som løsrev sig fra Storbritannien, og kom i krig med briterne, to år før de andre stater, og også den første der forlod Unionen inden Borgerkrigen. Verdens største gingkotræfarm ligger i South Carolina, og staten er den eneste stat i USA, hvor der dyrkes te. Da de første europæere ankom, boede der 30 forskellige indianerstammer i det område, som blev South Carolina. Øen Morgan Island er kendt som Monkey Island fordi der på øen findes omkring 3.500 fritlevende rhesusaber. Staten har en statsdans, The Shag, en dans i 4/4-delstakt fra 1940'erne. Staten har også en statsfrugt, fersken, som staten også er USA's største producent af. Og så er staten hjemsted for verdens stærkeste chilipeber, Smokin' Ed's "Pepper X, der har en styrke på op til 2,7 millioner scoville. En almindelig grøn peberfrugt har en styrke på mindre end 100 og tabascopeber op til 50.000 – så der er smæk for skillingen i en Pepper X.

Statshovedstaden er Columbia. Byen var den første i USA, der blev opkaldt efter Christoffer Columbus. Byen kaldes af og til Soda City; ikke fordi der er blevet produceret soda her, men fordi Columbia tidligere ofte blev forkortet til Cola. Riverbank Zoo and Botanical Gardens er en af de få zoologiske haver i USA, som lige som Københavns Zoo har pandaer. Byen har også et af kun en håndfuld dedikerede dukketeatre i USA, The Columbia Marionette Theater. Det meste af byen blev brændt ned under Borgerkrigen, så der er ikke mange gamle bygninger tilbage. Den første asfalterede gade i byen kom først i 1908, da Main Street blev asfalteret.

South Dakota ligger syd for North Dakota; er det ikke smart? Sioux Falls er statens største by, og vandfaldet, der har giver byen navn, ligger meget tæt på downtown. Hvis man måler alle søer og floder, har South Dakota en længere kystlinje en Florida, men det gør man normalt ikke, så det kan de godt holde op med at prale af. I staten finder man både Mount Rushmore (med Gutzon Borglums fire præsidentansigter) og Crazy Horse Memorial, der stadig er under opførelse. Når det er færdigt, vil det være verdens største monument. Også den berømte "westernby", Deadwood, hvor Wild Bill Hickok blev dræbt, ligger i South Dakota. Han ligger begravet på Mount Moriah kirkegården ved siden af Martha Canary Burke, bedre kendt som Calamity Jane, der døde i byen Terry, ikke langt fra Deadwood, sandsynligvis af druk. Heller ikke langt fra Deadwood ligger byen Lead, der engang var hjemsted for USA's største og dybeste guldmine, Homestake Mine, men minen lukkede i 2002. Og så er staten hjemsted for nok USA's mest berømte drug store, Wall Drug, kendt som The Free Icewater Store, i byen Wall. Lige syd for Wall ligger Badlands National Park.

Statshovedstaden er Pierre, der er en af kun fire statshovedstader i de sammenhængende 48 stater, der ikke serviceres af en interstate highway. De øvrige er Dover i Delaware, Jefferson City i Missouri og Carson City i Nevada. Da Lewis og Clark ekspeditionen kom til det område, hvor Pierre i dag ligger i 1804, mødtes de med repræsentanter for 50 forskellige indianerstammer. Godt ti år senere kom de første nybyggere til området og slog sig ned her, og i slutningen af 1800-tallet (1889) da South Dakota blev optaget som stat, blev byen så statshovedstad.

Oksekød er det mest producerede landbrugsprodukt i **Tennessee**, der ellers har kælenavnet The Hog and Hominy State på grund de store mængder svinekød og majs, der tidligere blev produceret. USA's ældste radioshow, Grand Old Opry bliver produceret i Nashville, som er statens største by, og som regnes for countrymusikkens hovedstad. Musikgenrens fødested er derimod Bristol i samme stat – dette er officielt vedtaget i USA's kongres i 1998. Staten har flere forskellige arter af træer end nogen anden amerikansk stat. Husker du sangen om Davy Crockett? Her hedder det blandt andet *"Han blev født i staten Tennesee..."* og i den engelske udgave *"Born on a Mountain Top in Tennessee..."*, men det er løgn!!!! Tennessee blev først stat i 1796, da Davy Crockett var ti år gammel. I et tidligere afsnit har jeg omtalt Dolly Parton, så ikke mere om hende, men hun er ikke den eneste berømthed, der er født i staten. Det gælder også Miley Cyrus, Justin Timberlake, Morgan Freeman, Megan Fox og Tina Turner. Martin Luther King Jr. blev skudt på Lorraine Motel i Memphis, hvor Elvis Presly havde sit hjem; ikke på motellet, men i sit hus, Graceland, hvor han også ligger begravet i haven sammen med sine forældre og sin enæggede tvillingebror, Jesse, som kom til verden 35 minutter før Elvis selv, men var dødfødt.

Nashville er statens hovedstad, efter at den afløste Knoxville. I Centennial Park finder man en kopi af Parthenontemplet på Akropolis. I 1856 blev William Walker fra Nashville præsident i Nicaragua. Ingen amerikaner er senere blevet præsident i et andet land, mens én tidligere havde været det. Se under Texas. I 1974 optrådte daværende præsident Richard M. Nixon i Grand Ole Opry i det nybyggede Opry House. Hans spillede "God Bless America" på klaver. Byens højeste bygning, AT&T Tower, er kendt som Batmanbygningen på grund af de "flagermuseørelignende" gevækster, der findes øverst på bygningen.

Fra 1836 til 1845 var **Texas** en selvstændigt republik og ikke en del af USA. Samuel Houston, den eneste amerikaner, som har været guvernør i to forskellige stater (Tennessee og Texas), var den selvstændige republiks første og tredje præsident. Den meste berømte spanske missionsstation i USA ligger i San Antonio og er kendt som The Alamo. Under belejringen i 1836 blev alle de forsvarende soldater dræbt, blandt disse Oberst Travis, Davy Crockett og James Bowie. Mindre kendt er det, at også danskeren Charles Zancho, der var næstkommanderende for artilleriet, blev dræbt her. Staten har mange efterkommere af tyske indvandrere og Texas German er en særlig tysk dialekt. I byen Marfa findes verdens mindste Pradabutik, som i øvrigt aldrig holder åbent. Marfa er også kendt, for de mystiske lys, som er observeret i området omkring byen. Texas er en meget stor stat – kun overgået af Alaska. Hvis man befinder sig i byen El Paso i den vestlige del af staten, er man tættere på Los Angeles end på Texas østlige grænse til Louisiana.

Austin er statshovedstad, og den fik navnet i 1839. Tidligere hed byen Waterloo. Regeringsbygningen her er ca. 5 meter højere end Capitol i Washington DC. Byen er Texas' syvende hovedstad, og den er det eneste sted i verden, vor man kan finde den såkaldte Barton Springs salamander, hvis man ellers er på udkig efter en sådan fætter. Byen er i øvrigt den største by i USA, der ikke har et hold i bare en eneste af de store professionelle sportsgrene. Til gengæld er den hjemsted for Circuit of the Americas, hvor det eneste Formel 1 Grandprix i USA køres[45]. Det blev dog ikke kørt i 2020 på grund af covid-19 pandemien, som betød at en række løb blev aflyst.

Utah er den stat, hvor der er målt de længste ubrudte bremsespor. I 1964 forsøgte en mand at sætte hastighedsrekord for biler på Bonneville Salt Flats i staten (hvor mange hastighedsrekorder er sat i tidens løb), men han mistede kontrollen over sin jetdrevne bil. Opmåling af bremsesporene viste, at de var 6 miles (ca. 9 km lange). Hvad bilens hastighed var på det tidspunkt, er ikke opgivet. Staten har i gennemsnit 300 solskinsdage om året, og det overgås kun af Nevada.

Statshovedstaden er Salt Lake City, der også er kendt som mormonbevægelsens "hovedstad". Hvad, der er mindre kendt, er, at det var i Salt Lake City (ikke i Kentucky), at der første gang blev serveret Kentucky Fried Chicken, da Oberst Sanders under et besøg i byen overtalte en af sine venner til at sætte kylling efter hans opskrift på menuen i sin restaurant. Da Sanders kom tilbage til byen to uger senere, stod folk i kø ned ad gaden for at få hans kylling. Det fik ham til selv at åbne KFC restauranter andre steder. Byen har i øvrigt flere plastikkirurger pr. indbygger end nogen anden by i USA, så de må være meget "smukke" her. Salt Lake City er i øvrigt den eneste statshovedstad, hvis navn består af tre ord og tidligere bestod det endda af fire, da navnet oprindeligt var Great Salt Lake City.

---

[45] I 2022 blev der kørt to løb i USA. Det andet blev kørt på en nybygget bane i Miami, Florida, Miami International Autodrome. I 2023 og 2024 blev der kørt 3; udover de to nævnte blev der kørt et gadeløb i Las Vegas.

Vermonts navn kommer fra fransk og betyder "De grønne bjerge". Vermont blev stat i 1791 som det første område efter de 13 oprindelige kolonier. Staten er USA's største producent af ahornsirup. Der skal tappes 40 gallon saft fra en sukkerløn (løn = ahorn) for at producere 1 gallon sirup, og staten producerer 500.000 gallons om året. Det kræver nogle ahorntræer. Også marmor er Vermont USA's største producent af. To præsidenter, Chester A. Arthur og Calvin Coolidge er født i Vermont. Sidstnævnte er i øvrigt den eneste af USA's præsidenter der er født 4. juli. Kun 22 % af befolkningen mener, at religion er vigtigt for dem, og det gør Vermont til den mindst religiøse stat i USA. Sammen med Maine, Hawaii og Alaska er Vermont en af de fire stater, der har forbud mod at opsætte store billboardreklametavler langs vejene. Staten har kun én telefonområdekode, og det er de så stolte af, at man kan se tallet 802 på stickers på biler, på t-shirts og nogle har sågar nummeret tatoveret.

Hovedstaden er Montpelier og den har jeg fortalt en smule om i et tidligere afsnit, fx at det er USA's mindste statshovedstad, så det skal jeg ikke gentage her. Nåh, men det gjorde jeg så alligevel. Her i byen har isproducenten Ben & Jerry hovedsæde. Til gengæld er byen den eneste statshovedstad, der ikke har en McDonald's restaurant. Den nærmeste ligger 8 km fra byen. Byen har sit navn fra Montpellier i Frankrig, der dog staves med dobbelt L.

Virginia har navn efter Dronning Elizabeth I, der var kendt som "Jomfrudronningen", hvad hun næppe var, men hun blev aldrig gift. Hampton i Virginia er den ældste kontinuert beboede, engelske bebyggelse i USA. Omkring halvdelen af slagene under Den amerikanske Borgerkrig blev udkæmpet i Virginia. Her i staten blev den første Thanksgiving i USA (måske) fejret. Virginias General Assembly er den ældste lovgivende forsamling i USA, og her i staten må en guvernør kun sidde en periode ad gangen, men gerne flere i alt. Verdens største flådebase ligger i Norfolk ved Atlanterhavskysten. Da borgerkrigen brød ud, havde Virginia det største antal slaver i nogen stat i USA – ikke noget at prale med, men et faktum. Pentagon, der ligger i Arlington i Virginia, er verdens største kontorbygning, og den har et gulvareal, der er tre gange større end det, man kan opmåle i Empire State Building i NYC, hvor der trods alt er 102 etager. Staten er også hjemsted for den sump i USA med det mest skæbnesvangre navn, "The Great Dismal Swamp" ("Den store trøstesløse Sump").

Statshovedstaden, Richmond, var den første by i USA, som fik elektriske sporvogne. Efter sydstaternes løsrivelse, gjorde de Montgomery i Alabama til hovedstad, men senere flyttede hovedstaden til Richmond, der kun lå 150 km fra nordstaternes hovedstad, Washington DC. På byens videnskabelige museum kan man se rotter spille basketball. Byen har også et Edgar Allen Poe museum, og den kendte forfatter boede i byen i en periode.

Washington er kendt for sine æbler, og der produceres flere æbler i staten end i nogen anden stat i USA. Byen Wenatchee kalder sig lidt ubeskedent "Verdens æblehovedstad", og der ligger da også mange æbleplantager rundt om byen. Staten er hjemsted for flere gletsjere end de 47 øvrige sammenhængende stater tilsammen. Statens højeste punkt er Mount Rainier; en vulkan, som regnes for at være en af de farligste vulkaner i verden. Det seneste større udbrud ligger ca. 1.000 år tilbage, og geologer frygter derfor at den snart vil komme i udbrud igen, selv om den har haft en række mindre udbrud for godt 100 år siden.

Hovedstaden er Olympia, men den er langt fra den største by. Faktisk er 21 byer i staten større, og kun 10 andre statshovedstæder har færre indbyggere. Byen er kendt for at have adskillige artesiske vandlag (se afsnittet "Fotografering forbudt" tidligere i bogen.) Grungebandet Nivana blev startet i Olympia, da Kurt Cobain flyttede fra sin fødeby, Aberdeen, til Olympia og mødte Krist Novoselic.

West Virginia er den eneste stat, der er blevet optaget i USA på grund af en præsidentiel proklamation. Det skete, da West Virginia havde løsrevet sig fra Virginia i 1863 under Borgerkrigen, hvor man hellere ville høre til Nordstaterne end Sydstaterne. Staten var den første i USA, som officielt fejrede "Mors Dag". Det skete i byen Grafton den 10. maj 1908. Seks år senere blev dagen en national helligdag, hvad den ikke er i Danmark. En af verdens første hængebroer blev bygget i West Virginia i 1849. Broen findes i byen Wheeling og krydser Ohio River. I 1921 blev West Virginia den første stat, som indførte salgsskat (minder om moms). Føj! Golden Delicious æblet stammer fra staten, hvor de første blev fremavlet omkring 1775. I dag er turismen statens (der har kælenavnet Mountain State) største industri. I Charles Town i den nordøstlige del af staten blev John Brown hængt for landsforræderi og mord. Brown er kendt fra sangen "John Brown's Body". Harper's Ferry, hvor en del af Browns oprør fandt sted, betragtes som fødested for amerikansk industri. Floden New River, der udspringer i North

Carolina og også løber gennem Virginia, er på trods af sit navn en af verdens ældste floder. Man mener at floden har eksisteret i mere end 500 millioner år. I staten (på grænsen til Kentucky) blev der i en mere end 25 år lang periode (mellem 1865 og 1892) udkæmpet en fejde mellem to familier, Hatfield og McCoy, der resulterede i adskillige døde på begge sider. Selv efter at fejden egentlig var afsluttet, opstod der af og til sporadiske konflikter mellem de to familier helt frem til omkring 1920, men dog uden flere dræbte. En TV-serie om denne fejde har for nogle år siden været vist i dansk TV, men jeg husker ikke på hvilken kanal, den blev sendt.

Byen Wheeling, omtalt ovenfor, var den første statshovedstad i West Virginia, men i 1870 flyttede hovedstaden til Charleston (ikke at forveksle med byen af samme navn i South Carolina – og andre steder). Fem år senere flyttede man tilbage til Wheeling, men i 1885 flyttede man så tilbage til Charleston, som har været hovedstad siden (et værre flytterod). Charleston har haft flere regeringsbygninger (tre), men de to første brændte ned, den seneste i 1927. Den første gade i hele verden, brolagt med mursten, blev anlagt i Charleston i 1870.

USA's første børnehaveklasser blev oprettet i Watertown i **Wisconsin** helt tilbage i 1856. Fans af football holdet Green Bay Packers kaldes cheeseheads (ostehoveder), en betegnelse der også bruges generelt om indbyggerne i staten. 10 % af verdens forbrug af ginseng, og det meste af det, der bruges i USA, produceres i Marathon County. Barbie, (ikke dukken som sådan, men hendes "personlighed") stammer fra den fiktive by, Willows i Wisconsin. I Kenosha har man udgravet det hidtil største eksemplar af den uldhårede mammut. Mellem 1895 og 1967 var margarine forbudt i staten, og selv i dag må der kun serveres margarine på restauranter, hvis kunden udtrykkeligt beder om det. Husk det Tim. Så kan du undgå smør. Laura Ingalls Wilder (kendt for bogserien om "Det lille hus på Prærien") blev født i Pepin, Wisconsin i 1867. Her foregår også hendes første bog, "Det lille hus i den store skov". Senere flyttede familien til Missouri og videre til Kansas. Staten har en befolkning på knap 6 millioner indbyggere, som er glade for is. De indtager således omkring 79 millioner liter is om året eller mere end 13 liter is pro persona. Ifølge en statistik fra staten selv, findes der flere spøgelser pr. km^2 end i nogen anden stat i USA. Det lyder lidt uhyggeligt.

311

Statens største by er Milwaukee med knap 600.000 indbyggere, men Madison med omkring 235.000 indbyggere er statshovedstad. Madison er én af kun to større byer i USA, der er bygget på en landtange, her mellem to søer Mendota og Monona; den anden by er Seattle, Washington som er bygget på en landtange mellem en sø og en havbugt. Regeringsbygningen er bygget af 43 forskellige slags sten fra seks forskellige lande og otte forskellige amerikanske stater. Byen er opkaldt efter USA's 4. præsident, James Madison og gaderne i den ældste del af byen er opkaldt efter de 39 andre underskrivere af Uafhængighedserklæringen. Byen har en officiel "fugl", en lyserød plastikflamingo. I Memorial Day weekenden afholder byen verdens største bratwurstfestival.

Wyoming er den sidste stat i USA – i hvert fald når de sorteres alfabetisk, og derfor kommer staten også sidst i dette kapitel. Wyoming er også den stat med den mindste befolkning; kun godt en halv million mennesker bor i staten, som er seks gange større end Danmark. Staten var den første i USA, som allerede i 1869 gav stemmeret til kvinder (over 21 – samme alder som mænd), og det var den første stat, som valgte en kvindelig guvernør i 1925. Siden har ingen anden kvinde dog været guvernør i Wyoming. Den største del af verdens første nationalpark, Yellowstone National Park (som blev nationalpark i 1872), ligger i Wyoming, mens mindre dele ligge i Idaho og Montana.

Statshovedstaden er Cheyenne, som er opkaldt efter indianerstammen af samme navn, som dog kaldte sig selv noget helt andet, nemlig et ord på cheyennesproget, der betyder *"folk, der er som os"*. Ordet "cheyenne" kommer fra stammens allierede, arapahoerne eller siouxerne, og det betyder *"folket, der taler et mærkeligt sprog"*. Cheyennerne betegnede til gengæld arapahoerne med et ord, der betød *"folket fra skyerne"*. Selv kaldte denne stamme sig *"mennesker, af vores egen slags"*, selvfølgelig på deres eget sprog. Opførelsen af statens regeringsbygning blev påbegyndt i 1869, selv om Wyoming faktisk først blev en stat i 1890. Det var i Cheyenne, at "de gule sider" i telefonbogen blev opfundet i 1881, da trykkeriet var løbet tør for hvidt papir, da de kom til de sider, der skulle indeholde byens virksomheder. Og så må man ikke glemme at både forfatteren Ernest Hemingway og skuespillerne Steve McQueen og Ali McGraw blev gift i byen. For Hemingway var det tredje ægteskab, for Steve McQueen var det hans andet, og for Ali McGraw var det hendes tredje. McQueen og McGraw blev i øvrigt gift med hinanden ved den lejlighed.

Jan Kronsell bor Brøndby i Danmark.

Han har blandt andet været officer i Søværnet, Systemkonsulent hos IBM og i 30 år underviser på en handelsskole. I dag er han pensioneret og har dermed bedre tid til at skrive.

Han har besøgt USA utallige gange, og håber at kunne besøge landet mange gange i fremtiden.

Andre bøger af samme forfatter:

Land of Friendliness and Beauty – A Danes Guide to Western North Carolina (2018). En personlige guide til ting, som forfatteren gerne ville have vidst inden sit første besøg i området.

Vejen til Petaluma (2019). Mere eller mindre underlige og måske kedelige rejseoplevelser fra USA (og lidt til). Denne bogs forgænger, som der ofte refereres til.

The Doctor's Secret – Another Version of the Tom Dooley Legend (2019). En kortroman om mordet, der gav anledning til den berømte sang.

Who Killed Laura Foster? (2020). De undersøgelser, fakta, spekulationer og overvejelser, der ligger til grund for kortromanen.

Smuk natur, venlige mennesker – En danskers guide til det vestlige North Carolina (2020). En dansk udgave af Land of Friendliness and Beauty, med flere informationer og flere billeder.